LOUIS DIMIER

LES
PRÉJUGÉS ENNEMIS
DE
L'HISTOIRE DE FRANCE

L'histoire imparfaitement observée
nous divise : c'est par l'histoire mieux
connue que l'œuvre de conciliation doit
commencer.

FUSTEL DE COULANGES

NOUVELLE ÉDITION REVUE ET CORRIGÉE

NOUVELLE LIBRAIRIE NATIONALE
11, Rue de Médicis, Paris

MCMXVII

LES

PRÉJUGÉS ENNEMIS

DE

L'HISTOIRE DE FRANCE

DU MÊME AUTEUR

LOUIS DIMIER

LES
PRÉJUGÉS ENNEMIS

DE

L'HISTOIRE DE FRANCE

« L'histoire imparfaitement observée nous
divise : c'est par l'histoire mieux connue que
l'œuvre de conciliation doit commencer. »

Fustel de Coulanges.

NOUVELLE ÉDITION, REVUE ET CORRIGÉE

NOUVELLE LIBRAIRIE NATIONALE

11, RUE DE MÉDICIS — PARIS

MCMXVII

A

CHARLES MAURRAS

En hommage amical
des idées que lui doit ce livre.

PRÉFACE DE LA DEUXIÈME ÉDITION

Cette seconde édition d'un livre paru il y a dix ans a lieu sans corrections de fond. Je me suis efforcé, par celles qui touchent au style, d'en rendre la lecture plus facile. J'ai maintenu tous les appendices, dont aucun, après ce laps de temps, n'a perdu de son actualité.

Le discours sur Fustel de Coulanges continue d'en faire le couronnement. Depuis dix ans la réputation de cet historien n'a cessé de grandir. Le lecteur trouvera dans ce discours un témoignage des peines qu'il fallut prendre alors pour repousser les forces qui l'étouffaient et le faire connaître du grand public.

L'HISTOIRE DE FRANCE ET LA RÉVOLUTION

Je me suis dit et cru républicain. Cependant j'ai toujours haï la Révolution de tout mon cœur.

La bassesse de ses sentiments, l'imbécillité de ses doctrines, sa stupide emphase, sa vantardise, m'ont fait horreur plus que sa férocité. Rousseau en elle m'est insupportable. Toute l'époque reproduit en détail et avec la plus grande fidélité les traits de ce malheureux. Surtout je détestais l'infatuation inouïe qui, mettant ses disciples au-dessus de tous les siècles, les érigeant en juges du genre humain, confiait la revision de l'histoire à des cervelles si méprisables.

Je ne pouvais souffrir que mon propre pays fût condamné dans son passé par des hommes dont la friponnerie est peu de chose, si on la compare à leur sottise. Quoi ! de pareils fastes historiques auraient relevé de ces gens-là ! Quinze siècles de politique illustre, de guerres glorieuses, d'art florissant, d'essor intellectuel unique et admirable auraient attendu le verdict d'une secte ignare et fanatique, jugeant selon des maximes honnies de la raison civilisée ! Le spectacle de quarante rois auteurs de notre patrie, de Clovis, de Charlemagne, de Philippe-Auguste, de saint Louis, de Louis XI, de François Ier, de Henri IV, de Louis XIV, traduits à la barre de ce tribunal indigne fait un tableau qu'on ne peut supporter de sang-froid. Je plains ceux qui, se disant Français, n'en frémissent point ; je plains ceux qui, n'étant pas engagés à le défendre par un intérêt de parti, se figurent y reconnaître la justice.

Le succès apparent de la Révolution séduit et entraîne les foules frivoles, rien n'est si naturel que cela ; je ne m'étonne pas non plus que ce succès ferme la bouche à ceux qui seraient capables d'en reconnaître la misère, mais qui y sont attachés par l'intérêt de leur parti ; mais que signifie cette complaisance chez de bons Français sans étiquette, chez des catholiques ? Ils réprouvent la guerre menée au nom de ces principes, ils combattent en fait les révolutionnaires ; est-ce que ces principes en eux-mêmes les séduisent ? N'en touchent-ils pas du doigt l'ineptie ? La déchéance intellectuelle d'une adhésion à ces principes, quand elle est désintéressée, n'en sentent-ils pas la honte dans tout eux-mêmes, dans les conversations que cela donne, dans les pensées que cela inspire, dans le dialogue intérieur de leur réflexion, dans la matière vivante de leur cerveau ?

Je voudrais leur révéler cela. Je voudrais que, dans un livre écrit pour la défense de l'histoire de France, la médiocrité de la secte qui l'ose décrier éclatât. Ces deux effets sont inséparables. Il n'y a pas d'homme épris des beautés de notre histoire qui ne soit en voie de renier la Révolution jusque dans ses dernières conséquences ; il n'y en a pas de prévenu de quelque complaisance pour l'esprit de la Révolution qui ne boude notre ancienne histoire par quelque endroit : quoi qu'on prétende ou qu'on espère, il faut faire un choix entre deux.

J'ose dire qu'un certain goût de l'honnêteté littéraire serait le plus court chemin d'y parvenir. Autant que par ses desseins politiques, la Révolution se décèle par le genre d'éloquence de ses tribuns, et l'idée qu'on prend d'elle sur cet échantillon jette sur tout le reste un jour inestimable. Il aide à mieux apercevoir le fond de son action dans tous les genres. Rien n'est si un ni si constant que ce fond. Ceux qui ne l'ont pas bien pénétré n'auront pour elle que des haines insuffisantes, incapables de garder contre ses attaques les différentes parties de l'héritage français.

Aussi serait-il de peu d'utilité de défendre l'un après l'autre les différents faits de notre histoire, objet de ses dénonciations, si la philosophie dont elles proviennent n'était manifestée dans son indignité.

Mais l'histoire bien apprise n'est pas moins propre à cela qu'à disputer la vérité de chaque fait au mensonge révolutionnaire. Cette vérité partielle importe sans doute ; elle importe assez pour que la secte n'ait rien omis pour l'obscurcir : tout compte fait cependant, elle importe bien moins que cette leçon générale opposée par l'histoire à l'esprit de la Révolution. C'est cette leçon que j'ai souhaité de donner dans chacun des chapitres qui font le sujet de ce livre.

J'ai nommé ces chapitres du nom de *préjugés*. Ce nom indique qu'il s'agit d'autre chose que des faits. La rectification des faits n'était qu'une partie de la besogne ; il fallait de plus restituer le vrai sens des faits dûment établis. Ce sens méconnu n'est pas un moindre mal que les événements controuvés ; il ne tend pas moins à faire détester le passé de notre pays ; il n'a pas fait un moindre objet des soins de la Révolution dans sa conspiration contre l'histoire.

Cette conspiration est essentielle chez elle. Elle tient à ses principes autant qu'à la tactique indispensable pour la maintenir.

Quant à la tactique, comment se passerait-elle de recommencer incessamment le procès des siècles qui l'ont précédée ? L'établissement révolutionnaire constitue, à tra-

vers le xix⁰ siècle et jusqu'à nos jours, un défi à la tradition et à l'expérience : cela non seulement en fait,
mais en principe ; car elle a pour principe de ne relever
d'aucun enseignement de l'histoire, mais de la raison
philosophique seulement. Et c'est pourquoi le régime
qu'elle institue ne ressemble à rien de ce que les siècles
ont jamais offert en exemple. Quant aux principes, la
Révolution prétend s'autoriser de la *nature* contre la civilisation. Il fallait bien que le règne de la première, institué après tant de siècles, se reconnût à la contradiction
et au saccage du passé. Ainsi ce saccage illustrait les
principes, en même temps qu'il servait l'action.

Telles sont les conséquences qui font de la Révolution
l'ennemie de l'intégrité de l'histoire. L'effet, comme j'ai
dit, s'en fait sentir d'une part dans le mensonge historique, d'autre part dans la méconnaissance des temps,
dans la prétention pédantesque de ne juger le passé que
selon les idées qu'elle a mises en cours.

Ce double effort devait engager les tenants de la Révolution à représenter le cours des siècles sous un aspect
bizarre, et si invraisemblable qu'on s'étonne de le voir
en crédit. En premier lieu, les faits de leur propre histoire sont dépeints comme une espèce de miracle, échappant aux lois ordinaires des choses et récusant le commun jugement des hommes ; en second lieu le passé se
présente comme incapable de fournir le moindre exemple,
le moindre enseignement digne de l'attention du philosophe.

Quant au premier de ces points, on sait avec quel luxe
de figures, sur quel ton de prophètes inspirés, les historiens amis de la Révolution ont moins écrit que chanté
son histoire. Je ne parle pas du mérite poétique médiocre,
mais de l'affectation, qui est immense. Dans le grossissement que les faits en reçoivent, toute commune mesure

disparaît; les lois de la morale et de la politique sont entraînées, noyées, comme dans le tumulte d'un cataclysme.

Sombre quatre-vingt-treize, épouvantable année,
De lauriers et de sang grande ombre couronnée...

« Quelque chose, dit Michelet, de plus grand que l'Évangile. » De plus grand que la Genèse aussi. Les assemblées de la Convention apparaissent dans le fracas d'un Sinaï, au milieu d'éclairs et de roulements de tonnerre. Des antres redoutés du Comité de Salut public, on croit entendre sortir les hurlements de la Sibylle. Toute cette orchestration furieuse, qui n'a pas seulement pour objet de couvrir, comme on croit, le bruit de la guillotine, mais aussi les pataquès de la tribune publique, éblouit le jugement de la postérité et met ces temps-là à l'abri de la critique.

Au contraire, le passé ennemi, haineusement dénigré d'une part, est en outre représenté comme un comble d'incohérence. Voltaire a beaucoup servi pour cela. Son *Essai sur les Mœurs,* qui ne manque pas de mérite, n'en a pas moins été le modèle de toutes les parodies historiques, depuis répandues dans la petite bourgeoisie, et qui font une pièce principale des bibliothèques maçonniques. C'est que, digne ou non d'approbation, l'histoire n'en offre pas moins le spectacle d'une suite de faits, partant un sujet d'observation, et la source d'un enseignement des hommes. Pour ruiner cet enseignement, pour que les hommes en soient tout à fait détournés, ce n'est donc pas assez de noircir le passé; il faut en brouiller le tableau, de façon que nulle leçon n'en sorte; il faut que les personnages y paraissent conduits moins par des passions ordinaires, sujettes aux mesures de la prudence humaine, que par une frénésie d'orgueil et de méchanceté. L'histoire ainsi comprise relève d'une science des mœurs particulières. Il suffit de lire, pour en avoir l'idée, dans le genre folâtre, l'*Histoire de France tintamarresque* par Touchatout et, dans le genre sibyllin, la *Légende des Siècles*. Selon la convention en usage dans ces livres, les rois en qui les siècles passés se résument, ne sont pas proprement des méchants, des hommes soumis aux lois de l'ordinaire perversité, mais des monstres horribles et indéchiffrables, victimes du mal sacré de la puissance suprême, en horreur aux hommes et aux dieux. Hugo explique sérieusement comment un homme qu'on fait maître des autres ne peut qu'être jeté hors des gonds de la nature et tomber dans des mœurs sans vraisemblance. Cela convenait très bien au genre de son théâtre. Cela n'est pas moins nécessaire à la philosophie de l'histoire qu'enseigne la Révolution.

Elle ordonne les siècles en trois périodes : de l'an premier de la planète à 1789, une période de folie atroce, dont la durée, la réussite, les progrès apparents, l'éclat, la gloire, les raffinements ne prouvent rien et ne sauraient rien prouver ; en 1789, une période de folie sublime, qu'il est interdit d'examiner ; à l'égard de laquelle les hommes ont pour devoir de suspendre leur jugement, de se taire et d'adorer ; enfin, depuis 1789, une troisième période ou âge d'or, ayant pour attributs l'école obligatoire, le bulletin de vote, le timbre à dix centimes, le service antiseptique et les livrets de caisse d'épargne. On admet que l'éclat de ces bienfaits justifie aux yeux de la raison la vénération vouée au furieux tintamarre qui fit en accoucher le monde. Il introduit de plus les citoyens, illuminés par l'enseignement primaire, à la connaissance du vrai essentiel, qui sont les abus de l'ancien régime, spécifiés dans le tableau de générale horreur où se complaît l'âme simple des vrais républicains.

Ce nouveau « Discours sur l'Histoire universelle » ainsi ordonné, la besogne demandée se rend facile. On refuse le nom et la qualité d'homme à tout ce qui précéda la Révolution; les instruments de celle-ci sont plus que des hommes, des géants (les géants de quatre-vingt-treize), et ce qui la suit représente l'humanité proprement dite. Or comment étudier sérieusement une époque où l'on est assuré de ne rien rencontrer de l'humanité? On n'aborde ces régions de l'histoire qu'avec horreur et tremblement ; on n'attend d'y trouver que misère et qu'oppression, qu'absurdité et barbarie. Quelques traits différents, qui percent cette nuit affreuse, causent des étonnements sans fin : on les déclare bons pour le temps ; on s'extasie de trouver là dedans une anticipation de ce que le monde est devenu. A ceux qui font prévoir le siècle d'à présent, on décerne les honneurs du génie. Tout cela a lieu posément, de l'air le plus naturel du monde, tant est bien établie l'idée de la supériorité infinie de notre temps.

Pour l'inculquer de cette façon puissante, il a fallu des préventions extrêmes. Aussi a-t-on affecté de changer toutes les notions traditionnelles, non seulement celles de la politique, auxquelles la Révolution s'est attaquée surtout, mais de la vie tout entière. L'horreur des exactions royales n'a pas fait toute la misère d'autrefois ; cette misère habitait même les âmes. Ce que la Révolution prétend renouveler, c'est plus que l'État, c'est la science de tout l'homme. Conscience, autorité, vertu, obéissance, devoir, liberté, prennent un nouveau sens par ses soins. Ainsi se forge le réseau de sophismes qui accable l'esprit moderne. Ainsi s'assure le triomphe d'une cause, qu'on ne pouvait en effet sauver sans détruire tout.

C'est la raison pourquoi tant de livres excellents, où

l'histoire du passé se trouve rétablie, où celle de la Révolution est dénoncée, ont eu si peu d'effet contre l'erreur moderne. Ce n'est pas que beaucoup ne méritent de grands éloges. Ceux de M. Biré, par exemple, infiniment précieux en ce genre, seront toujours lus et consultés avec le plus grand soin par ceux qui ne séparent pas l'œuvre de restauration nationale de l'œuvre de vérité historique. Mais de tels livres laissent entiers les principes. En brisant quelques chaînes des esprits, ils laissent à l'ennemi de quoi en reformer vingt autres. Ils sont pareils aux tracts électoraux des associations libérales, où l'on prend soin de montrer au paysan qu'il paie plus d'impôts que jamais, sans faire réflexion que l'erreur qui l'attache à la République est assez forte pour lui faire digérer cet inconvénient et plusieurs autres. A ces démonstrations utiles il est nécessaire de joindre l'offensive sur les principes mêmes. C'est aux *droits de l'homme* qu'il faut s'en prendre. C'est jusque-là qu'il faut poursuivre les causes de l'injustice causée à notre histoire par la dénonciation jacobine.

J'ai dit que les faits de l'histoire eux-mêmes bien enchaînés faisaient le procès de ces principes. En nous montrant comment, sans nulle satisfaction de ces prétendus droits, les hommes n'ont pas laissé de vivre heureux et sages, en découvrant les mille façons de faire l'ordre que l'expérience oppose à l'outrecuidance dogmatique des sectes, elle ruine ces principes à la base. Ainsi la philosophie même qu'il convient de joindre aux faits est tirée de ces faits. Par là, ce qui est corrigé n'est pas seulement le mensonge de fait, mais, par l'effet d'une lumière d'ensemble, le sens des événements eux-mêmes, autant que des mœurs et des usages. C'est ce que font voir en perfection, sur un sujet pareil à celui de ce livre, les *Lettres sur l'Histoire de France*, de notre éminent

ami et collègue l'abbé de Pascal. C'est de quoi les ouvrages de Fustel de Coulanges proposent un exemple
accompli.

Assez de nos contemporains blâmeront ce mot de philosophie introduit dans un propos de ce genre. Toute
une école le croit contraire à l'impartialité de l'histoire.
Ces messieurs ignorent que *pensée* ne se distingue pas
de *philosophie*, et qu'il n'y a pas d'usage de la raison,
même en histoire, qui se passe de la synthèse. Il est vrai
qu'ils réprouvent jusqu'à ce mot. Mais il suffit de les
écouter pour savoir de quelle synthèse audacieuse, de
quelle intolérante philosophie leur pratique de l'histoire
est pleine. Seulement cette synthèse et cette philosophie
ne sont faites que de préjugés modernes, qu'ils confondent avec l'absolu. Juger, reprendre, condamner, vouer
à l'exécration publique des mœurs du passé au nom de
ces préjugés, c'est à leurs yeux ne pas sortir de l'impartialité. Celle-ci n'est proprement chez eux que l'inintelligence des temps. Plusieurs manquent de l'esprit
qu'il faut pour apercevoir cette erreur ; chez d'autres
l'esprit de secte emporte tout. L'histoire aux mains de
ces derniers, ne sera jamais qu'un prétexte à pousser
dans le monde cet esprit, décrété par eux identique à
l'impartialité de la science [1].

Pour persuader aux foules la supériorité du régime
moderne sur l'ancien, les détracteurs du passé ont profité d'un point : c'est la fascination que le progrès matériel exerce sur nos contemporains.

Ce progrès a changé toutes choses autour de nous.
Entre nous et les hommes du temps passé, il met la disproportion la plus insignifiante en soi, mais aussi la plus
sensible pour l'imagination. Tout ce qu'il y a de sots ou

1. Voir l'appendice à la fin de l'ouvrage.

DIMIER. Préjugés   2

-d'ignorants au monde ne manque pas d'en être frappé, et d'en concevoir un orgueil sans limites. On a même cherché à justifier cet orgueil. Voltaire, qui profita d'un tour de paradoxe pour hasarder de grandes sottises, fait dire à Pococurante dans *Candide* que toute la science des Académies ne vaut pas l'art de faire des épingles. On a repris depuis sérieusement cette folie ; Augier s'en est donné le copieux ridicule, dans sa pièce du *Beau Mariage* ; nous avons tous connu, au palais de l'Industrie, la liste, gravée sur la corniche, des grands génies de l'humanité, où figuraient Someillier et Sauvage auprès de Poussin et de Michel-Ange. Cette déification de l'industrie était dans les idées de la Révolution. On sait quelle fortune fit alors le paratonnerre de Franklin :

Eripuit cœlo fulmen sceptrumque tyrannis.

Oberkampf et les toiles peintes de Jouy, qui parurent en même temps, ont figuré durant un demi-siècle dans tous les *Plutarques de la Jeunesse*. Le pauvre Chappé, qui n'inventa qu'un télégraphe fort méprisable, a sa statue dans Paris, où Racine continue d'attendre la sienne. Par cet hommage rendu à ce contemporain notoirement obscur de ses origines, la République proclame l'avantage que vaut à la Révolution l'apothéose des « inventeurs ».

Cependant, quoi qu'on ait tenté, on n'a pu assurer leur gloire ; elle répugne à la nature des choses. Jacquard et Montgolfier seront toujours moins connus qu'Homère. Le bon est qu'une époque qui les a tant chéris n'a vu cependant naître aucun des inventeurs par qui s'est transformé le siècle. Le point de séparation de nous et des anciens à cet égard n'est pas du tout marqué par la Révolution, et les géants de quatre-vingt-treize apparaissent sur la scène du monde dans le médiocre attirail des industries de l'ancien régime, au milieu des diligences et des coches d'eau.

Ne croyez pas que leurs historiens ne sentent pas cette honte. Au contraire, ils prennent soin d'en adoucir l'effet. A cinquante ans de distance, ils opèrent la réunion de Danton et des chemins de fer. Ils ne veulent pas qu'on sépare ces deux choses. Dans leurs programmes d'études, ils inscrivent ceci : « Résultats de la grande Révolution : la vapeur et l'électricité. »

Cette impertinence fait rire. Cependant le prestige des inventions modernes sert réellement leur cause. Il inspire aux foules la compassion et le dédain du passé. C'est un entraînement naturel, auquel on ne peut éviter que les classes ignorantes soient sujettes, et ces classes font aujourd'hui la loi. J'ajoute qu'il n'y a pas de préjugé plus barbare. Une forte culture des plus hautes classes en peut seule corriger l'effet ; aussi les pouvoirs de la République sont-ils ligués contre cette culture. Les fameuses réformes de l'enseignement de 1890 et de 1902 n'ont pas eu d'autre objet que d'en préparer la ruine. Quand la disparition du grec et du latin aura décidément assuré l'ignorance des civilisations de l'antiquité, la confusion intéressée des progrès de l'industrie et de l'avancement social aura beau jeu. Savoir ce que fut Rome, et que sa grandeur prend place, il n'y a pas moins de deux mille ans, dans un temps où les produits d'aniline étaient inconnus autant que les droits de l'homme, n'est pas du tout indifférent. Il n'est pas du tout indifférent que les pupilles de la République sachent ou ne sachent pas cela. Cette lumière éteinte une bonne fois, c'en sera fait de tout scrupule chez eux. Le naphtol, le thymol, le salol, régneront désormais sans partage.

Tout ceci fera comprendre l'illusion dont je parle, et

par quelles réflexions il convient de s'en garder. Il fera voir de quelle importance à cet égard sont de bonnes humanités. Ce que je dis de l'antiquité s'applique à notre pays : une ouverture loyale sur la littérature du XVIIᵉ siècle français fait hésiter à croire que la Révolution soit le commencement de l'histoire du genre humain ; elle touche au dogme révolutionnaire dans ce qu'il y a de plus absurde, mais aussi de plus essentiel. Aussi les ennemis de notre histoire politique ont-ils soin de rabaisser la gloire de nos écrivains classiques.

Une entreprise sournoise de dénigrement pèse sur nos classes de rhétorique moderne. Celles-ci ont pour tâche principale de réduire, de chicaner, de neutraliser l'éloge que mérite l'ancienne littérature française, d'empêcher que les esclaves de la Révolution, suggestionnés du sophisme politique, y soupçonnent l'éminente dignité du passé. Les imbéciles critiques du romantisme ont puissamment aidé à ce résultat ; elles ont fourni des arguments, elles ont attiré des recrues, et le désordre social a recueilli en cela le fruit de son alliance naturelle avec le désordre de l'esprit.

Du côté des savants, l'erreur de la Révolution ne pouvait avoir gain de cause. Il n'y a presque pas un homme adonné à l'étude des institutions qui ne soit prêt à venger les anciennes du décri révolutionnaire. Une patiente recherche du passé est le chemin infaillible d'en rapprendre le goût, et à plusieurs égards l'admiration. L'offensive jacobine réussit peu par là. Tout ce qu'elle essaie n'est qu'au moyen de quelques Mémoires scandaleux, qui pendant quelque temps ont fait figure d'un arsenal d'érudition à son profit. La fin du XVIIIᵉ siècle et le commencement du XIXᵉ ont vu le beau temps de cette pratique. La dénonciation qu'on en tire était surtout des mœurs privées des grands. Contre les noms glorieux de l'histoire, on menait une entreprise de diffamation pareille à celle que nous avons vue réussir contre les curés de village et des Frères des Écoles chrétiennes. Cette veine est épuisée maintenant et le résultat qu'elle donne a été tout entier porté du côté des classes ignorantes, où tant d'autres armes ont leur effet, qu'une de plus n'est pas une affaire. Les gens instruits ne croient plus à ces révélations ; les plus célèbres d'entre les détracteurs de l'ancienne société, comme Saint-Simon, ont vu tomber tout leur crédit.

Ne pouvant entreprendre sur la science, l'établissement révolutionnaire devait mettre tous ses soins à en restreindre l'écho, à en enrayer le débit. Il est vrai que ce régime se dit celui de la science ; mais il est aisé de voir que sous ce nom de science il n'entend pas autre chose que l'opposition aux croyances religieuses. Comment, au nom de la science tout court, fermerait-on tant d'écoles qu'il en a fermé depuis 1882 ? Fermer des écoles est le contraire d'un amour de la science. Mais il s'agit de la science sous condition, et cette condition est tellement importante qu'elle est regardée comme suffisante en l'absence du principal même. La République trouvera toujours assez savant celui qu'une révolte de l'esprit aura séparé de la religion, et dont le progrès se montrera dans le mépris des prêtres. Que si quelque ordre de connaissances refuse de s'associer à ces fins, elle fera tous ses efforts pour l'étouffer.

D'une part, elle empêchera que rien de ce qui s'y démontre vienne à la connaissance des foules ; d'autre part, elle en rabaissera les maîtres devant ceux d'un moindre enseignement, tout entier remis entre ses mains. C'est de ce temps-ci le sort de l'enseignement supérieur, et à quelque égard du secondaire. Tout l'effort du régime est de les effacer devant la prépondérance de l'enseignement primaire. Les universités populaires issues de l'affaire Dreyfus y ont servi, par l'habitude qu'elles donnent aux maîtres plus instruits de se plier aux préjugés que le peuple tient de l'école communale. L'abaissement des programmes est un autre moyen. Vingt pratiques souterraines ont pour effet certain de faire trouver l'enseignement supérieur plus inutile tous les jours, d'en détourner les étudiants, pendant que les principes, la méthode, les résultats, les prérogatives en seront à mesure plus méconnus. Les suppressions ne seront pas épargnées ; et nous pouvons être assurés que tout ce qui dans cet ordre ne pourra être étouffé sera détruit.

Tel est, dans ses traits principaux, le plan de la Révolution sur l'histoire de France. Il tend à la corrompre et à l'anéantir. Mais on ne peut achever ce propos sans parler d'un venin plus subtil qui s'insinue par son action. Je parle du goût qu'elle donne à tous et du droit qu'elle leur reconnaît, de discuter sans frein des événements passés, de traduire l'histoire à la barre de sa conscience particulière.

Mille réflexions seraient à faire sur ce qu'on pourrait appeler l'esprit de secte en histoire. Il correspond à l'esprit de parti en politique et à l'hérésie en religion. Dans ces trois ordres, un préjugé pareil enseigne à ne soumettre son jugement qu'à soi-même, à ne rechercher que ce qui plaît, au mépris de ce que les faits imposent. Le fait de l'Église en religion, celui de l'État en politique, en histoire celui de la nation ou de la société civilisée, ont un droit souverain à fixer nos esprits, à remplacer ce qui dans chacun n'est qu'opinion particulière par la raison d'être d'un ordre supérieur. Bossuet définit avec beaucoup de justesse l'hérétique « celui qui a une opinion ». Les temps modernes vantent cela comme le propre de l'homme ; cependant toute la fin de notre intelligence est de nous incliner devant une raison capable de se soumettre tous les esprits. Tout ce qu'il y a de sortes d'ordre public au monde, nécessairement fondées sur l'unité de pensée, demande cette raison à des faits établis ; aucun ne s'en est remis aux *idées* de la fixer. C'est aux effets que tout gouvernement des hommes met l'enseigne de la vérité.

La réussite des institutions, non la facilité qu'elles ont d'être philosophiquement déduites, voilà le motif de les croire bonnes et de s'y soumettre sans résistance. Le bon comportement de l'État, tel est le fondement de la légitimité. Ce qui s'y ajoute par l'effet de l'ancienneté ne tient qu'à l'ascendant plus grand, effet de réussite prolongée. Faire le procès de cette réussite, opposer au droit qui s'ensuit les préférences de ce qu'on croit la raison, quitter pour les décisions de celle-ci le contrôle des faits, tel est le propre de l'esprit de parti. Avec son règne commencent les dissidences, chacun ne pouvant manquer de trouver dans *sa* raison des injonctions particulières qui le mettent aux prises avec la raison des autres. Le fait accepté rassemblait les hommes, le principe discuté les disperse. Voilà la guerre civile inévitable. Aucun ordre public, aucun État paisible ne saurait bâtir sur ce fond.

Il en va de même en histoire. L'épreuve du vrai, du bon, du juste, n'est dans rien de semblable à ce que nous appelons des principes, mais dans l'heureux aboutissement des faits. Cette maxime n'est pas moins certaine que celle qui domine la politique. Aussi ne peut-on l'en séparer. Il n'y a en politique aucun droit qui ne soit historique ; le bienfait d'un pouvoir est ce qui le rend légitime : il y faut donc l'épreuve des ans ; j'ajoute l'épreuve de longues années, un succès éphémère n'ayant pas de quoi fixer l'obéissance des hommes. Ainsi les mêmes raisons, des raisons de force égale, défendent de discuter le pouvoir légitime et de condamner l'histoire de son pays, la réussite qui sert d'épreuve à tous les deux étant substantiellement la même et ce pouvoir n'étant justifié que par l'histoire.

De là vient qu'il n'y a pas de patriotisme raisonnable qui ne soit aussi loyaliste. De là vient que tous ceux qui veulent l'ordre public n'en séparent pas l'amour de notre histoire.

Sur cet amour en général, point de dispute dans le camp des catholiques et des nationalistes. Seuls les tenants des sectes dans le présent élèvent contre le passé des reproches absolus. Mais, en détail, que de récriminations de la part des bons Français mêmes ! C'est que l'esprit de la Révolution n'enseigne pas seulement à ses sectaires la haine générale du passé ; chez tous encore elle insinue le goût et la présomption des critiques particulières. Sectes non déclarées contre la France historique, demeurant dans l'amour et le culte de celle-ci, sectes cependant, qui, ne laissant pas de *choisir* entre les faits dont s'est constituée la patrie, n'aimant celle-ci que sous un certain angle et pour des vues particulières, logent dans un sentiment fait pour nous rassembler le germe mauvais des dissidences. Cause de faiblesse à l'intérieur, cause de trahison aussi, chacun de ces partis, par l'effet des condamnations qu'il prononce, tendant la main à la Révolution, qui les étend à toute l'histoire.

Ce dernier trait mérite qu'on y appuie. Mauvais en soi, mauvais dans son principe, il traîne des conséquences plus fâcheuses encore. D'une alliance de fait sur un point avec l'esprit de la Révolution, on passe aisément à d'autres complaisances ; malaisément on condamne la doctrine qui justifie vos préférences de secte. De là, et non pas seulement de la contagion directe du libéralisme, viennent à tant de bons Français ces connivences secrètes dont notre temps offre les exemples.

Qu'on ne se méprenne pas sur le sens de ces paroles. Pas plus que tout autre sentiment nécessaire, le patriotisme n'enseigne l'absurde ou l'immoral. Il ne défend pas de juger l'histoire, il ne commande pas de n'y rien reprendre. Imparfaites dans le particulier, par quel miracle les actions des hommes échapperaient-elles à tout reproche dans le domaine de l'État ? Comment, au contraire, une si longue suite de siècles, des circonstances si difficiles, de si grands intérêts, le hasard des rencontres, qui les remet parfois aux faibles et aux méchants, n'auraient-ils pas pour effet de multiplier les fautes des hommes ? Je ne prétends donc pas qu'il ne faille rien blâmer ; ce que j'assure, c'est qu'un blâme de ce genre, quand il s'agit d'un grand pays tel que le nôtre, ne saurait affecter l'un des points essentiels offerts au jugement de l'histoire.

La réussite de l'histoire de France exclut tout blâme définitif. Qu'on relève en ses différents points les torts des hommes et les défauts des choses, rien n'est si raisonnable, et même si nécessaire. Qu'on dise : *les torts* de l'ancien régime, comme on le dit de tout au monde, soit ; mais qu'on se garde de dire : *le tort*. Que par ce singulier on ne donne pas à entendre qu'un vice constant, fondamental, toujours le même sous des aspects divers, fait une tache dans notre ancienne histoire, minait la patrie dans le passé. Je ne considère pas en ce moment ce qu'il y a de faux dans l'idée que cette façon de parler révèle ; je n'examine pas ce point de vue du fatalisme qui, composant l'entité d'une nation de plusieurs éléments abstraits développés à travers les siècles, dénonce dans l'un une cause de ruine ou de constant détriment pour le corps social. Il suffit qu'aux yeux de ceux qui sont dans ce point de vue, la France prospère, la France glorieuse ne puisse passer pour affectée de ces maux. Car un tel mal, ou l'eût tuée infailliblement, ou n'eût jamais permis que ses destinées allassent si haut. .

Encore un coup, la réussite de notre pays est l'absolution de son passé. De bons effets ne peuvent venir de mauvaises causes.

Ainsi ce qu'on fait de reproches à notre histoire doit être exprimé avec tout le respect que l'excellence de l'ensemble inspire. En second lieu, ces reproches ne peuvent être profonds, puisqu'ils n'ont pas empêché la nation d'avancer.

Je sais qu'une école s'imagine élever contre un pareil point de vue les objections de la morale et même de la dévotion. Au-dessus des lois du succès, dit-on, il y a celles du bien et du mal ; au-dessus de l'absolution des faits, les condamnations de la religion. Ils ne songent pas que toute la question est de savoir si la question se pose. Car, supposé que jamais dans les États prospères nous ne soyons conduits à remarquer une violation des mœurs fondamentales, que jamais dans cet ordre ce qui réussit en fait ne découvre rien de détestable en principe, il n'y aura plus de difficulté, et nos censeurs en seront pour leurs frais de vertu.

Il n'y aura pas de difficultés, dis-je, car ce n'en est pas une de savoir si en soi l'honnête doit être préféré à l'utile, ces espèces étant différentes et ne souffrant pas de commune mesure ; de sorte qu'on peut bien dire que l'honnête vaut mieux que son contraire, et de son côté l'utile que son contraire, mais qu'on ne peut rien dire de ces deux termes mis ensemble. D'autre part, il n'y aura pas question si un objet honnête et contraire à l'utile doit être préféré à un autre qui serait utile et contraire à l'honnête, puisque, dans l'ordre dont il s'agit, le cas ne se présenterait jamais.

Or, l'histoire prouve qu'il en est comme je dis. Jamais on ne vit une société prospérer en violation des lois les plus essentielles de la religion et de la morale. L'histoire, dis-je, le prouve et le sens commun n'en doute pas. Il sait que la condition des personnes est à cet égard différente de celle des sociétés, que la prospérité ne s'oppose à la vertu que dans l'individu strictement pris, et non pas même dans l'individu, car il est plus juste de dire que le plaisir s'oppose au devoir dans un acte isolé de la vie de l'individu. Plus le cas qu'on propose s'étend et comprend de temps écoulé, moins le divorce supposé de l'utile et de l'honnête trouve d'occasions de se faire sentir, le temps ayant cet effet d'amener les sanctions. Ainsi, en l'entendant de la vie tout entière, on peut dire qu'il est rare qu'un méchant soit heureux. Mais, ajoute-t-on à la longueur de temps la considération d'intérêts collectifs, l'opposition supposée se fait plus rare, et disparaît même tout à fait. Aussi a-t-on pu dire que pour l'individu la sanction de la morale était dans l'autre monde, mais que les sociétés portaient dès celui-ci la peine de leurs vices et de leurs crimes. C'est le point de vue de Maistre et de Le Play. C'est celui de tous les grands politiques.

Rien donc ne doit retenir un Français d'aborder l'histoire de son pays dans une intention d'apologie. Dans le fait de l'existence de la France et du magnifique avoir social que ce nom représente pour tous, il tient la preuve que cette histoire est digne d'éloges. Loin que cette confiance choque aucune loi de l'étude scientifique des faits, elle est pour cette étude une source de lumière, s'il est vrai qu'il n'y a pas de connaissance des faits qui n'ait à tenir compte de leur aboutissement. Au surplus, cette

confiance n'impose aucune conclusion particulière, car il
y a pour les faits de l'histoire bien des manières d'avoir
raison. Elle laisse le champ ouvert à toutes les conclusions, réservant ce point seulement, qu'une nation comme
la nôtre ne saurait passer pour issue, à quatre générations en arrière, d'un peuple d'ignorants, de misérables
et d'esclaves.

Ce point sera l'écueil du sophisme et l'enseigne du
vrai. Tout l'effort de la critique révolutionnaire cède à
cette parfaite évidence. Les chapitres qu'on va lire, en
s'y accommodant, découvrent le vrai jour des faits dont
chacun traite. Dans chacun j'ai confiance que le lecteur
retrouvera, en même temps que la certitude de fait, la
vraisemblance que donne à un récit la naturelle allure
des hommes, toujours forcés et grimaçants dans les tableaux de complaisance dictés par la Révolution. On n'y
trouvera pas moins la variété que l'histoire emprunte de
la diversité des hommes, si ingénieux, par des voies différentes, à pourvoir à la paix publique et à la protection
des intérêts.

Le spectacle imprévu de ces accommodements fait toute
la séduction et le charme de cette science. C'est à le ménager que l'historien s'applique, à peu près comme les
sculpteurs anciens se sont appliqués à garder la naïve
allure des corps représentés dans leurs ouvrages. Goldoni,
qu'on s'excuse de citer en une matière aussi sérieuse,
avait pour principe ce beau mot, qu' « il ne faut pas gâter
la nature ». C'est, dans un autre ordre de choses, ce qu'il
faut entendre dans ce passage où Fustel recommande
« la chasteté de l'histoire ».

Personne ne l'a gardée comme lui. Nulle part mieux
que chez lui le passé ne se découvre dans des tableaux
simples et naturels ; nulle part l'inaccoutumé des faits
n'a plus d'union avec le fond des choses, sensible dans

sa réflexion simple et dans le choix mesuré de ses paroles.

J'ai pris de lui la matière et les conclusions de plusieurs chapitres de ce livre, conclusions auxquelles personne n'a répondu, mais que les ennemis de notre histoire avaient tout fait pour ensevelir dans le silence. Ce que j'ai joint ailleurs de mon fonds, ou adapté de plusieurs excellents historiens, est aussi, en beaucoup de points, inspiré de la méthode de Fustel. Le dessein même de ce livre est pris de lui ; car il tient tout du respect du passé et ne tend qu'à réconcilier, dans la connaissance de leur histoire, tous les Français amoureux de leur pays.

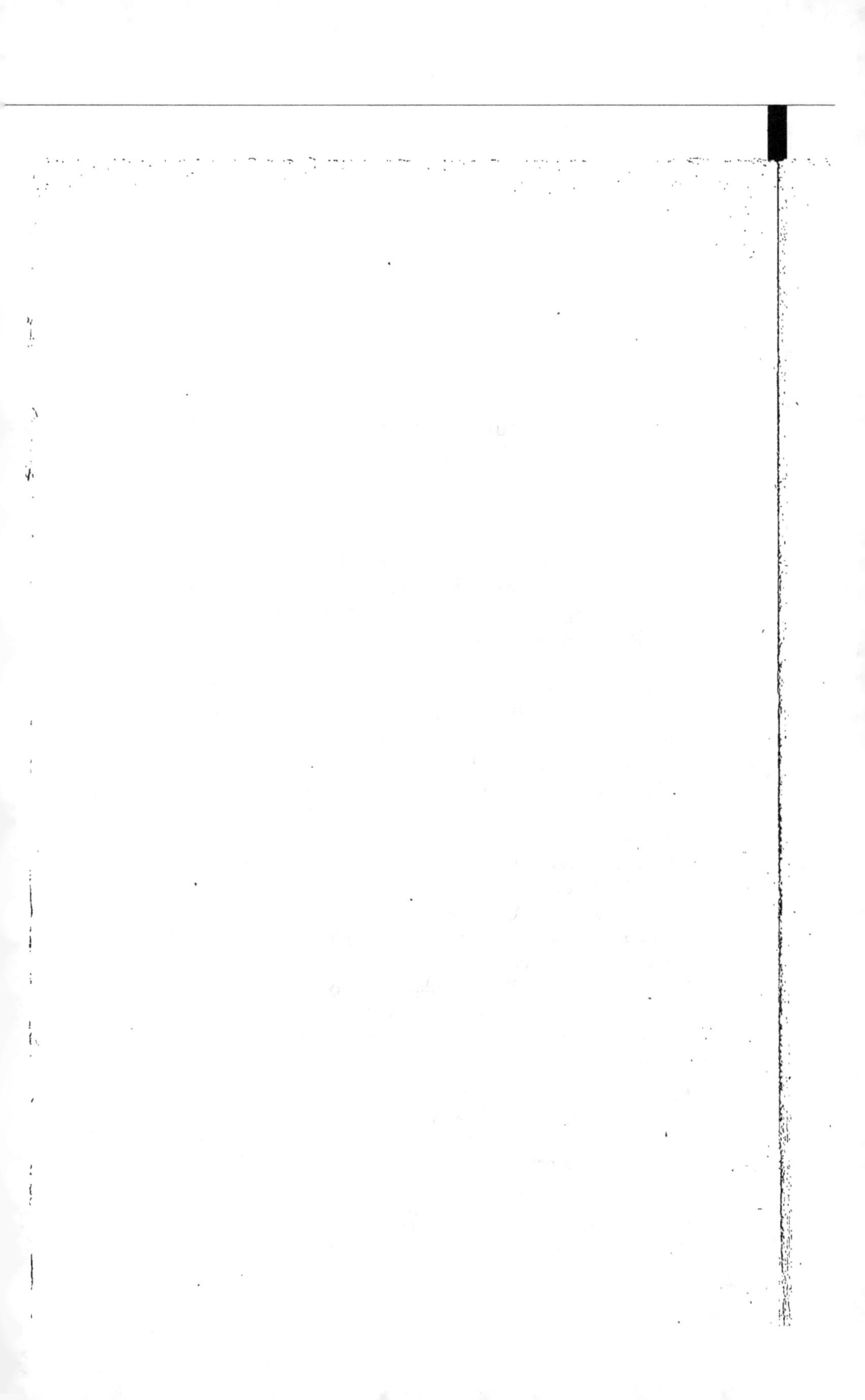

CHAPITRE PREMIER

LE CELTISME. — LA CONQUÊTE ROMAINE

L'établissement de la puissance romaine en Gaule et la substitution de cette domination à celle qu'exerçaient les Gaulois, envahisseurs et conquérants eux-mêmes, est le plus ancien des grands faits de notre histoire. J'en rappellerai en peu de mots l'événement.

Depuis la fin du IIe siècle avant Jésus-Christ, une partie de notre pays était au pouvoir des Romains, sous le nom de Gaule transalpine, dont la capitale était Narbonne. Ils en avaient repoussé les Cimbres et les Teutons en 102 par le bras de Marius, dans la célèbre bataille d'Aix. A cette domination se joignait l'alliance de quelques États ou *cités* des Gaulois.

C'est à cause d'une pareille alliance que les Éduens appelèrent César, pressés de se défendre contre l'invasion germaine d'Arioviste, en 58. César leur amena les secours qu'ils demandaient, et ne quitta plus le pays qu'il ne l'eût soumis tout entier. En 53 la conquête était achevée. Vercingétorix souleva le pays en 52. Il fut réduit cette année même. La prise d'Alise termina la guerre. Le chef fut livré au vainqueur. L'histoire de la Gaule romaine commence alors.

Tels sont les événements qui mirent fin à l'état primitif de notre pays, à ce qu'on doit appeler le régime gaulois. Je veux examiner ici les regrets donnés à ce régime et le préjugé qui s'en compose.

Ce préjugé n'est pas une imagination. Nombre de gens s'en font les défenseurs, inventant des reproches contre la conquête romaine, revendiquant contre celle-ci ce qu'ils supposent de traditions commencées avant qu'elle eût rompu le cours des choses. Ce préjugé fait qu'on prend parti, dans le récit de ces événements, contre Rome et contre César.

Par là l'histoire de France se trouve en butte jusque dans ses origines à la récrimination des Français. Tout ce qu'elle offre venant après cette conquête (c'est cette histoire tout entière) apparaît comme souillé d'une tache originelle, que le flot des événements lave et recouvre sans l'effacer : matière toujours prête à des récriminations, source d'aigreurs lointaines et profondes, où se rafraîchit la critique de ce qui porte le nom français.

Sous l'habit d'institutions et de mœurs qu'on fait remonter à la conquête romaine, quel motif plus plausible que l'origine celtique, de ne donner d'éloge qu'à ce qu'on considère comme les saillies de la race? On les reconnaît, on les salue, dans le défilé des faits communs de notre histoire ; au milieu d'une trame étrangère on en loue l'éclat d'exception. Le fonds national n'est que là, l'amour de la patrie n'a que là son objet. Le reste, c'est-à-dire tout ce qui frappe les regards dans vingt siècles de vie française, n'est qu'un manteau trompeur, qui nous cache à nous-mêmes et qu'on fait profession d'arracher. Les plus pacifiques voient tomber sans chagrin quelques-uns des débris d'un passé décrié comme apport de Rome. Tel est l'effet du préjugé de celtisme.

Je n'en trouve nulle part l'exposé méthodique ; en aucun lieu il ne tient école, il règne à l'état dispersé. Pourtant assez de témoins permettent d'en faire l'histoire.

Ses origines sont au XVIIIᵉ siècle. Plusieurs autres

pareils ont les leurs à cette époque. De sa ants travaux,
tout désintéressés, ont précédé de peu la naissance de
celui-là. On ne peut omettre en ce genre l'ouvrage de
dom Martin intitulé *la Religion des Gaulois*, qui parut
en 1727. Là se trouvent établis plusieurs des points d'histoire qui servirent à donner un air de science aux sectateurs du celtisme.

Ceux-ci parurent au temps de la Révolution. Le plus
digne de remarque n'est rien moins que ce fameux La
Tour d'Auvergne, dit « premier grenadier de France ». On
le connaît moins sous le nom de faiseur de mémoires et
d'auteur des *Origines gauloises*, imprimées en 1792. Peu
auparavant (1787) avait paru le *Mémoire sur la Langue
des Français*, de Le Brigant, auteur de plusieurs autres
ouvrages tournés à la même apologie de la Gaule. Il
démontrait dans celui-là que le celtique était la langue
mère de toutes les autres.

Un peu partout cette matière était mise à la mode. On
en voit le curieux effet dans des livres comme les *Essais
sur Paris* de Saint-Foix. Un renfort enfin vint à cette
mode, d'outre-Manche, avec les poèmes d'Ossian, publiés
depuis 1762.

On sait quel fut le succès de ces poèmes, l'empire
qu'ils prirent sur les imaginations du temps, les louanges
que leur a données Mme de Staël, l'enthousiasme dont
Lamartine se dépeint en vers et en prose comme saisi
à la lecture qu'il en faisait enfant. Chose à retenir, l'éloge
d'Ossian tourna d'abord en décri de la poésie classique.
Les revendications de ce qu'on nomme la race se recon-
nurent ennemies de la civilisation.

Chateaubriand reçut du commerce d'Ossian une
empreinte éclatante ; Marchangy en fournit un autre
exemple avec sa *Gaule poétique*. D'Ossian, de Marchangy
et de Chateaubriand naquirent pour nous la légende des

druides et l'attrait poétique des prêtres en robe blanche moissonnant le gui des chênes avec la faucille d'or. Les réalités de l'histoire furent sacrifiées à cet attrait. Des mots nouveaux, des choses auxquelles personne n'avait songé, devinrent un commun aliment. Chacun fut mis à même de s'aviser qu'il était Celte et de s'en faire gloire. La Bretagne, associée à cette nouveauté, en vit modifier sa figure dans l'imagination bourgeoise et populaire. La race celtique domine dans cette province ; on en fit le lieu de survivance du régime gaulois disparu. Les monuments mégalithiques, réputés l'œuvre des Celtes en ce lieu, environnèrent le tout de leur prestige.

Cependant qu'est-ce que se dire Celte ou Gaulois ? Se dire Celte ou Gaulois, est-ce dire quelque chose ?

Non, si la prétention est de s'en tenir à cela, car on exclut dès lors le développement historique, essentiel au fonds national.

Les termes de *Gaulois* et de *Celte* ont fait chez les savants l'objet de grands débats. M. Alexandre Bertrand les distingue par le sens. Dans un mémoire sur *la Valeur des expressions* Κελτοί *et* Γαλάται *dans Polybe*, il accumule des distinctions, que M. de Mortillet réfute péremptoirement au chapitre viii de sa *Formation de la Nation française*. Le but de M. Bertrand est de grandir outre mesure, avec la fortune des Celtes, la gloire de ne se réclamer que d'eux ; aux Gaulois on ne saurait en attribuer autant. Mais les anciens n'ont pas distingué l'un de l'autre : *Gaulois* et *Galates* ne sont que l'usage d'un temps ; les auteurs du iiie et du iie siècle emploient le second en grec et le premier en latin ; les auteurs plus anciens et Hérodote disent *Celtes*.

Le vaste empire celtique dont on trouve la mention dans l'*Histoire des Gaulois* d'Amédée Thierry est relégué maintenant parmi les fables. Cet auteur les faisait venir en Gaule quinze siècles avant César. C'était joindre à la gloire d'une puissance sans pareille les droits à notre égard d'une longue occupation. Les recherches les plus récentes aboutissent à peine à reculer jusqu'au vII° siècle leur établissement dans ce pays. Ils venaient, selon M. d'Arbois de Jubainville, du Mein et du haut Danube. De là partirent leurs invasions de Rome et du Péloponèse, et la formation d'États gaulois en Orient et en Occident : la Gaule cisalpine et la Galatie.

A notre égard, les Gaulois ne tiennent donc pas le rang de race primitive. Il est certain que des Ibères et des Ligures les précédèrent. Leur entrée dans la Gaule n'est pas de ces événements qui disparaissent aux yeux de l'histoire dans le mystère sacré des origines, et nous savons que nous eûmes d'autres ancêtres. Vaincus par les Romains, eux-mêmes avaient vaincu et remplacé des peuples plus anciens. La prétention de n'être que Gaulois ne saurait donc se justifier par l'antériorité de ce nom. Est-il plus conforme à l'histoire de s'en réclamer comme de celui d'une nation définitivement constituée, que la conquête étrangère supprime ?

Pour répondre comme il faut, il faut imaginer ce que les Gaulois étaient en Gaule. M. d'Arbois de Jubainville fait les derniers efforts pour prouver qu'ils formaient réellement une nation. La vérité est que des États ou cités indépendantes en grand nombre se partageaient sous eux le pays : Sénones, Pictons, Rèmes, etc., tous noms dont le dérivé demeure aux villes de France leurs anciennes capitales : Bourges, les Bituriges ; Sens, les Sénones, etc. Ces cités, dis-je, étaient indépendantes à l'égard les unes des autres ; de plus, des factions rivales les divisaient à l'intérieur ; ces divisions étaient la cause du défaut d'union entre toutes.

Dans ses *Premiers Habitants de la Gaule*, M. d'Arbois
traite d' « erreur grossière » [1] cette idée d'une Gaule
impuissante, divisée en cent États divers. Il allègue les
ligues militaires, comme celle des Éduens et des Ar-
vernes. Il imagine avant le III° siècle quelque chose
comme un *panceltisme*. Mais le lecteur le plus étranger
à ces choses aperçoit l'incertitude du fait dans le langage dont use cet auteur quand il concède que l'État
dont il parle n'était pas centralisé ; centralisé « à la façon
de l'empire de Napoléon » [2], dit-il. Une telle comparaison marque clairement une chose, c'est que M. d'Arbois
craint de s'expliquer sur le genre d'unité qu'il accorde à
l'empire celtique. Cet empire n'en avait d'aucune sorte.
Les ligues militaires n'y font rien. Justement elles sont
faites pour la guerre : elles sont donc tout le contraire
d'une union permanente. Dire que les divisions entre les
cités gauloises furent l'œuvre de la seule politique romaine, c'est lire dans César ce qui n'y est pas, et même
le contraire de ce qui y est. Rien n'est si certain que ce
point. On en trouvera la démonstration faite au para-
graphe 2 de la I° partie de la *Gaule romaine* de Fustel
de Coulanges.

L'unité politique manquait donc aux Gaulois. Elle
leur manquait absolument. Les Gaulois ne composaient,
avant la conquête romaine, ni un État centralisé, ni un
État fédératif, ni une ligue d'États, ni rien de ce genre.
On peut demander si, malgré tout, quelque lien d'une
autre espèce ne régnait pas entre eux.

On imagine au moins que le langage forma ce lien.
Mais pour qu'il ait lieu en cette sorte, une littérature est
nécessaire, et les Gaulois n'en avaient pas ; ils n'avaient
pas même d'alphabet. Ce qui nous reste d'inscriptions

1. P. 386 de cet ouvrage.
2. Même ouv., p. 387.

gauloises est en caractères étrangers : en italique celle
de la cathédrale de Novare, en latin celle de Volney au
musée de Beaune, en grec celle de Vaison au musée
d'Avignon. L'unité de langue même n'est pas certaine
chez les Gaulois : c'est un fait que de savoir le breton,
le gallois et l'irlandais n'est d'aucun secours pour dé-
chiffrer les inscriptions gauloises connues.

Beaucoup d'illusions à cet égard viennent de l'idée
que nous nous faisons des bardes et de leurs chants.
Volontiers nous voyons en eux la ressemblance des aèdes
grecs, auteurs, gardiens et interprètes d'une commune
pensée nationale, exprimée dans la poésie. Mais les
bardes, que nous imaginons au milieu du prestige d'une
exceptionnelle antiquité, ne sont mentionnés qu'à partir
du xiie siècle après Jésus-Christ. Abailard et Jean de
Sarisbéry sont les contemporains de cette antiquité-là.
Entre eux et le monde gaulois, qu'il s'agit de connaître,
c'est douze à quinze siècles d'intervalle.

A défaut de la poésie, croirons-nous que la religion a
fait le lien d'une nation gauloise ? Les druides remontent à une antiquité à laquelle ne peuvent prétendre les
bardes. Les traits dont ils ont été dépeints par la fantaisie des modernes ne leur ont pas valu moins de prestige. Mais ce prestige est en partie de convention. Il n'a
toute sa réalité que dans le roman, et tout son fondement
que dans le défaut d'information des auteurs d'imagination et du public.

Les monuments mégalithiques n'ont aucun rapport
avec les druides. Ils sont d'un autre temps que ceux-ci :
ils appartiennent à d'autres mœurs ; c'est par abus que
plusieurs les ont nommés druidiques. Ainsi ce que la
religion des druides en reçoit de lustre est controuvé.
Rien n'égale, aux yeux de l'antiquaire instruit, le caractère d'incohérence, presque de mascarade, de certains

tableaux poétiques qui font valoir ce mélange dans le monde et l'imposent à l'admiration. Pour peu qu'on y apporte un esprit informé, peut-on lire sans rire le tableau que Chateaubriand ose nous offrir, au livre ix des *Martyrs*, d'une réunion druidique et gauloise à laquelle préside Velléda ?

Nous sommes priés de croire que cette auguste assemblée se formait au cri d'*au guillanneu*, et que les membres s'en faisaient appeler « fidèles enfants de Teutatès ».

Fidèles enfants de Teutatès (ainsi s'exprime Velléda), vous qui, au milieu de l'esclavage de votre patrie, avez conservé la religion et les lois de vos pères, je ne puis vous contempler ici sans verser des larmes. Est-ce là les restes de cette belle nation qui donnait des lois au monde ? Où sont ces *États florissants* de la Gaule ? Où sont ces druides qui élevaient dans leurs collèges une nombreuse jeunesse ? Proscrits par les tyrans, etc.

Des gens qui reprochent à Racine de manquer de couleur locale ont loué cela. A propos des *États florissants* de la Gaule, l'auteur a cru utile de joindre cette note savante : « *On voit partout*, dans les *Commentaires* de César, les Gaulois tenant des *espèces d'États généraux.* » A *États florissants*, on avouera que ce mot : *espèces d'États* compose un commentaire modeste. Pourtant, c'est trop encore, et ce dont parle César ne ressemble ni de près ni de loin à ce que dit Chateaubriand.

Le chant du Barde, dans Marchangy, n'est pas quelque chose de moins ridicule :

Jeunesse guerrière, printemps sacré, toi qui fais fleurir le nom des Celtes sur toute la terre, écoute en silence la voix du barde : c'est la mémoire de la patrie. Que serait le passé sans la lyre ?

La lyre, je pense, de Baour-Lormian. Il traduisit Ossian ; on croit l'entendre. Cependant ne nous moquons pas : mille de nos idées sur le sujet viennent de là et du tapage qu'entendit en ce genre l'ancienne société à son déclin. Chacun en était assourdi. Le goût national réclamait. Mes amis, disait le poète Lebrun,

> Mes amis, qu'Apollon nous garde
> Et des Fingals et des Oscars,
> Et du sublime ennui d'un barde
> Qui chante au milieu des brouillards !

Quant aux collèges dont Velléda plaint poétiquement la disparition, où les druides « élevaient une nombreuse jeunesse », il est vrai que César en a parlé, en termes brefs et de peu d'intérêt. On y apprenait le cours des astres et l'immortalité de l'âme.

Hors cette immortalité de l'âme, crue par mille sectes sauvages aussi bien que civilisées, l'historien aperçoit dans la religion des druides un tissu de superstitions grossières. Le gui du chêne y était, aux mains des prêtres, une panacée à guérir tous les maux ; des œufs de serpent faisaient un talisman, etc.

De quelque côté qu'on se tourne, on ne trouve donc l'unité nationale nulle part. Dans tout ce qu'on sait de la Gaule à cette époque, il n'est point de lieu où la loger. Au sens de *race*, sans doute il y avait une nation, mais il n'y avait pas de *patrie*.

Qui dit patrie dit permanence. Le nom, la qualité de celle-ci ne passent à la postérité qu'avec un héritage, héritage d'institutions ou d'idées, héritage d'une littérature, héritage d'un État. C'est une erreur de ne mettre dans cette définition que l'hérédité du sang. A fonder la patrie, l'hérédité du sang n'est pas moins inhabile qu'à fonder la famille. Elle ne saurait, dis-je, suffire en soi ; il

en faut l'attestation publique. Il faut qu'un fils soit *réputé*
tel ; il faut que la qualité de Français, de Romain, de
Grec, reçoive d'autre chose que de la race une consécration publique. Il est certain que la Gaule n'eut pas de
quoi la fournir.

Toujours plein de l'illusion de cet empire celtique,
M. d'Arbois de Jubainville compare la nation gauloise
aux Latins et aux Grecs, lesquels, du sein d'un petit pays,
ont rayonné sur l'univers [1]. En vérité, cela est bien différent. C'est fausser les choses à plaisir et en matière
grave. M. Jullian l'a bien senti, quand il donne en excuse
aux discordes des Gaulois les discordes de la Grèce elle-
même. La Grèce, en dépit de ces discordes, n'en a pas
moins connu une vraie unité nationale : M. Jullian a raison en ce point ; mais cette unité nationale, que la politique tendait à rompre, avait son fort chez elle dans un
état d'esprit partout égal et extrêmement avancé, dont
l'éloquence, la poésie, la philosophie proclament l'impé-
rissable gloire. Ces liens si développés, si forts, il est difficile de les apercevoir chez les Gaulois. Remarquez qu'à
l'égard de la politique elle-même le contre-coup de cette
unité morale se fait sentir, par exemple dans la persistance du sentiment qui ligua toute la Grèce contre le
Perse au temps des guerres médiques, sentiment auquel
on ne peut comparer l'enthousiasme passager des cités
gauloises à combattre le Romain sous Vercingétorix.

La civilisation des Gaulois au temps de César, dit
M. d'Arbois, égale celle des temps homériques : « il n'y
a manqué qu'Homère ». Il ne voit pas que, dans cette
comparaison, Homère et ce qu'il représente, Homère et
ses pareils sont tout.

Je voudrais réserver toute l'estime qu'inspirent des

---

1. *Premiers Habitants de la Gaule*, t. II, p. 255.

travaux aussi profonds, aussi modérés, aussi judicieux
que le *Vercingétorix* de M. Jullian. Cependant je ne puis
omettre de signaler chez lui l'erreur de fond. M. Jullian
a le culte de Rome ; pourtant il donne des regrets à la
nation gauloise. On l'en voit faire le sacrifice comme
d'une nationalité perdue, dont notre gloire postérieure
aide à porter la perte. Je ne songe nullement à contester
que de bon sang gaulois coule aux veines de la France,
et que les qualités de ce sang, dont nos origines s'hono-
rent, compose une part heureuse du patrimoine français.
Mais cet aveu n'inspire aucun regret, parce qu'en devenant romain ce sang n'a point déchu, et qu'en tant qu'élément de la nation il n'avait rien à perdre, parce qu'il
n'avait rien à changer, vu qu'il n'y a jamais eu vraiment
de nation gauloise.

Quand, par une allégorie élégante, M. Jullian prête à
Vercingétorix les sentiments exprimés dans les discours
des généraux grecs après Salamine, il donne dans une
disparate notoire. Quand, au titre d'un chapitre, il inscrit
cette question : *S'il y a eu des institutions fédérales*, il
se donne à lui-même le change par cette forme de doute
apportée sur un point où la réponse est évidemment né-
gative. Quand il nomme les compagnons du général
gaulois « les chefs patriotes », il commet une erreur de
vocabulaire. Il écrit : « la patrie gauloise » en commentaire d'un texte de César. Mais il est remarquable que
César désigne la chose d'un autre nom ; il dit : « la liberté de tous, *libertas omnium* », ce qui est bien différent.

J'ai peur que quelques-uns de nos meilleurs historiens
ne négligent, sous le nom de « littérature », un peu du
choix et de la recherche des mots, aussi indispensables
en histoire qu'ailleurs, puisque la vérité historique ne se
passe pas du terme propre. Plusieurs endroits de M. Jul-

lian, exacts jusqu'au scrupule quant aux faits, reçoivent
de l'inexactitude des termes un caractère d'erreur fon-
damentale. Prenons, par exemple, ce passage de son
manuel *Gallia* (p. 11) :

> La grande *nation* qui occupait le centre de la Gaule avait
> autrefois étendu son empire bien au delà des bornes de ce
> pays. Elle avait été, quelques siècles auparavant, la princi-
> pale nation conquérante de l'Occident et du Nord de l'Eu-
> rope. Sous la suprématie de sa peuplade la plus centrale,
> les Bituriges, elle avait *vu sa domination rayonner* au loin
> par le monde ; de grandes migrations d'hommes étaient par-
> ties de la Gaule, portant la terreur *du nom celtique* aux Grecs
> et aux Romains et aux autres Barbares. En Espagne s'était
> formée la population mixte des Celtibères ; les îles Britan-
> niques étaient devenues à peu près *gauloises ;* en Italie, *une
> seconde Gaule, Gallia cisalpina,* s'était créée dans la vallée
> du Pô, et les Celtes, vainqueurs des Romains à la bataille
> de l'Allia, ne s'étaient arrêtés qu'au pied du Capitole. D'au-
> tres avaient occupé la vallée du Danube ; on en avait vu
> piller la Grèce, et, plus loin encore, les Gaulois avaient
> *fondé* en Asie un petit État, que les Grecs appelaient la Ga-
> latie. Au delà du Rhin ils s'étaient répandus jusqu'au bord
> de la Vistule. Bien des grandes villes européennes doivent
> leur origine aux Celtes. Cracovie en Pologne, Vienne en Au-
> triche, Coïmbre en Portugal, York en Angleterre, Milan en
> Italie, ont des noms qui viennent du gaulois : ce sont des
> fondations d'hommes *de notre pays et de notre race.*

Je dis que tout ce morceau, véridique quant aux faits,
ne laisse pas d'égarer le lecteur par le sens secondaire
de plusieurs des mots employés. *Nation* pour désigner
les Gaulois ne convient que dans un sens restreint ; il
est offert ici dans sa plénitude. *Voir sa domination
rayonner* sont des termes qui supposent un empire organisé, pourvu de quelque organe fixe et constant, en qui
la nation résumée prend conscience de ses conquêtes, qui
manqua toujours aux Gaulois. L'expression est au-dessus

de la réalité ; au contraire, *peuplade* tombe au-dessous. Les îles Britanniques devenues *gauloises*, une *seconde Gaule* créée dans la plaine du Pô (comme on a dit *Nouvelle-Espagne, Nouvelle-Angleterre, Nouvelle-France*), trompent sur le sens d'une occupation que ne suivirent nulle mise en valeur, nulle organisation, nulle assimilation, telles que les États dignes de ce nom les pratiquent. Mais entre toutes ces expressions je n'en vois pas de plus inexacte que celle de *terreur du nom celtique*. On a redouté le *nom romain ;* qu'on ait craint *les Celtes,* cela va de soi, mais on n'a pas craint le *nom celtique,* par la raison qu'il n'y en a jamais eu, n'y ayant jamais eu de Sénat celte pratiquant une politique celtique, de discipline celtique des armées, de mode celtique d'établissement, de domination, de conquête, en un mot de tout ce que représente ce terme magnifique, créé comme à l'usage de Rome : le *nom* français, le *nom* celtique, le *nom* romain.

Ces nuances fines, mais indispensables et d'une conséquence extrême, puisqu'en elles se résume et se cache toute la philosophie de l'histoire, n'échappaient pas à l'auteur prévenu et frivole de l'*Essai sur les Mœurs*. Un tact de moraliste les lui faisait sentir. On en jugera par le morceau suivant, dont je prie qu'on fasse usage pour distinguer les sens divers que peut prendre tour à tour le mot de nation :

Par delà le Taurus et le Caucase, à l'orient de la mer Caspienne, du Volga jusqu'à la Chine, et au nord jusqu'à la zone glaciale, s'étendent les immenses pays des anciens Scythes, qui se nommèrent depuis Tatares, du nom de Tatarkhan, l'un de leurs plus grands princes, et que nous appelons Tartares. Ces pays paraissent peuplés de temps immémorial, sans qu'on y ait presque jamais bâti de villes. La nature a donné à ces peuples, comme aux Arabes Bédouins, un goût pour la li-

berté et pour la vie errante qui leur a fait toujours regarder
les villes comme les prisons où les rois, disent-ils, tiennent
leurs esclaves.

Leurs courses continuelles, leur vie nécessairement frugale, peu de repos goûté en passant sous une tente, ou sur
un chariot, ou sur la terre, en firent des générations d'hommes
robustes, endurcis à la fatigue, qui, comme des bêtes féroces
trop multipliées, se jetèrent loin de leurs tanières ; tantôt
vers le Palus Mœotide, lorsqu'ils chassèrent au v° siècle les
habitants de ces contrées, qui se précipitèrent sur l'Empire
romain ; tantôt à l'orient et au midi, vers l'Arménie et la
Perse ; tantôt du côté de la Chine et jusqu'aux Indes. Ainsi
ce vaste réservoir d'hommes ignorants et belliqueux a vomi
ses inondations dans presque tout notre hémisphère, et les
peuples qui habitent aujourd'hui ces déserts, privés de toute
connaissance, savent seulement que leurs pères ont conquis
le monde.

Ce qu'il y a d'avantage du côté des Gaulois n'empêchera pas d'entendre la leçon de ce morceau. Voilà proprement exprimée la gloire d'un peuple conquérant, à qui
ne laissent pas de manquer un État régulier et une puissance organisée. Tout ce que ses mouvements emportent
d'effets considérables dans le monde ne doit pas nous
faire prendre le change, nous le faire comparer à Rome
et à la Grèce pour l'étendue de ses conquêtes, nous faire
revendiquer son nom comme celui d'une nation et de
notre patrie véritable.

Se dire Celte, c'est se réclamer de la patrie gauloise,
laquelle n'a jamais existé.

Cependant quelque chose résistait à César établi sur
le sol gaulois ; on me demandera quelle chose c'est. Je
réponds : le sentiment élémentaire de l'indépendance,
qu'on trouve chez les derniers sauvages, chez des peuples
même bien inférieurs à ce qu'étaient alors les Gaulois.

Ce sentiment est louable sans doute. Celui qui ne con-

sidère que cela en un point particulier de l'histoire peut
s'y intéresser, je l'avoue. Mais, si l'on pèse les conséquences et qu'on le fasse au point de vue français, comment pourrait-on décrier César et l'œuvre des légions
romaines ? Je ne nie pas qu'il y ait une patrie gauloise,
mais postérieure à la conquête, et ce qui l'a fait être
vient des Romains. Cette patrie est l'œuvre de la conquête romaine. Rigoureusement parlant, les Gaulois, que
nous aimons, ne se sont connus comme nation que
Romains, parce qu'ils n'ont vu se former d'eux-mêmes,
de leurs intérêts, de leurs qualités de race, de tous les
liens naturels que la barbarie rendait stériles, une réalité
nationale que par Rome. Comment donc, au nom de la
patrie, nous plaindre d'événements dont l'effet fut de
fonder pour nous la patrie ?

Quelque paradoxe que cela paraisse aux esprits des
contemporains imbus du préjugé celtique, le fondateur
de notre patrie, c'est César. Dans l'histoire du dernier
effort que les cités de la Gaule tentèrent contre lui, l'intérêt dramatique se prend sans doute à Vercingétorix ;
mais c'est à César, c'est à l'œuvre admirable ouverte en
Gaule par la conquête, que doit aller la reconnaissance
de la nation.

La confirmation de tout ceci sort des plus anciens
témoignages. Elle éclate dans le romanisme des anciens
écrivains de la Gaule. Ces écrivains ne se sont plaints
de rien. Un demi-siècle après la conquête romaine, on ne
les voit pas donner un regret à l'indépendance du pays.
Trogue-Pompée, historien gaulois du premier siècle, ne
songe à écrire d'histoire que celle de Rome. Au temps
de Claude, l'empereur, dans un discours public dont on
peut croire au moins que Tacite [1] n'altère pas le sens,

1. *Annales*, l. xi, ch. 24.

pouvait se louer comme d'une chose évidente et connue de la fidélité de la Gaule au nom romain.

Aucune guerre, dit l'empereur, n'a duré si peu que la guerre des Gaules, aucune n'a été suivie d'une paix aussi exactement gardée, aussi fidèle. Déjà mêlés à nous par les mœurs, par les arts, par les alliances, les Gaulois nous apportent leur or et leurs ressources, loin d'en vouloir profiter seuls.

Quelques historiens ont fait état de l'insurrection de Trèves et de Langres survenue l'an 69 de l'ère. Elle eut des causes particulières. Un Germain, Civilis, en avait pris la tête, et Velléda, la Velléda de Chateaubriand, qui y servit de prophétesse (chose à retenir), était Germaine. Au cours de cette insurrection, prit place le fameux congrès de Reims, formé de leur propre mouvement par les députés des villes gauloises. On demanda s'il convenait de se séparer de Rome. Chacun répondit librement. Tous ou presque tous décidèrent de demeurer partie de l'Empire. De tels faits font mieux entendre la vérité que tous les commentaires.

J'ajoute que la Bretagne ne fit pas dans cette histoire plus de résistance que le reste du pays. Elle oublia la langue gauloise. Ce qu'elle offre aujourd'hui de celtique est l'effet d'invasions postérieures.

Parler de la suite des siècles est presque superflu. Cependant, comment ne pas citer ici les vers célèbres du poète Rutilius Numatianus, poète gaulois, à la louange de la grandeur romaine ?

> *Exaudi, regina tui pulcherrima mundi,*
> *Inter sidereos Roma recepta polos,*
> *Exaudi, genitrix hominum genitrixque Deorum.*

La romanisation fut telle, qu'elle inspira jusqu'à la résistance opposée par la Gaule à l'invasion germaine du vᵉ siècle. Les Gaulois, devenus Romains, se défendaient contre les Barbares, avec autant de fidélité que nulle autre province de l'Empire.

Ces faits contredisent beaucoup d'idées modernes. L'antagonisme des races, dont nous parlons sans cesse, et sur lequel quelques-uns ont rebâti toute l'histoire, n'y paraît pas. « L'idée de race, dit Fustel de Coulanges [1], n'occupe aucune place dans les esprits de ce temps, et nous pouvons même affirmer qu'elle en est absente. »

Toutes nos idées modernes sont tournées à déshonorer la manière dont la Gaule vaincue entra dans l'obéissance de Rome. En considération de ce qu'ils s'imaginent être l'honneur national, de nombreux Français d'aujourd'hui voudraient pouvoir contester ces faits. Les revendications allemandes en faveur d'Arminius ont influencé nos esprits. Elles sont parvenues à nous faire rougir du beau titre par où nous entrons dans l'histoire, celui de province romaine, synonyme de grandeur politique, d'ordre et de culture supérieure. Il n'est pas de nation sans une ébauche de cela ; la nôtre à ses débuts en reçoit la plénitude : voilà le vrai titre de noblesse dont il convient de nous parer.

Voilà, dis-je, l'éloge solide, l'éloge durable du sang gaulois. Ce sang reçut aussitôt cette culture. L'éducation s'en fit en un moment. Fustel le remarque en quelques phrases décisives. « La Gaule, dit-il, avait été belliqueuse, aussi longtemps que l'absence d'institutions fixes l'avait condamnée à la guerre perpétuelle. Elle aima la paix dès qu'elle eut un gouvernement stable. » Il loue chez ces Gaulois, dont on revendique les droits à se défendre de l'influence romaine, « l'imitation louable du mieux » [2]. En une formule qui mérite de rester comme

---

1. *La Gaule romaine*, p. 108.
2. Même ouv., p. 173.

le résumé de ce chapitre d'histoire, le même auteur écrit encore : « Les Gaulois eurent assez d'intelligence pour comprendre que la civilisation valait mieux que la barbarie [1]. »

Aussi bien, ne nous y trompons pas. Dans la question que j'examine ici, c'est la civilisation qui est en cause. On hait les devoirs qu'elle impose. Dans ce nom de patrie, que les uns rejettent et que d'autres plus habiles font semblant de défendre en en changeant le sens et la portée, c'est la règle et la discipline qu'on déteste. Aussi ne veut-on connaître de patrie, n'en admire-t-on la pure image qu'à l'état barbare.

Contre la civilisation, contre la culture, on épouse la querelle des races. On l'épouse au nom de la nature, prise pour synonyme de désordre, de misère, de laideur et de révolte impuissante. Des Allemands ont trouvé le nom de *Urvoelker* pour désigner cette chimère d'une race conservée intacte dans le monde, à l'abri de toute influence et ne relevant que d'elle-même. Cette folle chimère nous travaille, nous impose ses revendications. La querelle du celtisme plonge des racines profondes dans une erreur d'ordre général. L'histoire de France n'est pas la seule chose qu'elle déshonore ; elle en veut, dans le fond, à tout l'ordre social ; elle renverse les principes de l'avancement des peuples, dont la France offre un magnifique exemple.

Cependant ces barbares oublient que, sans les moyens que fournit la société, ils seraient même impuissants à revendiquer contre elle la cause de la barbarie. Ils ne connaissent même le nom des peuples au nom desquels ils décrient Rome, que par Rome. Nous ne connaissons les Gaulois que par César. « Gaulois, Allemands, Espa-

1. Même, *pass.*

gnols, Bretons, Sarmates, dit Voltaire, nous ne savons rien de nous *(de ceux, du moins, qu'une doctrine imparfaite représente comme nos seuls ancêtres)* avant dix-huit siècles, que ce que nos vainqueurs *(qui sont bien plus nous-mêmes)* ont pu nous en apprendre. »

Que l'esprit d'anarchie soit au fond du préjugé que je combats, le lecteur n'en verra pas sans intérêt la preuve dans quelques citations.

Il faut lire le livre de Jean Reynaud, *Terre et Ciel*, paru en 1854, pour connaître l'alliance que le préjugé celtique contracte avec la Révolution. Elle est regardée dans ce livre comme l'effet du réveil de l'esprit celte. Cela ne serait rien ; le commentaire est tout :

> Le rayonnement de son génie (celui de la Gaule) plus *libre* et plus ouvert remplace dès à présent, devant l'élite des esprits, *ce vieux génie romain*, dont la *tyrannie* ou le *terre à terre* ont fini par fatiguer les nations... Sa philosophie a réveillé au xviiie siècle *le principe sacré de l'individualisme* et de la raison [1].

On voit de quelle manière, à quel titre, l'autorité de Rome est reniée : comme terre à terre, et c'est la querelle inepte du romantisme ; comme tyrannique, et c'est la menace abominable de la Révolution.

Pictet, qui publia vers le même temps, en 1856, le fameux *Mystère des Bardes*, appelle dans sa préface ce langage de Reynaud une revendication « des droits de notre vieux génie gaulois ». Le *Mystère des Bardes* parut à Genève : autre signe d'origine, qu'il ne faut pas négliger. Cette publication jeta Henri Martin dans un enthousiasme qui fait rire, maintenant que l'origine récente de ce « mystère » ne fait plus de doute pour personne.

« Le livre, écrit ce ridicule auteur au chapitre iii de

1. P. xi de l'ouv. cit.

son *Histoire*, le livre des arcanes vient d'être révélé au monde savant... » Ce *monde savant* rend ici le même son que le mot science sur les lèvres d'un ministre de la République. Maçonnerie, huguenoterie, ne manquent pas d'appeler *science* tout ce qui peut servir de prétexte à rejeter une opinion admise par les siècles, à détruire une gloire établie, à souiller quelque chose de grand. Rome est ici ce qu'elles attaquent. Les *Mystères des Bardes* servirent un temps à cela ; ils sont maintenant hors de service. Les bons Français se garderont de les aller rechercher.

Les bons Français tiendront à faire cadrer l'amour de leur pays avec les réalités de ce pays. Entre les divers peuples que le hasard des faits fit se rencontrer au berceau de leur histoire, ils éviteront de faire un choix que l'événement n'ait pas ratifié. Témoins vivants de l'excellence des effets, orgueilleux de la patrie que leur a faite l'histoire, ils n'auront garde d'en reviser le procès par l'analyse tendancieuse des causes. La loi d'un si heureux, d'un si noble succès réglera leur jugement là-dessus, ordonnera leur philosophie.

Ils ne rejetteront rien de ce qui fit la France ; ils accueilleront chaque chose, mais à son rang. Un fait comme la conquête romaine en tient un de première importance. Ce qu'ils rendront de culte au sang gaulois qui a servi à les former, n'ôtera rien du respect et de l'amour qu'ils doivent à la domination latine, mère des sociétés modernes. Ils se garderont de s'en dire les victimes, quand ils en sont les fils privilégiés.

L'histoire de Vercingétorix ne leur sera jamais une matière à reproches. Que sa résistance leur soit une raison de louer les vertus de la race, rien de plus juste ; mais cela même fera chérir plus encore la discipline qui devait employer ces vertus à l'édifice de la patrie.

CHAPITRE II

LE GERMANISME
I. LA CONQUÈTE FRANQUE

J'ai dit que la Gaule en tant que nation était venue romaine au monde. C'est un point dont il faut se pénétrer, si l'on veut comprendre la suite de son histoire.

Dans les événements dont la mention va suivre, la Gaule ne joue de rôle que celui qui convient à une nation romaine. Son intérêt le plus général ne s'y distingue pas de l'intérêt de Rome ; il ne s'en détache qu'à mesure que Rome, trop faible, en abandonne la protection. Ne nous trompons donc point sur le nom de Gallo-Romains, qui n'est qu'une invention moderne. Depuis longtemps, quand les Barbares parurent, il n'y avait en Gaule que des Romains. L'histoire de notre patrie ne commence qu'avec l'histoire des Romains de Gaule ; pendant cinq siècles, ceux dont elle fait mention ne se sont pas donné d'autre nom.

Ce serait donc une erreur d'aborder le récit de l'invasion germanique d'un esprit indifférent au sort qu'elle promettait au nom romain. Concevoir devant l'envahisseur la moindre idée d'un juste retour des choses au détriment de l'Empire et d'une revanche de Vercingétorix, mêler, ne fût-ce que peu, le souvenir gaulois aux sentiments que la Gaule éprouva alors, c'est compromettre par des idées modernes l'intelligence des faits de l'histoire. En face de l'invasion franque, si nous voulons être Français, il importe de nous sentir Romains.

Un préjugé nous en détourne. On ne peut se passer de l'examiner. Ce préjugé tient à deux sources : les habitudes prises au collège dans la fréquentation des auteurs anciens ; l'aversion que nous donne pour les empereurs le martyrologe chrétien.

L'idée que nous prenons, au collège, de Rome au temps de l'Empire n'est pas bonne. Elle nous vient d'historiens et de poètes qui n'ont voulu louer que la République. Tacite et Juvénal ont donné de ces temps-là un tableau dont la noirceur passe tout. Chez tous les autres, la perte de la liberté fait un prétexte inépuisable de récriminations, d'invectives ou de regrets. Quelle liberté ? Celle des grandes familles de gouverner la République, liberté que l'Empire confisqua. Tous ces auteurs sont les interprètes d'un parti. C'est ce que Voltaire avait bien vu quand, dans un mot qui fait le scandale de nos maîtres de rhétorique, il appelle Tacite « un fanatique pétillant d'esprit ». Ils sont du parti des anciens nobles, dépossédés après un siècle des guerres civiles dont ils fatiguaient le monde. Ces nobles eurent l'avantage, prépondérant dans la postérité, de suborner la littérature. En France, les Jansénistes firent quelque chose comme cela au temps de Louis XIV. On peut mesurer l'avantage qu'ils en recueillent. L'aristocratie de Rome a fait contre l'Empire et porté à son terme la même conspiration des livres.

Il est curieux de comparer à l'opinion qu'ils donnent des choses en général le résultat offert par un décompte exact des mauvais empereurs. Caligula, Néron, Domitien, Commode, ces quatre noms ont suffi à déshonorer l'Empire. Le récit de leur cruauté offusque toute cette histoire, fait tenir hors de compte des trésors de sage gouvernement, de modération, de prudence, dont les Flaviens et les Antonins ont cependant laissé le souvenir. On taxe le régime de décadence. Cependant il a duré quatre siècles, et l'Europe moderne n'en est sortie qu'avec une empreinte, la plus forte de toutes celles que l'histoire ait enregistrées.

Il faut avouer qu'à nos yeux de catholiques l'Empire romain porte des tares moins pardonnables. Son souvenir est inséparable de celui des persécutions ; le renom de Marc-Aurèle lui-même en est atteint ; le souvenir de Julien est odieux. Mais de quelques justes reproches que l'Église charge la mémoire de ces princes, cependant, s'il ne s'agit que de régimes anciens, il est impossible de faire de leur conduite à son égard une raison de préférer un de ces régimes à l'autre. L'Empire romain a persécuté l'Église : tout autre aurait sans doute fait de même. Historiquement parlant, le christianisme à sa naissance ne pouvait manquer d'exciter la contradiction. Sa répression sanguinaire est une preuve éclatante de l'empire du mal sur la terre ; elle est une raison de détester le monde, elle ne fournit aucun motif de haïr un régime en particulier.

Elle n'en a pas fourni aux chrétiens de ce temps-là. Tout persécutés qu'ils étaient, on ne les voit pas se plaindre du nom romain. L'invention de quelques-uns des modernes, qui font de l'Empire une puissance de Satan, n'est aucunement chez les anciens. On n'en voit pas trace dans leur pensée; on n'en peut pas citer de témoignage.

Depuis que les empereurs se furent faits chrétiens, les docteurs de l'Église ne font entendre nulle récrimination sur le passé. Ils ne songent pas à opposer le présent, à mettre Rome en contraste avec Rome ; seulement, leur attachement à Rome se corrobore de la reconnaissance de l'Église. Ils représentent l'Empire comme prédestiné, appelé de Dieu à titre d'instrument de son règne. C'est ainsi que le représente Bossuet dans son *Histoire universelle.* Saint Augustin et Paul Orose, vivant sous les empereurs, en un temps où durait le souvenir de tant d'affreuses persécutions, ne tiennent pas un autre langage.

Les modernes ont imaginé dans le druidisme une religion moins hostile à la nôtre. Ils se sont représenté le paganisme germain comme une espèce d'allié du nom chrétien contre Rome. La cause des Barbares contre Rome leur paraît comme la cause du christianisme lui-même. Aux chants païens du Vénusberg, Wagner, dans *Tannhäuser*, voulant opposer la pénitence chrétienne, fait accompagner le retour de celle-ci d'une chanson de dame Holle ou Holda, vieille divinité germanique. La vérité est au contraire que la conversion des Barbares suivit le degré d'influence que Rome exerça sur chaque peuple. Les plus soustraits à cette influence furent les plus lents à se faire chrétiens.

Cet effet était naturel. Tout l'effort de la prédication chrétienne s'exerçait dans l'Empire et sur ses citoyens : c'est d'eux qu'elle triompha d'abord. Du reste, à le prendre en soi, le paganisme germain n'est pas moins que le romain hostile au christianisme. On se demande même comment la pensée a pu venir de faire une différence à cet égard, et de rendre aux cauchemars gothiques d'Odin un honneur justement refusé à la poésie de l'Olympe.

Une antique tradition, qu'un sanctuaire consacre, veut que les druides aient élevé dans la forêt de Chartres un autel à la Vierge, *Virgini parituræ*. Cela ne saurait faire aux druides d'autre honneur que celui d'une révélation. Leur religion ne saurait passer à cause de cela pour plus

approchante du christianisme. Le paganisme de son côté
a ses oracles sibyllins, dont la voûte de la chapelle Six-
tine célèbre magnifiquement le souvenir, et que le *Dies
iræ* mentionne :

Teste David cum Sibylla.

Tout cela est de nulle conséquence pour le décri ou
l'éloge de l'Empire. Ce qui à cet égard est de première
importance, ce qu'il ne faut pas se lasser de rappeler,
c'est que l'Empire fut chrétien depuis l'an 312. Il y eut
donc un régime en qui le nom romain fut lié à la cause
de l'Église, et d'une manière bien autrement sensible
que ne peut l'être à la même cause le sort d'aucune nation moderne, puisque l'Empire alors ne se distinguait
pas du monde civilisé. C'est sous l'Empire romain, c'est
avec son secours, que l'Église acheva de s'établir dans
le monde ; c'est sa littérature que parlèrent ses docteurs ;
c'est comme province romaine que la Gaule se fit chrétienne.

Qu'on remarque ce dernier point. Clovis se fit chrétien, lui, sa dynastie et ses soldats. Il n'a pas converti
la Gaule ; elle était chrétienne depuis deux siècles. La
conversion de Clovis assurait à l'avenir une lignée de
princes chrétiens et catholiques, elle constituait la monarchie française ; rien de moins, mais rien de plus.

Toutes ces raisons rendent évidente l'injustice que le
préjugé moderne fait à l'Empire ; mais ce n'est pas assez
de dépouiller la haine, il faut passer aux raisons de
l'aimer.

Au despotisme prétendu de ce régime, à sa prétendue corruption, Français que nous sommes, il nous faut
opposer la prospérité de la Gaule durant cinq siècles de
gouvernement romain. Ce fut un essor sans pareil. Des
routes furent construites, des écoles s'ouvrirent. Des

monuments égaux à ceux de Rome répandirent partout les images de la magnificence et du bon goût. Les orateurs et les poètes fleurirent. On sait quels restes admirables un peu partout sur notre sol la domination romaine a laissés. Les vers des poètes de la Gaule, éclos jusque dans les âges que la pédanterie moderne taxe de décadence, prennent place dans les anthologies de nos collèges.

A ces âges on pourrait appliquer, il est vrai, le mot par où Voltaire dépeint le siècle de Louis XIV finissant : « La nature paraît se reposer. » Mais repos et décadence sont deux. Assurera-t-on que tout relâchement d'excellence et de perfection accuse la ruine? Qui peut dire ce que l'Empire prolongé eût favorisé de floraisons nouvelles, quand on voit la latinité survivre à la destruction de cet empire, suffire à la gloire intellectuelle du Moyen Age, enfanter la renaissance du XIIᵉ siècle, en attendant de revivre par l'imitation dans la plus grande et dans la plus parfaite des littératures modernes.

Il est à peine besoin de rappeler les bienfaits de l'administration romaine. Ils sont sans nombre. Rome à cet égard fit régner l'ordre, sans contrarier les libertés. Elle favorisa les franchises des villes ; l'autonomie municipale ne fut jamais plus respectée.

Tout ceci, ce sont autant de faits qui permettent à peine de s'arrêter à ces reproches vagues et généraux dont la déclamation révolutionnaire, brodant la « romaine hyperbole », obscurcit le tableau de la vérité.

« Il est facile, dit Fustel de Coulanges [1], de répéter que les mœurs étaient corrompues dans l'ancien empire romain ; il est moins facile de trouver dans les documents la preuve de cette corruption. Quelques satires et

1. *L'Invasion germanique*, p. 211.

quelques épigrammes ne démontrent rien. Il serait aussi
contraire à la bonne méthode historique de juger cette
époque sur deux ou trois fantaisies littéraires que de
juger la société athénienne d'après les comédies d'Aris-
tophane, ou notre siècle d'après nos romans. Le vice est
de toutes les sociétés. Celles qui savent le signaler et le
poursuivre par leur littérature n'en sont pas plus infec-
tées que celles qui manquent d'écrivains pour le peindre.
Il est vrai que l'Empire romain, grâce à une longue paix
et à un grand travail, était riche. Mais les nations pai-
sibles et prospères ne sont pas nécessairememt des
nations dépravées. Richesse n'est pas vice, et pauvreté
n'est pas toujours vertu. »

Dirons-nous que cette prospérité atteste les bonnes
mœurs des citoyens de l'Empire ? Positivement nous ne
le saurions. « On ne saurait, ajoute le même auteur [1],
exiger de l'histoire un jugement formel sur la valeur
morale des différents peuples. Au moins y a-t-il grande
apparence qu'à cette époque la société de l'Empire romain,
si imparfaite qu'elle fût, était encore ce qu'il y avait de
plus régulier, de plus intelligent, de plus noble dans le
genre humain. C'était chez elle que les qualités d'esprit
étaient le plus appréciées. C'est d'elle enfin qu'est sortie
l'Église chrétienne, qui dans les siècles suivants, en
dépit du désordre social, a sauvé tout ce qui était conscience, élévation d'âme et culture intellectuelle. »

Et ceci pour conclure : « Dire que l'Empire romain a
péri par l'effet de sa corruption, c'est dire une de ces
phrases vides de sens qui nuisent si fort au progrès de
la science historique et à la connaissance de la nature
humaine [2]. »

Il est vrai qu'on allègue les noires peintures de

1. Ouv. cit., p. 216.
2. Même ouvrage, p. 215.

quelques prédicateurs chrétiens. Mais leur qualité de
prédicateur empêche justement qu'on n'érige en jugement
historique leurs discours. Tout prédicateur est sévère,
tout moraliste est exigeant. Il juge dans l'absolu, et son
exhortation ne se soutient que par l'éloge impérieux du
mieux ; la perfection seule le contente, et il s'agit ici de
la perfection chrétienne. Au contraire, l'historien ne juge
que par comparaison. Il envisage en morale les moyennes
que donne l'histoire des sociétés. La science dont il fait
profession est des peuples, non des individus ; et l'on
ne saurait attendre de tous ce qu'on a le droit de représenter comme obligatoire à chacun. Ainsi le jugement
du moraliste n'est pas applicable en histoire.

« Quel est le riche, dit Salvien, qui n'est pas souillé
de tous les crimes ? Où est celui qui n'est pas coupable
de tous les vices ? » Voilà les mœurs de l'Empire, dit-on.
Non pas, mais celles de la société chrétienne : c'est des
chrétiens que ce prêtre parle ainsi.

« *Pæne omnis cœtus christianorum*, presque toutes
les assemblées de chrétiens » (ce sont ses termes), que
sont-elles ? « Une sentine de tous les vices, un assem-
blage de fornicateurs et d'adultères, d'entremetteurs et
de courtisanes *(lenones et meretrices)* [1]. » Là-dessus,
dirons-nous que la chrétienté du ivᵉ siècle était à la veille
de sa ruine ? et si nous ne disons pas cela, pourquoi
changerions-nous de méthode quand il s'agit de l'Empire romain ?

Parlons maintenant de la Germanie. Tout ce qui précède est nécessaire pour définir le préjugé auquel l'invasion des Germains donne matière. A la décadence supposée de l'Empire on imagine un remède dans cette
invasion, dans les changements et même dans les destructions dont elle fut cause.

1. Chez Fustel de Coulanges, ouv. cit., p. 214.

Les uns parlent de jeunesse des races et, tenant pour
jeune la germaine, représentent dans son intrusion une
réparation de l'histoire ; les autres, tout pleins du préjugé des révolutions nécessaires, dépeignent comme un
gage de l'avenir la révolution produite ainsi. Dans l'invasion germanique, ils se complaisent, dit Fustel, « à
se figurer la marche régulière et presque solennelle d'un
grand peuple, qui a besoin d'expansion et qui, du droit
de sa forte et vertueuse jeunesse, va fonder de nouveaux États » [1].

En conséquence, il faudrait que nous crussions que
les nations modernes ont tiré leur empreinte des Germains. La France, en particulier, serait issue de l'apport
de la Germanie. Ce qui fait le caractère de l'Europe au
sortir de la domination romaine, c'est l'établissement du
régime féodal : on veut donc que ce régime soit l'ouvrage des Barbares, que l'état social qui s'ensuit leur
soit dû, en même temps que toutes les révolutions dont
cet état fut cause. C'est le préjugé germanique.

On le croit ancien ; il est récent, et on en peut aisément nommer le père. Le jurisconsulte Hotman, calvi-
niste réfugié à Genève, le mit en cours au XVIᵉ siècle.
Son livre intitulé : *Gaule franque, Francogallia*, imprimé
en 1574, appuie sur ce point principal, que la domination romaine est identique au despotisme, et que les institutions de contrôle du pouvoir, telles par exemple que
les tenues d'États, sont l'invention des Francs qui con-
quirent la Gaule. Cette conquête eut, selon cet auteur,
pour résultat de délivrer les Gaulois. L'effet de cette délivrance a duré jusqu'à l'établissement des Capétiens.
Sous le règne du premier de ces princes, la France rentra
dans le despotisme. Le lecteur trouvera l'exposé de cette

1. Ouv. cit., p. 342.

philosophie dans de larges extraits que donne Augustin Thierry, au livre des *Considérations sur la France.*

On ne voit pas qu'elle ait eu d'écho pendant un siècle. Les ouvrages célèbres de Boulainvilliers la reprirent à la fin du règne de Louis XIV. Dans un esprit différent il est vrai, elle inspire l'*Histoire de l'Ancien Gouvernement de la France* et la *Lettre sur les Parlements,* imprimées seulement en 1727. L'auteur y soutient cette thèse fameuse, passée depuis dans la croyance commune, que la noblesse française est franque, tandis que la roture est romaine.

On parla beaucoup de cette invention. Un grand nombre de lecteurs l'adoptèrent. L'abbé Dubos la réfuta dans son *Histoire critique de l'Établissement de la Monarchie française dans les Gaules* (1734). Depuis lors, les noms de Boulainvilliers et de Dubos ont représenté les deux partis auxquels on range les historiens : ce sont germanisme et romanisme. Selon Dubos, les constitutions de l'Europe n'accusaient d'auteur et de père que le régime romain ; l'invasion des Barbares n'y avait pu toucher ; la puissance de ceux-ci n'était qu'une légende. Cet auteur assure que, sous le titre de roi, Clovis lui-même n'avait exercé qu'une fonction formellement déléguée par l'empereur.

Bien que l'indifférence entre ces deux historiens ne soit pas permise, cependant il faut avouer que l'un et l'autre manquent du sérieux requis en ces matières. Leurs raisons sont faibles, incomplètes, leur information est insuffisante. Montesquieu, malgré toute sa science, n'avança que peu la question. Son goût des tours piquants et sentencieux n'a guère permis de recueillir de lui que cette formule célèbre, de la liberté « née dans les forêts de la Germanie ». A peu de chose près, ce grand esprit croyait ce que Hotman et Boulainvilliers ont cru.

Peut-être quelqu'un dira que la question est oiseuse, qu'elle n'intéresse que l'antiquaire. Mais il n'y a pas de thème historique où la politique ne soit concernée. Que ceux qui en doutent pèsent ces réflexions d'Augustin Thierry sur la Charte de Louis XVlII. Elles s'appliquent à la question présente :

> Louis XVIII tâcha, dit cet historien, de *prendre fortement son point d'appui dans l'histoire*, et en cela il eut raison.

Et il ajoute, au sujet de ce qu'il croit une erreur politique du roi :

> S'il est vrai que cette erreur fut en grande partie le fruit de préoccupations politiques, il n'est pas moins vrai que *l'incertitude qui régnait alors dans la théorie de notre histoire, que l'anarchie des systèmes légués par le XVIIIe siècle* y contribua.

Sieyès, dans sa fameuse brochure du *Tiers État*, conseille de renvoyer les nobles qui se défendent par un droit de conquête, « dans les forêts de la Franconie » : preuve que cet argument avait cours au temps de la Révolution. Mably, dont les écrits sont une cause de celle-ci, soutient que la liberté est l'invention de la Germanie. Seulement il la dit opprimée par l'établissement de la noblesse. C'est proprement la thèse d'Hotman. Ce père du jacobinisme s'accorde avec ce huguenot. Boulainvilliers fait de la noblesse, au contraire, une création de la Germanie. Tous conviennent, en ceci, que les nations modernes tirent des Barbares leur manière d'être. Aux yeux des démocrates d'entre eux, cette manière d'être s'oppose au régime impérial, comme la liberté au despotisme. Une fois de plus c'est ce que soutient Mlle de Lézardière dans sa *Théorie des Lois politiques de la Monarchie française*, parue en 1792.

Il est à peine nécessaire de dire que tous ces auteurs donnent dans l'illusion qui, attribuant aux races les âges de l'homme, tire argument de la prétendue jeunesse des races. Cette jeunesse leur paraît l'apanage des Barbares ; ils peignent l'Empire romain sous les traits d'un vieillard. Mais aucun texte n'autorise à faire crédit à une pareille peinture ? On ne citerait pas un fait qui prouve que les Romains d'alors se soient crus à .la fin de leur destinée. Tout ce que les modernes ont entassé là-dessus de figures et d'allégories, tout ce qu'ils ont tiré de traits d'éloquence et de conséquences philosophiques, n'est qu'un effet de la fantaisie.

Quant à la Germanie, on s'abuse quand on pense exprimer sous ce nom rien qui ressemble soit à un État, soit même à une nation. Nous parlons de décadence de l'Empire ; la décadence était le fait de la Germanie du v° siècle. Depuis le temps où Tacite avait écrit son livre, les peuples de ces contrées n'avaient fait que déchoir. Nous en tenons le témoignagne d'Ammien Marcellin, de Jornandès, de Procope, sans compter ce qu'on peut tirer de saint Grégoire de Tours à ce sujet. Sociétés politiques rompues, religions dissoutes, peuples décimés, nations éteintes, tel est le résumé précis de ces trois siècles pour la Germanie ; tel est l'état où on la trouve au moment de ce qu'on nomme l'invasion.

C'est un premier point. Le second, c'est que jamais ces débris de peuples ne conjurèrent contre l'Empire. L'Empire ne fut jamais pour ces peuples un ennemi dont ils aient recherché la destruction.

Il leur manquait pour cela l'union entre eux. Ce défaut d'union est si certain, la haine de l'Empire était si loin de leur imposer rien d'approchant, qu'ils recherchaient la paix du côté de l'Empire afin de se mieux battre entre eux. Ceci n'est point une opinion, mais les propres paroles

des Suèves à Honorius, rapportées dans Paul Orose [1],
qu'on ne lira pas sans intérêt :

Reste en paix, disent les Barbares à l'empereur, avec nous
tous ; laisse-nous seulement nous battre entre nous.
Tu cum omnibus pacem habe ; nos nobis confligimus.

L'Empire, loin d'être en horreur aux Germains, loin
de reconnaître en eux la cause de sa mort prochaine,
recevait d'eux des offres de service, qu'on acceptait. Des
soldats germains, des troupes germaines, étaient enrôlés
dans les armées romaines ; des Germains demandaient et
se voyaient accorder des offices dans les bureaux du
palais. Le type du Germain ennemi de Rome, méprisant
comme une déchéance les commodités d'existence qu'elle
offrait, plaçant au-dessus de ses corruptions les rudes
vertus d'une vie frugale et laborieuse, nous est devenu
si familier que nous le prenons pour un trait d'histoire.
Cependant il ne remonte pas au delà de l'*Horloge des
Princes ou Livre de Marc-Aurèle*, composé en 1529 par
Antoine de Guevara, d'où La Fontaine a tiré l'anecdote de
son *Paysan du Danube*. Elle ne provient d'aucun texte
ancien.

Les textes anciens disent tout le contraire. Le trait
suivant est de Tacite [2].

Deux ambassadeurs germains viennent à Rome. On
les conduit au théâtre. Ils remarquent quelques étrangers assis aux premiers rangs de l'assistance. « Ce sont,
leur dit-on aussitôt, des places d'honneur qu'on accorde
aux nations les plus amies de Rome. — Eh bien, répli-
quent ces ambassadeurs, aucune nation ne surpasse les
Germains en fidélité. » Et ils vont occuper ces places.

1. Chez Fustel de Coulanges, *l'Invasion germanique*, p. 311.
2. Chez Fustel de Coulanges, *l'Invasion germanique*, p. 315.

Quelques jours après ils quittent Rome, après s'être fait donner le titre de citoyens romains.

Voilà pour le mépris du luxe et des plaisirs de Rome que les Germains auraient professé, voilà pour la fierté qu'ils auraient mise à garder en face de ces pompes le nom de Germains et l'indépendance. Voici pour l'opinion que les Barbares avaient de l'édifice politique de Rome et du respect qu'il méritait. Le témoignage vient d'Olympiodore [1]. Ataulphe, selon cet auteur, avouait qu'il avait un moment songé à détruire l'Empire romain et à élever sur ses ruines un empire gothique, mais il renonça à ce projet.

S'étant aperçu, dit l'auteur ancien, que les Goths étaient encore trop barbares pour obéir à des lois, et que sans lois il est impossible de fonder un État, il s'était donné pour tâche d'employer les forces des Goths à rétablir le lustre et l'autorité de l'Empire romain.

Tel est le vrai tableau des choses. On n'y voit pas, entre le Germain et le Romain, d'inimitié héréditaire. « Pour les Germains d'alors, dit Fustel de Coulanges, l'ennemi héréditaire, c'est le Germain. » Ainsi les invasions barbares n'ont pas le caractère qu'on leur prête.

Ce qu'elles présentent de violences n'est pas l'effet d'un dessein formé, mais le résultat de circonstances qui n'ont accompagné qu'une partie de l'événement. Il est vrai que les incursions barbares, opérées de vive force et à main armée, sont ce qu'on en devait surtout retenir, parce qu'elles font autant de faits détachés et distincts, sujets à l'assignation des dates.

En 404, nous savons que Radagaise fit la conquête de l'Italie. Les Burgondes et les Visigoths envahissent la

---

1. Chez Fustel de Coulanges, ouv. cit., p. 514.

Gaule de 406 à 411. Une incursion des Francs est mise vers le même temps. Un demi-siècle plus tard, en 451, se place l'invasion d'Attila.

Voilà, dis-je, ce que nous retenons de l'histoire ; voilà ce qui vient au premier plan dans les récits. Cependant il faut considérer que les peuples ici nommés n'étaient pas à l'état de corps de nation, mais de bandes, et qu'ils ne venaient pas avec le dessein de conquérir, mais seulement de ravager. De ces Barbares il ne resta rien ; leur court passage ne fut marqué que par les brigandages qu'ils commirent. Ceux qui fondèrent les diverses monarchies au nombre desquelles compte la monarchie franque, sont des Barbares d'une autre sorte : c'est à connaître ceux-là qu'il convient de s'appliquer.

Ceux-là étaient entrés en Gaule non comme ennemis et combattants, mais à titre de colons et de soldats de l'Empire.

Rien n'est si constant que le fait de ces colonies barbares, autorisées par l'administration romaine, sur la demande même des Barbares. Michelet a feint [1] qu'ils le regrettaient ensuite, et que, bientôt las des avantages que donne la civilisation, ils s'empressaient de quitter ces établissements et de rejoindre la barbarie.

On sait, dit pompeusement cet auteur, le hardi voyage de ces pirates, qui partirent, *ennuyés de leur exil*, pour aller *revoir leur Rhin*, pillant sur les côtes de l'Asie, de la Grèce, de la Sicile, et vinrent aborder *tranquillement* dans la Frise et dans la Batavie.

Il est fâcheux que les textes qui rapportent le fait ne disent pas cela, ne contiennent rien de pareil à cette *réclame* en faveur de l'état sauvage. Michelet commente

1. Chez Fustel de Coulanges, ouv. cit., p. 369.

ici l'estampe mise en tête du *Discours de l'Inégalité parmi les hommes*, où l'on voit un sauvage, adopté par un Espagnol de la conquête, renoncer, quand vient l'âge d'homme, aux avantages de la société des blancs. « Il retourna, dit le texte, chez ses égaux. » Ce texte est de Rousseau ; mais Zozime, auquel est emprunté le voyage des pirates, ne dit autre chose sinon qu'après avoir pillé ils sont rentrés chez eux : 'Επανελθεῖν οἴκαδε ; ce qui ne signifie ni le Rhin, ni la Batavie, mais la colonie où ils vivaient établis, et à laquelle ils n'avaient garde de renoncer.

Il faut voir la manière dont Ammien Marcellin [1] fait parler les colons de l'Empire :

« Nous sommes prêts, disent ces Barbares, si c'est la volonté de l'empereur, à vivre dans les limites de l'Empire et à occuper un district aussi éloigné qu'on voudra ; désormais tranquilles, nous serons voués au culte de la paix comme d'une divinité bienfaisante, et nous accepterons les charges et même le nom de tributaires. »

Outre ces colonies, outre les troupes barbares, nombre de soldats barbares se trouvaient mêlés et confondus dans les armées de l'Empire, nombre de barbares vivaient dispersés dans l'Empire à l'état de colons. Ces individus dispersés renforçaient la situation des troupes et des colonies. Cette situation n'avait rien d'hostile, elle n'empruntait rien d'une rivalité de races. D'elle est sortie pourtant ce qu'on nomme la conquête ; l'établissement des Francs n'a pas d'autre origine.

Entre les tribus germaines qu'on désignait du nom de Francs, quelques-unes vivaient sur la rive gauche du Rhin, dans un pays où de bonne heure on leur voit Tournay pour capitale. Cette capitale, le roi qui y demeu-

1. Chez Fustel de Coulanges, *ouv. cit.*, p. 371.

rait, les tribus germaines ainsi groupées, c'est le berceau de la monarchie française.

Notez que le nom de Francs ne désigne pas une race ; il ne désigne pas non plus une confédération ; on croit qu'il s'applique à des bandes. Le premier de leurs princes connus d'une façon utile pour cette histoire est Childéric. Son tombeau a été découvert à Tournay. Les objets vénérables qu'il contenait, et dont l'électeur de Mayence fit présent dans le temps à Louis XIV, composent une partie du trésor de notre Cabinet de France.

Le commun de nos manuels représente dans ce prince le roi d'une nation établie dans la Gaule romaine par conquête. Il faut savoir que toute attestation d'une conquête des Francs fait défaut. Il faut savoir que l'histoire de Childéric offre des preuves certaines qu'il n'y en eut jamais.

Ces preuves sont contenues dans le récit fameux que les Chroniques de Saint-Denis ont transmis, de l'exil de Childéric et des adieux de Guinemond. Le mécontentement des Francs avait causé cet exil. Guinemond, avant qu'il partît, ayant partagé un besant, avertit le roi d'en emporter la moitié, promettant de lui faire passer l'autre moitié quand il serait temps pour lui de revenir. Saint Grégoire de Tours ajoute qu'à son départ, Egidius, maître de la milice, lui succéda. Ce nom est estropié par les moines de Saint-Denis; ils le nomment Gélon le Romain. L'intervention de cet officier de l'Empire prouve que, sous le nom de royaume des Francs, il ne faut entendre en ce temps-là qu'une dépendance de la puissance romaine. Frédégaire ajoute qu'Egidius choisit un vice-roi, *subregulus*.

Mais continuons. Childéric redevient roi. Dans quelles conditions ? Après une visite faite à l'empereur Libius Sévère dans Ravenne (le chroniqueur dit Rome par er-

reur), qui le rétablit contre Egidius. Il faut croire que
ce dernier avait manqué à la fidélité de l'empereur, car
Childéric parle à l'empereur en ces termes : « Ordonne
que moi, ton serviteur, j'aille en Gaule, et je te vengerai
d'Egidius. »

Ainsi ces Francs, les Francs d'où tire son origine la monarchie française, n'étaient pas conquérants, mais fédérés
de l'Empire. Seuls demeuraient ennemis de celui-ci les
Francs restés sur la rive droite du Rhin. Les nôtres se
composaient d'anciens Sicambres, de Chamaves et de
ceux qu'on appelait Saliens. Ils étaient peu nombreux.
Saint Grégoire de Tours en compte 3.000 baptisés avec
Clovis au baptistère de Reims ; il représente ces trois
mille hommes comme le peuple franc tout entier.

Maintenant remarquons une chose. Dans le pays qu'ils
occupaient, ces Barbares exerçaient au nom de l'Empire
toute l'autorité militaire. L'Empire ayant cessé de placer
des fonctionnaires civils auprès des représentants de
cette autorité, le pouvoir de ces Barbares s'étendit (au
nom de l'Empire toujours) jusqu'aux indigènes, qui
désormais ne furent distingués qu'en un point, savoir
que le droit romain réglait leur condition, tandis que le
droit barbare réglait celle des autres.

On conçoit aisément que ce pouvoir militaire, exercé
sans contrepoids, ait été pour les rois francs le commencement de l'indépendance. Le défaut d'empereur à
Ravenne la consomma en 476.

Que le lecteur veuille bien appliquer son esprit aux
effets de cette suppression. Elle n'est pas, comme on
croit, la suppression de l'Empire. L'Empire continuait
d'exister et d'être exercé par l'empereur résidant à Cons-
tantinople. Nous l'appelons empire d'Orient ; mais dans
les termes officiels il n'y eut jamais d'empire d'Orient.
Le récit d'un partage de l'Empire en deux par Théodose

n'est pas exactement conforme à la vérité historique ; il
n'y eut toujours qu'un seul Empire, quoiqu'il y eût en
effet deux empereurs. Chacun administrait la moitié de
l'Empire ; mais il fallait qu'ils prissent en commun certaines résolutions, comme le choix des consuls.

Ce que nous appelons la fin de l'empire d'Occident ne
fut donc en droit que la suppression d'un siège impérial
en Occident, le retour de tout l'Empire aux mains d'un
seul empereur. Cela n'est pas assuré seulement comme
conséquence de ce qui précède ; cela paraît jusque dans
la procédure tenue par Odoacre, le conquérant de Rome,
à l'égard de l'empereur grec Zénon.

Si tout ce qu'on a vu de la monarchie franque dans
les pages précédentes est exact, il faudra qu'il soit
vérifié comme suit. Depuis 476 cette monarchie devra
nous apparaître comme sujette des empereurs de Cons-
tantinople. Or c'est ce qu'on voit en effet. Les monnaies
franques portent l'effigie de ceux-ci ; cette circonstance
se prolonge sous Justinien et jusque sous Justin II. C'est
la confirmation de la thèse parfaitement établie par Fustel de Coulanges, et désormais incontestée.

Pendant ce temps, le fils de Childéric, délégué de
Rome, disputait aux autres délégués de Rome leur juridiction sur la Gaule. Tel est le caractère des guerres
que Clovis mena contre Syagrius, contre les Visigoths
et contre les Burgondes. Ce sont des luttes entre égaux,
que ne suit aucune conquête proprement dite. Une seule
fois on voit ce roi attaquer et vaincre de vrais ennemis ;
chose remarquable, ce sont des Germains : les Allemands, nation d'outre-Rhin.

Après la bataille de Vouillé, on sait que Clovis reçut
les insignes de consul, décernés par l'empereur Anastase.
Il les revêtit dans Tours en grande solennité. On conce-
vra maintenant le sens de cet événement. En droit, cet

empereur était son maître. Ajoutez qu'il ne l'était plus
que de nom. Le moment vint où le nom même de cette
dépendance fut effacé.

Dans deux passages d'une grande précision, l'auteur
de la Vie de saint Trévère résume la succession de ces
faits. Parlant de l'année 524, il écrit [1] :

C'était le temps où la Gaule était sous la domination de
l'empereur Justin.

Venant à l'année 539 :

Alors, dit-il, les rois, laissant de côté les droits de l'Empire et ne tenant plus compte de la souveraineté de la République romaine, gouvernaient en leur propre nom et exerçaient un pouvoir personnel.

On sait combien l'appui des évêques aida, depuis Clovis, la monarchie franque à acquérir cette indépendance. L'Empire cessa de nommer des préfets du prétoire ; ce que la Gaule conservait de troupes impériales
se donna aux Francs [2]: la conquête franque fut ainsi
consommée.

Elle n'a rien d'une conquête telle qu'on se la figure.
Quelqu'un dira peut-être que le résultat est le même,
qu'enfin l'autorité romaine fut remplacée par la barbare.
C'est oublier l'importance qu'a toujours dans l'histoire
la manière dont les événements ont lieu.

Les Francs devenaient maîtres sans prétendre aucun
droit ; aucun, hormis celui de leurs rois à gouverner la
Gaule, ne leur fut remis. L'autorité de l'Empire céda,
mais ce fut le droit germanique qui disparut, ce fut la
langue latine qu'on parla. La Gaule resta romaine sous
des rois francs.

1. Chez Fustel de Coulanges, ouv. cit., p. 510.
2. V. Procope, même ouvrage, p. 494.

Ces rois francs se firent Romains eux-mêmes autant qu'ils purent, autant que la barbarie originelle, soutenue de celle qui croissait autour d'eux, le permettait. Ils ne changèrent rien en principe à l'administration romaine. Au milieu du désordre causé par la dislocation de l'Empire, ils prirent autant qu'il se pouvait la place des anciens fonctionnaires impériaux ; ils se substituèrent au préfet du prétoire et au maître de la milice.

Comme il n'y eut pas de conquête alors, il n'y eut pas davantage de confiscation de terre ; il n'y eut pas de distribution de terres des rois francs à leurs soldats. Ces terres distribuées, qui n'existèrent pas, n'eurent garde de se nommer *alleu*, comme l'impriment faussement les manuels qui continuent de circuler dans nos collèges. Dans *l'Alleu et le Domaine rural*, Fustel de Coulanges a démontré que le mot alleu ne veut dire qu'« héritage ». Contre trente ou quarante textes allégués par M. Glasson, tous lus par ce dernier sans critique suffisante, il démontre, au chapitre v de ce livre, qu'aucune propriété collective des Francs ne se nomma *marca* dans la Gaule.

Ainsi aucun établissement d'un régime franc n'a signalé la conquête franque ; ainsi la féodalité ne saurait venir d'un régime franc.

Aucune institution apportée par les Francs n'a changé les destinées de la Gaule, n'a décidé de son avenir. Rien de ce qu'on trouve dans son histoire plus tard, n'est l'apport de la Germanie. Le seul effet de l'invasion fut le désordre. Les suites de ce désordre furent considérables ; elles n'ont en soi rien de germanique.

Telle est la conclusion qu'imposent les faits contenus dans ce chapitre. La conséquence en est considérable. Elle s'étend jusqu'aux conditions de la vie civile dans notre pays. Le germanisme a fait pis encore que nous rendre infidèles à la culture latine, il a soufflé chez nous la guerre civile. Deux classes de citoyens, représentées l'une à l'autre comme les descendants de deux races ennemies, se sont éprises d'une haine réciproque dont les éclats ont remué la France jusqu'aux fondements, et dont le feu impie n'est point éteint. En prouvant la fausseté du préjugé germanique, l'historien sent la joie de s'attaquer aux causes les plus profondes de cette haine. Il recueille la gloire de les dissiper.

« On se représente ordinairement, dit Fustel de Coulanges, au début de l'histoire de la France une grande invasion de Germains. On se figure la Gaule vaincue, conquise, asservie. Cet événement a pris dans les livres et dans les imaginations des proportions énormes. Il semble qu'il ait changé la face du pays et donné à ses destinées une direction qu'elles n'auraient pas eue sans lui. Il est, pour beaucoup d'historiens et pour la foule, la source d'où est venue tout l'ancien régime. Les seigneurs féodaux passent pour être les fils des Germains, et les serfs de la glèbe pour être les fils des Gaulois. Une conquête, c'est-à-dire un acte brutal, se place ainsi comme l'origine unique de l'ancienne société française. Tous les grands faits de notre histoire sont expliqués et jugés au nom de cette iniquité première. La féodalité est représentée comme le règne des conquérants, l'affranchissement des communes comme le réveil des vaincus, et la révolution de 1789 comme leur revanche.

« Il faut reconnaître que cette manière d'envisager l'histoire n'est pas ancienne. Les anciens chroniqueurs, qui étaient contemporains de ce que nous appelons l'invasion germanique, mentionnent beaucoup de ravages et de dévastations ; ils ne parlent jamais d'une conquête, c'est-à-dire d'une race vaincue et d'une population asservie. Cette idée n'apparaît pas davantage dans les écrivains des siècles suivants. Le Moyen Age a beaucoup

écrit ; ni dans ses chroniques ni dans ses romans nous
ne trouvons trace d'une conquête générale de la Gaule.
On y parle sans cesse de seigneurs et de serfs, mais on
n'y dit jamais que les seigneurs soient les fils des conquérants, ou que les serfs soient les fils des vaincus. Philippe de Beaumanoir au XIIIᵉ siècle, Comines au XVIᵉ et
une foule d'autres cherchent à expliquer l'origine de
l'inégalité sociale, et il ne leur vient pas à l'esprit que
la féodalité et le servage dérivent d'une ancienne conquête. L'opinion qui place au début de notre histoire une
grande invasion, qui partage dès lors la population française en deux races inégales et ennemies, n'a commencé
à poindre qu'au XVIIᵉ siècle, elle a surtout pris crédit au
XVIIIᵉ et pèse encore sur notre société présente ; opinion
dangereuse qui a répandu dans les esprits des idées fausses sur la manière dont se constituent les sociétés humaines, qui a répandu aussi dans les cœurs des sentiments
mauvais de haine et de vengeance [1]. »

C'est de tels sentiments qu'il convient de s'affranchir,
en rétablissant la vérité de l'histoire.

1. *Revue des Deux Mondes*, 15 ma 1872.

CHAPITRE III

LE GERMANISME. — II. LES CARLOVINGIENS

Le préjugé germanique est tenace. Délogé de la monarchie franque des origines, il s'installe dans le commentaire de ses destinées ultérieures.

Les temps mérovingiens sont remplis de guerres civiles. Il n'est pas un manuel de classe qui ne mêle au récit de ces guerres les échappées d'une politique profonde. Dans ce style important que M. Thiers enseigne, où des grimaces d'éloquence classique couvrent un vide de science et de réflexion, ils découvrent à nos yeux toute l'histoire d'une transformation de régime, attestée dans les effets de ces guerres. Cet air philosophe, ayant pour effet de mettre de l'ordre dans des récits autrement monotones, est favorablement accueilli du lecteur. Ainsi s'explique le crédit rencontré par des inventions aussi téméraires que frivoles, et la sécurité avec laquelle on continue de les répéter après des réfutations péremptoires.

Je rappelle qu'en 573 Sigebert, roi d'Austrasie, petit-fils de Clovis, déclara la guerre à Chilpéric, roi de Neustrie, son frère, meurtrier de Galesuinde, par le conseil et l'excitation de Brunehaut sa femme, sœur de celle-ci. Chilpéric allait être pris dans Tournay (575), quand Frédégonde, qu'il avait épousée, fit assassiner Sigebert. Childebert, son fils, fut proclamé. Le meurtre de Chilpéric lui-même, qui survint, réduisit les deux partis à l'impuissance. Gontran, troisième frère, intervient, pour profiter, sous le nom de médiateur, de la jeunesse de ses neveux. Brunehaut et lui s'accordèrent par le traité d'Andelot, en 587. Gontran mourut en 593, et la guerre recommença. Childebert périt empoisonné (596). Les deux petits-fils de Brunehaut, maîtres chacun d'une partie de l'héritage, se liguent contre la Neustrie. Frédégonde meurt en 597. Théodebert, l'un des deux princes, fait défection ; l'autre, Thierry, le poursuit, le bat et le fait mourir en 612. Lui-même meurt en 613. Cette mort livre Brunehaut au fils de Frédégonde, Clotaire II, qui ordonne son supplice.

C'est la première période de cette histoire. La fin en est marquée en outre par l'édit de Clotaire II, en 614. L'autre période est remplie des noms d'Ébroïn et de saint Léger.

Le premier fut maire du palais de Neustrie en 659. Le second prit contre lui le parti des grands, qu'il voulait abaisser. Après plusieurs vicissitudes, Ébroïn triomphe, met à mort saint Léger, là-dessus mène la guerre contre l'Austrasie, puis meurt assassiné en 681. En 687, la bataille de Testry range sous la puissance de Pépin d'Héristal, maire d'Austrasie, toute la monarchie franque.

Tels sont les événements que les modernes ont accommodés en système, de la façon que je vais dire, en se fondant sur plusieurs remarques.

La première est que l'Austrasie, qui eut Metz pour capitale, était de population moins romaine que germanique ; d'assez bonne heure l'allemand régna comme langue vulgaire dans cette contrée. Au contraire, la Neustrie est toute latine de langue ; sa capitale était Paris. En conséquence les historiens supposent que la guerre que se firent ces deux États tenait à de profondes diver-

sités de mœurs et à des conceptions politiques différentes; ces conceptions, ces mœurs étant l'effet de la race.

En suivant cette idée, ils en sont venus à prendre et
à faire regarder la bataille de Testry comme un triomphe
des mœurs germaines et des préférences politiques germaniques. La dynastie carlovingienne, dont cette bataille
assura le pouvoir, est représentée de la sorte comme
l'instrument d'un triomphe du germanisme.

Un second point consiste dans la réputation qu'on
donne à la reine Brunehaut d'avoir aimé, recherché, pro-
pagé la civilisation romaine. C'est un lieu commun de
nos manuels d'histoire. Les tours Brunehaut, les chaussées Brunehaut, qu'on trouve ainsi nommées en quelques
endroits de notre pays, ont fait de la sorte une merveilleuse fortune. Représentée comme auteur de ces anciens
monuments, cette reine revêt aux yeux de la postérité
le visage classique des princes bâtisseurs, amis de la civilisation. Il n'y en avait pas d'autre que la romaine.
Michelet a là-dessus quelques paroles émues, qui font
sans doute le plus grand honneur à l'imagination romantique. Ces seuls témoignages lui sont garants que le souvenir de Brunehaut avait effacé celui des Romains dans
nos provinces du Nord. Touchante reconnaissance des
peuples! on ne nous dit pas de quels bienfaits.

Maintenant voici la conséquence qu'on tire. Une trahison des grands d'Austrasie fut la cause qui livra Brunehaut à Clotaire. Le germanisme, qu'on se pique de découvrir dans les causes du malheur de cette amie de Rome,
passe en conséquence pour avoir été le fait de ces grands
d'Austrasie. Ainsi le parti des nobles est le parti des
Germains. Dans je ne sais combien d'esprits ces deux
idées sont comme identiques; par là le système se corrobore. Il se présente dans une parfaite symétrie, dans
un accord irréprochable.

La guerre civile se change en guerre de race. La guerre
de race déclare l'antagonisme de deux systèmes politiques : le monarchique et l'aristocratique ; l'un administratif, imité de l'Empire ; l'autre déjà féodal, issu de la
Germanie.

Ce qu'on vient de lire a pu faire mesurer la témérité
d'un commentaire de faits en eux-mêmes indifférents. Ce
qui suit montre davantage : il met en lumière l'erreur
de fait.

On assure que le traité d'Andelot est un pas en avant
de l'aristocratie d'alors, une victoire du principe féodal
et des nobles sur la monarchie franque latinisée. La raison de cela est que les terres que les grands tenaient à
titre de bénéfices auraient été changées alors en donations perpétuelles.

En second lieu, on représente l'édit de 614 comme le
triomphe définitif de la même cause. Par cet édit, dit-on,
Clotaire II se soumettait à l'obligation de ne plus choisir,
pour chaque pays, les comtes que parmi les propriétaires
du pays.

On peut à peine donner une idée du tapage que les
historiens ont fait de cet édit de 614. Michelet l'a nommé
de sa propre autorité une *constitution perpétuelle*. Le mot
a passé de là dans les manuels d'histoire, les auteurs de
ceux-ci ayant cru que les textes fournissaient cette désignation. Tel est le sans-gêne que ces historiens pratiquent.
Puis on a représenté que les rois fainéants étaient un effet
de cette « constitution », laquelle, faisant passer aux
nobles les réalités du pouvoir, ne devait plus leur laisser
que l'oisiveté en partage.

Tout cela sans doute a de quoi séduire mille gens qui
ne voient dans l'histoire qu'un jeu d'esprit. Tout cela
pourtant est controuvé, et le système qui s'en compose

n'est pas même à l'état de commencement dans les choses.

On ne trouve à cet égard dans les documents qu'un silence absolu. Nulle mention, nulle trace, nulle ouverture de la lutte d'un parti de l'aristocratie contre la royauté à cette époque. Nul retentissement, nul écho, nul soupçon d'un triomphe de ce parti. Ni saint Grégoire de Tours, ni Frédégaire, ni un seul auteur des Vies de saints, sources importantes alors, n'indiquent cela. Ils n'indiquent pas non plus que des mœurs différentes de celles de la Neustrie aient triomphé en Austrasie, qu'aucune influence germaine ait distingué celle-ci. Quant à ce dernier point, une chose est certaine, c'est les rapports entretenus entre l'Austrasie et l'Aquitaine, que les mêmes historiens réputent plus latine encore que la Neustrie.

On ne trouve nulle part dans les documents qu'un groupe d'hommes quelconque ait voulu établir un gouvernement différent de celui que représentait la monarchie mérovingienne, ni que, faisant cela, ils aient eu la pensée de chasser les influences latines. Nulle part, dans les documents, on ne trouve que la reine Brunehaut ait protégé ces influences et que leur cause ait été la sienne. D'aucun de ces points on ne peut apporter de témoignage, on ne peut fournir aucun texte, et pour cause.

C'est que toutes ces guerres civiles n'ont que des causes privées. Tout ce qu'on a imaginé de politique et de national pour les grandir, est autant de peine prise en dépit du vrai. Des haines de famille, des adultères, la cupidité, la vengeance, ont armé les uns contre les autres des Barbares investis de la puissance suprême. Des intérêts particuliers ont mis en mouvement ces forces publiques. Voilà ce que l'historien constate. Voilà ce qu'aucun préjugé ne doit l'empêcher de constater. La vraie méthode de l'histoire n'est pas de vouloir trouver partout des causes égales aux événements. De grandes

masses peuvent être mues pour de petites raisons. Avant
la vanité de paraître profond, le véritable historien met
le devoir de rester véridique ; il assigne des causes générales aux événements, quand il y en a ; il n'en rapporte
que de petites, de communes, de monotones et dénuées
d'intérêt, quand il n'én existe pas d'autres.

Mais la pédanterie ne s'accommode pas de cela. Elle
veut trouver du mystère à toute chose. Elle rit des chroniqueurs anciens qui rapportent les faits simplement,
sans y mettre ces liaisons profondes dont son amour de
la rhétorique s'excite. Ne leur dites pas que des raisons
inaperçues des auteurs du temps n'existent pas : elles
existent, au contraire, à cause de cela. Les plus suspects
des auteurs à leurs yeux sont les contemporains eux-
mêmes ; ce sont eux qui n'ont pas compris les événements. A nous de découvrir le passé, d'en débrouiller le
sens véritable ; et la manière pour cela, c'est invariablement de prêter aux anciens les idées que nous avons
nous-mêmes et que le temps a mises à la mode. La
mode fait qu'on les croit éternelles, de sorte que s'en
servir pour expliquer le passé est regardé comme le
droit élémentaire du philosophe.

Il faut voir de quelle sorte un sot historien se gonfle
et s'admire dans le jugement profond qui lui découvre
ainsi les tréfonds de l'histoire.

Cette mesure, dit Henri Martin de l'édit de 614, cette
mesure avait *une bien autre portée* que le motif qui lui est
assigné ne le ferait supposer. *Il est surprenant que les historiens ne s'y soient pas arrêtés davantage.*

Cela est surprenant en effet. C'est peut-être que le
motif assigné par les textes ne mentionne pas cette *bien
autre portée.* L'oracle continue en ces termes :

Le droit qu'avaient les rois de nommer les comtes fut
réduit à *néant*, et c'était un pas *immense* de l'aristocratie.

Tel est le style qu'on nous vante à l'école. On assure
même que l'art d'écrire l'histoire date en France de ces
auteurs-là. La revue des faits ainsi achevée chez eux,
leur lyrisme inepte se donne carrière. Henri Martin voit
un symbole dans le cheval qui traîna Brunehaut, amie
des Romains, par la queue. Aux yeux de ce profond
penseur, cette scène est « l'image de l'*indomptable* barbarie achevant de mettre en pièces la vieille civilisation ».

Michelet a mieux encore. Sa verve est de franche mascarade. Comme il faut expliquer pourquoi Childéric II,
quoique roi d'Austrasie, partant germanique et féodal, se
déclare cependant contre les nobles, l'historien que vante
M. Aulard écrit :

Cependant l'Austrasien Childéric eut *à peine respiré l'air
de la Neustrie*, qu'il devint lui-même un ennemi des grands[1].

C'est de cette philosophie, c'est de ce ton qu'on bâcle,
sous le nom vénérable d'histoire, l'apologie de la Révolution.

Après le contact d'un pareil style, il est rafraîchissant
d'entendre Fustel, écrivant, sur le même sujet, ce que
voici[2] :

« Plusieurs historiens modernes ont attribué à la reine
Brunehaut de grands desseins ; mais aucun des écrivains
contemporains ne paraît soupçonner qu'elle les ait eus.
Ni Grégoire ni Frédégaire ne parlent de sa politique.
L'idée qu'elle ait travaillé au triomphe d'un certain sys-
tème de gouvernement n'existe nulle part. Quelques

1. *Histoire de France*, éd. de 1876, t. I, p. 170.
2. *Transformation de la Monarchie carolingienne*, p. 23.

églises qu'elle bâtit, quelques routes que peut-être elle répara, ne prouvent pas qu'elle ait eu le génie de l'administration. »

A défaut de tant de mesure et de sagesse, dirai-je que le persiflage historique de Voltaire est plus près du vrai à cet égard que la pédanterie gourmée des modernes? Il reprend d'un air d'impertinence le récit que Montesquieu fait de ces guerres civiles [1], en dépeint les horreurs, en fait à plaisir éclater l'absence de dessein politique et de philosophie, puis là-dessus ajoute le plus froidement du monde : « Tel fut longtemps l'*esprit des lois* dans la monarchie naissante. »

Aux théories que j'ai rapportées, l'histoire n'oppose pas seulement son silence, mais un démenti éclatant. Ce démenti vient de la splendeur que jettent précisément dans le temps où l'on place l'abaissement de la monarchie mérovingienne, les règnes de Clotaire II et de Dagobert.

La grandeur de ces princes est un des traits fameux de l'histoire. M. Zeller, cependant, n'hésite pas à les ranger parmi les rois fainéants. C'est que leur règne est postérieur à l'édit de 614. Ce classement serait à peine croyable. Pour se convaincre qu'il est, qu'on ouvre la collection de *l'Histoire de France racontée par les contemporains*, commencée d'imprimer en 1880. Dans cette histoire racontée par les contemporains, les contemporains ne soufflant mot de l'importance que M. Zeller attribue à l'édit de 614, M. Zeller intervient lui-même, pour suppléer les contemporains et leur montrer là-dessus leur devoir :

Le triomphe de Clotaire, dit M. Zeller, fut celui des Austrasiens (*Clotaire était roi de Neustrie*) et de l'aristocratie

---

1. *Esprit des lois*, I. XXXI, ch. i et ii.

dont la trahison avait livré Brunehaut... Clotaire II dut accepter un compromis qui, *bien plus encore* que le traité d'Andelot, consacrait les progrès faits par l'aristocratie territoriale aux dépens de la royauté. L'assemblée de 614 imposa au roi une convention qui est *un véritable renversement* du système monarchique imité de l'empire romain.

Bien plus encore..., *véritable renversement...*, *bien autre portée...*, *réduit à néant...*, *pas immense...*, tous ces auteurs déclament. C'est l'unique ressource de l'erreur. Voici la preuve de celle à laquelle ils s'adonnent.

A commencer par le traité d'Andelot, il n'est pas vrai que ce document marque aucun privilège nouveau pour les grands de la monarchie franque. La teneur de ce traité, qui par l'accord de Brunehaut et de Gontran termine une première fois la guerre civile, est entre autres que les donations faites par les rois, soit aux églises, soit à leurs fidèles, seront gardées à ceux-ci fidèlement : *fideliter conservetur*. Cet article a servi de fondement à tout le commentaire que je viens de dire. Cependant il ne dit rien qui ressemble à la transformation des bénéfices en héritages. Il n'exprime autre chose, et fort naturellement, que ce qui de tout temps a été nécessaire à la suite de quelque bouleversement, guerre étrangère ou guerre civile : les restitutions après la paix.

Ainsi ce prétendu premier pas de l'aristocratie n'est rien. C'est l'article banal d'un traité dont l'objet n'est à aucun degré de régler les prérogatives des grands envers la monarchie, par la raison qu'il ne termine aucune guerre entre les rois et les grands, mais entre des rois seulement. Tout ce qu'on y a vu de plus est illusion.

Venons à l'édit de 614, à cette époque mémorable qui fait une si belle division de « l'histoire de France racontée par les contemporains », de M. Zeller. Cet édit contient un article dont voici la rédaction latine :

Nullus judex de aliis provinciis aut regionibus in alia loca ordinetur. Qu'aucun *juge* de quelques régions ou provinces ne soit nommé dans d'autres lieux, afin (continue ce document) que, si le *juge* fait quelque mal en quelque matière que ce soit, il restitue sur sa fortune propre ce qu'il aura enlevé sans droit.

Tel est le texte. On imagine que le juge, *judex*, dont il s'agit, ne signifiant (comme il arrive) qu'un fonctionnaire, désigne le comte. Ainsi le comte ne pourrait être choisi que dans le pays dont on le fait gouverneur.

Cette interprétation n'a de défaut qu'un seul, qui est de ne pas considérer ce qui se passa en effet depuis l'édit. Le fait est qu'après 614 comme avant cette date, les comtes *(comites)*, ceux qui gouvernaient les cités *(civitates)* au nom du roi, ont continué d'être choisis dans d'autres provinces que les leurs. Il est donc parfaitement impossible que les juges dont on parle soient les comtes. Il est vrai qu'on pourrait prétendre que l'édit resta sans effet. L'avantage des nobles en ce cas serait nul.

Mais une chose apparaît aux yeux des historiens mieux informés. C'est que les comtes, qui n'étaient aucune sorte d'aristocratie territoriale, mais simplement des fonctionnaires, une aristocratie *palatine*, ne devaient pas souhaiter un règlement comme celui qu'on suppose. Restreindre les conditions de leur nomination ne pouvait leur être avantageux. De toutes ces remarques il suit que *judex* ne peut être interprété ainsi, qu'on ne saurait le prendre pour le comte, mais pour les fonctionnaires d'ordre inférieur, vicaires et centeniers à la nomination de celui-ci.

Ainsi l'édit de 614, comme le traité d'Andelot, reste en dehors d'une histoire prétendue de l'offensive des grands et des progrès de leurs privilèges au détriment de la monarchie.

Ce qui vient d'être dit de ces grands mérite d'être considéré. On s'en fait de nos jours une idée inexacte. Il n'est pas jusqu'au nom de leudes qui ne concoure à nous tromper. *Leudes* nous est à leur égard comme le titre de leur noblesse ; mais ce mot ne signifie rien de pareil. Le prince disait : mes leudes, comme on dit : mes hommes ou mes gens. *Leudes* ne s'employait qu'au possessif, on ne disait pas absolument : les leudes.

Ces leudes du roi donc n'étaient pas autre chose que de grands officiers du palais. On ne conteste pas que l'opposition au maître ait pu naître chez eux ; encore faut-il remarquer de quelle sorte cette opposition pouvait être, venant d'une telle classe d'hommes. Elle ne pouvait venir que d'ambition, non d'aucun sentiment d'une fonction sociale. Quand nous prêtons aux menées de cette aristocratie le sens, devenu trivial dans l'histoire moderne, d'une revendication d'intérêts généraux méconnus par la monarchie, nous nous trompons d'époque et de genre. Imaginer ce que seraient, dans un relâchement du pouvoir, les intrigues de nos préfets contre le ministère est un meilleur chemin de comprendre ces événements. L'opposition, l'action de cette aristocratie ne pouvait être politique.

A la tête de ce corps de fonctionnaires se trouvait, comme on sait, le maire du palais. Ce maire du palais n'est le symbole d'aucun système de gouvernement, il ne représente aucun principe. Fonctionnaire au même titre que les autres, il ne saurait agir qu'en fonctionnaire, soit obéissant et fidèle, soit révolté. Cette révolte ne portera jamais le caractère de ce qu'on peut légitimement appeler une opposition aristocratique.

Les mêmes illusions entretenues à propos du traité d'Andelot et de l'édit de 614 se sont donné cours à propos de l'histoire d'Ébroïn. Henri Martin assure que ce

maire du palais voulait abattre l'aristocratie « au profit
de la couronne et des masses ».

Mais quoi, la couronne et les masses ! Ces choses se
contrarient chez le pauvre Henri Martin. Le pauvre Henri
Martin est pour la liberté ; mais l'histoire donne quelquefois à ce mot un sens favorable à l'aristocratie ; notre
homme, par horreur de l'aristocratie, se rejette vers la
royauté, que le dogme révolutionnaire déclare pourtant
ennemie de la liberté du peuple.

Ne nous lassons pas de répéter qu'un républicain est
deux fois incapable d'écrire l'histoire : premièrement à
cause des limites étroites et proprement contre-historiques
de sa philosophie, en second lieu à cause des alliances
téméraires et contradictoires que le culte imbécile du mot
de liberté lui a fait contracter en divers lieux de l'histoire, notamment à Rome et dans l'antiquité. Aussi n'y
a-t-il pas de plus burlesque spectacle que celui de cette
démocratie libérale, tiraillée entre l'éloge des libertés aristocratiques et celui des libertés démocratiques, prenant
le parti d'Ébroïn, tout en regrettant ce qu'il écrase :

La classe anarchique des leudes, dit le pauvre Henri Martin, ayant été incapable d'user de ses avantages sur la monarchie pour fonder un gouvernement aristocratique un peu régulier (notre auteur aurait permis cela et n'ayant produit sous
le titre de mairie qu'une espèce de sous-royauté (voilà le
crime), *il était naturel* (vraiment !) que la mairie s'animât
d'instincts monarchiques et *se retournât contre le parti qui
l'avait créée.*

Voilà, foi d'historien, ce qui était *naturel*. Ébroïn, quoique maire du palais, persécute les nobles. Lecteur, imaginez l'effet de ce mot de *noble* sur un républicain. Quoi !
noble contre noble ! quelle apparence ? et comment, entre
noble et noble, le républicain choisira-t-il ? Il sera pour
le noble qui frappe les nobles, et contre le noble qui,

ayant pu se servir des nobles contre le roi, protecteur-né des nobles, a mieux aimé frapper les nobles au nom du roi. Voilà au vrai sa philosophie, voilà l'état bourrelé de son âme. Voilà la Révolution aux prises avec l'histoire.

Augustin Thierry garde un parti moins ridicule, plus convenable aux mérites incontestables de son esprit ; il tient pour le système romain. Il assure que le salut de la monarchie française était de bâtir sur ce principe ; il déteste avec le germanisme tout ascendant de l'aristocratie. Mais revenons au bon sens et à l'histoire.

La bataille de Testry, par où se terminent les guerres civiles ouvertes par Ébroïn, ne fut donc la victoire ni d'un parti politique, ni d'une race. Elle ne fut pas même celle d'un État. Elle ne fut que la consécration d'une famille : la famille des Carlovingiens.

Les Carlovingiens se consolidèrent au pouvoir par l'effet de la continuité d'une même charge dans la même famille. Maires du palais d'oncle en neveu, de père en fils, ils joignaient aux facilités d'avancement que donnait cette charge plusieurs avantages personnels qui leur permirent d'en profiter.

Pépin de Landen occupa la mairie vingt-cinq ans, durant un quart de siècle, sous des rois enfants, ou dont l'absence remettait le pouvoir en ses mains. En même temps l'essor de sa fortune privée, ses propriétés, ses alliances, le mettaient en mesure, par diverses pratiques, d'accaparer en fait l'hérédité. Le renom de piété et de sainteté qui reposait sur cette famille ajoutait à tous ces prestiges. Fustel l'appelle une famille de grands propriétaires et de saints.

La mairie du palais commandait tout, parce que le palais concentrait tout : c'était au propre toute l'administration. Et dans cette concentration, chose notable, aucun grand office ne se rencontrait dont la mairie pût recevoir ombrage. Point de maître de la milice, comme au temps des Romains ; pas de maître des offices, pas de *comes largitionum*. Par là l'importance de la fonction, enflée du crédit des personnes, put croître l'importance de celles-ci sans limites. Ils prirent le titre de duc des Francs et sous ce nom, depuis la bataille de Testry, gouvernèrent toute la monarchie.

Ainsi aucun triomphe de l'esprit germanique n'est requis pour expliquer l'avènement des Pépins et de Charlemagne. Cet avènement n'est l'effet et la preuve d'aucun retour d'une race dont les Mérovingiens n'avaient pas réussi à assurer le triomphe. Maintenant, faut-il admettre qu'un retour de ce genre suivit en réalité l'avènement de la dynastie carlovingienne ?

La réponse à cette question se présente d'elle-même. Elle tient dans le caractère plus romain que jamais assumé par la monarchie de Charlemagne. Le titre d'empereur qu'il prit vient à propos pour nous en avertir. Mais on peut faire une objection tirée de l'établissement du système féodal.

Personne ne conteste que le système féodal ne se soit constitué sous les Carlovingiens. Tous les historiens clairvoyants ont avoué que, dès le règne de Charlemagne, la féodalité était faite, que seul l'ascendant particulier de l'empereur masquait le morcellement qu'elle devait entraîner. Seulement j'ai dit que la féodalité n'est pas la même chose que le germanisme. Il s'agit d'en rapporter les preuves.

C'est ici le point principal du préjugé germanique. L'éclaircissement de ce point seulement permettra de s'en défaire tout à fait.

Il faut remarquer d'abord qu'amis et ennemis se concentrent dans la défense de ce point. Ennemis de l'aristocratie, comme Augustin Thierry, ou amis, comme Boulainvilliers, se rencontrent en ceci, qu'ils la font venir de la conquête. Les partisans du système féodal font l'éloge de la Germanie ; les révolutionnaires l'accusent, retenus seulement par le plaisir qu'ils sentent à voir le régime féodal tenir en échec la royauté. Il faut montrer que les uns et les autres prennent un faux objet de leur amour et de leur haine.

L'argument qu'on tire de la conquête a été réfuté au chapitre précédent. N'y ayant point eu de conquête, il n'y a pas eu de race conquérante. Aucune classe de citoyens français ne peut donc se vanter de descendre des conquérants, aucune ne peut se plaindre d'être victime d'une ancienne servitude guerrière. Cependant les germanistes allèguent des témoignages d'une prééminence ancienne d'une race sur l'autre, au temps même de la monarchie franque. Sera-t-il permis de dire que, de quelque manière que les Francs se soient établis dans la Gaule, le fait d'une condition privilégiée de ceux-ci est au moins certain dans la suite ? de sorte qu'à tout le moins l'antagonisme de race est au sein de la nation française, comme la différence de race est à la base de son ancienne constitution.

Les témoignages dont je parle se rapportent au *wergeld*, à ce fameux prix du sang, dont on a tant parlé depuis cent ans par le monde, et que Fustel de Coulanges réfute dans un chapitre que M. Jullian a omis dans l'édition posthume de son Histoire [1]. C'est donc le *wergeld* qu'il faut examiner.

On l'a confondu avec la composition. Celle-ci consiste dans les réparations dont les familles conviennent entre elles quand l'une a reçu quelque détriment de l'autre. La composition soustrait le coupable aux peines que les

1. V. *Histoire des Institutions de l'ancienne France*, édition de 1875, p. 482.

tribunaux prononcent ; elle n'est pas le fait de la justice,
mais l'expression de commodités ; elle n'est pas ordonnée
par le pouvoir social, mais acceptée par les parties ; elle
n'est pas d'ordre public, mais privé. Au nombre des
injures sujettes à se payer par la composition, le meurtre
est compté. La famille du mort consent d'abandonner
plainte moyennant un accommodement. Ces accommodements consistent en argent, dont le taux est fixé par
certaines conventions. Les sommes réclamées de la sorte
varient avec la qualité du mort et diverses autres circonstances. Le taux de ces sommes est réglé dans le
wergeld.

Précisément parlant, le *wergeld* est une estimation en
argent des hommes, selon la classe à laquelle ils appartiennent. Il dépasse le champ de la composition. On n'y
trouve pas seulement les sommes à payer en échange de
l'honneur ou de la vie d'un tel homme, mais encore
celles qu'un tel homme doit payer en vertu de sa qualité.

La pratique des compositions était dans les mœurs des
Romains. Il faut noter cependant que les lois étaient
contraires. Les Barbares furent si éloignés d'apporter
avec eux un tel usage du *wergeld*, qu'ils épousèrent à
cet égard l'hostilité de la loi romaine. Les Burgondes et
les Visigoths défendirent la composition pour le meurtre.
Leurs lois n'en portent pas moins fixation du *wergeld*.
Ainsi, et c'est un premier point, le *wergeld* ne porte
aucunement le caractère d'un marchandage de la vie des
hommes, n'étant pas établi en vue de la composition, qui
seule ordonne ce marchandage. Cependant il prise en
argent les hommes, et les prix qu'il marque sont différents.

Là-dessus, on a écrit et répété que ces prix changeaient
avec la race. C'est le point essentiel du débat. Celui qui
avait tué un Franc payait 200 sous d'or ; pour un Romain

c'était 100 sous seulement. Voilà ce qu'on assure et la
preuve qu'on apporte des effets de la conquête ou de son
équivalent sous le régime de la monarchie franque.
Les hommes y étaient inégaux, non en vertu des conditions sociales, mais en considération des races dont
ils étaient issus. Le descendant du Barbare envahisseur
était estimé deux fois le prix du Romain indigène. Deux
peuples vivaient sur le même sol, sans mélange, dans
un antagonisme que chaque application de différences
si grandes devait aigrir.

Entre ces existences disparates, dit Augustin Thierry, la
loi criminelle du peuple dominant établissait, par le tarif des
amendes pour crime ou délit contre les personnes, une sorte
de hiérarchie, point de départ du mouvement d'assimilation
et de transformation graduelle qui, après quatre siècles écou-
lés, du v° au x° siècle, fit naître la société des temps féodaux.

Cette conséquence a paru très certaine. Cependant le
fondement y manque absolument. C'est que l'inégalité
marquée dans le *wergeld* n'eut jamais le sens qu'on imagine.

Premièrement, si telle avait été l'inégalité des deux
races, l'attestation ne s'en trouverait pas seulement dans
quelques constitutions ; les auteurs en feraient mention,
on en verrait l'effet et le retentissement dans la plupart des récits de l'époque, où se rencontreraient des
hommes de l'une et de l'autre race. Or le cas est tout
contraire. Pas un auteur du temps ne fait mention
d'une différence entre Romains et Francs. Pas un même
ne dit qu'il y ait des Romains et des Francs. Cette différence est passée sous silence, ce qui fait croire qu'elle
était ignorée. Comment donc supposer qu'elle ait donné
matière à des traitements à ce point inégaux ? Manifestement cela est impossible. En mettant de côté tout

jugement exprimé au sujet d'un pareil traitement, en accordant que les écrivains d'alors, habitués à ce que nous regardons aujourd'hui comme une injustice, aient omis de s'en indigner, encore n'auraient-ils pu se dispenser d'en parler, ne fût-ce qu'à cause des conséquences de fait qu'elle aurait jetées dans la vie de tous les jours. Or, dans aucune circonstance, à aucun propos, dans pas un texte, cette situation ne se laisse soupçonner.

En second lieu, quand même l'intention eût été de maintenir cette inégalité entre les sujets français, on ne voit pas comment on aurait pu y pourvoir. Nous avons des preuves innombrables, d'une part, de mariages contractés entre des Francs et des Romains, d'autre part, de la confusion des noms : nombre de Romains portant des noms germaniques, nombre de Francs portant des noms latins. L'embarras de deviner d'abord, de décider ensuite à laquelle des deux races tel ou tel homme appartenait, devait être extrême et parfois insoluble. Or, d'une part, étant insoluble, on ne peut imaginer qu'une loi de différence eût obligé à le trancher ; d'autre part, l'entretien de cette confusion ne se concevrait pas dans une société où les uns auraient eu tant d'intérêt à se distinguer des autres et n'auraient pas manqué des moyens de le faire.

Enfin et troisièmement, l'effet de la différence dont on parle eût été illusoire. En effet, la société d'alors est toute soumise à ce principe que les Romains avaient droit de n'être jugés que d'après les règles du droit romain, même dans un procès avec des Francs, même à titre de défendeurs. La différence qu'on rapporte du *wergeld* n'est que dans la loi barbare. Quelle apparence qu'on fût allé inscrire dans les lois barbares l'infériorité d'hommes à qui l'on gardait le droit de se faire juger d'après d'autres lois ? Apparemment la famille romaine, à qui le *wergeld* franc n'accordait que la moitié, eût réclamé et obtenu le tout en excipant des règles de la composition romaine.

Cette triple remarque préjuge la question. Elle la préjuge absolument. La loi franque du *wergeld* n'a pu être ce qu'on prétend.

L'erreur est venue de ce qu'on n'a pas compris le sens des termes latins qu'elle emploie. Le mot *francus* qu'on y lit ne signifie pas un Franc, ni le mot *romanus* un Romain. *Francus* signifie un homme libre. Ce sens est établi par l'alternance qu'on remarque de ce mot avec *ingenuus*. D'un autre côté, *romanus* alterne avec *ecclesiasticus* et *regius*. Ces trois qualités désignent des affranchis ; on les appelle en général *tabularii*. Un texte de ces lois dispose que le fils de l'*ingenuus* qui épouse une *tabularia* de l'une des trois classes devient *tabularius* lui-même d'une des trois classes, entre lesquelles *romanus* est cité. Il est clair que *romanus* ici ne reçoit aucun sens de nation, mais de condition sociale seulement.

Ainsi les inégalités marquées dans le *wergeld* ne tombent pas sur les races, mais sur les classes. Un Romain n'est pas prisé au-dessous d'un Franc, mais un affranchi au-dessous d'un homme libre. Ainsi ces inégalités ne peuvent servir à prouver aucune prééminence de la race franque sur la romaine, partant aucune introduction des institutions germaniques, aucune part de ces institutions dans l'avènement de la féodalité.

Au reste, il faut avouer qu'en deux ou trois endroits la rédaction de la loi salique présente un emploi du mot *francus* qu'on peut se croire obligé d'expliquer par la race. Mais cette explication, que ne saurait imposer un si petit nombre de passages, ne peut être reçue sans jeter l'historien dans des difficultés inextricables.

D'où est donc venue la féodalité ?

En un mot, du désordre causé par l'envahissement des Barbares et par la dislocation de l'Empire. Imaginer qu'elle est l'effet des institutions romaines, n'est pas plus conforme à la vérité que de la tirer de la Germanie. La féodalité est née des conditions que l'affaiblissement de l'autorité, le relâchement de l'administration, le brigandage, l'insécurité causée par l'état de guerre faisaient désormais à la vie des hommes.

Dans une difficulté de vivre dont les derniers siècles n'offraient pas d'exemple, chacun chercha sa sécurité dans l'obéissance d'un plus fort. Les hommes s'engagèrent aux hommes. Sujets auparavant, ils se firent fidèles. Le droit public qui protégeait les citoyens de l'Empire romain fit place aux garanties de l'engagement personnel.

A cette transformation sociale on ne peut douter que quelques institutions germaniques aient servi de point de départ. Il en fut de même d'assez d'institutions romaines. La preuve de ce dernier point est donnée par Fustel de Coulanges dans son livre des *Origines du Système féodal*. On y voit le bénéfice et le patronat, tels qu'ils se pratiquèrent dans l'Empire, servir dans leur développement à la constitution de la féodalité. A ce résultat servit surtout l'institution du précaire romain, sorte de bénéfice incessamment révocable, dont la pratique a plus d'une ressemblance avec ce qu'on vit fleurir plus tard.

On peut demander, dans tout cela, quel avait été le rôle de la première dynastie. Dépouillé du prestige des grandes luttes de principes et de races dont une fausse histoire l'environna, le rôle qu'on lui voit jouer s'humanise. Il rentre dans une notion plus vraisemblable des choses.

Héritière de l'administration que l'Empire avait établie dans la Gaule, on ne peut louer cette monarchie de l'avoir maintenue et réparée. Soit que ces princes en fussent incapables, soit inclémence des temps, l'affaiblissement de la puissance publique se poursuivit entre leurs mains. Doués d'assez de sens politique pour ne rien faire qui dût en précipiter la ruine, soigneux au contraire de conserver ce qu'ils en pouvaient apprécier, ils représentent tout le degré de politique et de civilisation qui se pouvait en ces temps-là, et de la part d'une dynastie barbare. De ce qui restait de l'Empire ils conservent tout ce qui maintenait, dans la lente décadence du gouvernement romain, les attributs d'un État régulier.

Cette aurore d'une monarchie est la fin d'un régime ; n'oublions pas au moins que cette monarchie maintenait les débris de ce régime. L'union dont elle était garante préparait l'unité française. Elle assurait l'essentiel des bienfaits liés à l'existence d'un grand État, et que notre pays est seul à avoir connu dès ces temps-là. L'antiquité de la monarchie française n'est pas une vaine gloire dynastique, un vain prestige des antiquaires : elle est un bienfait national.

Entre plusieurs effets de ce bienfait, il faut compter la protection contre les attaques du dehors et la mise à l'abri des invasions nouvelles.

CHAPITRE IV

SUR LA MONARCHIE CAPÉTIENNE
I. LE PRÉJUGÉ DÉMOCRATIQUE ET LE MÉPRIS DE LA FONCTION ROYALE

Personne ne conteste que la France moderne, qui réalise le dessein d'un grand État, ne soit une conquête de l'unité politique sur la dispersion féodale. Le signe matériel de cette conquête est dans les accroissements territoriaux de la monarchie.

Il faut imaginer ce qu'était la dispersion dont il s'agit, au temps des derniers Carlovingiens, sous Lothaire et Louis d'Outre-Mer, sous Hugues Capet et sous les premiers Capétiens, au x⁰ et au xɪ⁰ siècle. En ce temps-là, il est comme impossible d'assigner un lieu à la nation française, je veux dire à son lien d'unité. Est-ce Laon, où résident les derniers descendants de Charlemagne ? Est-ce Paris, capitale des ducs de France ? Quant au pouvoir de ces princes, il est nul ou à peu près. L'autorité suprême qu'on leur reconnaît se borne à quelques cérémonies auxquelles n'est attachée nulle puissance effective. Un monde de vassaux, suzerains à leur tour de vassaux et d'arrière-vassaux, compose sous eux une hiérarchie sans fin, dont l'étendue leur fait honneur, mais tient en respect leur vain titre.

Ce qu'une telle dispersion du pouvoir eût produit, si elle eût duré, il n'est pas difficile de le dire. Elle eût

éternisé le désordre, par le double effet qui caractérise
cet état de la société : l'anarchie intérieure et les guerres
féodales. La création de l'unité française a été le remède
à ces maux.

Or, remarquons-le à la honte du plus sot des préjugés
modernes, cette création et partant les bienfaits qu'elle
comporte sont l'œuvre de la monarchie.

J'appelle ce préjugé démocratique. Il fait bon marché
de l'importance des rois. Il ne défend pas d'avouer que
les monarchies sont bonnes à donner l'essor aux nations,
en particulier dans l'ordre militaire. On convient que
l'action du roi est à peu près nécessaire à l'empire que
donnent la diplomatie et la guerre ; mais quant à la prospérité, c'est chose sûre que la monarchie n'y est pas
nécessaire. La monarchie est regardée comme un article
de luxe. Sans roi, on a le bonheur dans la médiocrité.
J'ajourne ici la question de savoir si les nations peuvent
se promettre la prospérité sans conquêtes d'aucune sorte.
Supposez qu'elles le puissent, voilà ce qu'on dit des rois.
Bons pour rendre les États glorieux, on n'imagine pas
qu'il rentre dans leur fonction de les créer.

Et l'on se remplit l'esprit de cette chimère : Les peuples
existant par eux-mêmes ; les nations nées du seul besoin
que les citoyens avaient de les former, ou même du seul
profit qu'ils trouvent à en faire partie.

C'est en vertu d'une conception si belle qu'ayant distingué le prince de la nation, on agite mille questions
devenues insolubles par là, et qui n'auraient pas même
de sens, supposé que cette distinction fût fausse. On
demande par quelle prévention les historiens se sont
adonnés à l'histoire des princes seulement et ont négligé
celle des peuples.

Ce propos-là est répandu de nos jours. Les articles de
journaux, les circulaires d'État, les préfaces des manuels,

sont pleins des récriminations qu'il suggère. Augustin Thierry paraît être le premier des historiens sérieux qui l'aient tenu. Remarquons que ce préjugé s'accorde avec l'apothéose moderne du principe immanent de race.

On n'apprendra peut-être pas sans intérêt qu'il remonte au XVIII° siècle, et qu'à cette époque l'abbé Velly, qui avait pris dans le public la place de Daniel et de Mézeray, s'en faisait l'écho en ces termes, dans la préface de son *Histoire de France :*

> Bornés, dit-il parlant des autres historiens, à nous apprendre les victoires ou les défaites du souverain, ils ne nous disent rien ou presque rien des peuples qu'il a rendus heureux ou malheureux. On ne trouve dans leurs écrits que longues descriptions de sièges et de batailles, nulle mention des mœurs ou de l'esprit de la nation. Elle y est presque toujours *sacrifiée* à un seul homme... C'est le défaut qu'on a tâché d'éviter dans cette nouvelle *Histoire de France.* L'idée qu'on s'y propose est de donner, avec les annales des princes qui ont régné, *celles de la nation* qu'ils ont bien ou mal gouvernée, de joindre au nom des héros qui ont reculé nos frontières ceux *des génies qui ont étendu nos lumières,* etc.

Ces paroles semblent inoffensives, cependant elles sont funestes et n'annoncent rien moins que la ruine de l'histoire. Que le vieux Du Haillan s'y entend mieux, qui dit au contraire que ces choses « n'appartiennent en rien à l'histoire, laquelle ne doit traiter qu'affaires d'État, comme les conseils des princes, leurs entreprises, et les causes, les effets et les événements d'icelles ».

Il ne faut mêler de matières ensemble que celles qui s'expliquent l'une par l'autre. Les mœurs des peuples n'entrent que peu dans les causes qui servent à expliquer le succès des États. Il y a un temps pour l'histoire des mœurs, il y en a un autre pour l'histoire politique, laquelle se nomme tout simplement l'*histoire.* Après

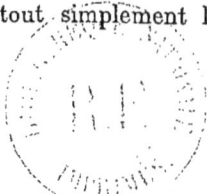

cette histoire-là, rien n'empêche qu'on ne fasse l'autre ;
qu'on ne passe à celle du luminaire et des cartes à jouer.
L'erreur serait de les confondre.

Contre le sophisme qui revendique les droits des
peuples contre l'histoire des rois, il doit être permis
d'appeler l'histoire de France en témoignage. Elle est
très propre à ce dessein. En effet, l'œuvre des premiers
Capétiens nous montre, aux débuts de cette histoire,
non pas l'essor de la puissance française, mais la création de notre patrie.

J'ai dit que la matière en fut façonnée par César, et
que dès lors la Gaule avait formé une nation. La création de la monarchie franque vint lui donner une forme
indépendante ; mais tous ces événements n'avaient rien
assuré. Au contraire, ils eurent si peu de suite qu'on
voit la maison capétienne obligée de tout reprendre à
son avènement.

La décadence de l'ordre public accompagnait à cette
époque l'affaiblissement de la royauté. La conséquence
est à retenir ; n'oublions pas que, dans ces commencements, ces deux faits sont comme inséparables.

On les voit se produire bientôt après la mort de
Charlemagne, dans les guerres que se livrèrent les fils
de Louis le Débonnaire, qui mirent tout l'Empire en
rumeur et qui, prolongées après la mort de ce dernier,
aboutissent au partage de 843.

Le fatalisme évolutionniste, qui ne connaît que des
causes immanentes, souvent impossibles à découvrir,
mais toujours faciles à inventer, n'a pas manqué d'explications pour ces faits-là plus que pour les autres. De
même qu'il attribue la formation de chacun des États
modernes à l'inéluctable exigence d'une nationalité qui

se cherche, de même il attribue le partage de l'empir
de Charlemagne à l'invincible action des races.

Selon les tenants de ces systèmes, des conflits de races
que la main puissante de Charlemagne avait rapprochées
pour un temps engendrèrent et devaient engendrer la
guerre entre ses descendants. Mais comment d'une cause
si importante n'est-il fait de mention dans aucun écrit du
temps ? Il est à peine croyable combien les questions
de race étaient ignorées à cette époque. Tout fait croire
que les races s'ignoraient elles-mêmes, bien loin de se
rendre auteurs d'aucun conflit.

Ce qu'il y a dans cette affaire de tout à fait péremp-
toire, c'est la manière dont fut réglé le partage entre les
fils de Louis le Débonnaire. On ne peut rien voir de
moins conforme aux races. Par exemple, les États de
Lothaire allaient du Weser jusqu'à Venise, unissant ensemble la Frise, la Lorraine, la Franche-Comté, la Provence, la Lombardie et la Toscane. On se demandera
quelle race une telle frontière eut pour effet de rendre à
ses destinées. Au prix d'un pareil mélange, le scandale,
fameux dans l'école libérale, des traités de 1815 n'est
rien. Je m'adresse à l'école des évolutionnistes, qui est
la même, et je demande comment on aurait jamais songé
à terminer un conflit de races par les partages du traité
de Verdun.

La vérité est que la guerre qu'il termine n'eut d'autre
cause que les puissances féodales. Le témoignage s'en
trouve dans les auteurs du temps.

A la nouvelle de la mort de son père, dit Nithard [1], Lothaire fit savoir partout qu'il laisserait les bénéfices et les
dignités à tous ceux qui les possédaient déjà, pourvu qu'ils

1. Chez Fustel de Coulanges, *les Transformations de la Royauté*,
p. 632.

se fissent ses fidèles. *Dubios quoque fidei sacramento firmari præcepit.*

Ainsi la circonstance de ce serment permet à Lothaire de se fortifier, et par là l'encourage à la guerre. Cette guerre elle-même et les forces qu'il y déploie ne sont donc autre chose que l'effet de l'institution féodale.

A leur tour les vassaux demandent la guerre. Ils redoutent entre les princes un accord qui permettrait de se passer d'eux. Rien à cet égard n'est plus curieux que les termes du serment de Strasbourg, juré par Charles le Chauve et Louis le Germanique en présence de l'armée de leurs vassaux. On le représente comme un engagement des deux frères l'un à l'autre. Au livre IV de ses *Transformations de la Royauté carolingienne*, Fustel de Coulanges en a donné l'explication. La vérité est que l'engagement est pris par chacun des deux princes envers ses vassaux. Se jurant entre eux devant ceux-ci une alliance militaire, ils ne manquent pas de mentionner que ce serment les lie envers ceux qui en sont témoins :

Quoniam vos de nostra stabili fide ac firma fraternitate dubitare credimus, hoc sacramentum inter nos in conspectu vestro jurare decrevimus : Parce que nous croyons que vous doutez de notre constante foi et de notre ferme attachement fraternel, nous avons décidé de nous jurer ce serment en votre présence.

Cet engagement envers les vassaux n'est pas une promesse, mais un traité, dont la sanction même n'est pas omise :

Si sacramentum quod fratri meo juravero violare præsumpsero, a subditione mea et a juramento quod mihi jurastis unumquemque vestrum absolvo : Si jamais je viole le serment que je vais jurer à mon frère, je vous relève tous et chacun du serment que vous m'avez fait à moi-même.

On ne saurait demander des termes plus clairs. On n'en saurait, dis-je, imaginer qui marquent mieux la cause de guerres reposant sur de pareilles alliances : à savoir la constitution féodale, les dispositions qu'elle entretient, ainsi que les liens qu'elle impose.

On sait comment l'empire de Charlemagne, reconstitué un peu plus tard dans une unité éphémère, fut partagé de nouveau et pour toujours après la déposition de Charles le Gros en 888. C'est alors que le royaume des Francs eut pour la première fois un roi de la famille des Capétiens. C'était Eudes, comte de Paris.

La monarchie se trouva bornée à l'est par la Meuse et par le Rhône. Cette frontière était formée de la Lorraine, partie de la Germanie, qui revint à Arnould, lequel fut bientôt remplacé par la maison de Franconie ; de la Bourgogne et de la Provence, réunies peu après sous le nom de royaume d'Arles, puis inféodées à l'Empire.

Ce partage n'inspire aucune remarque particulière ; l'état intérieur du royaume est ce qui doit retenir notre attention.

On y voit les grands feudataires tenir en échec la royauté. Ils étaient auteurs de ces partages, et tout ce que peuvent naturellement prétendre les arbitres d'une situation appartenait à ces princes. Ce qui restait était peu de chose : c'était la part de la couronne. Au temps du roi Lothaire, en 854, le domaine royal est réduit au comté de Laon et aux villas royales de l'Oise, au nombre desquelles étaient Compiègne et Verberie. Les conséquences de cet état se montrent, d'une part, dans l'événement de guerres dont la monarchie sans défense est l'enjeu entre les seigneurs. Herbert, comte de Vermandois, s'étant emparé de Charles le Simple, tient en réserve ce descendant de Charlemagne contre Raoul devenu roi. D'autre part, les grands fiefs oscillent entre la France et l'étranger ; la Lorraine, la Bourgogne, en offrent des exemples. A l'avènement de Charles le Simple, un grand feudataire porte la Lorraine sous l'obéissance de ce prince, et cette province devient fief de France ; à l'avènement de Raoul, on la voit retourner à l'Allemagne. Tant d'instabilité rend impossible tout avancement de l'État français.

Un troisième effet de la situation consiste dans le prolongement des discordes intestines entre des maisons de grandeur égale, trop puissantes pour recevoir la paix de celle qui tient, avec la descendance de Charlemagne, l'office d'arbitre et le nom de roi. Le mépris de cet office et de ce nom permet aux comtes de Vermandois, aux ducs de Bourgogne, aux ducs de France des guerres où le désordre se prolonge et semble ne devoir jamais finir.

Sur tout ceci, joignez le mal inévitable des États faibles et divisés, la peine que porte partout ce désordre intérieur, l'avertissement que les hommes ont toujours reçu et recevront toujours d'avoir à former des patries : l'envahissement de l'étranger. C'est ici l'invasion des Normands. Les phases de ce fléau terrible accompagnent les révolutions de la monarchie carlovingienne. Jamais on ne vit, dans l'ordre de l'invasion étrangère, de signes plus accusateurs de la faiblesse d'un État. On ne se borne pas à la subir, on traite avec l'envahisseur, on traite avec lui de l'invasion. Charles le Gros, par un traité en règle, en 889, concède aux Normands le ravage de la Bourgogne. Charles le Simple en 911 les établit dans le gouvernement de la Normandie. La France n'échappe pour quelque temps à la dévastation que par le partage.

Tel est le tableau dont il convient de composer une préface à l'avènement définitif des princes capétiens au trône. Cet avènement commence le rétablissement de l'ordre. Notre pays leur en doit le bienfait.

Cet ordre ne pouvait se rétablir que par l'unité politique. Le défaut de cette unité était la cause de tant de désordres. La restauration de l'unité fut l'œuvre de la royauté.

Il ne faut pas dire royauté capétienne. Il n'y a pas de royauté capétienne. Nombre d'auteurs tiennent à cette désignation, parce qu'ils entendent par là une certaine essence et nature, une détermination particulière de l'autorité suprême dans la personne des Capétiens. Ils appellent cette autorité la monarchie féodale.

Il s'agit ici d'une de ces déterminations de principe délicates, mais dont l'extrême importance se fait sentir dans les effets. Augustin Thierry s'imagine que la monarchie française a reçu l'empreinte d'absolutisme de son origine féodale.

La royauté regardée, dit cet historien, comme un droit personnel et non comme une fonction publique, le roi propriétaire par-dessus tous les propriétaires, le roi tenant de Dieu seul : ces maximes fondamentales de notre ancienne monarchie dérivent toutes de l'ordre de choses qui modelait la condition de chaque homme sur celle de son domaine et sanctionnait l'asservissement de tous les domaines hors un seul [1].

Le même auteur allègue en preuve de cette origine, que la monarchie française a cherché dans la loi salique (qu'il compte pour féodale) sa règle de succession au trône.

Augustin Thierry n'est pas seul à abuser de ce fait.

1. *Lettres sur l'Histoire de France*, édit. in-12, p. 129.

Rien n'est plus commun chez les métaphysiciens de l'histoire que de tirer des conséquences extrêmes de l'usage
qui fut fait par les Capétiens de la loi salique. Mais c'est
une chose qu'on ne doit pas permettre, cet usage étant
de circonstance et n'ayant tenu à aucune raison de principe. C'est une question de savoir si, par une disposition
générale qui réglait les héritages, la loi salique devait
s'appliquer au trône ; mais, cette question mise de côté,
il est certain qu'on ne s'avisa d'en requérir l'autorité
qu'à cause du péril où fut mise tout à coup, par le défaut
d'héritiers mâles, après trois cents ans de succession
masculine, la stabilité de la monarchie. La chance voulut qu'on trouvât ce moyen. La France fut assez heureuse pour posséder dans d'anciens monuments de quoi
fixer son droit national et arrêter le consentement des
peuples à ce qui faisait leur indépendance. Il est sûr
qu'on n'y eût jamais songé, qu'on se fût gardé de faire
parler le passé et de solliciter ses oracles, si l'apparence
d'anciennes dispositions eût contrarié le bien du royaume
et l'intérêt de la dynastie. L'utilité de la loi salique en
ceci assura son autorité. Cette autorité n'est pas quelque
chose d'essentiel à la monarchie. Quand on aurait le
droit de la nommer féodale, la monarchie n'en prendrait
pour cela aucun caractère de féodalité.

De la part d'auteurs comme Augustin Thierry, il faut
savoir que l'assertion contraire entra dans le dessein de
justifier, comme seul conforme à l'ordre de l'histoire
de France, ce qu'on appela dans le temps le *système* :
c'est la monarchie de Louis-Philippe. Il s'agissait, en se
rangeant à celle-ci, d'éliminer le caractère féodal introduit par violence contre l'ordre romain et regardé comme
inséparable de la royauté traditionnelle.

Nouvelle occasion de mesurer l'influence de la philosophie de l'histoire sur le train de la politique. Des hom-

mes de ce crédit et de cette importance ont apporté le poids de leur adhésion, l'autorité de leur approbation à la monarchie de Louis-Philippe à cause de l'idée qu'ils se faisaient du cours des choses au xᵉ siècle. La politique au xixᵉ ressentait l'effet de ces idées. L'histoire de Hugues Capet se changeait, par l'effet d'une philosophie, en forces vives et agissantes contre la maison de France et le carlisme. Tant il y a, dans l'histoire expliquée, d'importance immédiate et pratique.

Guizot, dans une définition de la monarchie de Hugues Capet, se plaît à suggérer des traits de comparaison avec celle dont il fut le ministre ; justifiant discrètement la nouveauté de celle-ci au moyen de ce qu'il trouve de nouveau dans celle-là. On remarquera le choix des termes de ce curieux morceau :

Ses ancêtres n'avaient été ni empereurs, ni souverains de tout le territoire ; les grands possesseurs de fiefs n'avaient pas été ses officiers ou bénéficiers ; il était *l'un d'entre eux,* sorti de leurs rangs, jusque-là leur égal. *Ce titre de roi,* qu'il s'appropriait, *pouvait leur déplaire,* mais non leur porter *sérieusement* ombrage. *Ce qui portait ombrage dans la royauté carlovingienne, c'était ses souvenirs,* son passé : c'était un roi parvenu en harmonie avec une *société renouvelée.*

Le roi parvenu de la féodalité autorisait après dix siècles le parvenu de la bourgeoisie, une société bourgeoise nouvelle exigeant cette révolution en symétrie de celle que la société féodale avait faite dans sa nouveauté. Le goût régnant du Moyen Age tournait les esprits vers ces souvenirs. La figure de Robert le Fort se rendait plus familière que celle de Louis XIV. Dans l'embarras de nommer d'un nom d'ancien régime le petit-fils du roi à sa naissance, celui des comtes de Paris revêcut comme de lui-même. Un passé si ancien n'était plus un passé ; ces souvenirs oubliés ne portaient pas d'ombrage. On va voir que tout cela n'était que des illusions.

L'avènement de Hugues Capet est l'œuvre de la féodalité sans doute, mais le caractère qui s'ensuivait pour lui, effet d'une fonction plus vieille que cet avènement, antérieure à la féodalité même, n'avait rien de féodal pour cela.

Les seigneurs qui firent Hugues Capet roi choisirent, il est vrai, la personne ; ils ne créèrent pas la fonction. Comme ils ne la créèrent pas, cette fonction n'a pas tenu d'eux son essence ; la nature de l'autorité royale, conférée une fois par les seigneurs, ne tint rien des idées de ces seigneurs ni des conditions de leur puissance. Chez les modernes on voit des changements de principes signalés à l'attention des hommes par des changements de vocabulaire : *roi des Français* s'y trouve distingué de *roi de France*. Cet instrument de changement n'existait pas alors. Comme aucune charte ni constitution ne fut avec cela imposée, tout ce qu'on veut bien imaginer de transformation du principe monarchique avec Hugues Capet demeure en l'air.

C'est ce qu'établit parfaitement M. Luchaire dans sa savante et judicieuse *Histoire des Institutions politiques de la France sous les premiers capétiens.*

Aucune charte ni constitution ne fut la condition d'accession d'Hugues Capet à la couronne. Il succéda dans les mêmes termes qu'eût pu faire un Carlovingien. Remarquons qu'il n'était pas même le premier de sa race à régner. Avant lui, Eudes et Robert avaient porté le titre de roi de France. La couronne fut remise à Hugues Capet telle que Robert et Eudes l'avaient reçue, telle qu'elle avait repassé des mains de ces derniers dans celles des derniers descendants de Charlemagne. Personne ne pria les seigneurs de décider sur un principe, et ils n'y songèrent point eux-mêmes.

On objecte que, roi de la féodalité, choisi tel au temps de ce régime, il ne pouvait sous ce nom recevoir de fonction que celle que reconnaît la féodalité, c'est-à-dire de chef de fidèles. Mais comment se fût-il regardé comme un chef de fidèles, quand le prince dont il prenait la place se regardait comme tout autre chose ? Il faudrait prouver que la féodalité n'avait laissé debout dans le monde qu'elle-même. C'est justement ce que met en question la persistance de la royauté.

Il ne suffit pas de dire en général que les mœurs transforment tout dans le monde, d'en appeler d'un air entendu à l'éternelle évolution des choses sous la survivance des mots. Le propre des institutions est justement de fixer ce qui se doit, au milieu de cette évolution ; c'est le service qu'en attendent les hommes. En soi, il n'est pas plus contre la vraisemblance de considérer la royauté survivant, quoique non féodale par essence, dans la société féodale, que de l'assimiler à celle-ci ; en fait et d'après le témoignage de l'histoire, c'est le premier cas qui est arrivé.

L'histoire ne marque rien du changement dont on parle. L'élection de Hugues ne fut pas d'une autre sorte que celles qui avaient mis la couronne sur la tête des derniers Carlovingiens. Il n'est pas jusqu'à la cérémonie du sacre dont le retour identique n'atteste l'identité de la fonction. Dans quelques histoires, il est vrai, on trouve qu'Hugues Capet ne porta pas la couronne ; on trouve aussi la fameuse anecdote du comte Adalbert de Périgord lui répondant : Qui t'a fait roi ? Ni l'un ni l'autre trait ne sont vrais. Ils appartiennent aux récits de basse époque, auxquels on ne peut pas se fier.

Il faut aussi considérer l'idée que le roi se faisait lui-même de sa fonction.

Hugues nomme les Carlovingiens *ses prédécesseurs.*
Cela prouve qu'il croyait régner en même façon qu'ils avaient fait. Mourin, dans ses *Comtes de Paris,* traite ces formules de faiblesse de parvenu. Il compare de ce fait Hugues Capet à Napoléon « qui se croyait, dit-il, le successeur de Louis XIV bien plus que le représentant de la Révolution ».

Cela s'appelle habiller les textes au lieu de s'instruire par leur moyen. Voici un exemple de ces formules :

Ut sicut temporis Caroli serenissimi imperatoris necnon etiam domini Odinis gloriosissimi regis ommiumque prædecessorum nostrorum... : Afin que comme au temps du sérénissime empereur Charles, et aussi de monseigneur le glorieux roi Eudes, et de tous nos prédécesseurs...

A cette remarque joignez celle d'un rappel fréquent des rois de la Bible d'une part, et des empereurs romains de l'autre : c'est assez pour prouver que les rois capétiens n'ont jamais cru régner d'une autre façon qu'on avait fait avant eux, et en vertu d'un principe nouveau.

Aussi bien, rien n'empêche que nous examinions la définition de la royauté, chez eux et chez leurs sujets ou vassaux. On trouve cette définition dans le serment de Philippe Ier par exemple : « Conserver à chacun la justice qui lui est due, faire droit à tous, mettre le peuple en possession de ses droits légitimes. » Dans une lettre d'Eudes de Blois au roi Robert, on lit : « La racine et le fruit de ta charge, c'est la justice et la paix : *Officii tui radicem et fructum : justitiam loquor et pacem.* » Ce sont là les communs propos du genre humain sur la prérogative royale. On n'y trouve pas trace d'un devoir imposé par un fait aussi particulier que serait celui d'une émanation féodale.

Cette notion de la fonction royale et de son pouvoir universel était conservée dans l'Église. C'est à celle-ci que nous voyons en ce temps-là appartenir la garde des notions d'essence traditionnelle et romaine. La notion de l'autorité suprême entretenue dans l'Empire romain demeure sous les Capétiens, chez elle et autour d'elle, attachée à la dignité de roi de France.

Il ne s'agit pas de mots seulement. En dépit des limitations qu'apporte le régime féodal, en dépit de l'extrême affaiblissement du pouvoir royal en ce temps-là, on n'en voit pas moins ce pouvoir pourvu d'attributs particuliers, qui sont absents de tous les degrés de la hiérarchie féodale.

Le roi avait autorité sur le domaine ecclésiastique. Il tenait de sa fonction au-dessus des grands vassaux des droits qui jamais n'eussent été concédés à la seule qualité de seigneur suzerain. En 1132, Louis VI demande à Thierry d'Alsace, comte de Flandre, de protéger l'évêque d'Arras. Il le fait en arguant de parenté entre eux ; mais le document ne laisse aucun doute sur le caractère d'autorité que ces adoucissements accompagnent. En 1024, l'empereur Henri II étant mort, le roi de France annonce le projet d'envahir la Lorraine et de faire valoir sur cette province les droits de la dynastie carlovingienne : preuve de continuité entre ces princes et lui, en même temps que du caractère unique attaché à la royauté. Enfin c'est un fait qu'on ne peut contester, qu'outre l'hommage prescrit par le droit féodal, le roi continue de recevoir le serment de fidélité qu'avait reçu Charlemagne. Il le recevait de ses vassaux, non des arrière-vassaux il est vrai, mais on ne peut voir dans ce serment autre chose qu'un attribut royal.

Retenons aussi que les villas du fisc carlovingien, Compiègne, Verberie, continuaient d'appartenir au roi, à un titre que ne connut jamais le droit féodal.

Le fait dont on vient de lire les témoignages est, comme j'ai dit, de la plus grande importance. Il n'est rien moins que la conservation de l'institution royale dans les temps féodaux. Extérieure, supérieure au régime féodal, cette institution constitua comme une réserve dont devait profiter l'avenir. En elle subsistait l'instrument nécessaire de l'ordre et de l'unité. Au-dessus du morcellement, l'unité politique conservait ce point d'appui.

En fait, cette unité n'est pas venue d'ailleurs. La royauté fut son instrument, le fondement unique de son rétablissement. La fin de ce chapitre le fera voir.

Le domaine royal sous Hugues Capet avait une étendue très petite. On croit la mesurer par deux provinces, l'Ile-de-France et l'Orléanais; en réalité, elle n'atteignait pas cela ; elle n'avait rien de la continuité offerte par les cartes dans ces limites. Le roi avait à lui, du nord au sud : Senlis, Paris, Étampes et Orléans ; chez ses voisins, à l'état d'enclaves, il possédait Dreux et Montreuil ; à titre d'abbé, il commandait en outre aux abbayes de Saint-Martin de Tours, de Saint-Germain-des-Prés, de Saint-Maur-des-Fossés, de Saint-Aignan d'Orléans, de Saint-Riquier.

Autour du roi s'étendaient sept grands fiefs: Flandre, Bourgogne, Guienne, Gascogne, Toulouse et Poitiers, Barcelone, Gothie. Les titulaires de ces fiefs étaient les héritiers (comme les ducs de France devenus rois) des ducs ou *marquis* auxquels la monarchie avait confié, dans le ix° siècle, le commandement héréditaire d'une *marche* ou province frontière. A ces grands fiefs ainsi constitués, il faut joindre la Normandie, le comté d'An-

jou et celui de Blois, anciennes vicomtés dont l'importance tient un premier rang en ce temps-là.

Le dessein d'établir sa domination sur tant d'égaux,
dont plusieurs le passaient en puissance, ne pouvait aller
sans de longues et pénibles préparations. On en suit le
progrès d'une façon constante depuis le règne de Louis
le Gros.

L'action de ce roi se contint dans son propre domaine,
envers ses vassaux immédiats. Qui voudra concevoir les
faibles commencements d'une aussi grande puissance que
la monarchie française, et les difficultés qui l'exerçaient
alors, devra imaginer dans de petits barons comme Bou-
chard de Montmorency, comme la maison de Rochefort,
les adversaires du roi de France. Rochefort près de Dour-
dan, Châteaufort près de Chevreuse, châteaux redou-
tables aux environs, embarrassaient ses entreprises.
Montlhéry tenait en échec le prédécesseur de Louis XIV.

Louis le Gros les prit l'un après l'autre, réduisit un à
un ses vassaux rebelles. Plus semblable à un gendarme
qu'à un roi, il allait réprimant le brigandage des grands
dans la brève étendue de ses domaines. Pour disposer
d'une charge de palais que s'arrogeait quelque famille, il
lui fallait livrer bataille. Les seigneurs de Garlande
étaient en possession de la charge de sénéchal. Le siège
de Livry, en 1132, délivra le roi de l'inconvénient de ne
la pouvoir donner à d'autres. Contre Hugues le Beau,
seigneur du Puisey, il livre d'autres guerres heureuses.
L'unité et l'obéissance mises enfin dans le domaine royal,
la monarchie put se tourner du côté des grandes an-
nexions. Tels furent les fondements obscurs mais résis-
tants des accroissements de territoire obtenus au treizième siècle et au quatorzième.

En face de ce tableau, matière de fait, plaçons à présent les fantômes issus du sophisme démocratique. Ima-

ginons ici le peuple ; qu'il prenne, en rêve, la place du
roi. Le peuple au lieu de Louis le Gros ; mais quel
peuple ? Le peuple de France n'existait nulle part ; les
hommes des basses classes ne se connaissaient alors que
comme soumis à des seigneurs auxquels le premier de
leurs devoirs, ou, si l'on veut, la plus impérieuse des
nécessités de leur existence, était d'obéir. Quand on
leur concéderait l'usage de ce que le préjugé regarde
comme l'instrument de toutes les actions fécondes, l'insurrection et la révolte, en voit-on la cause de la nation
française plus avancée ? Comment le peuple, en un temps
où l'unité française disparaissait entièrement à ses yeux,
eût-il, agissant seul, entrepris cette unité ? Seul le roi la
pouvait vouloir, sous l'impulsion de son intérêt, à la
lumière de sa fonction, et, la voyant, l'exécuter.

Nos manuels, coutumiers de titres éclatants, qu'on
s'imagine aider la mémoire des enfants, qui n'en tirent
nul secours faute de les entendre, n'introduisent pas
seulement les Capétiens sous le nom de monarchie *féodale*, ils y joignent celui de *nationale*. Le second ne
vaut pas mieux que le premier. Il ne pouvait y avoir de
monarchie nationale, parce qu'il n'y avait pas de nation.
Il n'y avait sur le sol que les éléments d'une nation et
les vestiges d'un État. Celui-ci reconstitué devait façon-
ner celle-là. Plus on considérera ce point, plus on connaîtra l'évidence de cet ordre des causes et des effets.
La royauté devait faire la France.

Faute de pouvoir le cacher tout à fait, les historiens
d'esprit démocratique ont inventé d'y faire diversion par
le tableau du mouvement des communes. Le récit de
leur affranchissement occupe chez eux les pages qui ne
pourraient sans cela contenir que l'éloge de l'action
royale. Chez Augustin Thierry cet éloge se dérive d'une
théorie générale suivant laquelle le dessein d'ordre dont

on voit s'armer le monarque n'a pu se former dans une institution d'essence féodale, comme il veut que soit la royauté. La royauté l'emprunta donc ailleurs. De qui ? Des communes qui se formèrent, en qui ressuscitait, en forme municipale, l'esprit public romain. Telle est la théorie, qui fait du moins connaître jusqu'où l'esprit de système peut aller.

Alors, dit cet auteur parlant de l'avènement de la féodalité, alors disparurent deux idées qui sont comme les pôles de toute vraie société civile : l'idée du prince et celle du peuple... La renaissance d'une société urbaine rouvrit les voies traditionnelles de la civilisation... *Le roi de France trouva* dans les villes reconstituées municipalement *ce que le citoyen donne à l'État*, ce que le baronnage ne voulait pas on ne pouvait pas donner : la sujétion effective, des subsides réguliers, des milices capables de discipline. *C'est par ce secours* qu'avant la fin du xiie siècle la royauté fit de la suprême seigneurie, puissance à peu près inerte, un pouvoir actif et militant pour la défense des faibles et le maintien de la paix publique [1].

Il en conclut que, n'eût été l'origine féodale, la monarchie ainsi instruite n'eût point amené de révolution. Il se flatte qu'arrachée enfin à cette origine par les journées de 1830 et le couronnement de la branche cadette, toute crise future est conjurée. La révolution de 1848 fut pour Augustin Thierry l'écroulement de toute sa théorie. La chute d'un système ruinait l'autre. Il déclarait ne plus comprendre l'histoire de France. Aussi ne fallait-il pas la fausser comme il fait.

Ce qui précède a fait voir s'il est vrai que l'idée du *prince* eût jamais disparu. Cette idée durait, au contraire,

1. *Histoire du Tiers État*, t. I, p. 36. Autre texte dans le même sens, *Considérations*, p. 281.

au milieu des limites de tout genre apportées à ses applications. Les communes n'ont donc pas eu à la refaire. Ajoutons qu'une des grandes illusions qu'on apporte dans cette partie de l'histoire, est de supposer une alliance essentielle entre la royauté et les communes.

En effet, la constitution des communes n'a servi et ne pouvait servir que par occasion le pouvoir royal. Ennemies de celui des seigneurs, dont elles rejetaient l'obéissance, il était naturel que le roi, qui combattait ceux-ci, leur offrît l'alliance qu'elles cherchaient. Quant à se figurer nos rois en cette affaire sous les traits d'une providence systématique, armée contre les nobles de l'intérêt du peuple, relevant le bourgeois dans les villes, dressant beffrois contre châteaux forts, c'est un tableau de couleur *fénélonienne* auquel on doit renoncer sans regret.

Le serment que se juraient les bourgeois d'une ville entre eux faisait des communes un pouvoir autonome, non moins opposé à l'unité politique que celui des seigneurs, auquel elles échappaient. C'était une seigneurie collective ; c'était une pièce, pièce nouvelle il est vrai, de la féodalité. Ainsi le pouvoir royal devait les combattre un jour.

Ne nous étonnons donc pas outre mesure que M. Giry, dans ses *Établissements de Rouen*, ait pu dire que le pouvoir royal fut ennemi des communes. Cela n'est pas vrai jusqu'à Philippe Auguste ; cela est certain depuis Philippe le Bel.

Mais distinguons communes et villes de privilèges. Quelques historiens confondent ces deux choses. Les libertés d'une ville ne sont pas nécessairement l'effet d'une constitution communale. Celle-ci est accordée à la menace que forme le serment mutuel des bourgeois ; les privilèges sont une exception à quelques droits seigneuriaux, commandée par des intérêts que le cours des événements déclare.

La protection de ces intérêts dut inspirer aux rois de tout autres sentiments que ne faisaient les insurrections des communes. Il ne manquaient guère de les servir par l'octroi de privilèges appropriés. Ces privilèges suspendaient des droits tantôt du seigneur, tantôt des propres officiers royaux, contre lesquels le roi, qui les nommait, devait songer à se défendre. Tel était l'esprit du temps, tendu de tous côtés vers l'indépendance, qui fait qu'aux mains du fonctionnaire l'office tendait à se constituer en fief. Il fallait défendre les administrés, il fallait protéger la source du pouvoir même contre ses organes constitués. Ainsi prirent naissance cette foule de privilèges dont la constitution des villes offrait avant la Révolution des milliers d'exemples en tout genre. Bien loin qu'elles fussent en général l'effet du mouvement communal, il n'y a presque pas d'effet de ce mouvement dont on n'eût pu prédire d'avance qu'il ne passerait pas le Moyen Age. Les révolutions d'où sortirent les communes de Laon et de Cambrai comptent au nombre des faits stériles de l'histoire. Les privilèges de Paris, au contraire, allèrent en se multipliant, et firent bientôt de cette capitale une des villes les plus prospères du monde.

Quant à l'esprit démocratique que quelques-uns ont vanté dans les communes, les faits étudiés de près sont loin de le vérifier. Presque toutes ces petites républiques, au contraire, s'organisaient sur le pied de l'aristocratie la plus étroite et la plus jalouse. Les troubles civils, effet de rivalités de famille, s'y multipliaient de même sorte que dans les villes d'Italie du même temps. La vie municipale n'y offrait aucun modèle de cet ordre qu'un audacieux système dépeint comme l'école des rois. Leur existence n'apportait aucun gage à l'avenir de la patrie.

Selon l'intérêt du moment, les rois protégèrent les communes ou les combattirent. Ils les soutinrent contre leurs propres adversaires ; et ce cas fut fréquent à proportion du nombre et de l'importance de ceux-ci. Quand la monarchie les eut vaincus, l'alliance des communes lui devint inutile, et elle ne s'appliqua plus qu'à les réduire elles-mêmes. Telle est l'histoire de la monarchie dans ses rapports avec le mouvement communal.

M. Luchaire en conclut qu'en cela son intérêt seul la guidait. Il a raison. Mais que veut-il de plus ? Imagine-t-il que les institutions aient d'autre rôle à jouer dans le monde que de se défendre et de se conserver ? S'il en est de mauvaises, qu'on les ôte. Nous tenons que telle n'est pas la monarchie. M. Luchaire paraît enclin à prêcher aux institutions l'abnégation. Cet enfantillage gâte son livre, un des plus scrupuleux et des mieux mis en ordre, des plus remplis d'ailleurs de l'intelligence des choses, qui aient paru depuis trente ans.

En général, dit M. Luchaire, dans leur conduite à l'égard de la classe servile, les Capétiens se préoccupaient peu des intérêts réels de cette catégorie de sujets.

... Actes destinés, dit-il ailleurs avec une amertume comique, par le fait, *sinon par l'intention*, à améliorer la condition de ces malheureux.

Et ceci encore :

Il va de soi qu'on ne doit point en faire exclusivement honneur à la générosité spontanée des rois... Le vrai motif des libéralités royales *est en définitive l'intérêt bien entendu*.

Les démocrates me croiront-ils si je les assure que les royalistes signent cette affirmation sans réserve. L'intention de M. Luchaire est de décrier la monarchie. Le plus bel effet de la générosité n'est dans celle-ci, dit-il, que l'effet inévitable de l'intérêt bien entendu. En fait de machine inventée pour assurer l'ordre public, connaît-on quelque chose de mieux? C'est le plus bel éloge qui puisse s'en faire.

CHAPITRE V

SUR LA MONARCHIE CAPÉTIENNE
II. LE PRÉJUGÉ ÉCONOMIQUE ET LE MÉPRIS
DE L'ŒUVRE MILITAIRE

Le préjugé dont il s'agit fait croire que l'état des fortunes est ce qui règle tout dans un pays. Le régime politique lui-même, dépositaire de la force publique, ne serait qu'un effet de cet état. Les révolutions politiques seraient la conséquence nécessaire de changements dans les fortunes : les décadences et les relèvements, dont le pouvoir est cru et se proclame la cause, seraient contenus dans le jeu des forces économiques.

En conséquence, ne s'attacher qu'à la nature du gouvernement, s'en prendre à lui des maux de la société, mettre en lui l'espoir du bien public, est une illusion. Concevoir politiquement le problème politique est une des grandes erreurs du monde ; il faut le concevoir en termes de finance. Et, parce que nulle part plus que dans les organes militaires l'opposition ne se montre entre les pouvoirs publics et les pouvoirs d'argent, c'est aux organes militaires qu'on s'en prend. Le procès de la guerre et des armées suit le préjugé dont il s'agit. On le rencontre plus ou moins chez tous ceux qui ne voient dans la machine politique qu'un appareil indicateur du crédit public.

Ces idées sont celles dont fit tant de tapage la célèbre

école de Manchester, issue des théories de libre-échange d'Adam Smith, que prônait Jean-Baptiste Say.

Elle eut pour chef Richard Cobden. La plus fameuse de ses manifestations fut le grand meeting de Manchester, du 25 janvier 1848. Léon Say répandit ses doctrines chez nous; le centre gauche, à la suite de ce docteur, en fait l'éloge. Cet éloge venant d'un tel endroit ne nous empêchera pas de croire à leur caractère anarchique. Il éclate dans les propos de John Bright, consignés au récit du meeting que je viens de dire. On ne trouve presque rien de plus violent en ce genre dans les discours des dreyfusiens de chez nous. Ces marchands de cotonnade, pleins de centons bibliques, soutiens d'un régime politique le plus traditionnel qui semblait être en Europe, s'expriment là-dessus à l'unisson des plus violents de nos anarchistes. Dans le soin que prennent les rois de déposer par honneur les drapeaux dans les temples, ils osent représenter les temples comme « souillés » par ces drapeaux. Ces rapprochements expliquent bien des choses. Mieux connus de nous il y a vingt ans, ils eussent fait prévoir les alliances du parti dont la France fut épouvantée.

L'histoire des origines de la nation française fournit une occasion parfaite de réfuter ces théories.

Il est certain que le retour à l'unité dont fut suivi le morcellement féodal causa l'essor de la richesse publique. Les signes de cet essor éclatent au XIIe siècle, à la fin de ce siècle surtout, et au XIIIe, sous Philippe Auguste, puis sous saint Louis.

En ce qui regarde la production, c'est alors que les grandes industries se répandirent dans nos provinces du Nord, à l'imitation de l'Espagne, de la Flandre, du Languedoc et de la Provence. Les villes de Rouen, d'Arras, de Laval, de Reims virent s'établir et prospérer les filatures de chanvre et de lin, les teintureries et les fabriques de drogues propres à celles-ci ; la tapisserie, la sayetterie, la draperie, la soierie, les toiles fines, qu'on commençait à porter alors, furent entreprises chez nous avec succès.

Chacun connaît le nom du *Livre des Métiers* d'Étienne Boileau, ainsi nommé du prévôt des marchands de Paris, qui le rédigea sous saint Louis. L'abondance des métiers qui figurent dans ce livre, la précision des règlements, signe d'une pratique avancée et prospère, leur importance et leur multiplicité, preuve d'un débit déjà considérable, attestent l'état florissant des industries de Paris à cette époque.

Du côté de l'échange, mêmes témoins. C'est l'importance du marché de Champagne, avec ses grandes foires de Troyes et de Bar-sur-Seine ; c'est la prospérité fameuse de Montpellier, fondée uniquement sur le trafic. On signale, aux années 1200 et 1248, les deux premiers essais connus de la lettre de change. Dans ses *Documents concernant l'histoire du Commerce et de l'Industrie*, M. Fagniez remarque que les règlements des corporations, dont le *Livre des Métiers* est un exemple, étaient justement nécessités par la concurrence qu'attirait un agrandissement du marché.

Un regard jeté hors de France nous montre les villes de Flandre en grand progrès par l'effet de leur commerce, et dès le xive siècle l'éclat de Bruges s'annonçant. Les ligues marchandes des villes d'Allemagne, ligue des villes du Rhin, ligue des villes souabes, ligue hanséatique, démontrent le grand trafic d'une partie de ces contrées.

Aucune province de France n'égale la Normandie. Nous en avons entre autres ce curieux témoignage. A Philippe VI, premier roi de la maison de Valois, cette province offre en 1338, pour conquérir l'Angleterre, quatre mille hommes d'armes, tous gens de qualité, avec quarante mille hommes de pied, payés par elle pendant trois mois, ce qui faisait six cent mille livres.

Le luxe constamment grandissant depuis le XIIIᵉ siècle et pendant le XIVᵉ, n'est pas une moindre preuve de la richesse publique, compagne ici de l'ordre politique et de l'avancement de la civilisation. L'édit somptuaire de Philippe le Hardi en 1279 en est une date entre plusieurs.

On a laissé depuis un demi-siècle courir dans les manuels une division trompeuse du Moyen Age. Nos écoliers les mieux instruits sont plus ou moins dressés à voir dans le XIIIᵉ siècle un point d'apogée de cette période, et dans les siècles suivants la décadence. L'invention de cet ordre, appuyé tout entier sur la considération de l'architecture, ne saurait valoir en général. Tout considéré, la vérité est que l'essor du Moyen Age se poursuit à travers tous ces siècles et jusque dans le mouvement des temps modernes.

Le quatorzième est en avance incontestablement sur le treizième. Les magnificences des comtes de Valois, dont brilla Crépy leur capitale, jetèrent alors un éclat dont la cour de France même garda longtemps le souvenir. Cependant le déploiement des richesses en tout genre ne cessait de grandir dans cette cour. L'une et l'autre n'étaient dépassées que par les maisons de Flandre et de Hainaut, dont le chanoine Dehaisne a publié les pompeux inventaires. Les métaux précieux, les pierreries, les curiosités en tout genre, les tapisseries, les émaux, les riches étoffes, y paraissent dans une abondance qui fait juger de l'état de ces monarchies. M. Guiffrey a publié ceux du duc de Berry, frère de Charles V, l'un des premiers mécènes de son temps. Ces inventaires donnent une idée de la richesse d'un prince français dans les premières années

du xv° siècle. Bicêtre, résidence de ce prince sous Paris
et qui fut pillée par les bouchers de Caboche, était un
exemple de luxe et de magnificence sans égale.

Les ruines des guerres civiles et la guerre étrangère
arrêtèrent seules cette prospérité. Le désastre d'Azincourt, en 1415, en marque le terme. Elle se poursuit
alors hors de France, sous le gouvernement de Bourgogne, dont le règne de Philippe le Bon fait l'apogée.

Toute cette prospérité tire son origine des événements
du xiiᵉ siècle. On en voit les promesses paraître comme
la monarchie s'établit.

Notre commun enseignement de l'histoire aime à présenter confusément les étapes de ces deux choses. Dans
le tableau qu'il en donne, la prospérité générale enve-
oppe tout et efface tout. Il enveloppe et efface celui des
progrès de la monarchie, lequel n'en est représenté que
comme une dépendance.

C'est qu'on a le tort à cet égard de se contenter d'expressions vagues, auxquelles de fausses habitudes d'esprit confèrent un air de consistance. Toute une fausse
chaîne de raisons historiques repose sur l'accroissement,
pris comme point de départ, de la population des villes.
Les habitants des villes se nomment bourgeois. Ce mot
lâché, tout se rend facile. Bourgeois, c'est, comme on sait,
travail, économie ; toute prospérité matérielle est expliquée par ce mot seul. Et comme nous savons que le tiers
état, — c'est-à-dire les bourgeois, c'est-à-dire la population des villes, c'est-à-dire les marchands, — selon le mot
de Sieyès, est « tout », voilà le progrès de tout expliqué
sans plus de peine. Tout prospère, tout grandit, tout
s'assure, l'autorité royale et le reste, parce que les villes
se peuplent et qu'il y a des bourgeois. La bourgeoisie a
fait la grandeur nationale ; cette grandeur est l'œuvre des
marchands.

Dans cette trame d'idées pures, jugez de quel service
le fait du mouvement des communes peut être. Rien de
plus conforme au préjugé que d'identifier le progrès de
l'industrie et du commerce avec ce mouvement. On assure
que la constitution des communes fut le résultat de l'accroissement de la richesse. L'enrichissement a fait le
mouvement communal, lequel a fait la France : telle est
la conséquence. C'est au sommet de cet échafaudage que
trône, dans un air d'arrogance et de révolution, la figure
d'Étienne Marcel. Symbole de dictature marchande, de
haine des rois, de violence populaire, ce personnage fait
un héros parfait de l'émeute et de l'oligarchie de finance.
Il plaît à l'alliance d'anarchie que ces deux partis pratiquent contre l'ordre public.

Tel est le sens des éloges que nous voyons faire chez
plusieurs de la révolution communale :

La révolution communale, dit M. Risson dans une *Histoire du Commerce* destinée aux écoles supérieures de commerce, a été la première brèche faite au système féodal tout-
puissant jusqu'alors. C'est la première victoire du droit et
de la légalité sur les privilèges et sur l'injustice. C'est la
revanche des petits, des faibles, des opprimés, qui s'aper-
çoivent enfin que de l'union peut naître la force, et qui parviennent à s'entendre, à se coaliser, pour imposer des bornes
à l'autorité capricieuse des seigneurs. *L'enrichissement des
roturiers par le commerce en est la cause essentielle ;* ils
forment une association, *un syndicat de travailleurs contre
les exploiteurs du travail ;* ils jugent *de leur dignité* autant
que de leur intérêt de s'affranchir.

De telles citations sont utiles de plusieurs manières.
En montrant le déchaînement de la sottise écolière dans
les parcs majestueux de l'histoire, elles découvrent les
causes de l'anarchie intellectuelle d'à présent ; elles font

comprendre la haine brutale qui s'empare des foules ignorantes envers les souvenirs du passé. Dans un ordre plus restreint, elles expliquent la sollicitude témoignée par la République aux instituts de commerce où s'enseigne ce genre d'histoire.

Elle n'est pas seulement contraire aux vraisemblances les plus grossières, telles qu'un peu de lettres et de pratique des hommes les découvrent aux plus obscures cervelles, elle l'est encore à la matière des faits.

C'est un fait que ce qui tient au mouvement communal n'eût jamais abouti sans la protection des hauts seigneurs et du roi, c'est-à-dire des pouvoirs militaires. Ce qui s'affranchit de communes ne se donna l'affranchissement, ou ne le garda, que grâce au secours de ces pouvoirs. Ce qui reçut des privilèges les eut et les garda de même. Ces pouvoirs agissaient en faveur des communes tantôt par les armes, tantôt (ne l'oublions pas) au nom de l'autorité que les armes avaient conquise. Ce fameux règne de l'argent et du « travail » ne fut assuré que par l'épée, par l'épée barbare et fainéante : car les gens de guerre, comme on sait, ne « travaillent » point, et leur vie se passe dans la mollesse. Telle l'histoire nous assure et démontre que fut l'origine, origine exécrable, du règne honorable des boutiques.

C'est un autre fait que le mouvement communal a été suivi, non précédé, par l'essor économique des villes. Le rapporter autrement, c'est ou montrer son ignorance, ou se faire voir à ce point possédé de chimères, que tout ce qu'on lit de contraire ne peut vous instruire.

Il est certain, c'est un fait établi, que des effets heureux du mouvement communal le commerce qui naissait eut à faire son profit. Il est certain, c'est un fait établi, qu'aucune prospérité antérieure de ce commerce n'a produit ni brusqué l'événement politique. Les autorités là-dessus abondent. Qu'on lise Giry, *les Établisse-ments de Rouen ;* Flach, *les Origines de l'ancienne France ;* Luchaire, *les Premiers Capétiens ;* Augustin Thierry, *Lettres sur l'Histoire de France ;* qu'on lise non l'opinion de ces divers auteurs, mais les faits qu'ils allè-guent, les documents qu'ils citent, tous prouvent avec évidence que de dire que l'enrichissement du bourgeois a produit l'affranchissement des villes, c'est dire une phrase aussi pleine de chimères philosophiques dange-reuses que vide de sens historique.

Mais comment pénétrer les vraies causes de ce fait, comment les rechercher seulement, quand la curiosité de vingt historiens se contente de raisons aussi générales, aussi métaphysiques, aussi dénuées de couleur et de goût, que la liberté des peuples et l'oppression des tyrans ? Dans le dialogue uniforme et plat de ces deux termes, le guignol révolutionnaire noie toute la substance de l'his-toire. Toutes les époques, toutes les races, tous les cli-mats, ne rendent chez lui d'autre son que ce contraste. De là vient l'ennui qu'il dégage et le défaut d'instruc-tion qu'il offre.

A ces causes convenues du mouvement communal, Augustin Thierry joint la persistance, en plusieurs en-droits du territoire, du régime municipal romain. Cette théorie est abandonnée partout. Mais, quoi qu'il en soit de ce point, du moins nul historien digne de ce nom n'al-lègue de raisons économiques de ce mouvement, sinon celles qui tiennent aux impôts, dont les villes souhai-taient de s'affranchir.

J'ai dit qu'il fallait distinguer l'affranchissement des communes de l'octroi des privilèges aux villes. Il est re-marquable qu'on ne voit de causes économiques entrer en considération que dans les effets du second genre. La prospérité du commerce n'est point auteur des ligues

bourgeoises. Maintes fois, au contraire, elle fut propo-
sée comme objet à l'action bienfaisante des seigneurs
dans les villes. Ainsi cette prospérité, loin d'être cause
de quoi que ce soit, fut un effet des sages mesures que
prenait le pouvoir politique.

Dès le milieu du XIᵉ siècle, par exemple, les commer-
çants de Rouen jouissent du privilège du port de Dun-
geness en Angleterre. Sous Philippe Auguste, des privilèges sont accordés aux corps de métiers par le roi.

Personne ne doute que l'intérêt bien entendu des
princes ne leur ait fait aider le développement du commerce, dans la part qu'ils ont prise au mouvement communal ; ce qui est sûr, ce qui est rigoureux, c'est que, là
où le mouvement est d'initiative bourgeoise, il est politique, non économique ; je rappelle qu'il aboutit à la
constitution de républiques fortement aristocratiques.
Ces républiques, étant républiques de bourgeois, sont en
conséquence républiques de marchands, mais la révolution qui les fit être ne tient pas à la marchandise. A
Paris, on sait que les marchands de l'eau (ainsi se nommait la batellerie de la Seine) constituèrent les pouvoirs
de ville. Cependant rien ne tenait des intérêts de marchand dans les revendications d'Étienne Marcel.

Quelle idée convient-il donc de se faire des causes du
mouvement communal ?

Concevons d'abord que le régime féodal, quand ce
mouvement se dessina, entrait dans la période de son
déclin. L'invasion normande était finie. C'est la dernière
des invasions barbares ; c'est le dernier événement qui
jeta parmi les peuples un effroi sans limites, capable de
mettre un frein à toute envie de révolte contre l'autorité
tutélaire du seigneur. Joignons à ce relâchement de la
crainte le tracas que causait dans les villes la présence
sur un même point de plusieurs pouvoirs indépendants,

rivaux inévitablement, non pas juxtaposés, mais enche-
vêtrés par un effet de la diversité des droits et des exceptions multipliées.

Deux seigneurs y exerçaient le pouvoir communément :
le prince et l'évêque, quelquefois un troisième, le vi-
comte ou le vidame. A l'égard de ces pouvoirs et de leurs
différents droits, des immunités en vigueur créaient pour
quelques-uns un régime spécial ; d'autres, les alleutiers,
bénéficiaient d'autres exceptions. On connaissait en outre
deux juridictions : la générale et celle des hommes de
condition, ou censitaire. De tant de catégories diverses
naissaient des cas à l'infini, dont l'ambiguïté faisait autant d'occasions de conflits entre ces pouvoirs différents.
La ville devenait leur champ de bataille ; de là venaient
les maux des habitants.

On en voit un exemple dans l'histoire d Amboise, rapportée au livre de M. Flach.

Dans cette ville, soumise au comte d'Anjou, trois seigneurs se partagent l'autorité sous la suzeraineté de ce
comte. Tous trois, chose à noter, ont un château dans
ses murs. Sulpice Ier d'Amboise tient la Tour de Pierre
avec ses dépendances ; Foulques de Torigny, la Motte-
Falcran ; Ernould, fils de Léon de Meung, le château du
comte avec la plus grande partie de la ville.

Geoffroy Martel, comte d'Anjou, étant venu à mourir,
sa succession tombe en proie aux partis et les pouvoirs
régnants dans Amboise se partagent. Foulques de Torigny se déclare en faveur de Foulques Réchin ; Ernould,
de Geoffroy le Barbu ; Sulpice garde la neutralité. La
guerre s'allume entre ces partis. Foulques Réchin l'emporte, chasse Ernould du château et s'y installe à sa
place. La Tour de Pierre, demeurée neutre, devient alors
l'objet de ses efforts. La guerre est déclarée entre le château et cette tour. Dans cette guerre la ville fut brûlée.

La lecture de ces faits éclaire les événements. Elle dispense un lecteur bien né des froides déclamations qu'inspire à des malheureux la fable de la méchanceté des seigneurs acharnée au malheur du peuple. En ces circonstances comme ailleurs, de certaines dispositions générales, non les volontés particulières, ont été cause des événements. Telle est la source des horreurs qui signalent ces affranchissements. Aucune classe n'y joue spécialement le rôle de bourreau, aucune le rôle de victime.

Dans l'histoire de la commune de Laon, un certain Thiégaud, serf de l'église Saint-Vincent de cette ville, se signale comme meneur de cet affranchissement. Grande matière d'éloge à nos gens, si ce serf, tout serf qu'on le voit être, objet désigné de la tendresse de l'école démocratique, avant de se signaler dans l'émeute de sa ville, ne se montrait à nos yeux pillant, rançonnant et tuant les voyageurs au péage d'un pont dont il était propriétaire. Ce serf pillard ferait une assez belle réponse au tableau du grand seigneur brigand. Enguerrand, sire de Coucy, avait donné ce péage à Thiégaud. Augustin Thierry, venant à ce point, ne se tient pas d'écrire que Thiégaud « rançonnait et tuait, *à ce qu'on disait* », dit-il. Mais cette restriction est de lui; il ne l'a pas trouvée dans ses auteurs ; Guibert de Nogent met ce pillage en fait.

La suite de l'histoire n'est pas moins instructive. Thomas de Marle, fils du sire de Coucy, prié par les bourgeois de Laon de prendre leur défense, consent à les recevoir chez lui. Ils s'y rendent, les uns au château de Crécy, les autres au bourg de Nogent près de Coucy. Laon pendant ce temps est désertée. A la nouvelle que la ville est vide, les serfs des campagnes alentour s'y portent en foule et la mettent au pillage. Quoi ! les serfs ? Eux-mêmes, et contre les bourgeois.

De tels faits s'accordent mal avec les préférences dont les historiens font parade. Ils montrent à quel point sont vaines celles qu'on accorde au sentiment et à la préoccupation de la lutte moderne des partis. Il n'y a dans cette histoire ni bons d'un côté, ni mauvais de l'autre ; il y a des hommes se conduisant en hommes, des foules se comportant en foules, mal dans les instants difficiles et dans les circonstances où le chaos des causes, empêchant le discernement, ne donne lieu qu'aux passions de se faire jour ; bien quand, l'emploi d'une puissance légitime se présentant comme efficace, les volontés se sentent portées à s'en servir.

Passons à un autre point maintenant. L'avènement de la classe bourgeoise ne pouvait manquer de favoriser un essor des pouvoirs d'argent et de développer la richesse. Cela, dans l'état des choses, se fût fait lentement peut-être, sans une cause d'une espèce précisément contraire au préjugé que je combats. Il s'agit des Croisades, dont l'effet à cet égard fut considérable.

L'histoire enregistre en elles un exemple fameux du secours apporté par la guerre au développement des œuvres de paix. Personne n'ose contester les conséquences économiques de ces guerres-là. Inspirées par le zèle chrétien, indispensables au salut de l'Europe, que menaçait l'Islam infidèle, on les voit en outre servir le développement de l'industrie d'Occident et l'enrichissement de ses marchés. Le marchand venait après le croisé, comme il vient aujourd'hui après le missionnaire.

On sait que la fin du XIe siècle marque le commencement des Croisades. Dès le XIIe les villes maritimes de Provence et de Languedoc possèdent des établissements dans le royaume de Jérusalem. Sur les quais d'embarquement et de débarquement, ces villes ont des échelles. L'immigration des gens de ce pays, imposée par le commerce qu'ils font, avait déposé en plusieurs lieux de véritables colonies. A Saint-Jean-d'Acre les Provençaux ont un quartier et une église. Marseille et Montpellier y ont la majorité. Des consuls nationaux connaissent de leurs affaires.

Au XIIIe siècle, le prince Bohémond V donnait une maison consulaire et un quartier aux Montpelliérains de Tripoli. Ce fait et plusieurs autres attestent les grandes relations entre les deux villes. La même ville de Montpellier avait des consuls à Tyr et à Alexandrie. Marseille à son tour en avait à Alexandrie et à Beyrouth. Narbonne était en grand commerce avec l'Égypte.

L'importance de ces relations compte dans l'histoire économique et politique du monde. Avec celles que tenaient les républiques italiennes, elles ont concouru à former le droit commercial et maritime de la Méditerranée, dont les siècles suivants devaient tirer tant d'avantage.

Il faut compter l'effet de ces relations sur l'imagination des hommes et l'essor qu'elles donnèrent à l'esprit d'aventure. Rouen étend son commerce plus loin que l'on n'avait vu faire encore en Germanie et dans la Grande-Bretagne. De 1364 à 1366, les marins de Dieppe s'emparent du Sénégal et de Sierra-Leone. Ils y bâtissent leur fameuse tour de la Mine d'or et nomment ce pays Nouvelle-Égypte.

Tels sont les effets des Croisades, tels sont les effets de la guerre sur l'avancement financier de l'Europe moderne. Encore un coup, personne ne conteste le fait ; on omet seulement d'en tirer la leçon. Le préjugé économique, chez quelques auteurs, l'a fait sien. L'auteur que j'ai cité plus haut ne craint pas d'appuyer son histoire fan-

tastique de l'affranchissement des communes sur l'enrichissement produit par les Croisades. Il écrit que les
Croisades, en rendant le bourgeois riche, eurent pour
effet de l'affranchir. Je ne citerais pas ce détail s'il
n'avait l'avantage de montrer, d'une manière plus évidente qu'un autre, jusqu'où va l'esprit d'illusion. A l'égard
de la richesse publique, les Croisades n'ont pu agir en
un moment ; la première fut en 1095 : or les premiers
traits du mouvement communal, les premiers affranchissements de communes sont de vingt ans plus tôt, en
1077. Ce mouvement des communes ne vient donc pas
des Croisades.

Il convient de résumer tout ceci.

Premièrement, l'emploi de la force a constitué les communes, l'emploi de la force les a maintenues. Des guerres
environnent leur berceau et, de quelque manière qu'on
le prenne, ces ouvrières de prospérité sont filles de l'épée.

En second lieu, les privilèges des villes sont un présent
de l'autorité armée. Ce que devait rapporter l'usage de
ces privilèges émane des hommes qui présidèrent au
régime (régime de fer, dit-on) de ce temps-là.

En troisième lieu, c'est grâce à la guerre, à la plus
honnie de toutes, à la guerre de religion, guerre lointaine,
guerre meurtrière, guerre féconde en pertes de toutes
sortes, et renouvelée pendant deux siècles, que les communes s'enrichirent et que des institutions formées comme
on vient de dire ont prospéré magnifiquement.

Ce n'est qu'un chapitre de l'histoire, deux siècles seulement de nos origines ; mais ce caractère d'origines en
rend la leçon plus solennelle. Elle découvre la folie de
ceux qui pensent que les nations ne fleurissent que par
l'argent, que l'argent peut créer les forces dont il a besoin pour subsister. En face des basses déclamations dont

la banque et le négoce déshonorent la guerre, elle oppose
le rude bienfait des armes, leur rôle aussi profitable
qu'exaltant dans l'avancement des sociétés.

L'homme les honore par un instinct profond. Le pacifisme révolutionnaire l'accuse par là de férocité, la badau-
derie économique le taxe là-dessus d'imprévoyance : tandis que l'un singe l'attendrissement, l'autre tranche de
l'homme supérieur. Mais peu d'observation suffit à découvrir la scélératesse de l'un et l'extrême sottise de l'autre.
Le monde ne se passe pas de la force armée, et, quant
à croire qu'elle n'est qu'un instrument passif au service
de forces d'un autre genre, c'est oublier qu'elle a ses
règles propres, que savent ceux qui l'ont entre leurs
mains. Elle ne rend rien que par ceux-là et toutes les
influences du monde n'en disposent que par leur volonté.
Aussi longtemps que la science du commandement, exercée par les puissants du monde, sera déniée aux argentiers
des trônes, aussi longtemps ce sera une formule creuse
de dire que les puissants ne sont qu'un jouet dans leurs
mains. Si le pouvoir a besoin d'argent, l'argent a besoin
du pouvoir ; mais la balance entre eux n'est pas égale,
car il faut à l'argent un secours étranger, la conspiration
et la ruse, pour entreprendre sur le pouvoir, et le pouvoir
sans aide peut confisquer l'argent.

Les armes sont l'attribut distinctif du pouvoir ; il se
rend sensible par elles. De là vient le rôle principal qu'elles
jouent dans les affaires du monde, et que n'efface aucun
degré de la civilisation. Tout l'effort de celle-ci, en en
réglant l'usage, est d'en rendre l'effet plus certain, par
là de grandir leur importance. Les armes romaines ont
pesé dans les destins du monde d'un bien autre poids
que celles de Tamerlan ; les victoires du Japon instruit
à la diplomatie anglaise menacent d'un autre avenir l'Europe que ne firent à deux pas d'elle, le ravage du Soudan

et la destruction de Khartoum, œuvre du Mahdi ignorant.

Il est des armes injustes. Pour corriger leur œuvre, quel autre parti que d'armer la justice ? Seule la force défait ce que la force à su faire. Les économistes se plaignent de l'état de guerre : or il n'est que la guerre qui puisse le faire cesser. La paix ne saurait venir d'un désir de ne point se battre, mais de la volonté armée de l'empêcher. La paix ne se demande pas, ne se vote pas, elle s'impose ; ce que l'on conçoit comme de plus opposé à la contrainte est l'effet de la contrainte ou n'est pas. Et c'est un premier point en cette affaire.

L'autre est que seules les armes imposent et favorisent les conditions de la prospérité. Les économistes ignorent cela ; les traités sont tout ce qu'ils veulent connaître ; mais il n'y a pas de traités sans guerres, je dis sans guerres au moins à l'état de souvenir dans le passé, à l'état de menace dans l'avenir. On ne traite qu'avec des armées, ou moyennant les ressources créées par des armées.

N'oublions pas que cette querelle se poursuit à travers toute l'histoire de France. Nous la voyons reparaître chez nos censeurs à propos de Colbert et de Louvois, ce dernier qualifié mauvais génie du roi parce qu'il demandait à la guerre les gages de l'avenir du pays.

Cependant la splendeur des armes de Louis XIV était nécessaire aux transactions dont bénéficiait la France et Colbert négociait sur la base éclatante que fournissait le traité des Pyrénées. Quand Deshaies de Cormenin, envoyé de Richelieu, obtenait de la cour de Copenhague l'abaissement du passage du Sund de dix pour cent pour toutes marchandises à destination du Havre, personne ne doute que Deshaies de Cormenin ne parlât en vainqueur de l'Allemagne et en allié du grand Gustave. Louis XIV n'a pas haï les Hollandais comme fauteurs du calvinisme seulement, mais comme obstacle à nos trafiquants sur toutes les mers. Si nous obtînmes du Turc les capitulations auxquelles la République de Léon Say renonce, c'est que François I⁰ offrait à Soliman le secours de sa flotte contre celle de l'empereur et, de concert avec Barberousse, pourchassait les vaisseaux de Castille par toute la Méditerranée. Ce qui fit encourir au Transvaal la guerre où finit son indépendance, ce n'est pas le peu de reconnaissance que les Boers montrèrent à l'Angleterre de les avoir protégés des Zoulous ; cela se répétait dans Fleet Street et dans Cheapside tout le temps que durait la guerre, parce qu'il faut à l'opinion d'un peuple étourdi de pacifisme des excuses de sentiment ; mais les sphères averties parlaient d'une autre sorte : elles redemandaient « la route des Indes ». Ce n'était pas la guerre pour la guerre, ce n'était même pas la guerre pour punir le vice et récompenser la vertu, telle que Jaurès l'eût approuvée, c'était la guerre pour sauver l'intérêt de la nation sur le terrain économique.

Le plus magnifique profit de la France en ce genre au XIIIᵉ siècle lui vint de posséder les ports du Midi, riches du trafic de tout l'Orient. Or ces ports et les fiefs dont ils faisaient partie n'échurent à la couronne qu'avec la succession du comté de Toulouse : c'est le résultat de la guerre des Albigeois, cet objet d'invectives sans nombre ; cela n'est pas du tout contestable.

La prospérité dont on vient de voir l'histoire fut donc l'œuvre de la monarchie, l'œuvre de la monarchie guerrière. En parlant ainsi, nul n'imagine que j'attribue au prince armé l'œuvre propre de trafic et de manufacture. Il n'en fut pas l'auteur, mais le soutien. Il n'a pas créé la richesse, mais la richesse n'eût pu se développer sans lui. L'autorité ne fait pas les forces d'un pays, elle est la condition d'exercice de ces forces, faute de laquelle celles-ci demeurent inutiles.

De quelle façon cette autorité s'exerça dans la circonstance, il n'est pas superflu d'en donner des exemples. On
les trouve en raccourci dans l'initiative des seigneurs.

On a beaucoup parlé des rançons que ceux-ci exi-
geaient des marchands qui passaient sur leurs terres et
de l'espèce de brigandage auquel le commerce fut en
proie. Il n'était pas le fait des seigneurs seulement, mais,
en ces temps reculés de la féodalité, de tout ce qui disposait d'un passage, route ou pont, qu'il fût noble, serf
ou vilain. Cependant ce brigandage n'arrêtait pas le
marchand. On le voit s'y soumettre comme à des risques
de route, quand son intérêt l'y engage. Les marchés seigneuriaux fixaient cet intérêt. En dépit des exactions du
seigneur ou de ses vassaux, on se rendait à ces marchés,
où, sous forme cette fois d'un impôt régulier, le seigneur
percevait le *tonlieu*.

De bonne heure les seigneurs s'aperçurent que ce « tonlieu » et le profit qu'en tiraient leurs vassaux, leur rap-
portait plus que le brigandage des routes. Non contents
d'attirer le marchand, ils se mirent en peine d'encourager sa venue. Des associations de seigneurs se formèrent
pour assurer l'accès commode des marchés. Une police
des communications s'établit. Le simple jeu des intérêts
ressentis par l'autorité procurait ces fruits de civilisation. L'autorité véritable tend au bien ; le souci de l'avenir qu'elle engage l'oblige bientôt à se régler : plusieurs
des conventions qui se passèrent à cet égard méritent
l'attention du lecteur.

Ainsi nous voyons le maître du marché traiter dans
l'intérêt de ceux-ci avec le propriétaire des péages. Un
prieur de la Chapelle-Aude, propriétaire de trois foires
annuelles, passe convention avec le sire d'Huriel, auquel
un péage appartient. L'intérêt de ces foires, dont il tirait
profit, est tout ce qui meut à cela le prieur ; le péager

n'est pas sensible sans doute à des motifs d'un autre genre. Si jusque-là le marchand fut maltraité, accordons que c'était faute des vertus supérieures que proclame la Révolution, chez le péager et le prieur ; encore est-il qu'un remède certain à ce mal était dans l'entente des deux parts. Il faut donc convenir qu'on ne souffrit jusque-là d'aucune méchanceté particulière des hommes, mais de l'imperfection des relations sociales.

Cette imperfection fut amendée de bonne heure. On en voit les effets depuis le règne de Louis VII.

Sous saint Louis les dernières assurances sont données partout au commerce. Jusqu'à lui les prévôts de Paris avaient acheté leur charge ; ils en tiraient une indépendance qui ne profitait point aux affaires. Saint Louis voulut que le roi nommât ce prévôt. Un chapitre de Joinville est annoncé ainsi : « Comment le roi corrigea ses baillis, ses prévôts, ses majeurs, et comment il établit nouveaux établissements, et comment Étienne Boileau fut son prévôt de Paris. »

C'est alors que, par une disposition très favorable à la même cause, la monnaie du roi fut imposée partout. Une conduite générale fut ordonnée. Pour ôter tout à fait les brigandages des routes, on rendit responsable le seigneur sur les terres duquel il s'en produisait. Dans les réquisitions que faisait ce dernier, il fut interdit de démonter le marchand. Son cheval ou sa mule était au-dessus de l'impôt.

Par ces mesures et par d'autres pareilles, le sort du commerce fut assuré. Sa sécurité s'appuyait à la monarchie triomphante. Il n'appartenait qu'à celle-ci de faire prévaloir sur le hasard des volontés de chaque seigneur les règles d'un ordre général. Ainsi cette cause ne se sépare pas de celle de la monarchie elle-même et des armes qui l'ont constituée.

CHAPITRE VI

SUR LA MONARCHIE CAPETIENNE.
III. LE PRÉJUGÉ FÉODAL
ET LE MÉPRIS DE L'ORDRE ADMINISTRATIF

Quelques amis de l'ancien régime, ennemis sans réserve
de la Révolution, redoutant de subir le contact de celle-
ci jusque dans les siècles qui la précèdent, mettent non
seulement le xviiie siècle (où tant de mal se mêle à tant
de bien), mais le dix-septième, siècle admirable et suprême gloire du nom français, dans les reproches qu'ils
lui adressent.

Une attitude de demi-hostilité à la mémoire de
Louis XIV est le fait de beaucoup de conservateurs, de
plusieurs royalistes même. Cette hostilité tient à des
causes que j'examinerai dans le chapitre du procès de
l'absolutisme ; les reproches visés ici ne le regardent pas
seul. Ils inspirent des récriminations jusque dans le seizième siècle, contre François Ier, auquel on attribue l'in-
novation d'un certain système de gouvernement ; ils
inspirent des critiques, cinq siècles en arrière, sur le gouvernement de Philippe le Bel.

Un auteur, là-dessus, a donné le ton, dont le nom, peu
connu hors des cercles catholiques et royalistes, n'en a
pas moins exercé beaucoup d'influence. Cet auteur est
M. Coquille, qui rédigea pendant trente ans des articles
à l'*Univers*. Cette influence eut lieu entre autres par

l'intermédiaire de Veuillot, qui tint de M. Coquille une partie de sa philosophie de l'histoire.

A une érudition étendue, à des principes bien établis, à beaucoup d'esprit (au sens où nos anciens prenaient ce mot) M. Coquille joignait ce que l'esprit de système a de plus tyrannique. Prévenu d'un dualisme historique où se jouait le sort de la religion et de l'Église, il n'envisage les régimes politiques que sous l'angle d'une contradiction féconde en brillants raccourcis et en jugements d'une rigueur absolue. Deux ouvrages de M. Coquille contiennent ses idées principales : *les Légistes et leur influence ; du Césarisme dans l'Antiquité et dans les Temps modernes.*

Ces livres, peu recherchés, peu cités, soit que leur influence ait passé leur crédit soit que plusieurs idées qui s'y trouvent aient germé en même temps chez d'autres, ne laissent pas de présenter en forme les plus tenaces des objections de nos conservateurs envers l'ancienne monarchie. En eux se trouve résumée l'accusation portée contre une centralisation précoce de la monarchie, contre les légistes, complices de cette centralisation. Là se trouve combattu le droit romain, doctrine, dit-on, d'absolutisme, que les légistes auraient adoptée dans l'intérêt de cette centralisation.

Une circonstance devait servir ces thèses, c'est le prestige exercé par l'époque féodale sur des esprits que dominaient d'une part les impressions du romantisme, qui de l'autre cédaient à l'attrait ressenti de l'enseigne religieuse au milieu de tant de fracas guerrier. Mille liens se sont formés, dans le cours du dernier siècle, entre l'âme des catholiques de France et le Moyen Age dans ce qu'il a de moins ressemblant à l'ordre des sociétés modernes. Il est certain que Philippe le Bel travailla, plus que pas un de nos rois, à remplacer l'ordre féodal par un ordre royal et administratif. Une thèse qui faisait porter sur une personne la réprobation soulevée par ce changement devait gagner aisément les esprits.

Je prie qu'on remarque ce sort étrange de notre histoire, signe de l'état de trouble où s'agite le pays. Les uns ne la peuvent souffrir à partir d'un tel règne, d'autres n'y peuvent approuver le système d'un tel roi. Quelques-uns mettent à la Renaissance le terme de leurs approbations ; pour d'autres Richelieu commence le règne du pire ; j'ai parlé de ceux qui s'arrêtent aux regrets de Vercingétorix ; Hotman ferme à Hugues Capet la période louable de notre histoire. Autant de têtes, autant de sectes, qui toutes, expurgeant le passé, découpent ce qui cadre, à leur idée, aux préjugés de leur esprit, aux illusions de leur imagination, au parti pris de leur jugement, aux lacunes de leur savoir et, de ces lambeaux distraits d'un tout splendide, se font barbarement une arme contre le reste, saccageant à plaisir ce qui s'y trouve de plus beau, déshonorant, au nom d'une France mieux entendue, ce que d'autres Français vénèrent de la France.

Dans l'établissement de la monarchie, trois étapes sont à distinguer : l'une de Louis le Gros, la seconde de Philippe Auguste et de saint Louis, la troisième de Philippe le Bel. Dans celle-ci seulement se consomme l'unité préparée et longuement poursuivie par la dynastie capétienne. Les deux chapitres précédents ont donné une idée des premières. C'est de la troisième, c'est de Philippe le Bel qu'il s'agira dans celui-ci.

Ce que je nomme préjugé féodal ne voit dans les effets de son règne qu'une déviation grosse d'erreurs de cinq siècles ; on ajoute que cette déviation conduisait à la Révolution, la rendait comme inévitable. Avant d'examiner le fait, il est urgent de considérer les conséquences d'une telle opinion.

C'est avouer qu'il n'est pas un reproche encouru par la Révolution qui ne tombe sur le régime qu'elle remplaça. Malgré des apparences trompeuses qui par elle ont pris fin, l'erreur dont elle est faite dominait sur la France ; elle dominait depuis cinq siècles. Elle dominait avec le consentement du régime de qui les royalistes attendent les réparations nécessaires.

Or voici la conséquence certaine. Prétendre, sous le nom détesté de la Révolution, ne corriger rien moins qu'une erreur de cinq siècles, erreur qui, n'ayant soulevé aucune protestation des hommes, n'ayant pas empêché le pays de s'élever au plus haut degré de la gloire, passera légitimement pour une part essentielle de la patrie, c'est soulever une querelle de secte. C'est, la soulevant contre la secte révolutionnaire elle-même, donner à celle-ci l'avantage de l'attitude patriote et française dont elle repousse au fond les conditions. En second lieu, qu'elle apparence y a-t-il de défendre la monarchie, de défendre les principes d'ancien régime contre une révolution dont on veut que ce régime ait recueilli, couvé, fait éclore le principe ? Quel moyen de proposer, comme remède à celle-ci, un retour à des institutions qui l'encourageaient à se produire ?

Je voudrais qu'on réfléchît à cela, que nos dénonciateurs de l'ancienne monarchie connussent l'erreur de leur attitude. Elle peut aller jusqu'au ridicule, en tout cas elle les retient dans une impuissance absolue. Osent-ils bien réclamer le retour d'un régime sous lequel ils avouent que la France s'est égarée pendant la moitié de son histoire ? Il faut aimer ce qu'on défend. Si les plus grands de nos rois vous font horreur, votre philosophie de l'histoire ne rétablira jamais la royauté. Que si vous arguez de ce qu'elle pourrait être, de ce que vous prétendez qu'elle soit, on vous dira que cela est trop peu certain ; que si vous alléguez votre fidélité, le pays répondra qu'il s'en moque.

Ces raisons sont plausibles ; elles ne préjugent pas le fait, mais elles invitent à l'examiner.

La troisième étape de la monarchie française, atteinte sous Philippe le Bel, montre l'intervention du roi sur tous les points du territoire, en trois manières : judiciaire, administrative et fiscale. La justice du roi s'exerce, les officiers du roi commandent, les impôts royaux sont perçus, depuis ce règne, par tout le territoire dont le roi est seigneur.

Cette ingérence universelle représente une extension de l'autorité que les rois, aux premiers temps de la monarchie capétienne, exerçaient à peu près de la même manière que les possesseurs de grands fiefs.

Les droits de ceux-ci dans leur domaine étaient proprement régaliens. Leur seigneurie pourtant n'empêchait pas une indépendance des vassaux, une dispersion de l'autorité, que le roi fit cesser chez lui.

Il mit partout des fonctionnaires sous le nom de baillis et de sénéchaux, auxquels durent obéir ceux qu'on nommait tantôt prévôts, tantôt vicomtes ou viguiers. Sous ceux-ci, au dernier degré de la hiérarchie, venaient les sergents, connus par le rôle d'huissier qu'ils tenaient, et qu'on leur voit jouer dans la comédie des *Plaideurs*. Le rôle de ces fonctionnaires s'étendait à la fois à la justice et à l'exécution de ses arrêts. On en peut voir le détail très bien fait dans le livre de M. Boutaric, *la France sous Philippe le Bel.*

A ce mode d'intervention, il faut joindre celui qui tint à la présence de notaires royaux chez les vassaux du roi. Les actes de ces notaires obligeaient les parties à aller devant la justice royale. Un autre instrument des mêmes effets, ce furent les commissaires-enquêteurs, que Philippe le Bel envoya de 1290 à 1300, chargés de vérifier et de régler les attributions de pouvoir, et au nombre desquels se trouva le fameux Guillaume de Nogaret.

Cette intervention du pouvoir général est contraire au droit féodal. Elle enfante la centralisation.

Il est à peine nécessaire de rappeler quelles choses diversement odieuses se laissent entendre sous un tel mot ; mais je ne pense pas que personne conteste qu'il en signifie beaucoup d'utiles, de désirables, de nécessaires. De quelque manière qu'on le prenne, quelques points qu'on réserve, on ne saurait éviter que tout État ou, si l'on craint ce mot, tout pouvoir fort suppose quelque degré de centralisation. Nulle existence politique ne s'assure que moyennant la présence du pouvoir sur les différents points du territoire d'un peuple. Un des propos communs des dévots de la vieille France est l'éloge de l'accroissement de celle-ci sous nos rois. On ne saurait tenir à cet éloge et réprouver en même temps l'extension des moyens par lesquels ils l'ont mérité. L'unité qu'ils formaient ne consiste pas seulement dans la couleur unique dont on peint sur la carte des provinces de plus en plus nombreuses, mais dans les liens dont cette couleur est le signe. Ces liens ne sont pas autre chose que ceux que saint Louis, après Philippe Auguste, Philippe le Bel, après saint Louis, avaient formés.

Cent ans d'ingérence arbitraire et de tracas impertinent pratiqué par les pouvoirs d'émeute installés dans nos ministères nous ont remplis de la haine de l'administration et, sous le couvert de mille plaisanteries, ont insinué la peinture la plus défavorable qu'on puisse faire de sa routine, de sa raideur, de ses caprices. Telle qu'on nous la fait aujourd'hui, c'est un luxe : elle constituait en ces temps-là un objet de première nécessité. Centra-

liser alors n'était le vœu d'aucune fantaisie tyrannique,
c'était la condition de l'ordre public, tel qu'une grande
nation le réclame.

Effrayer les vassaux, réduire leur turbulence par des
exemples dont le souvenir subsistât, démolir leurs châteaux, pouvait suffire un temps. Ce sont les précautions
de la force contre la force, par où toute œuvre d'autorité commence. Ce fut l'œuvre de Louis le Gros. Mais
cette pratique élémentaire ne saurait servir à de longs
desseins ; de plus, elle est impraticable dans l'étendue
d'un vaste territoire. Il fallut à la monarchie d'autres
garanties d'obéissance ; il fallut celles que seules les institutions donnent, que fixe un train réglé des choses, les
liens pacifiques qu'on ne peut rompre. Ce fut le fruit de
cette centralisation.

Je vais en donner plusieurs exemples.

On sait ce qu'étaient les guerres entre les seigneurs.
Les rois les interdirent sous le nom de guerres privées.
La suite de nos sots préjugés fait imaginer dans ces
guerres un privilège des nobles. Le fait est que toutes
les conditions s'y livraient avec une pareille ardeur : les
bourgeois se faisaient ces guerres de ville à ville, les
vilains de village à village. Ce n'était pas alors un abus ;
le défaut d'organes réglant certains conflits les rendit
longtemps inévitables ; Beaumanoir en parle comme d'une
coutume permise ; cela compose une institution, à laquelle
l'ordre royal mit fin.

Les rois commencèrent par la *trêve de Dieu*, par la *qua-*
rantaine le roi, qui obligeaient de différer ces guerres.
L'*assurement* offrit un moyen de s'en dispenser à qui
voulait.

Ces actes sont antérieurs au règne de Philippe le Bel ;
ils sont de saint Louis. Cependant les seigneurs, et en
général tout l'ordre féodal, n'en firent pas de moindres

murmures que de ce qui se vit dans la suite. Philippe
le Bel enfin interdit ces guerres tout à fait. Or, comment
lui reprocher cette interdiction ? Raisonnable dans son
principe, elle fut heureuse dans ses conséquences.

Venons à l'impôt. Le soin de l'établir fut un des grands
ouvrages de la monarchie. Le commencement des grandes
guerres, au temps de Philippe le Bel, rendit de grandes
sommes d'argent nécessaires. Des armées de cinquante
mille et de soixante mille hommes, qu'on mit sur pied
dans celle de Flandre, entraînèrent des mesures financières dont le passé n'offrait pas d'exemple.

On a fait cent reproches au sujet de ces mesures ; elles
ont rendu ce règne célèbre. Il n'est presque pas d'historien, de ceux pour qui le premier mot de l'histoire est
l'inintelligence des temps mise sous le nom d'impartialité, qui ne signale son zèle par les critiques adressées à
Philippe le Bel à cet égard. Altération des monnaies,
exactions, ce sont, en ce qui concerne ce prince, des lieux
communs de nos manuels. Le fait est que de ces exactions et de ces altérations naquit au profit de la France
le système financier d'un grand État. Mais quoi ! un
système financier, qu'est cela au prix du crime d'altérer
les monnaies? Altérer les monnaies ! la morale en gémit,
et les économistes prononcent d'un air capable que cette
altération « constitue une opération désastreuse ». Alté-
rait-on la monnaie dans Salente ? Quelques-uns se font
de ces siècles du Moyen Age l'idée d'une sorte de Bétique,
non pas de la Bétique de Fénelon, mais d'une Bétique
féodale et chevaleresque, d'une Bétique de style troubadour, dont la salle des Croisades, au musée de Versailles,
figure assez bien l'expression.

D'autres s'attachent au régime féodal de toute l'ardeur
qu'on met à défendre un principe. Mais le régime féodal
n'est pas un principe. Il est vrai que M. Coquille le loue

précisément de cela ; il le loue de n'être qu'un fait. Mais les régimes ne sont pas plus des faits que des principes : ils sont des accommodements.

« Les générations modernes, dit Fustel, ont dans l'esprit deux idées préconçues sur la manière dont se fondent les gouvernements. Elles sont portées à croire tantôt qu'ils sont l'œuvre de la force seule et de la violence, tantôt qu'ils sont une création de la raison. C'est une double erreur : l'origine des institutions sociales et politiques ne doit être cherchée ni si bas ni si haut. La violence ne saurait les établir ; les règles de la raison sont impuissantes à les créer. Entre la force brutale et les vaines utopies, dans la région moyenne où l'homme se meut et vit, se trouvent les intérêts. Ce sont eux qui font les institutions et qui décident de la manière dont un peuple est gouverné. »

Voilà le vrai point de vue de l'histoire. Voilà ce qui fait que ce profond historien protestait contre le nom de romaniste qu'on lui donnait. C'est qu'il reconnaissait que les institutions ne sont pas filles des circonstances seulement, mais aussi des efforts que font les hommes pour s'en affranchir. En accusant Fustel de romanisme, M. Flach n'a pas considéré cela. Il reste enfermé dans le point de vue de fatalisme immobiliste dont Taine fournit un si frappant exemple. Ce n'est pas ainsi que vont les choses, elles sont en oscillation perpétuelle ; l'excellence d'un fait, ni celui d'une doctrine, ne saurait les assurer jamais. « Les corps politiques, dit Rivarol, recommencent sans cesse ; ils ne vivent que de remèdes. » Le régime féodal est né du patronage romain d'une part et de la *mainbour* germanique, en vertu desquels un homme engageait ses services à un autre et lui engagea ensuite sa terre, en échange de sa protection. Ces engagements de terre se présentent déjà à Rome dans

la pratique du précaire. L'*immunité*, qu'on voit accorder
par les rois mérovingiens comme autant d'exceptions
aux ordres de l'administration régulière, eut pour effet
d'achever le système, qui fut celui de la foi et de l'hommage.

Telles sont les causes du régime dans le passé, celles
que pour plus de précision je demande la permission
d'appeler causes *immanentes*. Les *transcendantes* ont
bien plus d'importance : ce sont celles qu'introduit la
propre action des hommes. Avant Rome et la Germanie,
avant la mainbour et le précaire, la féodalité a pour
auteur deux choses : l'initiative des particuliers, l'erreur
des rois mérovingiens. Initiative commandée par l'insécurité des temps ; erreur causée chez ces princes barbares
par un défaut de prudence politique.

« Ces idées (la foi et l'hommage), dit Fuştel[1], étaient-
elles féodales ou germaniques, on ne saurait le dire ; car
d'une part on ne peut les constater ni dans ce qu'on sait
de l'ancienne Germanie ni dans ce qu'on sait de l'Empire romain, et d'autre part on les voit régner au vıı° siècle aussi bien chez l'une que chez l'autre race.

« Il est possible qu'elles soient venues à l'esprit des
hommes à la suite du désordre général qui accompagna
les invasions. Elles grandirent à mesure que l'autorité
publique s'affaiblit. Elles prirent de la force dans les
interminables guerres civiles des Mérovingiens.

« Elles se répandirent bien vite dans tous les esprits.
Nous les constatons d'abord chez les rois eux-mêmes. Il
ne paraît pas que les princes francs aient bien compris
le système administratif des Romains ; ils le laissèrent
debout comme tout le reste, ils en usèrent comme d'un
moyen commode de lever les impôts, de brider les popu-

---

1. *Les Origines du Système féodal*, p. 400.

lations et de récompenser leurs fidèles ; mais ils ne semble pas qu'ils en aient jamais apprécié les avantages politiques. Ils furent toujours en défiance à son égard, et la manière même dont ils distribuaient les fonctions administratives marque le peu de cas qu'ils faisaient du système. Sans réflexion ils travaillèrent contre leur propre administration et firent tout ce qu'il fallait pour qu'elle tombât. Ils inclinaient, sans s'en rendre bien compte, vers une autre forme de gouvernement, où il n'y aurait plus d'administration. »

Il ne faut pas médire de ce qui s'ensuivit. Ce fut, si on a égard aux circonstances, une façon d'ordre, et les meilleures mesures dont les hommes aient su s'assurer contre la difficulté et les malheurs des temps, malheurs que des causes divisées ne rendent attribuables à personne. Le chapitre suivant contiendra le juste tribut d'éloges que mérite le régime féodal.

Mais il s'agit ici non de le juger en soi et par comparaison aux circonstances seulement, il s'agit de le comparer à un autre système, que le progrès des temps rendait possible. Tout tient à ce progrès des temps. Sans oublier l'empressement généreux avec lequel les bons rois, si nombreux, si actifs, disposèrent de leur puissance pour rendre leurs sujets heureux, gardons de donner dans la fable royaliste d'une monarchie vengeresse des opprimés, surajoutée à la fable révolutionnaire de la méchanceté des seigneurs. Le sentimentalisme et la peur trouvent leur compte dans ce parti. Quelle douceur, en se dispensant de réfuter un mensonge, de s'abandonner aux images de la vertu descendue sur la terre sous la forme d'une institution ! Mais il n'y a pas d'institutions de ce genre ; l'intérêt bien réglé sert de base à toutes. Celui de la monarchie fut de pourvoir au bien, à mesure que le temps et ses forces le permirent. Le roi de France

ne parut ni en redresseur de torts, ni en protecteur des
faibles, ni en consolateur des pauvres et des orphelins ;
il fut, après l'ordre féodal, par le ressort de sa fonction,
l'instrument d'un ordre meilleur.

Ce n'est pas d'autre chose que le peuple était en peine.
Les hommes de ce temps ne réclamaient pas ce que
nous appelons la liberté ; ils soupiraient après la paix. Il
faut lire sur ce sujet le travail demeuré en articles de
Fustel de Coulanges sur l'organisation de la justice [1].
Tout le mouvement vint de ce qu'on nomma alors, d'un
mot chargé de sens, les *associations de paix*. La formation de ces associations est quelque chose de comparable
à ce qu'on vit du côté des communes.

Elles naissaient d'initiatives privées et venaient de la
masse. La fatigue des discordes et le tourment de la
guerre, ressenti à proportion que le progrès des temps
faisait espérer de mieux faire, firent que les hommes s'uni-
rent pour s'assurer le bienfait de la justice. Ils juraient
de s'en rapporter à la décision de juges choisis par eux.
Ces essais laissés à eux-mêmes ne devaient pas réussir ;
il fallut que le roi s'en entremît. En cette rencontre
comme en d'autres, les faits font voir l'institution venant
à bout des entreprises auxquelles les bonnes volontés
toutes seules échouent. Saint Louis, qui fut le grand jus-
ticier de la monarchie, protégea ces associations. Alphonse
de Poitiers, son frère, en fit autant dans son comté de
Toulouse, en attendant la réunion de ce grand fief à la
couronne.

Imaginer que saint Louis et Alphonse de Poitiers com-
promettaient l'avenir du pays et préparaient la Révolution par l'intrusion de la justice royale sur les divers
points du territoire, c'est faire le procès à toute l'his-

1. *Étude historique sur l'Organisation de la justice dans l'Antiquité
et dans les Temps modernes.* — *Revue des Deux Mondes*, ann. 1871.

toire de France. Cependant Philippe le Bel ne fit qu'achever leur œuvre.

Il le put, ainsi que d'autres avaient pu l'entreprendre, grâce aux circonstances favorables, grâce à l'impression désormais effacée des dernières invasions barbares, grâce aux forces nationales qui, renaissant peu à peu, encourageaient le pouvoir dans ces voies, grâce aux forces acquises par l'institution même, qui permettaient ces grands desseins.

Le préjugé attribue ces changements à l'influence des légistes. Cette influence est signalée par la renaissance du droit romain. Dans la réprobation portée contre la monarchie administrative, on ne sépare pas de Philippe le Bel le droit romain et les légistes. Il reste à parler de l'un et de l'autre.

On se fait des légistes une singulière idée, quand on se les représente comme une classe d'hommes que leur intérêt particulier poussait à transformer la monarchie. On se fait du choix qu'en firent les rois une idée non moins chimérique, quand on croit ce choix dicté par le dessein d'abattre tout ce qui s'opposait à l'ingérence royale.

Les légistes (que ceux que le nom met en défiance se rassurent au simple aspect de la chose) n'étaient autre chose que des hommes instruits de la matière des lois qui prêtèrent leurs lumières aux juges. Comme l'ordre proprement monarchique, les légistes sont une nouveauté à l'égard du régime féodal.

Selon l'ordre propre à ce régime, les hommes sont jugés par leurs pairs. Aucun juge de profession n'existe ; nulle rubrique spéciale n'est requise pour décider les différends. A tous les degrés de la hiérarchie, les contestants trouvaient un tribunal composé d'hommes de même

condition qu'eux, qui les départageaient avec le secours
des seules lumières naturelles, joint l'expérience tirée
d'un genre de vie semblable à celui d'où venaient les procès. Pour employer un mot moderne, c'était le *jury* à
tous les degrés.

Cette institution a ses avantages. Entre plusieurs inconvénients qu'elle offre, il faut compter la sujétion à
laquelle elle range les citoyens chargés d'exercer la justice, et les erreurs de jugement que ne saurait manquer
d'entraîner leur inexpérience. Quoi qu'il en soit, personne
ne pense que le jury ou des cours des pairs, telles que
la féodalité les pratiqua, puissent suffire à toutes les rencontres où il faut des juges.

Au commencement peut-être cela parut possible. Mais,
à mesure que le nombre des procès grandit et qu'ils
devinrent plus difficiles, il fallut songer à des hommes
en qui la connaissance des affaires fut le fruit d'une
application particulière. On les souhaita ; ils se présentèrent d'eux-mêmes : en cette affaire comme en toutes
les autres, les gens de métier prirent en main la pratique.

On en reçut d'abord quelques-uns dans les cours des
pairs dont je parle, aucun autre changement ne surve-
nant d'ailleurs. Il arrivait seulement que de plus habiles
étaient mêlés aux autres pour rendre la sentence plus
facile. Le président continue d'être choisi dans le rang
féodal supérieur à la cour ; aucune procédure n'est chan-
gée. Mais on ne put éviter que des hommes plus instruits
ne prissent l'empire et n'accaparassent peu à peu l'influence. Telle fut l'histoire de cette nouveauté. Elle alla
si loin qu'à la fin les légistes, croissant en nombre, com-
posèrent presque à eux seuls la cour, que désertaient
d'eux-mêmes les autres juges. Ainsi se forma dans notre
pays la magistrature de métier.

On en trouve le début dans le xɪᵉ siècle. Le xɪɪɪᵉ en vit l'aboutissement.

J'ai dit que ces légistes n'étaient pas une classe. La communauté de métier seule en fit une. Ce serait une erreur que de les croire de roture. Le célèbre Beaumanoir, ainsi que Pierre de Fontaines, appartenait à la noblesse. Un grand nombre venaient des rangs du clergé. Les documents du temps font voir les tribunaux remplis d'ecclésiastiques. Il fallut modérer le goût qui les y portait : en 1163, le concile de Tours interdit aux moines la profession de légiste. Ainsi l'influence des légistes ne doit aucunement passer pour un trait de l'ascension du « tiers état ».

Nous chargeons ce mot de tiers état, et toutes les formules où il entre, d'un sens qui sans doute aurait étonné les hommes du temps. Il ne paraît à nos yeux qu'avec un air de guerre, tantôt de combat, tantôt de victoire, toujours en marche vers des conquêtes. C'est que nous avons pris l'habitude de ne concevoir les faits historiques que sous l'aspect d'une lutte des classes. Elle ne paraît pas avoir existé en ce temps-là. Aussi le nom de tiers état, ou ce qui en tient la place pour désigner ce qui n'est ni tonsuré ni noble, ne paraît-il jamais chez les contemporains avec l'allure que nous lui donnons.

Qu'il y ait eu des mœurs particulières à ceux qui, ne portant pas l'épée, n'appartenaient pas à l'Église et qu'en ce sens on puisse parler d'un tiers état, je ne le nie pas ; mais il est sûr qu'au Moyen Age ce mot n'a pas une portée politique. On ne saurait donc voir de contresens comparable à celui d'Augustin Thierry écrivant l'*Histoire du Tiers État*, et faisant de cette histoire un chapitre de l'histoire politique de la France. C'est proprement projeter dans le passé les idées de la brochure de Sieyès. Cette brochure présente avec véracité des antagonismes existants en 1789 ; elle n'offre aucune image valable de ce qui se passait cinq siècles auparavant.

Ainsi la faveur dont les légistes furent l'objet de la part des rois ne tient à autre chose sinon qu'ils jugeaient les affaires comme il faut. Elle n'est pas le signe d'une préférence des rois pour aucune classe de leurs sujets. Cette préférence n'existait pas. Eût-elle existé, que l'origine des légistes défendrait d'en rechercher les effets de ce côté.

La centralisation de la justice sous saint Louis acheva de les mettre en honneur. On eut besoin d'eux plus que jamais. Leur élévation coïncide avec le développement de la justice du roi, avec l'extension des cas royaux, avec la division qui, depuis le règne de saint Louis, fut introduite dans la cour du roi.

Jusque-là cette cour n'avait formé qu'une assemblée. On y distingua trois corps alors : le Parlement, la Cour des comptes et le Conseil. Les légistes tinrent dans chacun d'eux leur place ; la Cour des comptes et le Parlement leur appartinrent.

A l'égard du droit romain, c'est un fait que les légistes en ont répandu la connaissance et établi l'autorité. Ont-ils fait cela par un amour pervers et réprouvé de Rome? par esprit de caste bourgeoise qui trouvait de ce côté de quoi saper la noblesse ? par esprit césarien inné aux classes inférieures, qu'ils brûlaient de répandre dans l'esprit des rois ? On a dit tout cela et des choses approchantes. Ces interprétations appartiennent au roman. La vérité est que les légistes ont étudié le droit romain, parce qu'on ne saurait étudier que dans les livres et qu'il n'y avait de livres alors que de droit romain.

L'enseignement de ce droit avait cessé un temps.

M. Flach l'a démontré dans son excellente *Histoire du Droit romain au Moyen Age*. Irnérius fut le premier qui reprit cet enseignement à l'université de Bologne, de 1100 à 1120. En France, Orléans se mit à suivre cet exemple et donna son nom à l'école qui en restaura l'étude chez nous.

Il en fut de cette étude comme de celle de la philosophie. On étudia celle-ci dans Aristote, parce qu'on ne possédait que les livres d'Aristote : toutes les écoles en prirent leur pli. Il ne faut pas douter que, si d'autres traités de droit que les romains eussent existé, on ne s'y fût instruit pareillement.

Nous ne nous faisons qu'à peine une idée de la curiosité du Moyen Age. Plusieurs imaginent ces écoles comme volontairement bornées à quelques sources, par pédanterie et par nonchalance. Les bornes intellectuelles de ce temps proviennent d'une tout autre cause. Elles tiennent à l'excès même de la curiosité, pareille à celle des enfants, à ce désir d'information insatiable qui se prend aux recettes d'alchimie, aux bestiaires, à l'histoire d'Alexandre, aux voyages, à l'astronomie fantastique, à l'astrologie, aux preux de Charlemagne, au Prêtre-Jean, à la médecine, à tout ; qui ne cherche dans le style le prix d'aucun ouvrage, qui ne voit dans les auteurs anciens que des docteurs et des révélateurs de secrets : vraie rage d'entasser et d'apprendre qui n'a le temps ni de classer ni de choisir, qui sert de préface et de fondement à l'esprit de la Renaissance, qui se prolonge dans cette époque même, qui ne se règle tout à fait qu'au xviiᵉ siècle, sous l'ascendant tout-puissant du goût.

De pareilles dispositions ne donnent pas lieu d'éplucher les lectures dont se formait l'esprit de ces temps-là. Le droit romain leur fut une source d'information ; il véhicula pour eux la science des causes, qui n'était jus-

que-là qu'en germe dans le bon sens naturel de chacun.

M. Coquille dénonce le Digeste, le code Théodosien,
les Pandectes, découverts à Amalfi au xII° siècle. Il veut
que l'Empire romain soit le désordre essentiel, et proprement l'ouvrage du diable. Il réfute sur ce point Bossuet, qui le juge d'une manière différente. Il dit que
l'autorité du roi sur les communes est l'œuvre maudite
des légistes, quand elle se trouve déjà sous la plume de
Louis VII dans sa correspondance avec Suger.

C'est qu'en vérité les rois de France n'avaient nul
besoin du droit romain pour agir suivant les communs
principes du gouvernement des sociétés. L'institution
féodale ne pouvait avoir qu'un temps. Née au milieu du
trouble et de l'insécurité, le plus bel éloge qu'on puisse
faire d'elle est d'avoir abrité les hommes dans une période
où, sans cette institution, le monde eût roulé à la barbarie
pure. Elle n'était pas faite pour durer dans des temps
plus voisins de l'ordinaire allure. Ceux-ci se rangent naturellement à ce train moins exceptionnel dont le gouvernement romain avait offert l'exemple.

La royauté, tant par ce qu'elle tenait de lointaines traditions romaines que par sa nature même qui la mettait
au-dessus de l'institution féodale, devait retourner avec
le temps à ce train commun et à des principes qui seraient
mieux nommés humains que romains.

J'ai dit que jamais la monarchie ne put passer pour
une pièce du régime féodal. Elle appartient par son institution à un autre ordre de société. La notion de l'intérêt
commun, de l'obéissance impersonnelle, de la sujétion
présumée, non jurée, est à sa base. J'ai montré que les
vestiges d'une telle institution n'avaient pas plus péri que
le nom ; de sorte qu'il doit être permis de considérer la
monarchie, tout le temps que dura la féodalité, à la fois

comme un témoin du passé et comme une réserve de l'avenir.

« Il faut remarquer, dit excellemment Fustel [1], que, comme les droits régaliens n'avaient jamais été formellement enlevés aux rois, ni annulés par aucun acte régalien, qu'ils n'étaient que la continuation de l'autorité royale, qu'en principe ils n'avaient pas cessé d'appartenir aux rois, il ne fut pas très difficile aux rois de les ressaisir plus tard. Quand ils les reprirent aux comtes et aux évêques, ils les retrouvèrent intacts. »

Dans ce lucide exposé de la question, on trouvera mieux peut-être qu'un oracle de l'histoire; je veux dire quelque chose comme une revendication du droit historique en faveur d'une cause décriée par ceux qui se croient amis de la tradition. Les droits que l'on marchande appartenaient au roi; ils priment en ancienneté ceux des seigneurs.

On s'est fâché qu'à cette époque le droit écrit ait remplacé en plusieurs lieux le droit coutumier. Abusant du principe établi chez Maistre, concernant la folie d'écrire les constitutions des États, on a voulu voir une décadence dans le principe même des parchemins, inséparable des bureaux. Mais on ne gouverne pas un grand peuple sans règlements et sans bureaux. Maistre n'a parlé en ces termes que de l'essentiel des constitutions et des raisons secrètes de l'obéissance des peuples. C'est se moquer de confondre le mystère de l'État avec un règlement de marché ou de touage.

On objecte le rôle de la noblesse d'Angleterre à travers l'histoire de ce pays. On se plaint que la nôtre, de bonne heure immolée aux envahissements de la royauté, ait été empêchée de jouer ce rôle modérateur auquel il

1. *Transformation de la Monarchie carolingienne*, p. 664.

est admis que tient la stabilité chez nos voisins. Tout cela n'est que des reproches frivoles.

En aucun temps la noblesse de France n'a montré d'aptitudes à un rôle politique. Plus ou moins affranchie du joug de la royauté à cet égard, elle ne sut jamais, pareille à la noblesse de Rome dans les derniers temps de la République, que fomenter la guerre civile. Reprocher à la monarchie d'avoir détruit cet organe chez elle, c'est donc mentir à la vérité de l'histoire. Regretter que cet organe ait manqué n'aurait de raison que si la France en avait souffert en effet.

Bon pour l'Angleterre ; mais en vertu de quelle règle la France ne serait-elle admise à justifier son histoire que d'après l'exemple de celle-ci ? La noblesse française a formé le plus magnifique commandement des armées que l'ancienne Europe ait contemplé. Son rôle dans les batailles, est-ce un rôle négligeable ? Était-il plus glorieux de contrôler le pouvoir, d'entrer dans les disputes de droits et de prérogatives judiciaires, de fronder, comme au temps du cardinal de Retz, de concert avec les Parlements ? ou de jouer au philosophe, comme au temps de Rousseau, de Raynal et de Beaumarchais ? Ce sont des taches dans son histoire. Le reste a de quoi faire l'orgueil de tout ce qui porte un nom français, il a de quoi empêcher qu'aucune autre noblesse ne soit préférée à la nôtre. Voilà la vérité des faits, voilà ce qu'il ne faut pas se lasser de répéter.

Que si l'on objecte que cet effacement politique a déchaîné la Révolution, on ne fait que montrer, par un exemple de plus, avec quelle facilité la Révolution se plie à tous usages dans les querelles cherchées de nos anciennes institutions.

J'ai entendu M. Larroumet, en Sorbonne, donner pour cause à la Révolution les peintures italiennes du château de Fontainebleau. D'autres ont inventé la centralisation consommée par Philippe le Bel. Mais en vérité quelle centralisation ? S'imagine-t-on que celle-là ressemblait à la nôtre ? Avons-nous, je le demande, quelque chose de comparable à ce que furent, après le règne de Philippe le Bel et tant que dura l'ancien régime, les libertés des provinces et des villes et l'autonomie des divers corps ?

CHAPITRE VII

LA DIFFAMATION DU SERVAGE

L'institution du servage est de celles qui sont le plus d'usage pour décrier le passé. C'est un des points aigus de ce livre. Ce n'en est pas le plus important, et le grand rôle qu'il joue dans la critique tient au poids dont le sentiment du peuple pèse de nos jours en ces affaires ; il est l'effet de la démocratie.

Le tableau du servage, tel qu'on le représente, a pour effet d'effrayer le peuple et de soulever sa haine ; cependant l'institution est généralement reconnue par les gens instruits comme passable. N'hésitons pas à dire qu'elle compte au nombre des grands bienfaits de ces temps-là, et en général au nombre des institutions les plus humaines qu'on ait connues.

L'éloge de la monarchie répandu aux précédents chapitres se présente en opposition avec le régime féodal. J'ai fait voir ce régime contraire premièrement à l'essence de la monarchie, en second lieu à son œuvre militaire et à son œuvre administrative. Cependant on ne saurait quitter le Moyen Age sans présenter l'éloge de la féodalité.

Le décri qu'on en fait ne tient à aucune des causes examinées dans ce qui précède. On ne reproche à la féodalité ni le morcellement ni le désordre politique ; on lui reproche l'oppression des faibles.

Remarquons en passant l'erreur de ce point de vue.

Il néglige les grands intérêts, les horizons du commun salut ; volontairement ramené sur une seule classe de citoyens, sur celle dont le sort justement se ressent plus que tout autre de la fortune publique, il n'a de zèle, à l'exclusion de tout le reste, que pour les faibles et les petits.

La raison politique n'interdit pas ce zèle. Elle enseigne seulement qu'il est vain quand on prétend ne connaître rien de plus. Elle tient le sort des dernières classes pour une partie de l'ordre public et réprouve un régime où la misère, la faim, la dégradation, l'ignorance seraient leur partage. Un tel état des dernières classes exerce la sollicitude de tous les gouvernements sages, moins à cause de la louable pitié qu'il excite qu'à cause des règles politiques qui font prévoir dans ce fait la ruine générale.

Le préjugé révolutionnaire enseigne à ne reconnaître dans ce sort des petits que l'objet d'un devoir moral ; il y subordonne tout l'État. Cet intérêt particulier, dans une fonction qui ne doit considérer que les intérêts généraux, ruine l'État sans profit pour ceux qu'on lui préfère. Ceux-ci pâtissent deux fois de la Révolution : de l'impuissance à laquelle son erreur la condamne et de la banqueroute sociale à laquelle elle aboutit.

En face de ce résultat, il ne serait pas inutile de mettre les exemples d'un régime né de tout autre chose que de sollicitude morale et de pitié. L'imminence du danger ressenti par chacun laisse peu de place à ces sentiments. Le jeu réglé des intérêts fit tout. Il fit tout dans un temps où les leçons de l'Église, seul héritage, avec la royauté, que le monde eût sauvé des Barbares, rendaient les hommes capables des grands principes de l'ordre.

Il faut ici considérer deux choses : ce que fut en soi le servage, et dans quelles conditions il s'est établi. Ce second point est nécessaire, s'il est vrai que les institutions ne se jugent bien que par comparaison.

Le commun de nos contemporains se fait des serfs l'idée d'une sorte d'esclaves ; on se les définit comme le bien et la chose d'un maître. A cela est joint le tableau d'une misère extrême, telle qu'elle peut être dans les campagnes, faite des mille infortunes auxquelles le paysan vit exposé. Les impôts, la corvée, la portent au dernier degré du malheur. Il n'est pas jusqu'à ce mot de servitude de la glèbe, qui ne serve à nous effrayer. Ainsi la condition du serf se présente comme un comble de pauvreté, de souffrance et d'oppression.

Dans un temps où s'élaboraient les divers mensonges historiques dont l'opinion contemporaine est faite, Collin de Plancy rédigeait ainsi l'article des serfs dans son *Dictionnaire féodal* [1] (cet ouvrage est de 1819) :

Les esclaves ou serfs et les vilains ou domestiques de la campagne ne demeuraient pas dans la maison du seigneur, mais ils n'en dépendaient pas moins des caprices de ce tyran, qui les vendait comme des animaux avec le champ qu'ils cultivaient et la cabane où ils attendaient la mort. Non seulement leur cupidité les portait à accabler ces esclaves d'un travail insupportable, mais leur moindre fantaisie infligeait à ces malheureux des peines et *des tribulations incroyables, sans aucun motif d'intérêt.*

Chacun a pu recueillir l'écho de ce genre de propos dans nos manuels de classe :

Au Moyen Age, écrit l'un d'eux, *le paysan a un sort affreux.* Dans sa pauvre cabane, il vit comme un lièvre poltron. Toujours il a l'oreille tendue. *Au premier signal il s'enfuit* avec sa femme et ses enfants...

1. T. II, pp. 247, 248.

Je ne relèverai pas ici l'abjection de ces mensonges ; ce qu'il ne faut pas manquer de remarquer, c'est le style qui en est inséparable. Bien ou mal, les uns avec quelque teinture de lettres, les autres en simples goujats, tous ces écrivains déclament. L'enflure est inséparable de leurs propos. Elle l'est par l'effet de la méchanceté d'une cause qui périt quand on l'examine.

A ces propos et à mille autres, un mot pour réponse suffira. La servitude de la glèbe renverse tout ce tableau. On croit qu'elle en fait le trait le plus noir : c'est le contraire qui est vrai.

Car qu'on réfléchisse à ceci. Le serf attaché à la terre, c'est la terre elle-même vouée au serf, vouée dans des conditions d'avenir et de sécurité dont les modernes conçoivent à peine les avantages. C'est, dis-je, la terre vouée au serf ; partant, c'est le propriétaire lui-même de la terre engagé envers le serf.

Qu'on pèse les termes de cet engagement : il n'en est pas de plus rigoureux. En vertu et par l'effet direct de la servitude de la glèbe, le seigneur ne peut ni changer le serf de place, ni le renvoyer, ni ôter la succession de terre à ses enfants.

Si la terre est vendue, le serf reste. Nos dénonciateurs appellent cela *être vendu avec le champ*. En effet, tout comme les locataires à bail d'une maison sont vendus avec la maison. Cela justement n'arrive qu'à titre de garantie, dont ces locataires profitent. Celui qui s'en fâcherait, comme d'une disposition contraire à sa dignité, passerait pour fou aux yeux de tous ; la dignité mise en avant par les révolutionnaires est tout juste de ce niveau.

Donc la servitude ou servage de la glèbe n'est que le nom d'un contrat perpétuel entre le propriétaire et le paysan, contrat qui ne pouvait être rompu, si ce n'est d'un consentement mutuel ; il ne pouvait pas l'être,

dis-je, même au prix de l'affranchissement du serf.
Devant l'offre de cet affranchissement, ce serf peut obliger son maître à le garder. Il le peut, et, quelque étonnant que cela paraisse à des esprits imbus du préjugé
moderne, il a souvent usé de ce droit. Plus d'une fois,
au cours de l'histoire, on voit des serfs refuser la liberté.

Ainsi prise, il est évident que l'institution change
d'aspect. D'odieuse qu'on la peignait, elle devient tutélaire, l'une des plus favorables qui soient au paysan. Les
historiens dignes de ce nom ne s'y sont pas trompés. Ils
ont vu et représenté dans la fixité du servage la fin de
l'esclavage antique.

Ce n'est pas que, même à l'égard de ce dernier, il
convienne d'approuver toutes les invectives qui courent
le monde, assez de remarques étant capables d'en adoucir pour nous le tableau. Par exemple, les esclaves, mieux
dénommés valets, que nous représentent les comédies de
Plaute et de Térence, ne paraissent pas chez ces auteurs
dans l'état d'abjection qu'on dépeint. Cette comédie est
l'image des mœurs ; on ne peut supposer qu'elle ait été
infidèle en ce point-là. Ce qu'elle découvre donne donc à
croire que les esclaves du temps de la République romaine
se rapprochaient assez, pour la condition, des valets de
Molière. L'ensemble des lettres grecques et latines s'accorde avec cette impression. Quels qu'aient été la rigueur
des lois et l'effet de cette rigueur en plusieurs circonstances, il faut croire que le plus souvent les mœurs rendaient l'esclavage supportable.

La tare de cette institution fut la dispersion des familles,
effet du droit qu'avait le maître de vendre les époux sans
les femmes, et les pères sans les enfants. Cette tare
devait disparaître avec la fixité. Le droit de rester sur
sa terre fut pour l'esclave une vraie propriété. En fait,
ce droit mit fin à l'esclavage.

Les commencements d'un pareil droit remontent assez haut dans l'histoire, jusqu'au temps de l'Empire romain. Une loi de Valentinien et de Gratien, mentionnée dans le code Justinien, l'introduisait au IVe siècle. On ne sait quels effets cette loi eut d'abord ; le fait est que dès le VIe siècle la servitude de la glèbe était déjà très répandue.

Ajoutez que les mots de serf et d'esclave, dont nous faisons usage en cette matière, ne servent d'aucune distinction dans l'histoire. Les anciens n'ont jamais connu que le premier : ils nomment *servi* ceux que nous appelons leurs esclaves, et les serfs du Moyen Age ont pris ce nom de l'esclavage antique. Il ne faut donc pas demander quand le changement de nom assura le changement dans la chose, car le nom n'a jamais changé ; des institutions différentes le remplirent seulement d'un sens nouveau.

Au VIIIe siècle, les documents font voir les noms de *manses* et de *tenures serviles : mansi serviles ;* une expression désigne les serfs fixés : *servi casati ;* au IXe siècle on n'en connaît plus d'autres : les derniers vestiges de l'esclavage ancien ont disparu.

Venons au mode de cette tenure. Le serf vit de la terre à laquelle il est fixé. Il en vit non par voie de salaire, mais de récolte. L'usufruit de cette terre est à lui, le fonds seul restant au seigneur. Ainsi le serf (chose capitale) n'est pas tâcheron, mais fermier, et, par l'effet de la fixité, fermier perpétuel. De l'existence ainsi réglée on trouvera le tableau fidèle dans Viollet, *Histoire du Droit civil français* et *les Communes au Moyen Age ;* dans Brutails, *Études sur les Populations rurales du Roussillon ;* dans Grandmaison, *les Serfs de Marmoutiers* (pour la Touraine) ; dans les Polyptyques des abbayes, surtout dans celui de Saint-Germain-des-Prés, publié avec l'importante préface de Guérard.

La terre dont dispose le serf est étendue. Pour chacun des serfs d'une certaine abbaye, Fustel de Coulanges calcule une moyenne de sept hectares. Le principal est en labour ; un pré et une vigne y sont joints ; à cela il faut ajouter les droits d'usage dans la partie réservée du seigneur : droit de glandée, de bois mort, etc. Ce peu de traits permet d'imaginer le tableau de la vie servile, tableau fort différent de celui que l'ignorance et la duplicité nous présentent.

Tout ce qu'on sait de positif sur l'existence des serfs atteste l'aisance et la prospérité. Pas un texte tiré des documents de fait, pas un mot ne signifie, n'autorise à prétendre qu'aucune sorte de misère matérielle ait été le partage de cette condition.

Cette aisance et cette prospérité eurent pour le serf les résultats ordinaires. Elles engendrèrent l'épargne, puis la propriété. Rien n'est commun au Moyen Age comme le cas du serf propriétaire : usufruitier seulement des terres de son seigneur, il tient d'autres terres en son propre. Voilà ce que recueille du régime de servage celui qu'on en croit la victime.

Voyons maintenant ce qu'il doit. Dans un texte célèbre, Beaumanoir donne à cet égard une idée de sa condition :

Cette manière de gens, dit cet auteur, ne sont pas tous d'une condition ; ainçois sont plusieurs conditions de servitude.

Car les uns des serfs sont si sujets à leur seigneur que leur sire peut prendre quan qu'ils ont à mort et à vie, et leur corps tenir en prison toutes les fois qu'il leur plaît, soit à tort, soit à droit, qu'il n'en est tenu à répondre fors à Dieu ;

Et les autres sont démenés plus débonnairement, car tant comme ils vivent, les seigneurs ne leur peuvent rien demander, s'ils ne méfont, fors leurs cens et leurs rentes et leurs redevances, qu'ils ont accoutumé à payer dans leur servitude.

Suivent des détails sur ce second état. Voici le commentaire de ce texte :

La seconde partie est grosse d'enseignement. Elle renverse toutes les idées reçues sur le régime d'exaction du servage, sur l'arbitraire du commandement qui s'exerçait à l'égard des serfs. Beaumanoir, en ceci, savait ce qu'il disait ; ce qu'il ajoute d'extrêmement précis, dans la suite de ce texte, sur le droit de *formariage* et de *mainmorte* le prouve. Les prétendus abus dont l'impôt, la corvée auraient été matière au détriment des serfs sont formellement exclus pour cette seconde partie.

Il est à peine besoin d'avertir que, dans les nombreuses citations qu'on a faites du texte de Beaumanoir, c'est la première qu'on allègue. Examinons-la.

Elle est remarquable par son imprécision. Tout trait particulier manque à la description de la condition dont elle rend compte. Visiblement cette description n'est que le développement purement oratoire d'un seul point : à savoir que le serf de cette condition est remis au seigneur à merci. De témoignage formel qu'il convienne de retenir, elle ne contient que ce seul point. Ce qu'elle établit n'est donc pas autre chose, sinon qu'il existait une condition légale de serfs remis à la discrétion du seigneur, sans réserve que l'engagement de la terre, essentiel à l'institution.

Si l'on ne connaissait de Beaumanoir autre chose, on pourrait, sur le seul vu de ce texte, conclure que cet auteur est hostile au servage, puisqu'il ne développe que dans le sens du pire une condition qui, à la prendre en soi, put avoir d'autres conséquences ; rien n'empêchant que dans une institution la coutume ne règle, et ne règle honnêtement, ce que la loi laisse à discrétion. Or ce qui serait probable est certain : Beaumanoir est hostile au servage, son livre en contient plusieurs preuves, et cette hostilité n'est plus à démontrer.

Elle se conçoit par l'époque tardive à laquelle cet auteur a écrit, quand les raisons de cette institution n'étaient déjà plus bien comprises. Cette époque tardive explique l'imprécision qu'il met à décrire un état qui est le plus ancien des deux. Elle est, autant que son hostilité, un motif de réserves quant à cette description.

En résumé de ceci, toute critique raisonnable a le devoir de remarquer deux choses : du premier état de servage, Beaumanoir ne rapporte que la condition légale ; en second lieu, Baumanoir ajoute à ce rapport son préjugé.

Or, que la coutume eût réglé ce que la loi laissait libre dans cet état de servage, je n'ai fait encore que le supposer. En voici maintenant les preuves.

Dès l'origine même, des témoignages certains nous montrent comment cela a pu se faire et s'est fait. Le livre de Fustel de Coulanges, *l'Alleu et le Domaine rural* (chapitre XIV), en contient de curieux exemples.

Un propriétaire, Arédius, lègue des serfs par testament. A quelles conditions ? Les plus précises. Il lègue le serf Ursacius et sa femme, à condition qu'ils cultiveront quatre arpents de vigne sur la réserve du maître (*dominicum*). Voilà la redevance de ces serfs fixée, et par le seul effet d'une clause testamentaire. Le même propriétaire ajoute : « Je lègue en même temps, etc. (noms des serfs). Je veux qu'ils cultivent sur la terre des moines quatre arpents de vigne. Leurs femmes paieront chaque année dix deniers d'argent ; *on n'exigera d'eux rien de plus en aucun temps.* » Il faut remarquer cette clause prohibitive. L'usage en est extrêmement frappant. De telles dispositions valent toutes les lois du monde ; pour qui sait les usages du Moyen Age, elles étaient in-

violables et perpétuelles. Une prohibition du même genre
se retrouve ailleurs en ces termes : « Cet homme culti-
vera pour les moines quatre arpents et *rien de plus.* »
C'était tout ce qu'en échange de sa tenure on était en
droit d'exiger.

Ainsi la redevance était tantôt argent, tantôt travail ;
elle était aussi tribut en nature. Le seigneur fondait la
culture de ce qu'il se réservait de terre sur les redevances
dues pour les terres engagées. Le serf, véritable fermier pour ces dernières, acquittait son fermage en travail chez son maître. C'est une tromperie que d'avancer
qu'il fournissait ce travail gratuitement, qu'on le con-
traignait de cultiver gratis les terres du seigneur ; à moins
que l'on n'ajoute que cette gratuité avait pour retour la
gratuité des terres qu'il occupait. Ce travail n'était pas
plus gratuit que celui que fournissent les concierges de
Paris en échange du logement qu'on leur donne.

Ajoutez que la limite de ce travail était fixée. Ainsi
rien n'était plus redevable et en fait plus avantageux
pour le paysan que ce régime.

« Taillable et corvéable à merci » dans un des cas est
le principe : la coutume et des conventions multipliées à
l'infini, nées de mille circonstances, épousant mille formes,
en limitaient partout l'application. Il en va de cette formule comme de tant d'autres semblables, dont l'objet
n'est pas autre chose que d'exprimer l'absolu du droit.
Elle est comme le domaine éminent du roi de France sur
les biens de tous ses sujets : on le reconnut à Louis XIV ;
mais il faudrait être bien fou pour s'imaginer que les
hommes de ce temps en aient souffert dans leur droit
de propriété. Seulement le roi se désignait par là comme
maître absolu du royaume : ainsi le seigneur se regardait comme maître absolu de ses serfs. Un moderne dira
que cela est humiliant. Je ne dispute pas maintenant de

cela, mais des conséquences d'une telle formule quant à la vie matérielle des hommes. Cette conséquence est nulle ; les faits le prouvent.

En dépit de cette formule qui le livrait à merci, le serf ne rendait au seigneur qu'un retour fixe et constant d'argent et de services ; en dépit de cette formule, le serf était prospère, j'ajoute le serf était content. Quant à la dignité du serf et en général des hommes d'ancien régime, qu'on suppose dégradée par ces sortes de principes, ce n'est pas d'elle qu'il s'agit maintenant : il ne s'agit que de savoir s'ils étaient misérables.

Ce n'est pas qu'il n'y eût à cette fixité de redevance, comme à toutes choses, des exceptions. Il arrivait que le seigneur exigeait davantage. Mais cela n'était jamais qu'un cas particulier, pour des causes définies, qu'il ne manquait pas de donner. Ce surcroît n'était reçu qu'à titre exceptionnel. Une guerre, quelques travaux d'un ordre particulier, le mariage d'une fille, sont au nombre des motifs qu'on voit alléguer dans la circonstance. Quelqu'un dira qu'ils pouvaient être frivoles ; encore fallait-il en donner, et le soin qu'on prend de le faire témoigne de l'attention qu'on mettait à éviter l'apparence de l'injustice. C'est tout le contraire d'un régime d'arbitraire ; l'exaction même y est limitée.

Quant aux droits odieux ou absurdes dont on a osé répéter que le régime féodal s'accommodait, il paraîtra superflu d'y insister. Ceux qui en proclament l'existence sont encore à trouver un texte de quelque force et de quelque précision sur le fameux droit du seigneur, par exemple. Pour la stupide histoire des grenouilles, que les paysans auraient été contraints de faire taire en battant les fossés du château, voici un trait qui donnera l'idée du fondement de ce genre d'inventions :

A Saint-Brieuc, l'évêque, ayant affranchi les habitants

de deux maisons de la rue Allée-Menant, leur impose
en échange la condition suivante : Tous les ans, la veille
de la Saint-Jean, à l'heure des vêpres, en présence de
l'évêque, ils iront battre les eaux d'un ruisseau voisin
en criant : « Grenouilles, taisez-vous ; laissez Monsieur
dormir. » L'intention du seigneur est obscure, et l'on
n'imagine pas le motif qui fait exiger cette démarche en
retour de la liberté qu'il donne ; une chose est certaine,
c'est que cette démarche n'épouse ni le caractère d'un
dommage, ni celui d'un trait d'oppression. Elle n'est ni
embarrassante, ni pénible, ni dispendieuse. En échange
d'un bien effectif elle a dû paraître légère.

Il y avait d'autres conditions auxquelles le serf était
soumis. C'était principalement la *mainmorte* : c'est-à-
dire que les biens que le serf avait en propre, et qui
tombaient dans son héritage, revenaient au seigneur à
sa mort. Il y avait de plus le *formariage*, en vertu
duquel le consentement du seigneur était requis pour se
marier. Ces droits, que des raisons diverses expliquent
et par où se marque la sujétion du serf, ne tombent pas
sur toute sa famille. Il est remarquable que la condition
de servage n'est le fait, dans celle-ci, que du chef. Il n'y
a par famille qu'un seul serf.

Ces droits, depuis le viii° siècle jusqu'au xi°, furent
modifiés à l'infini, de sorte qu'il est presque impossible
d'assigner à cet égard le régime même d'une province.
Enfin les serfs les rachetèrent. Ce rachat se fit au hasard
des circonstances, selon les moyens des paysans, qui ne
paraissent pas avoir manqué, et la volonté du seigneur,
qu'on n'y voit nulle part rebelle. Par l'effet de ces rachats,
un temps vient où la condition du serf, ne comportant
presque plus de charges, semble une des plus faciles et
des plus profitables qu'il y eût.

Mais quels qu'aient été ces changements, n'oublions

pas que la grande source de prospérité du serf, sa vraie
propriété fut le fermage de la terre, fermage dont j'ai
dit qu'on ne pouvait le dépouiller, et qui était si bien
son propre que, sur les domaines d'un même seigneur,
il lui était permis d'en faire l'échange et d'en trafi-
quer.

Cette terre et ce trafic l'enrichirent. On rencontre
dans les documents cent exemples de richesse chez les
serfs.

J'ai parlé aux chapitres précédents du serf péager de
la commune de Laon. Dans le Polyptyque de l'abbé
Irminon [1], publié par Guérard, se lit une histoire de serfs
qui se font passer pour nobles. En 1040, le serf Ascelin,
des moines de Marmoutiers, au diocèse de Tours, est si
riche que, s'il vendait les terres qu'il possède sur un de
leurs domaines, ce domaine deviendrait désert [2]. En
1126, deux frères, dont la famille était la plus puissante
des Flandres après celle des comtes, sont convaincus de
condition servile au dénombrement qui se fait alors. En
1494, Domanche Colconet, prêtre et chanoine de Châ-
lons, se trouvait de condition servile. Des lettres
royales [3] l'autorisent à acquérir et à tester. Chose qui
n'étonnera guère moins que tous ces exemples décisifs :
il existait des serfs de serfs. Tant la condition de serf
était capable de tous les degrés de prospérité, et, dans
une certaine mesure, d'autorité.

Telle est la condition qu'on plaint. Tel est l'état de
ceux dont M. Luchaire ose écrire : « ces malheureux ».
Ce sont des traits de l'esprit de parti. Il règne chez les
plus habiles et déshonore des historiens qu'on eût aimé,
à cause de leur mérite, à trouver nets de ces excès.

1. II, 37, n° 36.
2. Viollet, *Saint Louis*, 1, 43.
3. Isambert, *Recueil général des anciennes Lois françaises*, X, 685.

Après l'exposé qu'on vient de lire, personne ne s'étonnera que les serfs, quand on offrit de les affranchir, aient opposé de grandes résistances. C'est une preuve que leur condition non seulement était heureuse, mais qu'il la trouvaient telle.

Le trait le plus fameux de ces résistances eut lieu quand le roi Louis le Hutin décréta, l'année 1315, l'affranchissement de tous les serfs sur ses domaines. Ce décret fut si peu suivi que, trois ans après, le successeur de ce prince, Philippe le Long, eut à renouveler le pareil.

Il est vrai que la franchise ne devait être accordée que pour de l'argent ; mais nous savons par assez de témoignages que ce n'était pas alors l'argent qui manquait aux serfs. Seulement le servage leur conférait des droits qu'ils ne voulaient pas abandonner. Ainsi, beaucoup plus tard, en 1711, le duc de Lorraine Léopold ayant décrété l'affranchissement des serfs dans son duché, ceux-ci présentèrent une requête en forme au duc contre le décret.

Avant celui du roi de France, nous voyons les serfs de Pierrefonds affranchis. C'était au temps de Philippe III le Hardi. Depuis que cela eut eu lieu, on leur défendit le mariage des femmes serves, qui les eût fait retomber en servage. Qu'arriva-t-il ? Loin de garder cette défense, ils s'empressèrent de la violer, afin de retrouver leur ancienne condition. Dans le même genre toujours, Guérard nous montre des serfs affranchis qui se redonnent à l'Église ; c'était à l'abbaye de Saint-Père de Chartres.

Aussi bien, si l'on remonte aux origines, on ne trouve pas seulement dans le servage l'amendement d'un état plus ancien, je veux dire l'esclavage heureusement corrigé. Cela peut-être ferait mal comprendre que les hommes aient eu dans la suite tant d'attachement à cet état. Il faut savoir que nombre d'entre eux y étaient entrés volontairement. L'exemple d'hommes libres qui se font serfs est extrêmement fréquent au Moyen Age. Ces exemples sont cause que le nombre des serfs, qui sans cela eût diminué, augmente au contraire dans le viiie siècle.

Il faut voir le tableau de ce mouvement dans *les Transformations de la Royauté* de Fustel de Coulanges, au livre IV, chapitre viii, sous ce titre : « Pourquoi les classes inférieures ont accepté le régime féodal. » Beaumanoir a gardé le souvenir de quelque partie de ces origines. « Les uns, dit-il, sont venus (en servage) parce qu'ils se vendaient par pauvreté et convoitise d'avoir. » Fustel cite vingt exemples où la volonté est d'accord avec l'intérêt pour mettre les hommes en servage.

Les causes de cette volonté étaient les mêmes qui faisaient établir à tous les degrés le régime féodal : le morcellement de l'autorité, l'insécurité produite par la guerre, la peur de l'invasion normande. Sans l'engagement que prenait le seigneur de les défendre, les petits ne pouvaient éviter de périr ; un pacte avec celui-ci les sauvait. En échange de sa protection, ils cultivaient pour lui la terre : cet engagement direct de la production et de la force l'une envers l'autre eut pour effet de sauver la société de sa propre dissolution et des coups que lui portaient les Barbares. Le château protégea le labour, qui le nourrissait. Telle est, après le tableau donné plus haut de la condition elle-même, la justification proprement historique et inattaquable du servage.

« Six siècles plus tard, dit Fustel de Coulanges, les hommes n'avaient que haine pour ces forteresses seigneuriales. Au moment où elles s'élevèrent, ils ne sentirent qu'amour et reconnaissance. Elles n'étaient pas faites contre eux, mais pour eux.

« Les générations modernes ne savent plus ce que c'est

que le danger. Elles ne savent plus ce que c'est que de trembler chaque jour pour sa moisson, pour son pain de l'année, pour sa chaumière, pour sa vie, pour sa femme et pour ses enfants. Elles ne savent plus ce que devient l'âme sous le poids d'une telle terreur, et quand cette terreur dure quatre-vingts ans sans trêve ni merci. Elles ne savent plus ce que c'est que le besoin d'être sauvé. »

Sauvés, ils le furent, et l'état de la société dès le XIIIe siècle en est la preuve.

A cette époque, le servage allait s'abolissant partout. En Normandie on ne trouve plus un seul serf depuis la fin du XIe siècle (Delisle). M. Brutails assure n'en rencontrer nulle part dans la province de Roussillon. En tous lieux, dès le XVe siècle, ce fut un état d'exception.

On peut demander, après cette histoire terminée, d'où vient qu'il a été si facile de faire prendre le change à l'opinion, de faire passer sous des couleurs si noires une si bienfaisante institution.

N'en dissimulons pas le motif. C'est que le servage fut une sujétion. Tout ce que je viens de dire n'empêchera pas qu'on n'en juge défavorablement, si l'on refuse de le juger avec d'autres idées que celles de ce temps-ci. Nous nous sommes emplis d'une idée de la liberté que choque la condition des serfs. Il faut abdiquer cette idée et la mettre à son rang d'opinion éphémère, particulière à notre époque, si nous voulons prendre des faits de l'histoire et du servage l'impression qui convient.

C'est que les serfs ni personne alors n'avaient cette idée de la liberté. Ils la subordonnaient à la sécurité ; ils ne la concevaient pas en soi, dans son essence. Les hommes de ce temps faisaient peu de cas d'une faculté que n'accompagnaient pas les effets : liberté sans puissance ne les séduisait point ; volontiers ils sacrifiaient aux droits de la hiérarchie les libertés dont leur propre faiblesse leur ôtait l'usage. La sujétion de l'homme à l'homme n'offensait en eux nul sentiment d'égalité et de justice ; ils trouvaient naturel que le puissant fût maître et que le faible lui obéît. Même ils voyaient dans ce système ce qui y est, à savoir un accroissement de puissance, partant de liberté, pour le faible. Ils sentaient le profit d'être serfs et sujets ; ils ne rougissaient pas de se dire tels.

Plusieurs en rougissent pour eux et n'en ont pas moins entrepris de prouver que le servage fut acceptable. Dans un intérêt d'apologie de l'Église, qui souffrait cet état, aussi bien que de l'ancien régime, ils ont essayé une défense à laquelle leur pensée intime répugne. Catholiques et conservateurs, pleins d'idées empruntées à la Révolution, ils n'ont pas aperçu que la condition du serf est une des épreuves les plus fortes des doctrines de liqéralisme. Ces doctrines la condamnent invinciblement. Sur ce point il n'est pas de bonnes intentions qui tiennent. Si vous admirez le 4 Août, si vous croyez à la liberté-principe, si vous mettez la dignité de l'homme, le prix essentiel de sa vie, à posséder cette liberté, vous ne ferez point accepter l'institution de servage, vous ne l'accepterez pas vous-même, vous n'en pourrez ni comprendre ni faire comprendre la nature : ce champ de l'histoire vous restera fermé. Et les apologies que vous en entreprendrez ne paraîtront aux tenants de l'affranchissement des hommes que ce qu'elles sont : un simulacre de défense d'une cause perdue chez vous et un débile plaidoyer de parti.

Mais, pour passer de ce plaidoyer à la vraie lumière de l'histoire, il ne faut que voir de quelle manière les hommes portaient cette sujétion et quelle confusion se faisait dans l'esprit des peuples entre les conditions de serf, d'affranchi, de colon et de vilain libre. C'était comme l'échelle continue qui du servage menait à la liberté. Dans un temps où le premier de ces mots eût emporté le discrédit de la personne, quelle précaution les autres conditions n'eussent-elles pas prise pour n'y être pas confondues ! C'est tout le contraire que nous voyons. Il n'est pas jusqu'au fameux droit de poursuite, exercé de la part du maître, dont on ne trouve, au milieu de ces conditions voisines, les frontières incertaines et changeantes.

Aussi bien, ne nous étonnons pas que, les idées venant à changer, ce qui fut excellent ait pu paraître odieux. N'en faisons même aucun reproche aux hommes.

Le temps vint où le nom de servage déplut, où la qualité de serf passa pour dégradante. L'amour-propre joua dans cette affaire son rôle. Il tint légitimement celui que l'esprit révolutionnaire fait jouer indûment au droit métaphysique. Sous l'empire d'un tel sentiment, les affranchissements peu à peu s'imposèrent. Près de ceux qui les refusent comme onéreux, paraissent ceux que le nom d'homme libre rend fiers. J'omets les cas, nombreux sans doute, où les serfs y trouvaient en outre la satisfaction de leur intérêt.

En 1368, Enguerrand de Coucy affranchit les hommes de sa baronnie, parce qu'ils désertent. En 1364, Guillaume Choiseul se plaint que des paysans de condition servile laissent leurs maisons en ruine, pour se retirer dans les villes franches. L'institution se décrédite peu à peu. La diffamation du servage se présente dès le xiii⁰ siècle.

J'ai dit que Beaumanoir en fournit un exemple. Un autre fort curieux est celui du moine de Muri, rapporté par M. Flach et par Laboulaye. Ce moine raconte avec indignation, d'après quelques documents anciens, l'his-

toire de paysans foulés par un seigneur. Les époques ont
si bien changé que la morale qu'il en tire est tout à
contresens. Laboulaye prétend en recueillir un argument
contre le servage ; on y voit simplement l'erreur du
chroniqueur. Le moine de Muri avoue que les paysans
eux-mêmes avaient demandé à être protégés. Là-dessus,
dit-il, le seigneur « ordonne qu'ils servent à lui comme
s'ils étaient ses domestiques. *Pæne quasi mansionarii sui
essent, jussit sibi servire* ». Tels sont justement les effets
ordinaires d'une pareille demande de protection. « Il
défendait, ajoute le moine, d'aller couper du bois dans
sa forêt à qui ne lui donnait pas deux poulets par an.
*Interdixit illis ne ullus infligeret ad incidendam silvam
suam, nisi qui sibi daret singulis annis duos pullos.* »
Voilà ce comble d'exaction ! voilà ce dont la pensée
n'était plus supportée, quand écrit le moine de Muri !
voilà ce qui passe alors pour un témoin de scandale
dans le passé ! Pour nous qui comprenons mieux que
lui le sens de l'histoire, nous n'y voyons qu'un fait le
plus naturel du monde, selon les idées et les besoins du
temps.

Nous voyons la même chose dans ce mot de Beaumanoir : « Les autres sont venus (en servage) parce qu'ils
n'ont eu pouvoir d'eux défendre des seigneurs, qui à tort
et à force les ont attraits à servitude. »

Dans cet ordre de témoignages, on sait que le plus
frappant vient des serfs de Saint-Claude qui, à la fin du
xviiie siècle, demandèrent leur affranchissement, et dont
Voltaire prit la défense. Très exactement ce qu'ils voulaient était de pouvoir hypothéquer sans le consentement de l'abbaye qui les tenait en vasselage. On sait
quel tapage incroyable fut mené à cette occasion, et
comment le préjugé moderne en cette matière se rattache à cet éclat décisif.

Il reste à dire pourquoi et dans quelle intention la dévotion affranchissait les serfs, pourquoi plusieurs autres formules du temps semblent décrier l'état de servage.

Les chartes d'affranchissement sont pleines de réflexions pieuses et de formules de spiritualité. De bons catholiques en ont pris occasion pour voir dans ces chartes l'effet de la charité ; ils ont imaginé que celle-ci faisait un devoir d'affranchir les serfs. Cette supposition ne s'accorde pas avec ce que nous venons de voir.

La vérité est que ces chartes ne mentionnent jamais le fait comme une justice rendue, mais comme un sacrifice consommé. L'une parle du précepte de Jésus-Christ aux chrétiens, « de remettre à leurs débiteurs ce qui leur était dû, afin de pouvoir eux-mêmes attendre du souverain Juge la grâce de leurs fautes ». Une autre s'exprime ainsi : « Mû par la crainte des tourments éternels à la fois et par l'amour de Dieu tout-puissant qui a dit : *Solve fasciculos deprimentes et omne onus disrumpe* »... Tout ceci ne contient rien qui ne se pût dire à l'occasion de quelque acte de renoncement que ce soit, louable en soi et à l'égard de celui qui le pratique, non imposé dans son objet et par l'intérêt de celui qui l'éprouve.

Le libéralisme moderne n'a pas moins fait d'état de certaines autres formules. Celle de la charte d'affranchissement de Louis le Hutin est célèbre. « Selon le droit de nature, dit cette charte, chacun doit être franc. » On a vanté là dedans une anticipation et comme la préface des Droits de l'homme. Mais une pareille interprétation n'est l'effet que de l'illusion révolutionnaire, qui confère rétrospectivement une importance à ces mots-là. Jamais ceux qui les ont employés n'eurent l'intention d'y mettre ce qu'on croit. Des formules de ce genre se lisent partout ; on les trouve jusque dans le code Justinien.

Le mélange de la religion n'y fait rien, et l'on ne sera pas plus avancé pour avoir cité la charte de Charles de Valois en 1311 : « Créature humaine qui est formée à l'image de Dieu doit généralement être franche de droit naturel » ; ou le mot fameux de Beaumanoir : « C'est grands maux quand un chrétien est de serve condition. » Chez ce dernier, c'est le préjugé qui parle ; chez les autres, il s'agit simplement de quelques formules protocolaires, dont il convient d'accompagner l'octroi de la franchise aux serfs. Faisant à ceux-ci ce présent, on y ajoute cette politesse. Comme il s'agit de relever la condition d'un homme, on ne manque pas de lui faire honneur de sa nature et de sa religion.

En dépit de tout cela, nous constatons que ce qui demeura longtemps de serfs non affranchis continua communément d'estimer sa condition.

Il faut avouer qu'elle avait bien changé depuis le Moyen Age. Les droits de poursuite et de formariage étaient entièrement abolis. L'héritage se rachetait pour un bichet de seigle. Un bénédictin, dom Grappin, dans un mémoire sur la Mainmorte, présenté en 1779 à l'Académie de Besançon, porte au sujet du servage en ce temps-là cet intéressant témoignage:

Pourquoi avons-nous des communautés (c'est-à-dire *communes*) entières qui ont mieux aimé conserver la macule d'origine que d'acheter au prix d'une somme modique la liberté qu'on leur offrait ? C'est qu'elles croient trouver dans le sein de la mainmorte une source de richesse, comme elle en est une de population et d'industrie ; c'est que la défense d'aliéner sans l'agrément du seigneur empêche la dissipation des biens ; c'est qu'ils ont l'exemple des villages affranchis, dont les habitants ne sont plus que les fermiers des fonds qu'autrefois ils possédaient en propre ; de sorte qu'aujourd'hui, dit le président Bouhier, presque tous les habitants des terres sont misérables et les villages beaucoup

moins peuplés que quand ils étaient en mainmorte. Qu'on
cesse donc de peindre sous les couleurs de la barbarie ou
de l'esclavage ce qui dans l'origine fut un trait d'humanité.
Cette vertu, suivant Dumoulin, a bien fait des mainmor-
tables, et d'abord il y eut dix mille Français qui, sous François Ier et Henri II, trouvèrent un asile au comté de Bourgogne avec des terres qu'on leur abandonna sous la condition de mainmorte. Les hommes libres se crurent heureux
sans doute en devenant propriétaires, malgré la réversion
de leurs campagnes en cas de mort sans enfants légitimes.

Voilà ce qu'on pouvait écrire, à la veille de la Révolution, de ce qui demeurait en France de restes lointains
du servage. On voit qu'à travers tant d'années, et jusque
dans son effacement, l'institution ne déméritait point. Il
n'y a pas de meilleure réponse à faire au scandale voltai-
rien des serfs de Saint-Claude.

Louis XVI abolit en 1779 tout ce qui subsistait en ce
genre. Les historiens conservateurs et autres ont faussement dépeint cet événement comme le terme fatal des
conquêtes que faisait l'esprit de liberté en marche depuis
le XIVe siècle.

Dans un article du plus grand intérêt [1], tout imbu des
meilleures doctrines de Le Play, dont il aura été le disciple le plus exact, le regretté M. Delaire oppose à ce point
de vue des considérations définitives. La disparition du
servage, dit-il, n'a été « ni révolutionnaire par son but »,
ni « théorique dans son origine » ; elle a été « l'œuvre
graduelle du temps ». A mesure que la féodalité remplis-
sait mieux son rôle et réglait le désordre, à mesure la
prospérité des classes inférieures s'établit. De cette prospérité vint l'émancipation.

« En tout temps, dit M. Delaire, la féodalité s'est constituée surtout pour les besoins des faibles et des petits,

---

1. *La Méthode d'observation dans les sciences sociales.* — *Revue
des Deux Mondes*, 1er juilllet 1879.

qui cherchaient à obtenir en échange de leurs services la protection des puissants et des forts. Tant que ceux-ci eurent des forêts et d'autres sols à défricher, ils eurent intérêt à s'attacher les rejetons des paysans et ne craignirent pas de lier par la coutume l'avenir de leur propre famille aux générations successives de leurs tenanciers. Grâce aux établissements nouveaux, les seigneurs voyaient s'accroître continûment les produits de leurs domaines, et les paysans, garantis contre les éventualités fâcheuses, trouvaient d'amples ressources dans la culture de leur patrimoine ou la jouissance des droits d'usage.

« Cet état de bien-être, dont l'érudition moderne retrouve sans cesse de nouveaux témoignages, s'est partout altéré, dès que le sol disponible a commencé à faire défaut. Les propriétaires, loin de s'autoriser de la tradition pour retenir les jeunes ménages au sol natal, trouvèrent profit à les affranchir, afin de se soustraire aux charges d'assistance que la coutume imposait et que l'occupation complète du territoire rendait plus onéreuses. Là fut en Occident la cause spontanée de l'émancipation des serfs et de l'élévation graduelle des populations rurales.

« Enfin les redevances en nature, puis en argent, furent substituées à la corvée, le tout racheté sous forme de bail à cens, c'est-à-dire de rente perpétuelle. »

Ainsi, la disparition même du servage n'emporte aucun décri de cette institution. C'est qu'en accord d'une part avec les circonstances, elle ne renfermait d'autre part rien qui ne convînt aux hommes à l'usage desquels elle était faite. Loin de choquer en eux rien d'essentiel, jamais aucune institution peut-être n'eut autant de quoi les rassurer. C'est avec raison que Fustel a pu dire que de tous les régimes la féodalité est celui qui eut ses racines « au plus profond de la nature humaine ».

CHAPITRE VIII

LA QUERELLE DE LA RENAISSANCE
I. LES ORIGINES : LE XVIᵉ SIÈCLE

Je l'ai dit : chaque époque de l'histoire de France apporte sa récrimination particulière. Après César, après Hugues Capet, après Philippe le Bel, voici venir le reproche qu'on fait au xviᵉ siècle et à ses princes, à François Iᵉʳ, *Père des arts et des lettres*, d'avoir causé leur corruption.

Ce reproche est le plus général qu'on ait fait. Il ne met pas seulement en cause une politique, une raison d'État, il se plaint d'une transformation de tout l'esprit national. Car où cet esprit s'exprime-t-il mieux que dans les ouvrages de cet ordre? Aussi bien, n'omet-on pas de dire que l'effet s'en ressent jusque dans l'exercice de l'autorité publique. On assure que depuis ce temps les rapports du roi et du peuple ont changé, les mêmes idées qui réformaient les lettres ayant corrompu la royauté.

Ce qu'il y a de conservateurs à soutenir ce système ajoute que la Révolution est sortie de la Renaissance. Dans son *Ancien Régime*, Taine entreprend de prouver que celle-ci venait de l'esprit classique ; et d'où l'esprit classique vient-il, sinon de la Renaissance?

Cette explication a fait des partisans; pourtant elle est assez particulière pour n'être pas jugée fort dange-

reuse. L'accusation de paganisme a plus d'apparence.
Ce paganisme passe pour ouvrir la voie aux impiétés
dont la Révolution a profité ; par là sont condamnés trois
siècles de monarchie française, en même temps qu'une
égale période de la civilisation nationale.

La renaissance des lettres et des arts est l'effet d'une
imitation des modèles de l'antiquité, dans laquelle l'Italie avait devancé l'Europe. Elle passa de ce pays par
contagion en France, et chez toutes les autres nations.

Par cette imitation furent substituées, dit-on, d'une
part, aux mœurs traditionnelles et françaises, celles de la
Grèce et de Rome ; d'autre part, au sentiment, à l'imagination catholique et chrétienne, le sentiment, l'imagination païenne. De ces deux points sort une double
revendication. On se plaint de la Renaissance au nom de
la nation offensée ; on s'en plaint au nom de la religion
trahie.

L'effet de ces deux réclamations unies est de mettre
les catholiques de France au premier rang de l'attaque
contre la Renaissance. Attaque redoutable, dans laquelle
le zèle religieux se voit renforcé par le sentiment national. L'un, avec l'autre, ne saurait inspirer que des haines
extrêmement vives et une horreur violente pour une
cause, qu'il importe absolument de défendre. Remarquez
que cette opposition s'alimente à des sources nécessairement relevées dans l'ordre de l'esprit. L'autorité la plus
considérable que les catholiques français reconnaissent en
ce genre, c'est l'École des chartes, a pesé de tout son
poids contre la Renaissance. Les plus catholiques de cette
école se sont employés contre elle de toutes leurs forces.
M. Sepet, M. Lecoy de la Marche, surtout M. Léon Gautier, se sont rendus célèbres par là.

Ils se rattachent à l'école plus ancienne qui fleurit
vers 1830 à l'ombre du catholicisme romantique, autour

des Gerbet et des Montalembert, d'où sortaient contre l'école classique de véritables anathèmes, contre l'opuscule de Didron aîné sur le *Paganisme dans l'Art chrétien*. La Renaissance renégate et païenne, la Renaissance immorale, la Renaissance blasphématoire et diabolique, tel est le thème éternel de cette sorte d'ouvrages-là.

Il faut regarder l'effet de cette dénonciation. C'est trois siècles de notre histoire déconsidérés dans leur essence, trois siècles d'histoire déshonorés. Je dis déshonorés sans exception, car on ne voit au cours de ces siècles personne tenir une voie particulière qui le rende innocent de ce reproche. Les écrivains sacrés, des prêtres, des docteurs, sont entraînés dans l'anathème. Bossuet y roule avec Fénelon et Pascal. En second lieu, c'est la Révolution rendue inévitable depuis trois cents ans bénéficiant de l'autorité et du prestige que donnent trois cents ans de la plus brillante culture française. Le tort fait par ces deux articles à la cause conservatrice, à la restauration nationale, n'a pas besoin d'être expliqué. Il est du genre de celui dont j'ai parlé dans quelques chapitres précédents.

Ce que je vois ici de particulier, c'est le pernicieux décri dans lequel on fait tomber la période du plus magnifique essor qu'ait connu l'intelligence française. Par l'effet de cette dénonciation, des sujets de gloire immortels, d'incomparables causes d'enthousiasme et d'orgueil national sont rejetés. Racine, Bossuet, Descartes, Philibert Delorme, Jean Goujon, Poussin, ne sont plus, dans la logique de ce système, que de médiocres exemples d'effort trahi et de talents souillés. Ils ne sont pas de la vraie lignée française ; l'esprit national ne s'exprime pas en eux. Quelques auteurs n'ont pas craint de mettre en avant, parlant des arts aux siècles antérieurs, le nom d'*art national*, afin de les en exclure. Ils n'ont pas réfléchi à l'indignation ressentie, chez tout Français sensible à cet ordre de choses, en voyant renier au nom de la vraie France ces grands ouvrages et ces grands noms.

Ceux qui seraient tentés de fermer les yeux là-dessus devront en vérifier le danger de deux manières : en premier lieu par les alliances où cette attitude les engage, en second lieu par l'effet ressenti du côté des troupes catholiques. Tout ce que le siècle a compté de révolutionnaires depuis la période romantique, tous les ennemis de la tradition française les ont soutenues dans ce combat. Aujourd'hui la Sorbonne huguenote et libérale n'a pas d'objet plus cher de ses critiques que la Renaissance française. C'est un fait facile à vérifier. Du côté des amis, c'est la désaffection, c'est les sources d'enthousiasme taries, c'est la confiance ôtée par cette habitude prise de se considérer comme trahi sous le couvert des plus éclatantes enseignes de la religion et de la patrie. Si le siècle de Louis XIV et de Bossuet est maudit, quel découragement devant l'avenir, quelle confusion dans le passé !

Devant l'affirmation du système que je viens de dire, passons donc à l'examen dès faits.

Et d'abord, convenons qu'une rupture du genre de celle qu'on nous dépeint, source d'une dissidence absolue entre l'esprit de la Renaissance et l'esprit traditionnel français, serait difficile à justifier. Car, dans un âge si avancé de l'histoire, après dix siècles de vie nationale distincte, comment admettre un tel recommencement ? Bon pour le latinisme apporté par César aux origines de cette histoire même. Il ne rencontrait alors rien d'organisé, et ce que reçut en ce genre la Gaule de la conquête n'avait à supplanter rien de défini. Il n'en était pas de même au xv\ siècle.

Alors on ne peut nier qu'un art, qu'une littérature, que des traditions nationales, fussent nés; que, de notoriété publique, toutes ces choses ne fussent parvenues en un point avancé de leur développement. S'il était vrai que le mouvement de la Renaissance les eût contrariées et rompues, je sais bien ce qu'il y aurait à faire, mais le tableau d'un antagonisme des deux esprits au moins serait vrai.

Le devoir des Français serait de s'efforcer de réconcilier dans le passé des sources rivales amalgamées en eux. Il faudrait éviter les attaques passionnées, dont l'effet est de semer la discorde sur un point où elle est mortelle, de mettre la guerre au sein même de notre être, de dissoudre par cet antagonisme les réalités nationales. Mais ce qu'on éviterait de remarquer, ce dont on n'aimerait à convenir que dans le cabinet paisible et retiré de la science, n'en serait pas moins une vérité. Vérité digne d'étude comme toute vérité, capable de rendre, d'un point de vue supérieur et dans les régions de l'histoire pure, les services qu'on n'en pourrait tirer pour la santé de la patrie. Mais il en est ici comme en plusieurs rencontres. La querelle qu'on fait à la Renaissance ne compromet pas seulement le salut du pays; elle répand en outre des idées fausses touchant l'histoire des peuples et le train de la civilisation. Ce qu'elle sème n'est pas seulement le dommage, c'est l'erreur.

Il ne s'agit donc pas pour nous, à défaut d'unité de notre histoire, d'en raccommoder les parties, mais de montrer dans ces dissidences prétendues les traits de l'unité véritable, d'en tirer du même coup l'honneur de notre pays et la leçon du genre humain.

Deux mots suffiront à régler ce qui regarde la politique. Tout ce qu'on a dit de la hauteur nouvelle alors des façons de cour, tout ce qu'on a conclu de la couronne

impériale jointe aux devises de François Ier, des comparaisons faites de lui avec Alexandre et César, appartient
au domaine de la fantaisie pure. Pour ces comparaisons,
elles sont de tous les temps, et notre roi Philippe II déjà
s'était nommé Auguste, du nom d'un empereur romain.
La couronne impériale n'a jamais signifié un retour de
l'autorité aux traditions de l'Empire romain, mais le souvenir des compétitions du roi de France et de Charles-
Quint. Celui d'Angleterre, par bravade, avait pris aussi
cette couronne. Elle n'en marquait de sa part pas davantage.

On parle aussi du crédit que prit alors la politique de
Machiavel. Mais on en parle sans bien savoir ce qu'était
Machiavel, ni ce qu'était cette politique. Ce n'est pas
ici le lieu d'analyser le livre du *Prince* et de fournir ce
qui se doit pour sa défense. Qu'il suffise de remarquer
qu'avant comme depuis lors, pour les princes d'avant la
Renaissance comme pour ceux qui vécurent ensuite et
de tout temps, la politique fut la science des résultats.
Il y a une politique qu'on peut appeler basse et une
qu'on peut appeler noble et généreuse, il n'en est pas
qu'on puisse appeler *désintéressée ;* de sorte que reprocher à ce temps d'avoir vu naître le calcul et le profit
politiques, c'est ne rien lui reprocher du tout.

Tous ces points-là seront plus ou moins traités dans
les divers chapitres de ce livre. Je me bornerai dans
celui-ci aux faits de l'ordre intellectuel, principal objet
de la Renaissance, objet de grande importance dans le
siècle où nous vivons.

L'illusion courante au sujet de la Renaissance est
nourrie du contraste que fait (pour prendre deux exemples
décidés) Ronsard avec la Chanson de Roland ; Ronsard
et le sacrifice du bouc à Bacchus fait en honneur de son

ami Jodelle, rapporté dans tous les manuels de classe. On oppose les fables antiques aux histoires de nos héros nationaux. On met la Sainte Vierge et les anges en contraste avec Vénus et Jupiter. Notre idée des lettres au Moyen Age est tout empreinte de celles que laisse la lecture ou du moins (car combien l'ont lue?) l'analyse de la Chanson de Roland.

Ce poème a servi partout de type et de matière à ces revendications. Ce que M. Gautier nomme épopées françaises, et dont ce poème est l'exemple le plus connu, a porté tout le poids de la bataille. C'est contre celles-ci que M. Brunetière, dans un article recueilli depuis aux *Études critiques sur l'Histoire de la Littérature* (t. Iᵉʳ), a mené la revanche des classiques.

Cette querelle de M. Brunetière avec l'École des chartes n'a pas abouti. Elle l'eût pu cependant, s'il en eût appelé à l'histoire. Mon intention justement n'est pas de juger le mérite de ce poème ici, mais de marquer la mesure dans laquelle on a le droit d'y chercher le type et le modèle de la littérature du Moyen Age. Cette mesure obtenue suffit à mon dessein ; d'autres en tireront peut-être des avertissements pour l'examen littéraire du poème.

Dans la mesure où nous pouvons le savoir, il n'y eut pas au Moyen Age même d'ouvrage plus ignoré que la Chanson de Roland. La découverte en est toute aux modernes ; personne ne l'avait *lue* avant le xixᵉ siècle.

M. Petit de Julleville, dans sa préface de ce poème, s'avise de railler le xviiiᵉ, en remarquant que, si l'on eût demandé à Voltaire ce que c'était que la Chanson de Roland, cet écrivain, le plus cultivé de son siècle, eût répondu quelque sottise, faute d'en avoir jamais ouï parler.

M. Petit de Julleville est loin de soupçonner que le

cas eût été le même si on eût interrogé Jean de Meung ou Nicolas Oresme, Froissart ou Brunet Latin. Pas plus que Louis XIV, Charles V, surnommé cependant le Sage, c'est-à-dire l'ami des livres, ne connaissait la Chanson de Roland. Un professeur de rhétorique, M. Levrault, dont ce trait ne doit pas diminuer la juste estime, proposant dans un livre d'auteurs français un sujet de composition aux écoliers, leur représente Dunois, lors du siège d'Orléans, se faisant chanter, dans un château de Touraine, la Chanson de Roland par le jongleur. Ce trait découvre parfaitement l'erreur qui règne dans nos classes.

Il n'y avait plus de jongleurs au temps de Dunois ; y en eût-il eu, que jamais Dunois ne leur eût demandé un poème dont il ignorait l'existence.

Durant quatre siècles, pas un auteur n'a écrit le nom de ce poème, n'a témoigné qu'il soupçonnât son existence. On n'en trouve de mention ni chez les chroniqueurs, ni chez les poètes, ni chez les orateurs, ni chez les auteurs latins, ni dans les romans, ni nulle part. Depuis la fin du XIIIᵉ siècle, qu'on se mit à former des bibliothèques, la Chanson de Roland ne figure sur aucun inventaire de celles-ci. Au Louvre, la tour de la Librairie n'avait pas une copie de la Chanson de Roland. Elle n'est pas moins absente de chez le duc de Berry qu'elle ne le fut de chez le duc de Lavallière. Bibliophiles, érudits, l'ignorent autant que l'unanimité des écrivains. Aussi n'a-t-on de la Chanson de Roland pas un seul manuscrit d'amateur. Jamais on ne la copia avec soin et dépense, jamais on n'en fit une édition. Elle est demeurée toujours à l'état que représente un manuscrit au temps des livres imprimés. Nous en avons le texte sur un livret de poche, que le jongleur récitait.

Mieux encore, en cette humble sorte on ne possède le texte qu'une fois. Toutes les copies sont des remanie-

ments, preuve que ce texte ne jouissait d'aucun renom,
n'avait aucune autorité, disparaissait noyé dans la masse
indistincte des ouvrages composés sur le même sujet.
Nous disons *la* Chanson de Roland ; aux yeux des gens
qui connurent quelque sorte de poème sur ce héros, ce
que nous appelons de ce nom n'a jamais représenté un
ouvrage distinct du reste, signalé à l'attention publique.
Pour eux, il y avait un Roland, on en redisait les aventures ; jamais il n'y eut une « Chanson de Roland ». Roland
appartenait au folklore, nullement à la littérature.

Je vais dire maintenant ce qui a fait naître notre illusion à cet égard.

Dans son édition des *Contes de Cantorbéry* de Chaucer
parue en 1775, Tyrwhitt fit le premier, à propos de littérature, une mention de la Chanson de Roland. Il la
citait d'après Du Cange, lequel en parle dans son *Glossaire*. A l'article « Roland », il relève quatre mentions
du « poème de Roncevaux ». Deux de ces mentions sont
de copistes tardifs, deux sont anciennes. L'une de ces
deux dernières est de Guillaume de Malmesbury, l'autre
de Wace le trouvère. On connaît les vers de ce dernier :

> Taillefer, qui mout bien cantait,
> Sur un cheval qui tôt allait,
> Devant le duc allait cantant
> De Charlemagne et de Roland
> Et d'Olivier et des vassals
> Qui moururent en Renchevals.

Il s'agit du duc de Normandie, dont le poète raconte
en cet endroit la victoire à Hastings.

Il est remarquable que la prose de Guillaume de Malmesbury rappelle le même fait dans la même circonstance,
et à peu près dans les mêmes termes. On ne peut donc
douter que l'un ait copié l'autre, ou que tous deux sui-

vent une source commune. A l'égard de l'autorité, il convient donc de compter ces deux textes pour un seul.

Ainsi on ne trouve de la Chanson de Roland que cette seule mention en cinq siècles. Seulement il est arrivé que cette mention a multiplié chez les auteurs. Les imitations et les copies en portent déjà le nombre à quatre dans Du Cange. Du Cange, puis Tyrwhitt, en parlant à leur tour, accrurent l'importance du fait. Comme on la vit rapporter autant de fois à titre de chanson guerrière, chantée devant l'ennemi à la bataille d'Hastings, on s'habitua à dire que les Français de jadis avaient chanté ce poème en allant au combat.

M. de Tressan, dans sa *Bibliothèque des Romans*, Paulmy d'Argenson, dans ses *Mélanges tirés d'une grande bibliothèque*, s'occupèrent, d'après Du Cange, de la Chanson de Roland. Tressan imagina, sur ce seul nom, de la refaire dans le genre de ce qu'elle devait avoir été.

On ignore assez généralement que cette fin du siècle de Voltaire vit le Moyen Age en grande vogue. Le style troubadour en est né. L'Arsenal était alors le lieu d'où partaient ces inspirations. La bibliothèque de Paulmy d'Argenson en était la source authentique. De là vint le *Petit Jean de Saintré ;* de là sortit aussi l'ouvrage de Legrand d'Aussy sur la *Vie privée des Français*. D'autres écrivains, dont les noms sont cités aux collections d'antiquités de la Révolution et de l'Empire, continuèrent ces recherches, chargées de toutes les incertitudes des commencements. Telles quelles le romantisme les reçut. C'est d'elles qu'allait paraître nourri le triste *Génie du Christianisme*.

Roquefort, auteur d'un *Mémoire sur la Poésie française au XIIe et au XIIIe siècle*, rapporte dans cet ouvrage que, le matin de la bataille de Poitiers, Jean le Bon entendit chanter la Chanson de Roland par les soldats.

Le roi se plaignit là-dessus qu'il n'y avait plus de Rolands ; on osa lui répondre que cela venait de ce qu'il n'y avait plus de Charlemagnes.

Roquefort cite son autorité. C'est l'*Historia Scotorum*, de Boethius, parue en 1574. Mais il est de fait que Boethius, confronté en cet endroit (livre XV, p. 327), ne parle pas de la Chanson de Roland. Il n'en dit mot, et le dialogue qu'on lui emprunte est mis par cet auteur non sur un champ de bataille, mais à Paris, dans le conseil du roi. « *Cum Parisios venisset,* dit-il, *vocato senatu...* » Et le propos de Jean le Bon n'est pas de Roland seul ; il dit : « des Rolands et des Gauvains, *Rolandos aut Gavinos* ».

L'histoire de la Chanson de Roland chantée sur le champ de bataille de Poitiers n'en fut pas moins, d'après Roquefort qui l'invente, rapportée par Chateaubriand dans ses *Études historiques*. Ainsi, non autrement, s'acheva la légende de la Chanson de Roland, poème national, « entonnée », disait M. Gautier, par les Français sur tous les champs de bataille. Au fond de cette légende, qu'y a-t-il ? un texte, un seul. La seule mention de Taillefer, qui chanta Roland devant l'armée des Français à la bataille d'Hastings, a fait cette magnifique fortune.

Remarquez maintenant qu'on ne sait pas même de quoi ce texte fait mention. Chanter Charlemagne, Roland et Olivier ne signifie pas nécessairement chanter sur ces héros divers un poème de longue haleine ou des parties d'un tel poème, il ne signifie nécessairement rien de pareil à ce que nous appelons « la Chanson de Roland ». Dans cette incertitude, une chose est certaine, c'est que le Roland que nous recommandons n'est pas celui dont on nous parle ici, parce que le Roland que nous recommandons est moins ancien que la bataille d'Hastings. Ainsi la seule mention qui puisse être présumée d'un poème de Roland durant tout le Moyen Age ne regarde pas celui que nous possédons. Telles sont les lettres de noblesse historique, tel le débit, tel le renom, de ce qu'on a appelé l' « Iliade de la France ».

Ce poème ne porte pas de nom dans le manuscrit. Guillaume de Malmesbury appelle le chant de Taillefer *cantilena Rolandi*. Du Cange, en conséquence, l'a prise pour une ode. De ce nom, qui désigne une chose que nous ne connaissons pas, nous nous sommes servis pour en nommer une autre qu'il ne désigne certainement pas. Et c'est là notre *chanson* de Roland.

Voici la conclusion de cette longue explication. La gloire que nous attribuons au poème durant le Moyen Age est une illusion, et ce poème n'est pas ce que désigne la mention qui l'a rendu célèbre. De ces deux points il suit que le poème, dans son texte, n'est désigné par rien à l'attention de l'histoire, beaucoup d'autres existant sur le même sujet qui méritent tout autant le nom de chanson de Roland et qu'on eût pu prendre à sa place comme sujet de la même renommée. On a pris celui d'Oxford parce qu'il est le plus ancien, ce qui n'est une raison que faute de mieux.

Qu'on n'objecte pas que ce sont là des vétilles. Ces vétilles découvrent de grandes erreurs. Pour se faire une idée de l'esprit au Moyen Age et de la condition littéraire du temps, il a plu aux modernes de fouiller les bibliothèques au hasard et de donner arbitrairement le pas à ce qui prend justement date avant l'époque de la culture littéraire, à ce qui ne fut jamais *lu*, mais seulement *écouté*, et qui tomba bientôt dans le plus profond oubli. Tel est le Roland, tel est tout le cycle de Charlemagne, tel est *Aucassin et Nicolette*. Là-dessus on va répétant que la Renaissance est la cause de cet oubli-là.

La Renaissance peut-être, mais non celle qu'on prétend ; la cause de cet oubli est la renaissance du xiiᵉ siècle, dont le règne de Louis VII marque l'époque ; époque où pour la première fois écrivirent en langue romane des gens qui savaient le latin. L'auteur du Roland ne savait pas cette langue. Avec Chrétien de Troyes et Benoît de Sainte-Maure commence l'histoire de la *littérature*. Ils s'adressent à des gens instruits, sont instruits eux-mêmes, tirent leur matière des livres. Par leurs soins, Geoffroy de Monmouth et Guillaume de Malmesbury, auteurs latins, inspirent le cycle d'Arthur et les poèmes de la Table ronde ; Dyctis de Crète et Darès, le faux Callisthène, autres auteurs latins, inspirent, les deux premiers, le roman de Troie, le troisième les poèmes d'Alexandre le Grand.

Voilà le début de la littérature française au Moyen Age. Ce que valent ces ouvrages n'est pas ici l'affaire. Ils eurent la célébrité, la vogue, le retentissement lointain. Éléonore de Poitiers, la comtesse de Champagne sa fille, femmes instruites ou qui prétendaient l'être, les patronnaient à leur naissance ; leur suffrage l'imposait à une cour. Tout l'appareil, toute la mise en train des succès et de l'influence d'un livre, choses dont le préjugé romantique fait peu de cas, mais qui n'en sont pas moins nécessaires, se rencontrent pour ces auteurs-là. Du Roland ni du reste plus de question alors. Ils ont vécu un jour et péri tout entiers, avec la génération de seigneurs sans lettres qui les écoutèrent de la bouche des jongleurs, dans la salle de leur château.

Cette génération vivait plongée dans l'ignorance ; il n'y avait encore de lettres que chez les clercs. Les jongleurs étaient à la mesure des laïcs. Cette profession était si vile que quelques-uns n'étaient que des espèces de saltimbanques : on en voit qui font le saut périlleux. Dans *les Deux Trouvères rivaux*, voici comment l'auteur fait parler l'un d'eux :

Je soigne les chats et je ventouse les bœufs, je fais des freins pour les vaches et des coiffes pour les chèvres, je fais des gants pour les chiens et des hauberts pour les lièvres, etc.

Leurs mœurs n'étaient pas quelque chose de mieux. Parlant de ceux qui chantent la geste, Thomas de Colham, à la fin du XIIIe siècle, écrit : « *Possunt sustineri tales :* on peut tolérer ces jongleurs-là. » Un peu plus tard, le pape Boniface VIII est obligé de condamner ceux qui chantaient l'Évangile « *secundum marcas argenti,* selon les marcs d'argent ».

Tel fut ce qu'on doit appeler l'époque *prélittéraire* de la langue française. Mais quant à celle de vraie littérature, de celle qui (avec la latine dont le cours se poursuivait) fut réellement celle du Moyen Age, je le demande, qu'en a renié la Renaissance du XVIe siècle ? Rien du tout. Le souvenir de toutes ces choses a continué au contraire à vivre au XVIe siècle et dans ceux qui suivirent. Ce que le temps avait fait oublier peu à peu n'avait garde, il est vrai, de revivre ; ce qui avait la vogue la conserva.

Tout ce qui se trouvait dans les bibliothèques, copié en belle gothique, orné d'enluminures, tout ce qui jouissait du renom que cette parure comporte, fut imprimé par la Renaissance. La première besogne des Aldes et des Estiennes ne fut (outre les auteurs anciens) que d'imprimer les auteurs en renom chez les dernières générations ; tant on fut loin de les mépriser, quoique souvent assez méprisables.

Il plaît aux modernes d'ignorer que le livre le plus choyé du Moyen Age ne fut aucune chanson de geste, mais bien le fameux *Roman de la Rose*. Or la Renaissance l'imprima, le commenta, l'imita. Marot fit une

édition de ce poème. Il l'imita, comme l'avaient imité
Charles d'Orléans et Villon. Et de fait l'ouvrage est digne
de cette grande estime, principalement la partie écrite
par Jean de Meung au commencement du xivᵉ siècle. Il
n'y a pas aujourd'hui d'édition du *Roman de la Rose*
dans le commerce ; il y en avait une au temps de Louis XV.
Mieux encore, la Renaissance alla rechercher plusieurs
des livres disparus de la mémoire des hommes. Blaise
de Vigenère retrouva le manuscrit de Villehardouin et
l'imprima, en 1601.

Voilà pour le dédain que professa la Renaissance à
l'égard de ce qui la précéda. Quant à la séduction des
lettres païennes, qui rompit à ce qu'on dit la tradition
chez elle, il y avait longtemps que cette séduction se faisait sentir et grandissait.

Dès la renaissance du xiiᵉ siècle, sous Louis VII,
Chrétien de Troyes traduisit Ovide. Au point de vue
moral et chétien, cet auteur ne passe pas pour le meilleur de tous ; on voit que la liberté de mœurs à cet égard
n'a pas attendu le xviᵉ siècle. Elle est aussi ancienne
que la littérature ; le *Roman de la Rose* est tout païen.
Les contemporains s'en plaignirent : Gerson prêche contre cet ouvrage dans ses 3ᵉ et 4ᵉ dimanches de l'Avent ;
Christine de Pisan en parle comme d'un livre de perdi-
tion ; il n'en date pas moins du plein Moyen Age et la
première partie de ce roman est un ouvrage du temps
de saint Louis.

Le grand nombre de livres frivoles et amoureux est un
des traits frappants d'alors. On ne trouve dans les bibliothèques que *papiers d'amour, demandes et réponses
d'amour, jugements d'amour en rimes.* Un chanoine,
Jean de Saffres, en 1365, ne possède dans la sienne [1]
pour ainsi dire que des romans.

1. Inventaire dans le *Bulletin du Bibliophile*, 3ᵉ série, p. 473.

Païens ou non, on sait aussi que les fabliaux et la plupart des farces débordaient d'obscénités dégoûtantes. A la fin du Moyen Age, les *Cent Nouvelles nouvelles* en présentent comme le résumé. Personne ne voudrait faire comparaison de ces contes avec ceux que la Renaissance vit écrire à la reine de Navarre et qui gardent partout l'honnêteté.

Pour la culture antique en général, elle était aussi ancienne que la France. Notre langue est latine et celle que parlèrent les Romains continuait d'être cultivée avec honneur dans les écoles. Il est vrai que cette culture ne représente pendant quelque temps qu'une sorte de servage intellectuel nourri de traditions seulement, sans retour sur les origines. Mais le temps vint où la recherche des modèles commença, où de nouveau on s'appliqua aux sources d'un art suivi jusque-là par routine.

Ce souci se déclare dans le XIVe siècle. Il n'est que juste de faire remonter à cette époque les origines de la Renaissance. Qui en voudra connaître les signes n'aura qu'à lire le catalogue de la *librairie* de Charles V.

On y trouve le *Timée* de Platon, le *De cœlo et mundo* d'Aristote traduit par Nicolas Oresme, les *Éthiques* en six exemplaires, un livre des *Secrets d'Aristote et de Girard d'Amiens*, Sénèque, un Boèce *de la Consolation*, Macrobe, le *Songe de Scipion*, un Végèce *de la Chevalerie* en dix exemplaires, un « Livre qui traite des faits de Jules César appelé Suétone », une *Conjuration de Catilina*, deux exemplaires de César, un Priscien, Donat et *Catonnet*.

Dans celle du duc de Berry, on trouve : trois exemplaires de Valère Maxime, un Josèphe, Tive-Live en quatre exemplaires, Térence en deux, les *Bucoliques* de Virgile, les *Métamorphoses* d'Ovide en quatre exemplaires, l'*Art d'aimer* du même, deux exemplaires de Lucain.

Il est donc contraire aux faits de dire qu'en remet-
tant la culture antique en honneur, la Renaissance du
xviᵉ siècle tourna le dos au Moyen Age. Au contraire,
elle ne faisait que poursuivre, achever et parfaire ce que
les siècles du Moyen Age avaient souhaité et préparé.
Il n'y a de nouveauté que dans l'éclat enfin atteint des
résultats. Les intentions demeurent dans la ligne du
passé et dans le sens de la tradition. Ce sont là des évi-
dences telles, qu'on ne les eût jamais méconnues si le
soin d'en écrire l'histoire n'avait été trop souvent remis
à des érudits sans jugement et dépourvus de toute autre
connaissance. On ne songerait pas à leur reprocher cela,
à ramasser les preuves de leur culture bornée, si les premiers ils n'avaient prétendu légiférer à cet égard, donner des leçons de goût et renverser les rangs de mérite
des siècles et des auteurs. Un érudit, M. Boucherie, cité
par M. Langlois dans sa *Société française au XIIIᵉ siècle*,
veut faire l'éloge d'un roman fort plat de ce temps-là,
qu'il a le premier publié. « C'est, dit-il, le *Paul et Virginie* d'alors. » *Paul et Virginie* à ses yeux est le chef-
d'œuvre des romans du xviiiᵉ siècle. Il ignore Prévost
et Marivaux.

Ne nous flattons pas sur la littérature. Elle est volontiers licencieuse. Ce qu'on relève de traits en ce genre
à la Renaissance ne doit pas nous faire plus mal juger
celle-ci que le Moyen Age ou toute autre époque, aucune
n'en étant exempte. La frivolité aussi est de tout temps;
elle seule fait l'attrait de la lecture pour le plus grand
nombre des hommes. Tout cela n'entame pas le bon renom du Moyen Age en ce qui concerne la foi religieuse;
tout cela ne doit pas plus nous faire accuser de paganisme la Renaissance. Contemporaine des guerres de religion, comment ose-t-on prétendre que le zèle à cet
égard fut diminué par la Renaissance? Jamais on ne se

battit tant pour la foi. Et quant aux poètes, comment
oublier l'ardeur avec laquelle Ronsard combattit les protestants ? Le sacrifice du bouc à Bacchus n'est qu'une
plaisanterie ; maint trait mythologique n'est qu'une
convention. Rien dans les lettres de cette époque ne
montre un reniement soit de la religion, soit de la
France, dont il ne fallût aussi bien accuser les siècles
qui précèdent. C'est ce que nous nous garderons bien de
faire.

A la Renaissance comme au Moyen Age, rien ne doit
paraître plus légitime que l'émulation de l'antiquité.
Seuls songeront à s'en plaindre ceux qui n'ont à la
bouche, pour juger les ouvrages d'esprit, que les mots
de sincérité et d'originalité, ignorant que ces ouvrages
sont fils de l'art et de la composition, autant que de
l'imitation d'autrui. Je ne passerai pas ici sur ce terrain. C'est celui de l'erreur romantique, à laquelle il est
sûr que tient la dénonciation de la Renaissance. On reproche à celle-ci le respect de certaines règles et le
recours à l'imitation. On oppose à ces traits le retour à
la nature et l'autonomie intellectuelle des races : ce sont
les principes de l'anarchie en tout genre. Ce qu'il suffira
de remarquer, c'est qu'on se trompe quand on imagine
que le Moyen Age fut possédé de ces principes-là. L'école
romantique a pensé faire de lui son allié dans cette querelle. Il est tout entier de l'autre côté.

Il est vrai qu'on oppose l'histoire des différents arts du
dessin, en particulier de l'architecture. Mais cela encore
est à examiner.

En tenant le XIIIe siècle pour l'apogée de ces arts et
pour l'âge d'or du Moyen Age, en ne voulant plus connaître ensuite qu'un affaiblissement progressif des talents et l'épuisement de la force créatrice des siècles, il

est sûr que nous ne laissons de sens à l'essor de la Renaissance que celui d'un recommencement, parti du point
de néant où aboutit l'évolution descendante qui précède.
De cette opinion sont nées les folles réponses dont quelques-uns ont appuyé une apologie de la Renaissance ;
assurant que, l'art du Moyen Age ayant alors fini son
temps, il fallait bien songer à le remplacer.

Mais ces épuisements d'arts ne sont qu'un mot, personne n'ayant jamais pu dire jusqu'à quel point des
formes et des principes admis sont capables de transformation et de durée. Ceux dont on parle furent aban-
donnés ; on remplaça les motifs gothiques, l' « ordre
gothique », dit La Bruyère, par les ordres romains et les
motifs du même genre ; quant à prétendre que ce qu'on
quittait pour eux n'offrait plus de ressource aux artistes
et que les principes du Moyen Age avaient donné tout
ce qu'ils contenaient, c'est encore une de ces formules
inventées pour dispenser les hommes de la recherche
des causes véritables.

Il est facile de voir que cette raison ne fut pour rien
dans les préférences des artistes et que tout vint du
prestige triomphant des modèles de l'antiquité. Rien
n'est plus aisé que d'aligner des périodes sur la décadence
de l'art au xive et au xve siècle ; il est plus difficile d'en
marquer les effets. Ces idées, que Viollet le Duc fut le
premier à répandre et qui n'ont d'appui que son nom,
ont bénéficié du crédit que prenait celle de l'évolution
animale des États, des sociétés et des arts. Ne fallait-il
pas bien que l'art gothique fût une plante, qu'elle gran-
dît, s'épanouît et mourût ?

Seulement c'est un fait que rien n'égale la vigueur de
cette plante dans son prétendu déclin. La peinture gothique ne fleurit qu'à partir du xive siècle ; la sculpture
atteint au xve un degré d'excellence qu'on ne lui voit

pas avant ; il en est de même de l'ornement. Reste le
système d'architecture, et la question si l'arc gothique,
considéré dans son tracé, a gagné ou perdu au cours de
ces trois siècles. On a élevé là-dessus de grands débats
et allégué des principes si généraux qu'on en tire tout
ce qu'on veut en fait de conclusions. La ligne horizon-
tale doit-elle l'emporter sur la verticale, les pleins domineront-ils les vides, ou les vides domineront-ils les
pleins ?

Ces questions sont ici d'autant plus vaines que, contrairement à celle des anciens, l'architecture du Moyen
Age se présente à nous comme affranchie de toute règle
qui ne se confondrait pas avec les exigences de la construction. Elle ne connaît pas de canon des proportions,
ni aucune de ces règles rigoureuses auxquelles s'assujet-
tissent les ordres, sans autre objet que de plaire aux
yeux. Selon ce principe, sur quoi s'appuierait-on pour
préférer une époque à l'autre, je dis du point de vue de
l'essentiel des formes ? Elles sont réglées par la construction, laquelle ne cessa jamais de maintenir ou d'aug-
menter ses ressources. A ce point de vue donc, tout ce
qui se pourrait serait de regarder le dernier style comme
le meilleur. Quant à l'exécution, cela n'est pas contestable.

Courajod, dont il ne s'agit pas d'accepter toutes les
conclusions, a bien connu que l'histoire de la sculpture
tournait le dos à la décadence imaginée par Viollet le
Duc. Afin de n'en suivre pas moins les idées de celui-ci,
cet auteur a inventé de ne connaître de progrès que
dans le sens du *naturalisme*, et de maintenir au
XIIIe siècle le prix de l'*idéalisme*. Ce sont là de pompeuses
sornettes et le recours scolastique d'un homme qui, craignant de toucher à l'idole, n'en avait pas moins des yeux
pour voir.

Ainsi la veille de la Renaissance fait voir les artistes
gothiques plus habiles, mieux exercés, plus ouverts, plus
en possession de leur art que jamais. Dans ces conditions, il est difficile de regarder celle-ci soit comme le
recours d'une école tombée dans l'épuisement, soit
comme le reniement d'une génération aveuglée sur les
principes de l'art. Il faut la prendre pour ce qu'elle est,
pour le terme d'un progrès naturel, qui faisait reconnaître dans l'antiquité un modèle supérieur à tout le
reste et ralliait de ce côté les suffrages.

Cette supériorité n'emporte nul discrédit de l'art du
Moyen Age dans son ensemble. La renaissance qui se
produisit ne fut accompagnée d'aucun reniement, d'aucun anathème.

Cela est évident en ce qui regarde soit la peinture, soit
la sculpture. Vasari, Van Mander, dans leurs livres des
Peintres, ont fait l'éloge des gothiques, du même air
dont ils présentaient celui de leurs contemporains. Les
architectes se flattèrent d'avoir retrouvé la bonne méthode de bâtir ; on ne les voit pas mépriser cependant
les anciens édifices gothiques. Dans ses *Plus Excellents
Bâtiments de France*, Ducerceau grave et décrit avec
éloge les châteaux de Vincennes et de Coucy. Ces architectes n'entreprirent jamais contre les anciens maçons
l'œuvre de diffamation et d'injures que l'école romantique, par exemple, mena contre l'architecture classique,
et dont on trouve les éclats dans la *Notre-Dame de Paris*.

N'oublions pas que le contact de l'antique n'avait jamais cessé durant tout le Moyen Age. L'architecture de
ces temps-là, soit romane soit gothique, a ses origines
dans la latine. Courajod veut que la byzantine ait joué
ce rôle. M. Brutails l'a réfuté là-dessus [1]. Prise dans le

---

1. *L'Archéologie du Moyen Age et ses méthodes.*

point de vue historique, elle en est une transformation.
A mainte reprise avant le xiv᷎, on la voit, dans certains ornements, dans certaines figures sculptées, rap-
pelée à ses origines. L'imitation étroite de l'antique
se décèle dans ces parties. Depuis le xiv᷎ siècle ces ten-
tatives s'ordonnent et forment en Italie une école continue. Les autres contrées, plus soumises à cet égard à
l'influence de la peinture flamande, s'avancent par des
voies différentes.

Toutes arrivent au même point, où la perfection de
l'art, autant que le développement de l'esprit, devait
rallier le plus naturellement du monde les artistes à la
discipline classique. Ce ralliement eut lieu sans fracas, du
consentement universel. Personne ne s'en plaignit. L'idée
de révolution, dont les modernes sont prévenus à cet
égard, n'entra dans l'esprit de pas un contemporain.

L'antique parut meilleur et plus parfait. On se sentait
capable de le suivre avec succès. On l'imita, on l'étudia,
on le développa. Ce fut la renaissance des perfections
défuntes, une floraison de ces perfections accompagnée de
fruits nouveaux. Ce ne fut ni une révolution ni un saccage, mais l'aboutissement d'un progrès, l'accomplisse-
ment d'un vœu tacite ancien, une transformation légitime.

CHAPITRE IX

LA QUERELLE DE LA RENAISSANCE
II. LES SUITES : LE XVIIe SIÈCLE ET LE XVIIIe

Nous avons vu qu'on reproche au xvie siècle d'avoir adopté le paganisme. Il serait difficile de répéter ce reproche quand il s'agit du xviie. Les sentiments de religion, la fidélité à l'Église, éclatent dans ce siècle-là. Cependant, à son endroit même on ne voit pas la critique désarmer. Les éléments confus dont est faite la détestation de la Renaissance continuent de protester contre l'esprit de ce siècle.

Dans l'embarras d'arguer d'une impiété réelle, on assure que l'imagination au moins de ces catholiques était païenne. On accuse ce grand siècle français d'avoir ignoré ou méprisé nos origines. On ajoute enfin que l'esprit d'imitation a jeté l'époque dans un faux goût, qu'il était réservé au xixe siècle de corriger.

Ce dernier reproche est la suggestion directe du romantisme. Elle fait au plus grand de nos siècles littéraires ce sort bizarre, de se voir pressé d'une part entre les revendications imaginées du Moyen Age et l'éloge moderne et révolutionnaire de la nature et de la liberté.

Je ne répéterai pas que le décri de ce siècle compose aux conservateurs qui s'y adonnent une position fausse et humiliée ; je ne rappellerai pas le détriment qui s'ensuit jusque dans l'action politique. Un suffisant

développement de ce point de vue se trouve dans les
pages qui précèdent ; mais il faut ajouter un point, c'est
que la cause du classicisme français, représentée par le
xvii⁰ siècle, attaquée d'une part au nom de l'instinct de
la race, de l'autre au nom de la liberté à laquelle le génie
a droit, se confond avec la cause de la civilisation.

J'ai démontré au chapitre précédent que l'esprit du
Moyen Age, qui contint en germe la Renaissance et qui
en fait la préparation, ne peut fournir d'argument historique aux reproches qu'on oppose à celle-ci. Je veux
faire voir maintenant, contrairement à ce qu'on pense,
que les siècles issus de la Renaissance n'ont jamais méprisé ni haï le Moyen Age.

La critique vit à cet égard sur un petit nombre de
textes, qui paraissent toujours les mêmes. Il en est de
ces citations comme de celles que la Révolution allègue
contre les abus de l'ancien régime. Deux sont de Boileau :

Villon sut le premier, dans ces siècles *grossiers*,
Débrouiller l'art confus de nos vieux romanciers...

De pèlerins, dit-on, une troupe *grossière*,
En public, à Paris, y monta la première...

Telle est chez Boileau l'histoire des origines de la poésie française d'une part, du théâtre français de l'autre.
Mais à l'allégation de ces textes il ne faut répondre
qu'une chose, c'est que Boileau n'est pas tout le siècle.

On objecte qu'il en est l'oracle. Pour l'érudition, pas
du tout.

Une confusion chez nous engendre de grandes erreurs :
c'est celle de l'érudition et du goût. Elle règne dans l'enseignement des classes ; on la proclame dans les prin-

cipes, on la pratique dans l'application. On proclame en principe que le goût a fait son temps et que le rapprochement historique doit tenir dans l'éducation la place de l'ancienne critique. Mais cela n'est pas tout. Comme on n'a pu changer la nature des choses et faire que l'enseignement se passe d'une autorité intellectuelle, par conséquent de jugements imposés, la critique littéraire dans les classes renaît sous des formes un peu différentes. Comme par le passé, on loue et on condamne, on critique et on admire, et ces décisions ainsi faites, on oblige les écoliers à s'y soumettre. Le prétendu respect de leur liberté d'esprit n'empêche pas de les contraindre en cela, étant entendu qu'on le fait au nom de la science, non d'aucun préjugé. L'ancienne contrainte avait paru odieuse, parlant au nom du goût et de ses principes ; la moderne devient légitime, s'exprimant au nom de l'histoire. On peut même assurer que les décisions du goût connaissaient des procédés et une tolérance dont les oracles de l'histoire s'affranchissent. Or ces jugements de l'histoire ne sont pas autre chose que plusieurs préjugés que l'enseignement moderne a l'art de faire passer sous ce nom. Ces préjugés s'imposent à l'écolier avec une raideur sans pareille.

De cette confusion suivent d'autres désordres. Nos maîtres de rhétorique ne savent pas l'histoire, je dis l'historique de la littérature. Ce n'est pas leur métier, ils sont professeurs de goût. Ils n'ont lu ou ne sont obligés d'avoir lu que les meilleurs auteurs ; ils n'ont de devoir que de les expliquer. En confondant le rapprochement historique avec l'analyse littéraire, l'histoire des lettres avec la présentation raisonnée des meilleurs ouvrages, en substituant l'un à l'autre, on a fait plus que de corrompre l'enseignement, on a brouillé jusqu'aux méthodes, les maîtres s'efforçant de suffire à l'une avec les propres moyens de l'autre. On ne saurait faire l'histoire des lettres françaises avec un choix des meilleurs livres français. Cependant c'est ce que nous voyons entreprendre. L'histoire des lettres sommée de se constituer avec les éléments d'un cours de poésie et d'éloquence : voilà ce que montrent nos programmes. On voit de cela les beaux effets.

Sous le nom d'idées d'un temps, le collège nous propose tout autre chose que ce que ce temps a pensé. Il le propose avec toute la certitude dont j'ai marqué l'outrance. C'est un premier effet de la confusion de méthode ; l'autre est que, n'imaginant pas que personne ait jamais fait autrement, on s'en va requérir la connaissance des faits, de tous les auteurs qui, dans le passé, n'ont professé que le jugement des livres.

On demande à Boileau de connaître l'histoire des lettres. Boileau n'a pas cette connaissance. On se fâche de ne pas la trouver chez lui. Celui qui s'en fâche, ne l'ayant pas lui-même, ignore les auteurs qui, du temps de Boileau, ont en effet connu ce qu'il ignora. En conséquence, l'ignorance de tout le siècle passe pour un fait indiscutable. Cependant cette ignorance n'existe que dans l'erreur de ceux qu'on oblige d'enseigner ce qu'ils ne peuvent savoir.

Ainsi, de la méconnaissance des droits du goût et de l'enseignement qu'il inspire sortent, en même temps que le préjugé, l'intolérance et l'ignorance. C'est le plus beau résultat, chez les jeunes gens de France, des enseignements de la classe de rhétorique.

J'avoue qu'assez de maîtres corrigent dans la pratique cet effet de programmes barbares, et que la discipline imposée par l'étude des auteurs grecs et latins a pour effet d'y remédier en partie. Mais ces maîtres n'ont pas l'approbation des chefs. Une fois de plus, ici, le bon sens de la nation lutte avec désavantage contre l'oppression des sectes[1].

Donc rien n'est plus fou que de confondre Laharpe et Quintilien avec M. Gaston Paris. L'objet de leur étude, la nature de leur curiosité, les aptitudes de leur jugement, sont différents. Boileau appartient au premier genre. Il y prime dans un degré presque unique d'excellence. Sur la matière proprement littéraire, il pense partout profondément. Le jour où plusieurs préjugés tomberont, ne doutons pas que l'*Art poétique* ne voie rajeunir avec éclat sa gloire, et n'apparaisse ce qu'il est, c'est à savoir la synthèse la plus nette, la plus ramassée, la plus puissante qui soit de toute la philosophie de l'art d'écrire en vers. Mais, en ce qui concerne l'histoire, c'est à d'autres qu'il faut s'adresser.

Quand on considère que l'opinion a pu s'établir de nos jours que le XVIIe siècle a manqué de curiosité pour nos origines, et que cette opinion règne dans les classes, on ne peut peindre son étonnement. A quel point d'ignorance faut-il que les sphères instruites soient descendues? Quoi! Du Cange, quoi! les Bénédictins n'ont pas été à cet égard d'incomparables curieux! Quoi! le P. Anselme, dont l'*Histoire généalogique* fait l'étonnement de tous les savants modernes; quoi! dom Bouquet, initiateur admirable de la publication des *Historiens français*, sont à ce point inconnus de ceux qui prétendent savoir! Et qu'est-ce que le *Glossaire* de Du Cange? et qu'est-ce que l'*Histoire littéraire de la France*?

Ce goût de nos origines n'éclate pas moins à la Renais-

---

1. M. Le Bidois a donné dans une thèse de Sorbonne un exemple de ce que peut être, ou plutôt continuer d'être, la critique littéraire, sous ce nom : *La Vie dans la tragédie de Racine*. Un professeur de Sorbonne influent, oracle appointé des études, appelle cette thèse « la thèse à ne pas faire ».

sance. On le trouve chez Fauchet, chez Pasquier. Celui-ci dans ses *Recherches sur la France*, le premier dans les *Origines de la Langue et de la Poésie française*, n'ont pas à cœur un autre objet. Il est plaisant, quand de pareils travaux signalent une époque, d'entendre mettre en doute son goût et ses aptitudes en ce qui regarde les antiquités.

Ceci ne concerne que l'histoire. Du côté de la poésie même, le XVIIe siècle nous présente tout autre chose que l'oubli des origines. Molière et La Fontaine ont puisé aux restes de notre ancienne littérature. Les farces, les fabliaux, ne leur étaient pas inconnus. Par le XVIe siècle, qu'ils pratiquaient assidûment, nombre de leurs contemporains gardaient quelque contact avec le Moyen Age, en particulier avec le *Roman de la Rose*, dont le souvenir vivait toujours. On imagine à peine aujourd'hui combien les auteurs du XVIe siècle étaient lus alors. Montaigne fait, comme auteur dangereux, l'objet des reproches d'un sermon de Bossuet. Amyot, que, malgré tout l'étalage de l'érudition d'à présent, personne ne lit plus aujourd'hui, Amyot, dont il n'y a pas seulement aujourd'hui une édition dans le commerce, reçoit de Vaugelas, dans sa préface aux *Remarques*, des honneurs extraordinaires, et Racine était capable de traduire cet auteur en français moderne à livre ouvert, pour le divertissement de Louis XIV. Il est à peine besoin de parler du renom dont jouissait Rabelais.

Tout cela représente précisément le contraire d'un siècle qui n'eût connu que lui et les anciens, tel qu'on se plaît à nous le représenter. Il est certain que le goût faisait un choix et que, du seul point de vue littéraire, on donnait peu d'estime aux plus anciens auteurs.

Je n'ai pas à présenter ici l'apologie de ces exclusions. On ne peut aucunement douter que des raisons de goût les aient dictées. Elles ne tiennent rien d'un mépris des anciens. Le mépris de Boileau pour « nos vieux romanciers » ne signifie pas plus le dédain du Moyen Age que sa condamnation de Ronsard ne signifie le mépris du temps de Henri II. Il jugeait des ouvrages en soi, comme un connaisseur fait des tableaux, et n'avait point d'égard à des liens historiques qui ne cadraient point à son dessein.

D'autres textes concernant les arts au Moyen Age ont eu un retentissement plus grand. Il s'agit de ceux dans lesquels des auteurs comme Fénelon et La Bruyère condamnent, au nom du goût, l'architecture gothique.

Je les rappelle ici :

Les inventeurs de l'architecture qu'on nomme gothique, dit Fénelon, et qui est, dit-on, celle des Arabes, crurent sans doute avoir surpassé les architectes grecs. Un édifice grec n'a aucun ornement qui ne serve qu'à orner l'ouvrage ; les pièces nécessaires pour le soutenir, comme les colonnes et la corniche, se tournent seulement en grâce par leurs proportions ; tout est simple, tout est mesuré, tout est borné à l'usage ; on n'y voit ni hardiesse, ni caprice qui impose aux yeux ; les proportions sont si justes que rien ne paraît fort grand, quoique tout le soit ; tout est borné à contenter la vraie raison.

Au contraire, l'architecture gothique élève sur des piliers très minces une voûte immense qui monte jusqu'aux nues ; on croit que tout va tomber, mais tout dure pendant bien des siècles ; tout est plein de fenêtres, de roses et de pointes ; la pierre semble découpée comme du carton ; tout est à jour, tout est en l'air.

On a dû faire, dit La Bruyère, du style ce qu'on a fait de l'architecture ; on a entièrement abandonné l'ordre gothique, que la barbarie avait introduit pour les palais et pour les temples, on a rappelé le dorique, l'ionique et le corinthien.

Ces textes ont causé l'indignation de ceux que blesse l'abandon de l'architecture gothique dans les quatre derniers siècles de notre histoire. Le terme de barbare, qu'ils contiennent, a paru surtout exorbitant. J'ose assurer pourtant que ce qu'on en tire à la honte du xvii° siècle tient moins au vrai sens de ces textes qu'au préjugé ordinaire du lecteur.

Le mot de barbare, en effet, ne signifie pas que ces auteurs refusent toute sorte de mérite aux ouvrages dont il s'agit. La preuve en est dans ces citations mêmes, puisqu'en les appelant de ce nom ils ne laissent pas de les décrire en termes d'une singulière propriété. Fénelon n'omet aucun des caractères qui servent, chez les amis de l'architecture gothique, à vanter cette architecture. L'*immensité* des voûtes *qui montent jusqu'aux nues*, qui ne laissent pas, quoique portées sur des *piliers très minces*, de *durer bien des siècles*, qu'est-ce autre chose que le mérite reconnu des constructions gothiques ? Il est vrai que Fénelon requiert un blâme de ce mérite au nom du goût, dénonçant, selon l'expression ingénieuse d'un de nos amis [1], dans ce système « un paradoxe de construction ». La pierre *découpée comme du carton*, qu'est-ce encore chez cet auteur que l'équivalent de ce qui s'entend chaque jour en façon d'éloge, dans la bouche de chacun : « C'est comme de la dentelle. » Autre motif de critique chez nos auteurs, il est vrai. Aussi ce que je prétends tirer d'eux n'est-il pas un éloge de cette architecture, mais les preuves qu'en la critiquant ils ne laissent pas de la connaître, de l'examiner, de la décrire en termes exacts, qu'en un mot ce qu'ils professent à l'égard de cet art n'est pas, comme on va le répétant, du dédain. Le dédain n'examine pas, le dédain ne se sert pas, pour

1. M. Louis Aguettant.

motiver son blâme, des mêmes considérants, donnés dans
les mêmes termes, que ceux qui professent de l'estime.

Or justement la ressemblance de ces termes est frappante. Toute la différence des jugements tient à des considérations de goût. Fénelon, La Bruyère et leurs contemporains reprochent à l'art gothique de manquer de goût ;
le terme de barbare chez eux ne signifie pas autre chose.

Nous le trouvons brutal ; c'est qu'il a changé de sens
dans un siècle qui, ayant proclamé l'indifférence en
matière de goût, ne peut persister à désigner par là que
des difformités excessives. Dans un temps de goût châtié
et de délicatesse réglée, tout ce qui choquait ces règles
et cette délicatesse était qualifié de barbare. En taxant
de barbare l'architecture gothique, on ne voulait dire
autre chose, sinon que ces règles sont inconnues chez elle.

Je trouve de ceci un témoignage frappant dans quelques articles du P. Avril, jésuite sécularisé sous le nom
de l'abbé Mai, parus dans le *Journal de Trévoux*, puis
réunis sous ce titre : *Temples anciens et modernes*, en
1771. Voici de quel ton vigoureux cet auteur prend la
défense des architectes gothiques contre quelques ignorants détracteurs qui les accusaient de ne pas savoir
calculer :

Il est plus que probable, dit l'abbé Mai, que dans le treizième
et le quatorzième siècle les architectes d'Allemagne n'adres-
saient point à ceux de Paris des problèmes de géométrie. Je
crois aussi sans peine qu'ils n'employaient pas pour calculer
les formules algébriques *a* plus *b* égal à *c*. Mais quoi ! était-ce
donc à l'aventure que ces habiles et hardis bâtisseurs tenaient
les points d'appui de leurs arcs-boutants plus près ou plus
loin des murs qui partaient des voûtes ? qu'ils donnaient ou
ne donnaient pas de l'empattement aux bases de ces points
d'appui, etc. ? De pareilles opérations peuvent-elles n'être
pas nécessairement précédées de combinaisons géométriques
et physiques ? On en découvre de si belles et de si justes

dans nos temples gothiques, que je ne puis, je l'avoue, souscrire à l'opinion qui refuse à leurs architectes la science du
calcul [1].

Après une si fameuse défense, on ne songera pas à
accuser cet auteur de mépris pour l'art du Moyen Age.
On ne prétendra donc pas trouver aucun témoignage de
mépris dans ce qui suit, que je tire du même ouvrage :

Si en architecture le goût consiste dans un juste rapport
de proportions qui réponde à l'idée que nous avons de l'ordre
dans un choix et une distribution d'ornements imités des
beautés riches et simples de la nature, il est certain que les
architectes en gothique, de quelques pays qu'ils aient été,
ont eu beaucoup de science et n'ont point eu de goût [2].

Voilà le vrai tableau de l'opinion des siècles passés
sur cette matière. Encore un coup, il ne saurait empêcher
ceux qui demandent pour nos cathédrales plus d'honneur de se plaindre d'un dégoût qu'ils trouveront injuste.
Du moins, ce dégoût n'a-t-il rien d'injurieux, et on ne
saurait prétendre qu'il accuse une hostilité de la France
des derniers siècles contre l'ancienne, une rupture au sein
de notre histoire.

Aussi se tromperait-on fort de croire que des livres
destinés au gros du public, les guides des voyageurs par
exemple, aient instruit le procès en règle des monuments
de l'architecture gothique. Les plus fameux échantillons
de celle-ci continuaient de jouir d'un grand crédit. Le
renom des flèches d'Anvers et de Strasbourg est bien
antérieur à notre siècle. Il est de l'époque classique et
n'a jamais cessé. Voici comment un petit livre de ce genre,
le plus complet et le plus en vogue qu'il y ait eu au XVIII° siè-

1. P. 272.
2. P. 153.

cle, le *Voyage de Paris* de Dargenville, paru en 1765,
parle de Notre-Dame de Paris :

> L'église de Notre-Dame, quoique d'une architecture gothi-
> que, a quelque chose de si hardi et de si délicat qu'elle a
> toujours été regardée comme une des plus belles du royaume.

« Hardi et *délicat* » : Verlaine n'eût pas autrement
dit. En face de cela, qu'on mette les propos de nos guides
Joanne sur la chapelle de Versailles, ceux de Hugo, dans
le chapitre de *Ceci tuera cela*, sur tous nos édifices classiques : alors on pourra comparer ce qui proprement
constitue le dénigrement du passé et une rupture révolutionnaire avec le respect des renommées acquises et
du goût traditionnel jusque dans un renouvellement des
principes.

Je ne quitterai pas ce point sans avouer que la façon
vive et impertinente de Voltaire a de quoi faire prendre
le change à cet égard. Les mots de *barbarie* et de *bar-*
bare, appliqués aux ouvrages de l'esprit, retentissent
chez lui avec une violence méprisante. Cette violence
tient au travers de pédanterie qui fait enfler la voix à
Voltaire partout où la littérature et les arts sont en cause.
En eux se résument à ses yeux les premières affaires de
l'État. Le mauvais état des lettres chez un peuple le lui
fait condamner sans partage. Voltaire avoue dans la préface de l'*Essai sur les Mœurs*, que seuls comptent aux
regards de l'histoire les trois ou quatre siècles où les arts
ont jeté le plus vif éclat. L'importance donnée à ces
matières de goût, dans un temps où le Moyen Age y fut
réputé inférieur, devait faire de cette époque un objet
d'invectives pour un auteur de cette espèce. Elles ne sont
l'effet d'aucun mépris redoublé pour les ouvrages de l'art
au Moyen Age, mais d'un parti pris général d'anathème
contre les siècles où ces ouvrages ont offensé les lois du

goût. Mais comme cette pédanterie ne se trouve que
chez Voltaire et chez les plus badauds du temps, qui
crurent distingué de l'imiter en cela, on ne trouve que
chez lui ces excès.

Il faut maintenant passer à ce qu'il y a de général dans
le reproche qu'on fait à nos lettres classiques d'avoir
dédaigné l'héritage national. Ce reproche tient à un préjugé qu'il importe absolument de combattre.

On veut n'imaginer de notre temps les œuvres de la
littérature et des beaux-arts que comme une production
organique. Elles ne seraient l'œuvre que de l'instinct.
Prédestinées dans leur caractère, fatales dans leur évolution, l'étude que la critique en fait imiterait un chapitre de l'histoire naturelle. Comme le disait autrefois
l'un de nous, au sortir d'une leçon de Sorbonne consa-
crée à l'éloge de la Grèce : « L'art grec est une sécrétion. » Cette charge burlesque résumait à merveille l'enseignement que nous venions d'entendre.

Sécrétion de la race, prise ici comme équivalent de la
nation. Toutes ces idées se tiennent, et le préjugé n'a
garde d'exclure la volonté, la réflexion et l'ordre de la
production des ouvrages d'esprit, pour en tolérer la présence dans la source dont on dit qu'elles émanent. La
race, c'est la nation débarrassée de ces choses, réduite
au résultat de ce qu'on croit la nature. L'instinct de
nature, voilà l'art, le voilà selon nos idées modernes.

Imaginez de ce point de vue les critiques qu'on peut
faire de notre littérature. Elle n'est pas nationale. Ce
qui lui sert d'aliment vient de réflexion et d'artifice. Les
sujets qu'elle traite sont étrangers, les formes qu'elle
épouse sont apprises ; tous ces traits sont le contraire de
ce qu'on attendrait d'elle, de ce qu'elle n'aurait pas manqué d'être, si la nation, non des lettrés, le peuple, non

des cercles choisis, en avait été l'ouvrier. Voilà ce qu'on dit, entendant sous le nom de peuple tout ce qui se peut de plus étranger à la culture, à l'application réfléchie, à la production réglée et volontaire. On exprime assez souvent cette idée en assurant qu'il faut que la littérature *sorte des entrailles* de la nation ou du peuple.

Cela est au mieux ; mais cette littérature, cette poésie, cette éloquence, ces arts sortis d'une pareille source, la critique est encore à en présenter des exemples. On ne l'a vue nulle part, en aucun temps. Quelque temps on a cru la trouver dans Homère. Ne sachant rien de ce poète, on pouvait tout en supposer. Cette supposition passait pour preuve, preuve unique en son genre, du reste. A la fin, ce caractère d'exception a fait douter que les choses eussent été ainsi. On s'est avisé que la bonne méthode pour inférer ce qu'on ignorait d'Homère n'était pas de lui prêter ce qu'on n'a vu nulle part. On commence à changer d'avis à cet égard ; on en changera de plus en plus. De plus en plus on s'en tiendra au mot excellent de Tourguénief : « Le sentiment du beau et de la poésie ne peut naître et se développer que sous l'influence de la civilisation. Ce qu'on appelle œuvre nationale et spontanée *n'est que niaiserie.* »

Jamais et nulle part (c'est un fait d'expérience) la littérature n'est venue de ce qu'on appelle le peuple. Jamais quoi que ce soit de digne d'attention en ce genre n'est venu d'une société dépourvue de culture. Il faut que la critique romantique et démocratique en prenne son parti. Ce qu'elle tire du principe contraire d'accusations contre nos lettres classiques, il faut qu'elle renonce à l'appuyer sur l'expérience.

Conçues et cultivées en dehors du peuple, dit-on, elles ont le tort pareil de ne pas s'adresser au peuple, de ne pas pouvoir être comprises de lui. Sainte-Beuve, qui à ses débuts a écrit de grandes sottises, assurait qu'en Allemagne, le dimanche, « une servante lit Schiller et l'entend ». Cela n'est certainement pas, à l'égard de Racine, le cas des servantes françaises.

Mais la servante qui lit Schiller n'a pas encore été découverte en Allemagne, et tout ce qu'il y a de triviale déclamation chez ce poète ne lui a pas valu un honneur qui manque aux nôtres, je l'avoue. Mais quel reproche est-ce qu'on leur fait ? S'imagine-t-on que le commun des Anglais lit Shakespeare ?

J'accorde qu'un auteur adopté, qui devient un symbole de l'esprit de la nation, et qui dans l'ordre intellectuel figure un pendant au drapeau, est pour un peuple un bien inestimable. L'édition illustrée de Shakespeare, qui, sous le nom d'*édition de l'Empire,* figure étalée sur les tables des derniers pionniers du Kansas et au milieu des nègres de Boulouvayo, représente une force nationale. Mais elle ne suppose rien de ce qu'on imagine. Personne ne lit ce Shakespeare-là ; on ne l'a qu'en signe profond et délicat d'union avec la métropole. Pour qu'un poète ou quelque écrivain tienne cette place, il n'est pas nécessaire que le peuple l'ait choisi ; il suffit que l'opinion lettrée le lui impose.

Il n'est pas davantage nécessaire que cet auteur ait chanté des héros nationaux. Hamlet ni le roi Lear, ni Othello, ni Macbeth ne sont des héros nationaux de l'Angleterre. Ce ne sont pas les Henri V et les Henri VI qui ont fait le renom de Shakespeare. A la folie de croire que le peuple fait la réputation d'un poète on joint celle de s'imaginer que le peuple ne la fait qu'aux récits nationaux. Cela n'est pas plus conforme aux faits. Là-dessus on fait querelle à nos poètes classiques de n'avoir pas suivi l'exemple des chansons de geste, *épopées nationales,* dit M. Léon Gautier.

J'ai remarqué la facilité avec laquelle le peuple avait oublié ces épopées, oublié Roland pour Arthur, qui n'est aucune sorte de héros national chez les Français, qui ne l'est pas même chez les Bretons, si, ce qui paraît probable, sa légende ne remonte pas plus haut que Geoffroy de Monmouth. Le peuple de France, dis-je, oublia ses héros, au point que nous trouvons dans la bouche du roi Jean (au passage précédemment cité) le mélange adultère de ceux-ci avec ceux de la Table ronde, dans le rapprochement de Gauvain et de Roland.

« Les théoriciens de l'épopée, dit M. Bréal dans le livre intitulé *Pour mieux comprendre Homère*, aiment à la mettre en rapport avec quelque grand événement historique. Le Râmayana serait un souvenir de la conquête de Ceylan par la race brahmanique ; les Finnois auraient immortalisé dans leur poème la mémoire de leur lutte contre les Lapons, et ainsi des autres. Mais l'historien, qui s'applique à ne point substituer sa pensée à celle des textes, se demande s'il peut souscrire à cette interprétation. » Et il ajoute que l'*Iliade* elle-même n'a jamais rapporté un événement national des Grecs.

Que faisait en effet Troie aux Athéniens ? Leurs héros étaient Thésée et Érechthée. Le même auteur ajoute, non sans ironie :

« Nous reconnaissons cependant qu'il y a quelque chose de vrai dans cette association qui rattache l'épopée à un grand événement historique. *Mais* cela est vrai seulement *de l'épopée savante*. » Et il cite Virgile et l'*Énéide*.

Ainsi ce qu'on nous présente comme devant être l'œuvre de la nature et l'effet fatal de l'instinct apparaît comme celui d'une culture raffinée et des desseins de la politique chez le plus volontaire des peuples.

Tout cela n'a pas empêché que les Grecs n'aient adopté

Homère, comme les Anglais ont fait Shakespeare. Il n'a tenu qu'à nous de les imiter en adoptant Racine ou La Fontaine. Au demeurant, cette adoption était faite, tous les Français savaient par cœur le songe d'Athalie et la mort d'Hippolyte. On a rompu cette unanimité en proposant de nouveaux poètes « nationaux », Béranger d'abord, Hugo ensuite. Ces intrus ont chassé Racine. Ils l'ont chassé d'une place que l'un a perdue sans retour et que l'autre se montre déjà incapable de conserver.

C'est assez sur le point de nationalité. Celui du paganisme n'est pas plus raisonnable.

Ceux qui s'y attachent croient reprendre dans la mythologie antique un attirail arbitraire de la poésie classique. Ils s'imaginent qu'il n'a tenu qu'à nos auteurs de s'en passer. Pour en concevoir le vrai, je leur proposerai d'abord une remarque empruntée au domaine de l'éducation. Dans la formation d'un jeune esprit, la lecture de cette mythologie a d'autres effets encore que le divertissement ; elle fournit aux enfants la clef de tout le langage figuré. Les figures sont un des obstacles à la lecture des enfants, qui les saisissent difficilement. La mythologie, par l'habitude qu'elle donne de ses personnifications de tout dans la nature, éléments, sentiments, caractères, professions, fait que cette difficulté cesse. Dire par exemple que le remords poursuit le coupable, c'est parler de façon claire pour l'enfant qui, sachant que les Furies personnifient le remords, n'a pas de peine à concevoir l'action d'une personne chez celui-ci.

Cette simple remarque contient toute la vertu de la mythologie. Elle est un répertoire de métaphores réglées, et, s'il est vrai que dans la figure consiste toute la poésie, elle est, dis-je, l'instrument même de la poésie mis en système. Je n'assure pas que les dieux des anciens

ne sont pas autre chose que des métaphores, des allégories réalisées, mais, en étant autre chose, ils sont cela ;
et c'est ce qui de tout temps, et chez les modernes même,
a marqué leur place en poésie. Quelqu'un dira : Est-il
vrai ? sans la mythologie des Grecs, pas de poésie ? Je
réponds : Grec ou non, il faut au poète une réserve, un
magasin de métaphores. Les Grecs nous la fournissent.
Si cela vous offense, inventez-en une autre ; mais sou-
venez-vous que les Grecs y ont mis quelques siècles, et
qu'ils ont rencontré pour cela des facilités qui nous manquent.

Voilà ce que Boileau exprime parfaitement dans un
passage de son *Art poétique* qu'on ne saurait trop relire
et méditer :

Chaque vertu devient une divinité :
Minerve est la prudence, et Vénus la beauté.
Ce n'est plus la vapeur qui produit le tonnerre,
C'est Jupiter armé pour effrayer la terre.
Un orage terrible aux yeux des matelots,
C'est Neptune en courroux qui commande les flots.
Écho n'est plus un son qui dans l'air retentisse,
C'est une nymphe en pleurs qui se plaint de Narcisse.
Ainsi, dans cet amas de nobles fictions,
Le poète s'égaie en mille inventions,
Orne, élève, agrandit, embellit toutes choses
Et trouve sous sa main des fleurs toujours écloses.
Qu'Énée et ses vaisseaux, par le vent écartés,
Soient aux bords phrygiens d'un orage emportés,
Ce n'est qu'une aventure ordinaire et commune,
Qu'un coup peu surprenant des traits de la fortune ;
Mais que Junon, constante en son aversion,
Poursuive sur les flots les restes d'Ilion ;
Qu'Éole, en sa faveur, les chassant d'Italie,
Ouvre aux vents mutinés les prisons d'Éolie ;
Que Neptune en courroux, s'élevant sur la mer,
D'un mot calme les flots, mette la paix dans l'air,

Délivre ses vaisseaux, des Syrtes les arrache,
Voilà ce qui surprend, frappe, saisit, attache.
Sans tous ces ornements, le vers tombe en langueur,
La poésie est morte ou rampe sans vigueur.

On a beaucoup critiqué ce passage. Les maîtres ont
enseigné dans les classes que Boileau n'avait pas compris la nature de la mythologie antique. Il ne sera donc
pas inutile de requérir ici une fois de plus l'autorité du
livre de M. Bréal et de montrer à quelles conclusions
la critique, désabusée d'un siècle d'impertinences, est
justement en train de revenir.

« On a remarqué, dit cet auteur, justement, que les
dieux sortis de l'imagination populaire seraient bien
étonnés de voir l'existence oisive qu'on mène sur l'Olympe
homérique Les dieux populaires ont à gagner leur vie,
ils vont à la chasse et à la pêche, ils travaillent à la terre
ou dans les mines... » L'Olympe homérique est tout le
contraire, partant, visiblement, l'effet de l'invention des
lettrés et des poètes. M. Bréal cite au contraire Saturne,
Cérès (des dieux latins) comme issus de la fantaisie du
peuple. Il continue :

« A côté des divinités anciennes, mises en quelque
sorte au repos, il s'en trouve chez Homère de nouvelles,
produit de la réflexion, dont le nombre peut s'accroître
à toute heure, sous l'impulsion de la pensée du moment.
Telles sont la Justice, Θέμις, les Prières, Λίται, les Grâces,
Χάριτες, la Discorde, Ἔρις. » Boileau a donc toutes les
raisons de continuer :

C'est donc bien vainement que nos auteurs déçus,
Bannissant de leurs vers ces ornements reçus,
Pensent faire agir Dieu, ses saints et ses prophètes
Comme des dieux *éclos du cerveau des poètes*.....
De la foi d'un chrétien les mystères terribles
D'ornements égayés ne sont pas susceptibles.

M. Léon Gautier s'écriait : Comment Dieu ne serait-il pas poétique ? Autrement dit : Quand l'histoire des faux dieux fournit de couleurs la poésie, pourquoi la vérité, à laquelle en tant que vérité ces couleurs manquent, n'en fournirait-elle pas autant ?

On a pensé convaincre Boileau par les effets : on a tenté l'entreprise impossible de l'épopée homérique chrétienne. Le dessein des *Martyrs*, chez Chateaubriand, est pour moitié celui de contredire Boileau. Il faut voir quels beaux résultats et quelle triomphante démonstration offre, par exemple, cette description du Paradis, au livre III de ce roman épique :

> Là règnent suspendues *des galeries de saphirs et de dias mant* faiblement imitées par le génie de l'homme dans le jardins de Babylone ; là s'élèvent *des arcs de triomphe* formés des plus brillantes étoiles, là s'enchaînent *des portiques de soleils.*

Toute cette mascarade fait pitié. Dans ce qui suit, le style de guide Joanne fait rire :

> Des tabernacles de Marie *on passe* au sanctuaire du Sauveur des hommes ; il est assis à une table mystique... Le Père *habite au fond* des abîmes de la vie. Là s'accomplit le mystère de la Trinité.

Quel mystère ? Les trois Personnes, quelque temps séparées, se réunissent. « Le Saint-Esprit remonte pour s'unir. » Alors, sans doute pour avertir les profanes de ne pas entrer, « un triangle de feu se montre sur la porte ».

On conviendra que ces inventions dépassent les limites du grotesque. Pour un chrétien, elles vont jusqu'à l'odieux, et l'on ne peut s'empêcher de dire avec Boileau, qui les avait prévues :

> ..... De vos fictions le mélange coupable
> Même à ses vérités donne l'air de la fable.

Voltaire remarque avec finesse, dans l'improvisation de ces mythologies chrétiennes, un inconvénient d'un autre genre. Parlant du *Paradis perdu* : « Les critiques les plus judicieux, dit-il, ont regardé comme une grande faute contre le goût la peine que prend Milton de peindre le caractère de Raphaël, de Michel, d'Abdiel, d'Uriel, de Moloch, de Nisroth et d'Astaroth : tous êtres imaginaires dont le lecteur ne peut se former aucune idée et auxquels on ne peut prendre aucun intérêt. *Homère, en parlant de ses dieux, les caractérisait par leurs attributs qu'on connaissait ;* mais un lecteur chrétien a envie de rire quand on entreprend de lui faire connaître à fond Nisroth, Moloch et Abdiel. »

Aussi bien quittons l'épopée. Est-ce que les poètes du xviie siècle ont manqué de tirer de la religion le sujet de leurs ouvrages quand l'occasion paraissait favorable ? Corneille n'a-t-il pas fait *Polyeucte*, Racine *Esther* et *Athalie ?* Ne sont-ce pas trois chefs-d'œuvre de notre ancien théâtre, à compter dans la douzaine des ouvrages de tout premier rang qu'il présente ? Trouvera-t-on cette proportion faible ? Et qu'est-ce que les Hymnes du Bréviaire de Racine, ses Cantiques spirituels, la lyrique de Rousseau, et ce qu'on trouve d'odes bibliques chez Malherbe, et que Lamartine, en ce genre, n'a fait que continuer ?

A l'égard du prétendu faux goût, on pourra trouver que le siècle de Louis XIV se défend assez bien par ses ouvrages. Tout ce qu'on reproche au système dont ils sont issus ne les empêche pas d'être ; par là, il est au moins prouvé que ce système n'empêchait pas les chefs-d'œuvre de se produire. On réplique qu'il n'y servait de rien. Mais l'abandon qu'on en a fait ne nous a pas mis en train de revoir les pareils. Ce siècle demeure au-dessus de toute comparaison avec les suivants.

J'ai touché dans ce qui précède l'apologie de Boileau, de son goût et de ses lumières. Je n'y veux ajouter qu'un mot d'admiration pour les *Réflexions sur Longin*, véritable arsenal de remarques et d'analyses capables de trouver place dans les discussions qu'on regarde quelquefois comme nouvelles, et de les résoudre parfaitement. Puis n'oublions pas que de séparer Boileau de ses contemporains les plus vantés ne se peut, de l'aveu de ses contemporains mêmes. Molière se soumettait chez lui à correction : nous connaissons des vers de ses comédies retouchés de la main même de Boileau, et La Fontaine déclarait l'admiration la plus vive pour des périphrases dont on se moque :

> Et nos voisins, frustrés de ces tributs serviles
> Que payait à leur art le luxe de nos villes...

Voilà ce qu'admirait La Fontaine, ce qu'il eût voulu avoir fait. Que de pareils témoignages nous rendent circonspects et nous fassent douter quelquefois du sérieux de tant de critiques superbes, répandues par des gens qui se vantaient d'être fous, comme le dernier mot de la raison.

A ce faux goût dans les lettres on joint naturellement le reproche du faux goût dans les arts. L'architecture des derniers siècles se voit décrier de deux manières; par la comparaison de la gothique, triomphante dans nos cathédrales, et par un corps de principes qu'on prend de nos jours pour ceux de la raison et qui ne sont que ceux d'un système.

Je veux parler des fameuses règles de construction rationnelle que tous les gens instruits ont maintenant à la bouche : comme de ne pas employer des colonnes au devant d'un mur parce que le mur suffit à porter l'édifice et rend les colonnes inutiles, de rejeter les colonnes torses comme contraires à l'idée de la stabilité, de ne disposer pas les colonnes par couples parce qu'un seul point d'appui suffit, etc. Ces lieux communs de la critique moderne ont un tort, c'est d'oublier que l'art étant feinte d'une part et ornement de l'autre, il ne saurait imposer des règles étroitement calquées sur la réalité, ni mépriser ce qui décore.

La *Grammaire des Arts du dessin* de Charles Blanc a répandu ces idées dans le monde. Lui-même les avait prises de Laugier, jésuite sécularisé, qui publia en 1753 un *Essai sur l'Architecture* et mérite d'être dit l'inventeur du système. Tout est parti de ce livre-là. Une fausse apparence de logique en a poussé les conclusions dans le monde [1].

Viollet le Duc y a joint la loi qui prétend régler l'architecture sur les climats auxquels elle est destinée. Autre fête des esprits systématiques et vains. L'histoire de l'art tout entier la dément, puisque d'une part les barons de la Croisade portaient l'architecture des cathédrales en Chypre, et que de l'autre l'architecture romaine a triomphé partout, depuis Tombouctou jusqu'à Uléaborg, les commodités qu'elle présente rendant son règne définitif.

Joignez la symbolique des architectures, dont Charles Blanc fait tant de mystère, en vertu de laquelle la destination d'un édifice doit se rendre sensible dans sa forme et dans ses façades. Tout n'est pas faux dans ce principe, et c'est manquer de goût que d'orner une église dans le genre d'une maison de campagne! Il y a des édifices qui veulent de l'ornement; d'autres requièrent d'abord la majesté. Mais, je le demande, quelle différence s'agira-t-il de garder entre un hôtel des Monnaies

1. V. l'appendice à la fin de l'ouvrage.

et une bibliothèque ? Nos architectes s'y mettent l'esprit à la torture et enfantent des monstres. C'est que cette remarque du goût est d'emploi trop restreint pour être utilisée à titre de principe.

Revenant là-dessus aux édifices gothiques, on n'a pas manqué d'assurer que leur style était seul convenable quand il s'agit de bâtir des églises, parce que seul il exprime le sentiment religieux : de sorte que tout ce qui se bâtit en ce genre sous Louis XIV et depuis la Renaissance mérite d'être condamné.

C'est munis d'un pareil principe que les gens instruits qui vont en Italie en reviennent aujourd'hui avec la condamnation en règle de tous les monuments religieux de Rome et d'ailleurs, à commencer par Saint-Pierre au Vatican. Mais il y a deux choses à remarquer là-dessus. C'est, d'une part, que cette idée est toute récente, que les architectes gothiques eux-mêmes ne l'ont pas eue, n'ont pas soupçonné que les formes qu'ils employaient eussent un caractère intrinsèquement religieux. La preuve, c'est qu'ils ont bâti dans le même style leurs hôtels de ville, leurs Poids publics et leurs hôtels particuliers. La seconde remarque, c'est que personne n'a pu dire en quoi les sentiments religieux trouvaient dans cette architecture une convenance exceptionnelle. Car on ne peut regarder comme une explication sérieuse à cet égard, que les flèches des cathédrales portent la prière dans le ciel, ni, comme dit quelque part Nisard, que les colonnettes s'y dégagent des piliers comme le dogme catholique de l'hérésie.

La majesté des cathédrales convient éminemment à leur usage ; elles sont en fait les édifices les plus grandioses que la France possède en ce genre ; mais ni cette convenance n'est exclusive de convenances pareilles venant d'un autre style, ni cette prépondérance de fait

ne doit être confondue avec une nécessité de raison.
C'est parler sans réflexion que de dire que Sainte-Marie-
Majeure, Saint-Pierre au Vatican, le Val-de-Grâce ou les
Invalides manquent de la dignité requise pour une église.

Tels sont les divers aspects du préjugé qui s'acharne
depuis un siècle au discrédit de notre art classique. Son
seul effet n'est pas de couper la France en deux ; avec
le mépris de quelques-uns de nos plus beaux édifices, il
en a causé l'abandon et plusieurs fois la destruction. Le
dôme des Invalides saccagé pour le tombeau de Napoléon ; l'hôtel de la Bibliothèque privé d'une décoration
dont l'amateur étranger recueillait avec empressement
les débris ; l'admirable château de Maisons, chef-d'œuvre
unique de François Mansart, sur le point d'être démoli
il y a douze ans, sans que le gros du public instruit
soupçonnât l'importance de cette ruine : voilà de dignes
effets du même aveuglement qui fait décrier la merveille de la colonnade du Louvre ; voilà les résultats de
l'erreur dont la Renaissance est la victime.

J'y ajouterai le discrédit où tomba Versailles. L'honneur à présent lui est revenu. Pendant plus d'un demi-
siècle, cet ouvrage magnifique de nos rois, unique au
monde, lieu de choix, vrai séjour de la fierté nationale,
où le Français prend de la grandeur de sa patrie une idée
incomparable, a servi de point de mire à ce que la récrimination révolutionnaire a pu fournir de critiques plus
pédantes et de plus plates épigrammes. Qui dira ce
qu'une erreur pareille ôte de force à l'amour éclairé du
pays, ce que le retour à de justes admirations sera capable de nous rendre à cet égard ?

CHAPITRE X

LA REVENDICATION DES SECTES
I. LES ALBIGEOIS

En même temps que la Renaissance, l'ordre des temps amène la Réforme. C'est une autre matière à ces réflexions. Mais on ne peut l'aborder sans retourner d'abord à des faits plus anciens, dont l'histoire ne se sépare guère de celle du protestantisme : je veux parler des hérésies du Moyen Age, première semence de la Réforme et comme ses essais avortés. Parmi ces hérésies, aucune n'a troublé le monde autant que celles des Albigeois ; aucune aussi n'a tenu plus de place dans les commentaires des modernes.

Chez les historiens ennemis de notre histoire, cette hérésie fait le sujet des premières réclamations formées au nom de la liberté de conscience ; un autre caractère rend celles-ci remarquables, c'est qu'elles ont pour support les attaques sauvages dirigées contre l'Inquisition. Je n'ai donc pu me dispenser d'y consacrer tout ce chapitre.

Les troubles religieux que présente le Moyen Age imitent à l'avance la Réforme. Les Réformés n'ont pas manqué de tirer parti de cette circonstance pour se composer des ancêtres. Jean Huss, Wiclef, Valdo, Pierre de Bruis, Arnauld de Bresse, ont ce rang dans leurs commentaires. Au yeux des révolutionnaires, la mémoire de ces hérétiques en profite ; la cause de la Révolution, rattachée premièrement à celle de la Réforme, rejoint jusque

dans ces temps lointains le parti de ces premiers rebelles.
De ces causes différentes, il était naturel que nos ennemis ne fissent qu'une seule cause, celle de toutes les
menées anarchiques contre les pouvoirs légitimes.

Dans l'ordre religieux, ces menées épousent une forme
de fanatisme hypocrite qui les distingue éminemment.
Ce trait fera le lien des trois chapitres de ce livre qui
seront consacrés aux sectes proprement dites. Il n'a pas
rebuté les tenants de la libre pensée républicaine, décla-
rés cependant contre tous les fanatismes. C'est qu'ils
n'ont pu se dispenser de recevoir dans leur alliance tout
ce qui se déclare en révolte contre le gouvernement
moral des hommes. Ce gouvernement a chez eux le nom
de tyrannie des consciences ; l'important est de s'unir contre une telle tyrannie. Aussi bien, pour l'anéantir, rien ne
saurait valoir la ruine de la société spirituelle. Celle-ci
n'exerce le contrôle des consciences que dans l'intérêt
des consciences mêmes ; elle ne tire d'aucune raison
d'État le droit proclamé par elle de régler et de contraindre les individus. Voilà le scandale de la Révolution, qui
consent que l'usage de la force réduise, non pas amé-
liore les personnes, et aux yeux de laquelle le bien de
l'individu ne sera jamais que la liberté.

Ainsi le renversement de l'Église importe d'abord à
la Révolution. Dans ce dessein, comment ne verrait-elle
pas que la haine des sectes chrétiennes en France la sert
plus que ne la contrarie un reste de formes ecclésiastiques qu'elles gardent ? De là vient qu'elle ne leur marchande, ni dans le présent sa protection, ni dans le passé
ses avocats.

Ceux-ci, issus de l'armée de la Révolution, manquent
aux Albigeois moins qu'à d'autres. Je rappellerai pour
commencer l'ordre des faits dont il s'agit.

La croisade des Albigeois dura de 1208 à 1229. Elle fut terminée par le traité de Meaux. Elle eut pour cause l'hérésie que propageaient dans le midi de la France les comtes de Toulouse, dont la puissance était une des premières du temps. Le pape Innocent III commença de la combattre au moyen de la prédication. Il excommunia Raymond VI. A cette attaque, soutenue jusque-là des armes spirituelles seulement, l'hérésie, dont on plaint le sort chez nous, répondit tout de suite par la violence. Le légat fut assassiné. Il s'appelait Pierre de Castelnau (les écrivains du Nord écrivent Châteauneuf) : ce fut là-dessus que la croisade commença.

Elle fut conduite par Simon de Montfort, un des plus grands capitaines de guerre qu'on ait vus, surnommé le Macchabée de son siècle. Ayant réduit le comte de Toulouse à prendre le parti de la croisade, ce comte et lui menèrent la guerre de concert contre les vassaux du comté. Béziers fut prise et mise à sac. Mais le comte se retourna et osa livrer contre les croisés la fameuse bataille de Muret. Il la perdit et Toulouse fut conquise. Le concile de Latran, convoqué pour régler l'hérésie, fut réuni en 1215.

De nouveaux retours signalèrent la campagne. Toulouse reprise fut rassiégée ; Simon de Montfort fut tué devant ses murs ; enfin le roi de France intervint. On convint qu'Alphonse de Poitiers, frère de saint Louis et gendre de Raymond VII, tiendrait le fief à la place de ce dernier. Ce traité, négocié par Blanche de Castille, assura le midi de la France à la couronne.

Un pasteur, Napoléon Peyrat, a composé en huit volumes une histoire fanatique de ces événements. On jugera du ton par ceci, dont la citation importe à mon dessein :

Les Albigeois, écrit Napoléon Peyrat, sont les derniers Aquitains. Leur histoire renferme une épopée et un martyrologe patriotique et religieux. L'épopée, c'est la guerre romane, la triple défense du ciel, du sol et de la cité : du territoire contre la croisade, de l'indépendance nationale contre la monarchie capétienne, de la liberté religieuse et de l'affranchissement de l'esprit humain contre la théocratie romaine.

Guerre autrement auguste et sainte que celle qui remuait alors l'Occident ; car, tandis que l'Europe se précipitait sur l'Asie pour la délivrance de Jérusalem et du tombeau du Christ, l'Aquitaine combattait pour le céleste Amour, le Verbe éternel, la Cité de Dieu... Le Catharisme expirant vit tomber des nuées du ciel la grande théocratie romaine, chassée de Rome, exilée d'Italie, captive dans Avignon par un ministre albigeois dans une cité albigeoise. Ses regards, en s'éteignant, purent entrevoir dans les ombres de l'avenir, à la lueur des bûchers de Huss et de Savonarole, les *têtes colossales* et vengeresses de Luther et des réformateurs du xvi⁰ siècle.

J'ai déjà noté chez ces auteurs le ton de déclamation grossière.

Je laisse la question nationale, qui, dans l'esprit de celui-ci, n'est qu'un prétexte. Je raisonne en supposant qu'on ne voit point de griefs contre le fait d'une France réalisée telle que nous la possédons. Laissons ceux à qui il peut plaire de se mettre en dehors de ce point de vue. Ils pourront aussi bien regarder comme funeste l'intervention de Jeanne d'Arc qui sépara la France de l'Angleterre, que regretter la réunion de l'Aquitaine et du Languedoc à la monarchie capétienne. L'un comme l'autre ne se peut pas faire qu'en reniant la communauté nationale. En conséquence, toute question de race ou de langue soulevée à propos de la guerre des Albigeois ne saurait trouver sa place ici.

Reste à l'examiner comme question religieuse, sans omettre pourtant de remarquer que le triomphe de l'Église dans la circonstance ne se trouve pas séparé de l'intérêt de la France et que l'hérésie vaincue a préparé la domination capétienne. En défendant la cause de l'Église, nous aurons donc plus que l'avantage de défendre une cause inséparable de celle de la France dans son ensemble ; nous défendrons la France et l'Église en même temps, et nous nous réjouirons de voir qu'une plume huguenote n'a pu gronder contre l'Inquisition sans insulter dans la même page l'unité nationale française.

C'est en effet le préjugé courant, que l'établissement de l'Inquisition est contemporain de la croisade des Albigeois. On y joint cette opinion que saint Dominique, qui fonda, comme on sait, l'ordre des Frères prêcheurs à Toulouse en 1215, en fut le premier inquisiteur. Ni l'un ni l'autre n'est vrai. L'Inquisition ne paraît qu'en 1231, et saint Dominique n'y eut pas de part. Il est vrai que son œuvre de prédication s'exerça chez les hérétiques que Simon de Montfort combattait ; ainsi l'aspostolat de ce saint a pour alliée l'épée de la croisade ; mais il va sans pouvoir coercitif d'Église et ne tient pas plus en soi de la force que l'action de Bourdaloue chez les protestants n'a participé des dragonnades.

La vérité est que Toulouse devint bientôt un des principaux sièges de l'Inquisition. Au commencement du xive siècle, ce tribunal y était présidé par le célèbre Bernard Gui. Il est vrai encore que l'Inquisition n'eut pas d'autre objet, dès ses commencements, que la destruction active de l'hérésie. Tels sont les termes dans lesquels l'histoire de l'Inquisition est liée à celle des Albigeois ; et c'est assez pour que l'une dépende de l'autre, pour qu'on ne puisse faire l'éloge de la croisade sans l'apologie de l'Inquisition.

Plus d'un s'est essayé dans cette apologie, avec profit pour la connaissance des faits ; mais peu d'auteurs ont instruit le lecteur de ce qu'il cherche dans une pareille

étude. Cela tient à ce que peu d'historiens ont abordé
cette étude avec un esprit libre. Le préjugé courant les
dominait eux-mêmes ; ils ont manqué des principes fixes
qui, dans la presse des faits d'apparence incertaine et
quelquefois contraire, et de plus toujours incomplets,
permettent de conserver au passé sa figure, obscurcie
par les idées modernes. A plusieurs de ces apologistes
il a paru que l'Inquisition ne méritait qu'un plaidoyer
timide en faveur des intentions des hommes et à la
charge des préjugés du temps, une rectification partielle
des griefs, la revision de vingt procès de détail. Mais rien
n'importe moins que ces revisions-là, puisque d'une part
le lecteur reste en doute si toutes lui passent devant les
yeux, et que de l'autre ce qu'il souhaite de savoir n'est
pas s'il se commit des abus, mais si l'institution était
légitime. C'est perdre son temps d'entreprendre de prouver qu'une institution de tyrannie a été pratiquée avec
modération ; la chose n'étant ni vraisemblable en soi, ni
utile dans ses conclusions. Il n'est pas vraisemblable
qu'un tribunal de sang ait pris soin de ménager ses victimes, et les gens raisonnables n'ont garde de moins
haïr un régime détestable, parce qu'il a fait moins de
mal qu'on n'aurait cru. Inversement, des abus de fait
ne sauraient suffire à décrier une institution légitime.
Les meilleures des institutions traînent avec elles de
grands abus ; ceux qui ignorent cela savent peu de
chose. Vingts récits de maux particuliers causés par
l'Inquisition n'entament pas l'estime qu'on doit avoir
pour elle ; cent anecdotes morales à son sujet n'avancent
pas son éloge d'un pas.

Ces réflexions sont indispensables à qui veut apprécier
l'intérêt du livre que feu Mgr Douais, de son vivant
évêque de Beauvais, a publié sous ce simple titre : L'*Inquisition*. On ne saurait voir d'étude mieux conduite de

l'essence de cette institution, saisie dans ses origines,
et dont l'exacte détermination emporte toutes les conséquences importantes. J'ajoute qu'il n'existe pas d'apologie
plus solide de ce fameux tribunal.

Il faut de toute nécessité qu'un lecteur moderne se
mette en tête ce que signifie en soi, ce que représente,
dans l'ordre des faits, le nom d'hérésie. Car c'est là-dessus que roule tout le débat.

A ce seul nom, que répondent nos préjugés ? que le
blâme qu'il exprime doit être corrigé, parce qu'une propagande hérétique est une œuvre de persuasion et que
les justes lois ne réprouvent que la contrainte. Tel est
le fond du préjugé moderne : il n'est pas difficile de faire
voir qu'il est absurde.

Il n'est pas vrai que les justes lois n'aient à prévenir que la contrainte. D'une part, il y a des contraintes
qu'elles ont raison d'encourager ; en revanche, maint
abus se commet au moyen de la seule persuasion, qu'elles
ont pour devoir d'empêcher. Ces abus relèvent de la
violence, bien qu'aucun coup ne soit donné ni reçu, et
que le corps ne soit point touché. L'esprit tout seul agit,
au moyen du mensonge, du sophisme, de l'ascendant
volé. Je demande si, parce que ces moyens ne tombent
pas dans le domaine des sens, il faudra que les méchants
en disposent à leur aise. Quoi ! les faibles d'esprit, les
ignorants, les simples, les timides (et chacun sait à quel
point le genre humain participe, dans toutes ses classes,
de ces raisons d'être protégé) seront livrés sans défense
à l'audace du mensonge, aux prestiges de l'hypocrisie, à
la séduction du fanatisme ! La justice consistera à ne
point empêcher cela, à éviter scrupuleusement l'ombre
d'une surveillance, le soupçon d'un contrôle ! Le progrès d'une société se marquera dans le degré de liberté

laissée aux abus des pouvoirs d'esprit de se produire !

Des écrivains ont le front de nous présenter cela comme le parti de l'humanité. Mais ce n'est que le parti de leur propre licence, de leur propre impunité : licence de tromper et de corrompre, licence d'en imposer par le prestige de plume exercé sans condition, sans même (remarquez ceci) que le talent soit requis pour en fonder le droit. Car combien d'ânes exercent l'ascendant des docteurs ! combien de goujats celui des âmes sensibles ! Rien n'intéresse moins le genre humain que cette cause-là. Cependant ils ont eu l'art de jeter le peuple dans leur parti et de faire croire partout que la cause du peuple et la leur étaient en effet solidaires. Comment cela ? C'est que premièrement (comme ils disent) le peuple est esclave, en second lieu que le *verbe*, selon les termes de la fable convenue qu'ils répandent, affranchit : ainsi le *verbe* est l'allié du peuple. Chacun sait quel *verbe*, et quelle littérature ! et dans quel style ils font leur propre éloge ! Tout ce qu'on entasse là-dessus fait pitié. La vérité est qu'il en est du discours imprimé comme de la langue. *Il n'est rien de meilleur*, dit Esope, *ni de pire*. Ceux qui ne voient dans la presse que du bien sont les plus grossiers des barbares.

Notre siècle s'excuse encore sur la grande différence qu'il y a entre le délit de pensée et le crime de fait. Mais il n'est pas besoin de beaucoup réfléchir pour voir que cela est plus misérable encore. Est-ce que les faits se commettent sans penser ? est-ce que les pensées ne conduisent pas aux faits ? Il est vrai que le métier de penser et celui d'exécuter échoient à des hommes différents, de sorte que les écrivains échappent au châtiment quand on ne punit que l'exécution. Les écrivains justement mènent les autres ; seuls sont punis ceux qui les écoutent : c'est la moralité du système.

L'Inquisition repose sur les principes contraires. Les hommes de ce temps-là n'avaient point lu Rousseau, ils ignoraient la Déclaration des Droits de l'homme. Ils n'avaient de science que celle des anciens, jointe à celle qui s'acquiert dans le monde. Ils croyaient le délit de pensée punissable ; ils évitaient, en le punissant, d'avoir à en punir les effets certains.

L'idée que nous nous faisons aujourd'hui de ces effets est une autre source d'erreur, quand il s'agit des hérésies.

Accoutumés que nous sommes à voir vivre paisiblement ceux qui les professent aujourd'hui, à voir, dis-je, l'hérésie non seulement affecter une forme de vie honnête, mais se rendre la source, chez ceux qui la pratiquent, de plusieurs des fruits excellents qu'assure la soumission aux disciplines morales maintenues par quelque Église, nous avons peine à croire que le salut social ait exigé qu'on les persécutât. Aussi le cas de ces descendants diffère-t-il extrêmement de celui de leurs ancêtres. Quelques germes d'anarchie que contiennent leurs doctrines, quelques détestables réveils même qu'on puisse en craindre dans l'atmosphère de nos troubles civils, il n'en est pas moins vrai que la longue habitude et les adaptations qui s'ensuivent ont pour effet de rendre leur présence supportable au sein des pays mêmes dont ils renient l'histoire. Oui, même au sein de la France, qui de tous ceux d'Europe leur est le plus hostile et le plus étranger, rien n'empêche que les protestants ne vécussent paisiblement, avec profit pour la nation, sous un régime dont la stabilité ôterait aux partis l'envie de se produire. Mais il n'en est pas de même à l'origine.

Alors le fanatisme des sectes étale toute sa verdeur et sa férocité, l'espoir de se rendre les maîtresses les conduit à tous les excès ; la rage contre ce qui les rejette comme nouveautés fait d'elles des ennemies publiques ; l'ivresse des liens qu'elles brisent engendre en un moment des corruptions pires que toutes celles dont leur révolte s'autorise. La hiérarchie, les mœurs, l'ordre public sont à la fois en butte à leurs violences. Toutes les répressions alors se rendent légitimes, quand elles émanent de ceux qui ont charge d'y pourvoir conformément à leur fonction.

En un siècle comme celui dont nous faisons l'histoire, au sein d'une société jouissant de l'unité doctrinale absolue, les dissidences religieuses ne se distinguaient pas de la rébellion civile. A ce sujet Mgr Douais dit fort bien : « Les hérétiques du treizième siècle, dont l'Inquisition connaîtra, sont des gens qui se sentent les coudes ; qui, groupés et formant une sorte d'association internationale, sont armés pour la lutte religieuse sans doute, *mais sociale aussi, car pour personne en ce temps-là religion ne se sépare de la politique* [1]. » Positivement l'hérétique en ce temps-là rompt autant qu'il est en lui ce qu'on appelle le pacte social. Il cherche des conditions d'existence morale que la société ne saurait assurer, et dont elle-même a tout à craindre. Le même auteur, parlant du but que l'Inquisition se propose en ramenant l'hérétique à l'unité de foi, appelle excellemment ce but : « mettre la vie de cet homme en harmonie avec la vie sociale elle-même ». Et il ajoute ce mot chargé de sens : « car ce n'est pas seulement d'une loi qu'il s'agit ».

Depuis la fin de l'arianisme, aucune secte ne s'était élevée en Occident. Cela ne remontait pas moins qu'au sixième siècle. Le premier signe des troubles nouveaux fut ressenti en 1017, lors de l'affaire dont les auteurs ont parlé sous le nom des *fanatiques d'Orléans*.

1. Ouv. cit., p. 148.

Deux chanoines, Étienne (nommé chez les uns Héribert) et Lisoïus, habitants de cette ville, furent attirés à des croyances nouvelles par une femme venue d'Italie. La secte naissante fut dénoncée, et les chanoines livrés au feu. Cela se passait sous le roi Robert. Ces hérétiques niaient le Sauveur de chair ; ils rejetaient l'Eucharistie ; ils condamnaient aussi l'invocation des saints.

Bientôt des symptômes du même genre se firent sentir en d'autres lieux. Je ne retiens ici que la France. A Toulouse et dans le Périgord, des commencements d'hérésie parurent. Dans tout ce qu'on en pouvait saisir on reconnut le manichéisme. Je rappelle que cette hérésie, glorieusement combattue par saint Augustin, consistait dans un mélange des dogmes chrétiens et de plusieurs croyances des Persans, sectateurs de Zoroastre. Ces hérétiques admettaient deux principes, l'un du mal, l'autre du bien, entre lesquels l'égalité régnait. On ne peut assigner de façon certaine la route que cette hérésie suivit vers l'Occident. Pierre de Bruis et son disciple Henri furent ceux qui la propagèrent dans l'Albigeois. En peu de temps un prosélytisme opiniâtre leur donna de nombreux disciples. Cette secte prit de son premier auteur le nom de Pétrobusiens ; on les nommait aussi Patarins ou Cathares, ce dernier signifiant la pureté qu'ils s'attribuaient à l'exclusion des autres hommes. Ils se tenaient aussi pour purificateurs, et se nommaient pour cela *Catharistes*.

Leur pratique consistait dans une grande ostentation de pauvreté et dans la prétention de renouveler le pur esprit de l'Évangile au sein de l'Église. Ne pas jurer leur était un devoir rigoureux et ils n'admettaient pas qu'on eût le droit de punir.

Ces singularités de morale, effet de la vanité de réforme dont sont possédées toutes les sectes, allaient avec des idées extravagantes sur la discipline. Le péché des prêtres avait selon eux l'effet de rendre les sacrements nuls entre leurs mains; au contraire, ils étaient valides administrés par un laïc, pourvu qu'il fût en état de grâce. Enfin le grand fond de cette secte était la réprobation de la chair, regardée chez elle comme l'œuvre du diable, représentant le mauvais principe. Cette réprobation avait d'étranges effets. Elle condamnait premièrement les Cathares à l'abstinence absolue des viandes ; de plus, elle leur interdisait le mariage, comme source de procréation de chair.

Il est vrai que cette seule procréation rendait le mariage condamnable. Aussi de honteux écarts de mœurs, qui n'avaient pas cette conséquence, étaient-ils tolérés chez eux.

Cet amalgame de prescriptions futiles, de parade orgueilleuse et de relâchement secret, qui compose la figure de tous les hérétiques, régnait au plus haut degré chez ceux-là. Il faut en voir la description dans l'*Histoire des Variations* de Bossuet. Le tableau qu'il donne peut servir à nous garder des séductions qu'exerce dans tous les temps l'appel au fanatisme de la canaille chez les charlatans de dévotion.

Voici comme Énervin, cité dans cette histoire, fait parler les Albigeois s'adressant au peuple catholique :

Vous autres, disaient ces hérétiques, vous joignez maison à maison et champ à champ. Les plus parfaits d'entre vous, comme les moines et les chanoines réguliers, s'ils ne possèdent point de biens propres, les ont du moins en commun. Nous, qui sommes les pauvres de Jésus-Christ, sans repos, sans domicile certain, nous errons de ville en ville, comme des brebis au milieu des loups, et nous souffrons persécution comme les apôtres et les martyrs [1].

1. *Histoire des Variations*, liv. XI, chap. 58.

Ce genre de propos a de quoi ravir tout ce qui n'aime et ne recherche dans le zèle religieux qu'un moyen de s'élever au-dessus des autres hommes. Il enchante en particulier tous les écrivains protestants. Napoléon Peyrat va là-dessus jusqu'à féliciter les Albigeois de leurs mœurs. Il faut pour ce dernier point un peu plus que de l'audace.

Un autre point qui plus que tout le reste découvre le caractère de secte, c'est le secret qu'on recommandait chez eux. Ne pas se laisser connaître ; agir au sein de l'Église ; y rester pour mieux y répandre leurs principes ; en public et parlant devant plusieurs personnes, ne dire que des choses en apparence permises ; enfin, pour le succès de la cause, s'adresser surtout aux ignorants : tel est le total de leur pratique.

C'est pourquoi, dit admirablement Bossuet, Ecbert les appelait des hommes obscurs, des gens qui ne prêchaient pas, mais qui parlaient à l'oreille, qui se cachaient dans des coins et qui murmuraient plutôt en secret, qu'ils n'expliquaient leur doctrine. C'était un des attraits de la secte : on trouvait je ne sais quelle douceur dans ce secret impénétrable qu'on y observait, et, comme disait le Sage, les eaux qu'on buvait furtivement paraissaient plus agréables. Saint Bernard, qui connaissait bien ces hérétiques, y remarque ce caractère particulier, qu'au lieu que les autres hérétiques, poussés par l'esprit d'orgueil, ne cherchaient qu'à se faire connaître, ceux-ci, au contraire, ne travaillaient qu'à se cacher. Les autres voulaient vaincre ; ceux-ci, plus malins, ne voulaient que nuire et se coulaient sous l'herbe pour inspirer plus sûrement leur venin par une secrète morsure. C'est que leur erreur découverte était à demi vaincue par sa propre absurdité. C'est pourquoi ils s'attaquaient à des ignorants, à des gens de métier, à des femmelettes, à des paysans, et ne leur recommandaient rien tant que ce secret mystérieux [1].

Il faut lire là-dessus tout le livre XI de l'*Histoire des Variations*. Les preuves de ce que l'auteur y avance des

1. Bossuet, ouv. cit., liv. XI, chap. 32.

Albigeois sont le témoignage universel et les déposi-
tions du concile de Lombez, en 1176.

Rien ne montre mieux quelle violence une simple action de bouche et de séduction est capable d'exercer sur
l'esprit des hommes. Ce qu'on pourrait appeler le sophisme
du libéralisme bavard, parce qu'il ne semble avoir
d'objet que d'autoriser chez les libéraux l'intempérance
de la parole, n'est nulle part convaincu si bien d'absurdité.

Les prosélytes recrutés soigneusement dans une classe
dépourvue de défense intellectuelle, sous le plausible
prétexte d'une sainte humilité qui n'a de goût qu'au commerce des petits ; ces prosélytes gardés contre tout avertissement par la prévention où on les jette qu'ils dépassent tout le reste en pureté d'intention et en pieux
dessein de réformer le monde ; l'avertissement même
conjuré par la réticence des professions publiques où
l'on ne met qu'en termes ambigus ce qui ruine la religion
dans le secret des âmes ; une indépendance affichée à
l'égard de l'autorité dans les entretiens particuliers ; une
affectation de soumission publique; des élancements de
dévotion multipliés à proportion que la doctrine paraît
plus incertaine ; une réserve cauteleuse dans l'aveu des
principes ; l'équivoque renouvelée partout où l'autorité
se relâche ; un emploi hardi du mensonge quand on
espère l'impunité : ce sont des armes de la blessure desquelles on ne saurait garder le troupeau que par les
sanctions de l'autorité. Les paroles y sont impuissantes,
quand bien même l'hérésie se vanterait de n'user elle-
même que de paroles ; car tout ce qu'elle met en œuvre
en ce genre ne tend qu'à étouffer la contradiction et à
rendre les justes reproches inutiles. Il y faut le glaive
des anathèmes. Les Albigeois devaient l'éprouver bientôt.

Ce qu'on a lu plus haut fait comprendre pourquoi les rois y ajoutèrent la guerre. Gardons de nous en étonner. On ne peut contester que les puissances de chair aient charge de ce qu'il y a de plus essentiel au moins dans la morale.

Ce souci n'est commandé aux princes par aucun sentiment de piété individuelle ; il se confond chez eux avec le soin de l'État. Ce qu'ils ont joint de dévotion privée dans la répression de l'hérésie n'est pas ce qui les justifie, mais leur fonction de chefs d'un ordre public lié à la défense de l'Église. L'emploi de la force entrait dans cette fonction : ils encouragèrent la croisade ; la répression proprement dite était l'attribution de l'Église : elle décréta l'Inquisition.

Un des reproches qu'on fait à ce tribunal est de forcer les conversions. On s'imagine que son but propre est de ramener les hommes à la foi ; on le croit dirigé à l'action spirituelle, on le prend pour un complément de prédication chez les Gentils. Une preuve que cette pensée règne chez nos censeurs, c'est qu'ils lui reprochent de manquer ce but en contraignant les volontés. Les conversions ainsi obtenues ne sont pas sincères, disent-ils. En vérité, ce n'est pas de cela qu'il s'agit : il s'agit de l'ordre général, auquel la société a le droit de soumettre l'homme par la contrainte.

Parlant de l'abjuration légale, M\ugr Douais avoue que « dans plus d'un cas le condamné ne déclara renoncer à l'hérésie que pour se soustraire à des poursuites ennuyeuses ». Avec une justesse parfaite, l'éminent prélat ajoute :

Ce n'était point de l'hypocrisie, car la poursuite était légale, ses conséquences ne pouvaient avoir qu'une portée légale : tout le monde l'entendait ainsi. A ce compte, il faudrait dire que toute contrainte engendre l'hypocrisie ou la feinte, et

dès lors écarter la répression comme immorale, sous le prétexte qu'elle détourne l'homme de la voie dans laquelle il
s'était librement engagé [1].

La condamnation dont il s'agit et ses sanctions de
toute espèce sont, répétons-le, d'ordre public. Peut-être
conviendrait-il de reconnaître enfin que cet ordre existe
réellement, qu'il existe une cause des peuples, que les
chefs responsables ont pour mission de protéger et de
défendre. Il est, dis-je, pour l'Eglise une défense du
troupeau ; d'autres, dit Mgr Douais, « n'ont voulu voir
que le droit du coupable [2] ».

Apparemment ce droit, de quelque manière qu'on le
prenne, ne saurait aller jusqu'à lui assurer la libre séduction des hommes et la propagande d'anarchie. L'Inquisition ne poursuit pas autre chose. Ce qu'un homme
pense en son particulier n'est pas ce qu'elle incrimine ;
les manifestations de cette pensée, les efforts tentés pour
la répandre, voilà ce qu'elle punit et empêche. Que si
l'on objecte que ces manifestations, cette propagande
doivent être permises si l'on admet la liberté des opinions, d'accord. C'est se moquer en effet que de dire
qu'on laisse libre une religion à laquelle on défend de
se manifester et de se répandre. Mais aussi la liberté de
conscience n'est-elle la matière d'aucun droit. La permission donnée, selon les cas, à quelques sectes de subsister n'engage nullement un principe.

Ainsi, quand je remarque que l'hérétique réclame plus
que le droit de penser, ce n'est pas que je prétende que
ce droit doive suffire à la liberté, c'est que je veux prévenir une objection ; objection ridicule tirée de la liberté
intrinsèque de la pensée et de sa nature impondérable.

1. Ouvr. cit., p. 162.
2. Même ouv., p. 178.

A cette objection je réponds que la pensée ne s'exerce jamais seule, qu'elle a pour suite inévitable les démonstrations et les paroles. Or il n'y a rien d'intrinsèquement libre dans ces manifestations-là.

Ce qui vaut aux sectes la liberté ne saurait être aucune prérogative de nature, mais le seul fait qu'elles ont cessé de faire scandale. Nul danger pour l'ordre public, nul dommage pour personne n'étant plus à craindre d'elles, il est naturel qu'on leur permette d'exister ; souvent il serait fâcheux de l'interdire : c'est là tout le fondement de la liberté de conscience.

Ainsi le droit des autorités sociales, tant séculières qu'ecclésiastiques, à poursuivre et à réprimer l'hérésie. ne peut être sérieusement contesté.

On ne laisse pas d'y trouver de l'odieux, à cause de la peine de mort que cette poursuite entraîne. Cependant l'application de cette peine fait partie de la souveraineté, on ne peut en dépouiller les princes. « Oui, dit-on ; mais ici, elle est aux mains de l'Église. » Or point du tout, et c'est encore un point sur lequel l'ignorance de nos contemporains aura besoin d'être éclaircie.

Chacun connaît la réponse ordinaire. L'Inquisition ne prononçait pas la peine : elle *livrait* le coupable au *bras séculier*. On prend ces mots pour une mauvaise défaite, pour une distinction sans portée. C'est qu'on néglige, d'une part de rechercher ce qu'ils veulent dire, de l'autre d'en remarquer les effets.

L'Inquisition ne requérait point la mort. Il lui était interdit de prononcer cette peine. Cette interdiction tenait à la nature même et au fond de l'institution, qu'il importe de définir.

L'Inquisition consiste précisément dans une délégation *papale*, délégation permanente, d'un *juge enquêteur* dans les diocèses ; elle est l'effet de l'intervention

directe du pouvoir suprême de l'Église sur tous les points
de la Chrétienté. Or cette intervention ne fut pas inventée
afin de défendre l'Église contre l'hérésie, ce soin n'étant
que trop volontiers pris en ce temps-là par les princes ;
elle vint de la nécessité pour l'Église de rester maîtresse
de ce qui la regarde dans un crime d'hérésie, de ramener
à elle et de retenir la connaissance théologique des causes. Tel fut l'objet de cette institution. Ses ennemis ont
dit : « Les prêtres mirent en système l'oppression des
consciences et la guerre sanglante contre la liberté » ; ses
défenseurs : « Dans ces temps difficiles, il fallait bien que
l'Église avisât : ne chicanons pas le choix des remèdes
quand il s'agit d'un si grand mal » : les uns ne parlent
pas mieux que les autres, et l'apologie ne vaut pas mieux
que la critique.

Ce qu'il faut dire, c'est que l'Église fit en ceci son
métier de pouvoir spirituel. Elle remplit le devoir rigoureux de sa charge, dans un temps où la répression de
l'hérésie ne faisait question pour personne, et où partant
le pouvoir séculier ne pouvait manquer d'y pourvoir ;
toute répression d'un danger public revenant naturellement aux princes.

De tout temps, dans l'ordre théologique, l'évêque a
connu de l'hérésie. Il n'est institué que pour cela. Il en a
connu, dis-je, pour la combattre. Le pullulement des
sectes au onzième siècle obligea de rechercher contre elles
d'autres défenses que celles des peines ecclésiastiques.
Ce ne furent pas les prêtres qui sentirent cette nécessité,
mais tout le monde : les princes comme l'Église, et la
foule comme les princes.

Un fait notable de ces temps-là consiste dans les
colères que le peuple ressentait à l'endroit des hérétiques.
Ces novateurs étaient en horreur aux foules ; en plusieurs
circonstances elles-mêmes en firent justice. Ce que nous

appelons le *lynch* se pratiquait contre eux. Notre presse quotidienne affiche pour les faits de *lynch* un mélange d'horreur et de vénération : il ne tiendra qu'à nous de transporter à celui des hérétiques cette crainte respectueuse.

L'Église demanda aide ; les princes prirent le bûcher, ils décrétèrent cette peine de leur autorité. L'empereur Frédéric II l'inscrit dans sa constitution de 1224, en ces termes : « *auctoritate nostra ignis judicio concremandus* ». En 1184, la diète de Vérone avait décidé de rendre à la justice civile le jugement des hérétiques : ce fut la justice civile qui décida de leur châtiment.

Peut-être on se moquera de la correction que j'apporte. Ceux qui n'ont à la bouche que le mot de cruauté diront qu'il importe peu que cette cruauté soit l'œuvre des princes ou des évêques, quand l'objet de la répression ne change pas, la mort étant toujours la sanction de l'hérésie ; car c'est là ce qu'ils jugent inadmissible. Je réponds à ceux-là : Instruisez-vous. Instruisez-vous de ce qu'était l'hérésie, partant des sanctions qu'elle méritait, en voyant quels pouvoirs s'en attribuaient la répression, se l'attribuaient, dis-je, par des actes si formels. C'étaient les pouvoirs civils ; il faut donc croire que le crime d'hérésie apparaissait alors comme un désordre autant politique que religieux. Rejeter cette conclusion, c'est refuser d'écouter l'histoire, la réformer sur les idées qu'on a, et qu'on déclare seules valables pour tous les temps et pour tous les lieux.

Venant d'intention politique, la rigueur ne saurait plus passer pour abus du zèle religieux ; le caractère d'odieux qu'on y attache disparaît ; tout ce qu'on en peut dire n'est plus qu'une opinion sur la sévérité des peines de ces temps-là, sévérité dont on peut croire au reste que ces temps pouvaient juger mieux que nous.

Car, quant à l'attribuer au zèle privé et à la dévotion des rois, c'est oublier que nombre de princes de ce temps ont étalé fort peu de dévotion, quoique traitant l'hérésie avec la même rigueur. Plusieurs n'ont été que des politiques seulement; d'autres allaient jusqu'à l'impiété. Les démêlés de Frédéric II avec le pape Grégoire IX emplissent précisément cette partie de l'histoire. D'autres ont été les plus modérés des hommes. Ces différents caractères de princes sont la preuve la plus éclatante que la répression de l'hérésie ne venait d'aucun de leurs sentiments particuliers, mais tenait à leur fonction de princes chrétiens, chargés de l'ordre de la Chrétienté.

Quant à l'horreur que le bûcher nous inspire, elle tient à ce qu'on ne considère pas ce qu'était l'échafaud dans un temps où il fallait parfois jusqu'à dix et quinze coups de hache pour abattre une tête. Le feu était-il plus affreux ? Il ne paraît pas que l'intention des hommes se soit réglée sur cette opinion ; nulle part on ne voit que le dessein ait été de raffiner le supplice des hérétiques. On les vouait au bûcher en témoignagne du fait d'hérésie, comme d'autres étaient condamnés à la potence pour vol.

Cette situation définie et comprise, quelle part voit-on qu'y prit l'Église, en quoi a consisté son intervention ? En ceci, qu'elle a dit aux princes : « Punissez, mais pas avant que je vous rende le coupable. Un accusé d'hérésie m'appartient. Seule la sentence ecclésiastique peut tirer l'hérétique de ma juridiction. »

C'est donc pour protéger que l'Église intervint, non pour protéger les coupables, pour réclamer avec attendrissement et larmes le relâchement des lois nécessaires en leur faveur. L'Église n'a jamais joué ce rôle, qui plaît à l'imagination mélodramatique des modernes ; elle n'a fait de la pitié le fondement d'aucune règle de sa morale ni d'aucune de ses institutions, n'ignorant pas que la vraie miséricorde défend d'affaiblir la justice ; l'Église intervint pour défendre les droits de l'accusé d'hérésie à n'être jugé que par ses juges à elle, seuls éclairés, seuls compétents, seuls garants de l'équité des sentences en ce genre. Ces droits sont les droits de l'Église même ; ils sont le bien de tous les fidèles. Par eux se trouve empêché que le bras séculier ne s'empare des personnes sous prétexte d'hérésie et ne les condamne à sa fantaisie. Non qu'on ôte au bras séculier le châtiment du crime ; mais il ne saurait en connaître. Aux juges d'Église de décider si celui qu'on accuse est coupable ; à eux le droit de le renvoyer absous, et par là de le soustraire à toute recherche du prince. Celui-ci n'a de droit que si l'Église condamne ; seule la condamnation dont l'Église dispose peut le livrer au bras séculier.

Voilà le sens de cette expression. Ce qu'elle exprime n'est pas la vindicte de l'Église déléguée par elle à l'État, mais le droit de celui-ci succédant à son droit dans une affaire dont elle a la règle. Il n'a donc rien que d'humain, que de raisonnable, que de conforme à la nature des choses. On le trouvera, quant aux faits, parfaitement établi au chapitre v de la première partie du livre de Mgr Douais.

Quant à dire qu'en fait remettre au bras séculier un hérétique condamné, c'était l'envoyer à la mort, cela même n'est pas vrai. Le bras séculier ne tuait pas nécessairement. C'est un point qu'on ignore généralement. Nous n'avons pas conservé de collections des sentences de l'Inquisition : à cause de cela la preuve directe échappe ; mais une preuve indirecte y supplée en partie, c'est les traces subsistantes de l'administration des *incours*, ou biens provenant d'hérétiques confisqués. Le fait même des incours atteste que la mort était, en beaucoup de cas, remplacée par la confiscation ; dans ce que nous lisons de cette administration, se trouvent même des plaintes causées par les lenteurs que l'Inquisition mettait à prononcer cette peine.

A l'égard de l'Inquisition, tout s'est confondu dans l'imagination moderne. Aux critiques qu'on élève contre les condamnations se mêle la question de la torture. Elle ne regarde pas l'Inquisition, c'était la procédure commune et le moyen en usage dans tous les tribunaux pour recueillir les témoignages. Bien loin qu'elle fût le propre des tribunaux d'Église, David d'Augsbourg la nomme, de son nom propre, « *judicium seculare*, la procédure civile » [1]. Eymeric l'inquisiteur est si éloigné d'en réclamer l'invention pour ces tribunaux, qu'il écrit [2] : « *Quæstiones sunt fallaces et inefficaces*. La question est trompeuse et inefficace. »

On l'employa pourtant, faute de mieux, et parce qu'il n'y avait pas de jugement qui fût en mesure de s'en passer alors. Un autre trait qu'on reproche à cette procédure, c'est le témoignage clandestin, les témoins n'étant pas confrontés ; c'est aussi la suppression de l'avocat.

Ces dispositions nous choquent extrêmement, parce qu'elles diffèrent de celles que nous voyons en vigueur aujourd'hui ; au contraire, le secret de l'instruction ne nous choque pas, parce qu'il est encore pratiqué. Cependant le secret de l'instruction n'a rien en soi de ni plus ni moins équitable que le secret du témoignage. Celui-ci tient dans la circonstance à des nécessités évidentes ; sans ce secret, un tribunal connaissant de matières telles que celles de l'Inquisition n'aurait jamais pu faire sa charge ; la crainte des vengeances de secte eût infailli-

---

1. Mgr Douais, ouv. cit., p. 171.
2. Même ouv., p. 176.

blement fermé la bouche à tout ce qu'il y aurait eu de témoins des pratiques des hérétiques.

Nous tenons aussi beaucoup à l'avocat. Le refuser en matière civile ou criminelle, de nos jours, serait le fait d'un tyran. Il n'en était pas de même dans le cas de l'Inquisition. Un examen théologique a peu à faire des services qu'il rend ; on y juge des paroles ou des actes rituels ; ni l'un ni l'autre ne laisse de place au caprice de l'interprétation ; en pareil cas, les lumières des juges font tout. Ajoutez qu'en matière d'hérésie personne n'eût souffert alors ce que nous appelons « plaider coupable ». C'est le grand fort des avocats ; il eût déshonoré ceux-là, ou plutôt il eût fait de ces avocats eux-mêmes de nouveaux accusés de l'Inquisition.

Voici maintenant la revanche de cette institution. Les différences de ce temps au nôtre ne sont pas toutes du même côté ; d'autres dispositions faisaient à l'accusé des avantages que nous ne connaissons plus. Premièrement, il n'y avait pas de prison préventive. Cela paraîtra incroyable aux modernes ; cela est certain pourtant. En second lieu, les témoins étaient récusables ; ils l'étaient quoique secrets. L'accusé donnait d'avance les noms de ceux qu'il récusait, et les juges observaient fidèlement cette exclusion. La récusation allait si loin qu'on pouvait récuser même l'inquisiteur, et il y a de cela plus d'un exemple.

Enfin n'oublions pas que ce tribunal d'Église ne manquait jamais d'user d'un droit refusé au tribunal civil, celui de remettre la peine aux accusés repentants.

Résumons cette importante matière. Toute l'apologie nécessaire de l'Inquisition tient en deux termes.

Admet-on qu'un pouvoir connaisse du délit de pensée, je dis de pensée exprimée, de prédication, admet-on qu'il n'y ait en cela de tolérance commandée que dans le cas où cette pensée ne cause aucun dommage ? Voilà la part du pouvoir civil.

Ce point admis, est-ce dureté ou douceur, est-ce rigueur ou miséricorde, que le pouvoir spirituel intervienne, ou trouve-t-on qu'il vaudrait mieux que le temporel réglât tout ? Voilà la part de l'Église.

Conclusion. Cette intervention admise, n'est-il pas dans l'ordre que la coercition dernière reste à l'État, l'exhortation préalable à l'Église ? L'institution dont nous parlons fut cela.

« L'organisme de l'Inquisition, dit M⁊ʳ Douais, un, logique et fort, dans les circonstances d'où elle sortit, avec le but qui lui fut assigné et grâce aux moyens de justice dont il disposa, fut en lui-même puissant au point de réduire l'hérétique, sage et respectueux de la justice sociale de l'époque, et assez armé pour écarter le pouvoir séculier du domaine spirituel réservé à l'Église [1]. »

Des catholiques, qui se croient permis de faire ici la leçon à l'Église, ont bien osé répéter qu'une telle institution ne devait servir et n'a servi à rien. Nos adversaires ne sont pas de cet avis.

Une fois de plus, dit Charles Molinier, parlant des effets de l'Inquisition, une fois de plus a été prouvé ce fait, *qu'il nous faut bien admettre malgré toutes nos répugnances, parce que l'histoire en fournit trop d'exemples irrécusables :* c'est que la violence employée avec système peut avoir raison des idées, et que la force de résistance départie aux idées contre la violence n'est pas sans limite.

Aveu précieux dans la bouche de l'école qui professe le messianisme révolutionnaire de l'Idée par une majuscule. Quant à nous, qui n'avons de répugnance à pas

1. Ouv. cit., p. 273.

une seule des vérités de l'histoire, nous trouverons dans celle-ci matière à nous féliciter positivement ; nous nous féliciterons, dis-je, de ce que l'action redoutable des idées n'échappe pas aux pouvoirs légitimes ; nous nous féliciterons de ce que l'obéissance imposée aux hommes par l'autorité ne soit pas ravalée au niveau de celle des corps, mais, s'étendant jusqu'à l'esprit, obtienne, avec l'hommage des actes, l'assentiment des volontés.

CHAPITRE XI

LA REVENDICATION DES SECTES
II. LES PROTESTANTS

Ce sujet en soi est immense. Je le restreindrai à la défense de la tradition française contre les attaques qui s'en inspirent.

Dans ces attaques, dans l'assaut tour à tour cauteleux et sauvage qu'inspire contre l'ancien régime l'intérêt du protestantisme, se résume presque entièrement la cause tapageuse et pédante, la cause brutale et chicanière de la liberté de conscience.

J'ai réfuté le principe de cette cause dans le précédent chapitre des Albigeois. Il importe d'ajouter ici que la Réforme, qu'on ose défendre au nom de la liberté de conscience, n'en a pas admis le principe. Elle ne l'a pas admis plus que nous. De cela pris en soi je n'ai garde de la reprendre ; mais je demande comment ses partisans modernes ont le front de le reprendre chez nous, de poser la Réforme en victime d'un principe qu'elle admit elle-même : celui d'un contrôle des princes sur les consciences. Il y a là un excès d'audace de la part des protestants modernes, et de mensonge du côté des révolutionnaires, qu'il importe de dénoncer sans relâche.

Je n'ai pas besoin, écrivait Bossuet, de m'expliquer sur la question de savoir si les princes chrétiens sont en droit de

se servir de la puissance du glaive contre leurs sujets ennemis de l'Église et de la saine doctrine, puisque *en ce point
les protestants sont d'accord avec nous.* Luther et Calvin ont
fait des livres exprès pour établir sur ce point le devoir du
magistrat. Calvin en vint à la pratique contre Servet et contre
Valentin Gentil. Mélanchthon en approuva la conduite par
une lettre qu'il écrivit sur le sujet.

La discipline de nos réformés permet aussi le recours au
bras séculier en certains cas, et on trouve parmi les articles
de la discipline de l'Église de Genève, que les ministres
doivent déférer au magistrat les incorrigibles qui méprisent
les peines spirituelles, et en particulier ceux qui enseignent
de nouveaux dogmes sans distinction [1].

On trouvera dans l'ouvrage de Bossuet ses autorités au
chapitre 56 de son X^e livre. Au nombre de ces autorités est le ministre Jurieu, son contemporain et adversaire, ce qui prouve que sous Louis XIV les protestants
tenaient encore pour ce principe.

L'histoire de la Réforme prouve qu'il est juste. Elle véri-
fie avec éclat la nécessité de retenir et de gouverner les
consciences en offrant le tableau à jamais exécrable des
désordres causés par une révolte menée contre ce gouvernement. Dans l'histoire de l'Inquisition, la suppression des sectes ôte l'occasion de faire cette vérification.
C'est le faible avantage d'un grand mal, que la réussite
partielle de la Réforme ait laissé au contraire à cet égard
une source d'instructions toujours prête.

Le préjugé étouffe ces instructions, il est vrai. Il a
gagné là dedans de renverser les rôles. Dans le procès
de l'Église contre la Réforme, nous assistons à ce scandale de voir, par un effet de l'adresse et des pratiques
de l'adversaire, l'Église paraître en accusée. C'est sa
figure devant l'opinion ; c'est la posture où on la réduit,
malgré le témoignage qu'ajoutent en faveur de son droit

1. *Histoire des Variations*, liv. X, ch. 56.

les démonstrations de l'histoire. Ce qui suit pourra servir à faire cesser ce scandale, en découvrant les causes qui ont fait prendre le change à l'opinion à cet égard.

Deux points remués à satiété ont procuré à la Réforme cet avantage : le massacre de la Saint-Barthélemy, la révocation de l'édit de Nantes. C'est à éclaircir ces deux points que sera consacré ce chapitre.

Le massacre de la Saint-Barthélemy, survenu en 1572, fait le point aigu des guerres qui suivirent l'introduction de la Réforme en France. On ne peut l'examiner qu'avec celles-ci.

Une erreur d'ordre général, adoptée par des auteurs de partis différents, c'est de rejeter l'horreur de ces guerres sur les passions politiques. Des ennemis de la religion ont suivi ce parti, afin de montrer dans les chefs catholiques autant d'ambitieux hypocrites ; des auteurs catholiques y ont vu l'avantage de décharger le zèle religieux des accusations qu'il encourt. La vérité est que cette décharge ne s'opère que par un jeu d'esprit, et qu'on pourrait aussi bien démontrer, par exemple, que les attaques de l'impiété ne sont pas dirigées contre la religion, mais contre son masque.

Nous ne doutons pas du tout que l'intérêt politique se soit servi des guerres de religion. Mais où voit-on qu'un partage d'intérêt ôte aux événements leur caractère ? L'ambition de dominer les hommes se trouve chez les docteurs de la Réforme eux-mêmes : dirons-nous pour cela que ces docteurs, que Luther, que Calvin, n'étaient que des politiques, masqués de l'intérêt du ciel ? Certainement non, car l'ambition chez eux était d'ordre religieux ; c'est à l'autorité religieuse qu'elle tendait. C'est le préjugé de quelques personnes de croire que toute corruption du sentiment religieux, toute déviation du zèle dévot, qui le tourne au mal, a pour effet d'ôter à ce zèle le caractère proprement religieux. Ce caractère au contraire demeure, non il est vrai à l'objet de ce zèle, qui n'est plus Dieu, mais aux parties de l'âme qu'il intéresse. De là vient que la satire que l'on fait du faux zèle tend à décréditer le vrai et que la vogue du Tartufe est le décri de l'Église.

Nos anciens, en nommant fanatisme cette corruption de la dévotion, parlaient mieux que les modernes, qui disent *cléricalisme*. Ce dernier mot n'est bon que pour les ignorants auxquels l'impiété contemporaine s'adresse ; il ne signifie réellement rien. *Fanatisme* est un caractère, une espèce authentique offerte à l'étude de ceux qui s'adonnent à la science des mœurs. Les passions religieuses affranchies de toute règle, mises au service du sens propre, en composent la définition. Voltaire a feint qu'on pouvait l'appliquer aux catholiques ; mais il ne le ménageait aussi ni aux huguenots ni aux convulsionnaires de Saint-Médard. C'est proprement aux sectes qu'il convient ; la Réforme du seizième siècle est son œuvre.

Je n'aurai donc garde de contester le zèle religieux aux protestants. Il est ardent, il est extrême, il est abominable aussi. A défaut de ce zèle, qui les aurait soulevés ? En Allemagne, le mouvement dont profitèrent les princes était parti des docteurs ; en France, il a fallu trente ans pour que cette cause revêtît le caractère d'un complot des nobles contre le roi. En y mêlant leurs intérêts, on ne voit pas même que les princes d'Allemagne y aient épargné la dévotion. Frédéric le Sage, Philippe le Magnanime, étaient des princes dévots, et même superstitieux. Le pauvre roi de Navarre Antoine, menant après soi, aux yeux de la cour de Fontainebleau, son fameux ministre David, donne une idée toute différente de celle d'une passion politique masquée.

D'autre part, pourquoi marchander aux catholiques l'honneur des sentiments qui les animaient? Devant l'offensive des protestants, leur colère était légitime. Ils défendaient contre eux des croyances séculaires, troublées sous le plus hypocrite des prétextes : la réforme des mœurs par le relâchement des lois, la réforme de la discipline par la révolte ; ils défendaient le roi et la France, bouleversée dans ses fondements par de détestables *évadés* de l'Église, soutenus de l'applaudissement de quelques femmes curieuses et de quelques cuistres présomptueux. Nous avons vu de nos jours, dans les querelles soulevées par l'affaire Dreyfus, ce que produit cette alliance. Quel zèle plus louable que celui de la combattre ? A ce zèle, quand le parti eut perdu toute mesure, se joignit, il est vrai, l'esprit de représailles. Mais les représailles sont légitimes à la guerre, et on ne distingue pas en quoi l'esprit de représailles, distinct des motifs de religion, en pourrait déshonorer la cause. Cette guerre permise et nécessaire, pouvait-elle exister sans cela? C'est un abus de nous présenter ici une espèce de balance égale entre les excès des deux partis. L'un de ces partis était la France. Avec la vérité religieuse, il avait le droit historique ; j'ajoute, il comptait dans ses rangs, parmi ses capitaines, quelques-uns des plus nobles caractères qu'on ait vus.

Je n'assure pas que la Réforme n'ait pas eu dans ses partisans quelques semblables caractères, ni que ses adversaires n'ont pas commis d'excès. Ce point n'importe pas ici. Le véritable excès, c'est la cause même des Réformés, et les grands caractères n'ont de prix pour un Français que dans les rangs des catholiques qui participèrent à cette guerre.

De bonne heure les huguenots apparurent comme des conjurés contre l'État, comme des ennemis publics. La dissidence religieuse eût suffi à leur donner ce caractère ; ce que j'ai dit des Albigeois s'applique à eux. Toute la différence est qu'en un temps où plus d'États se partageaient l'Europe et où moins d'unité régnait en chacun d'eux, les Albigeois devaient davantage paraître comme des ennemis de la Chrétienté ; dans la France de François Iᵉʳ, c'est un danger proprement national que représentent les huguenots.

Ils le représentent en principe ; ils le firent sentir dans les effets. Il ne fallut pas beaucoup d'actes de leur part pour que le peuple connût que, chez ces novateurs, l'intérêt de secte primait tout autre intérêt. Dans l'embarras d'en rapporter le détail et pour l'avantage du raccourci qui convient à cette étude, je m'en tiendrai à deux faits principaux. Ces faits ne survinrent qu'assez avant dans le siècle, après qu'une longue suite d'événements en eut préparé l'affreux éclat.

Sous François Iᵉʳ, les lettrés et une partie de la noblesse avaient donné dans la Réforme. Le roi en sentait le danger ; mais les pratiques habiles du parti paralysaient sa résistance par mille liens jetés autour de lui. D'autre part, l'alliance inévitable avec les Réformés d'Allemagne contre la puissance de Charles-Quint ajoutait à ces embarras. Une demi-tolérance s'ensuivait pour la secte, qu'on ne croyait pas si dangereuse alors. Cet avantage l'enhardit : les Réformés commencèrent à s'adonner à ces violences, dont le pillage des églises était la plus sensible. Ces attentats demeuraient anonymes ; des hommes obscurs les renouvelaient dans le secret ; on en saisit plusieurs, qu'on condamna à mort. Par l'organe de ses chefs reconnus, le parti, qui sentait sa faiblesse, multipliait les déclarations d'obéissance. François Iᵉʳ était redouté ; la crainte qu'inspirait la monarchie se conserva sous son successeur, mais elle ne devait pas passer le règne de Henri II.

Alors des rois enfants et le royaume en régence allumèrent des espoirs soudains. Se faire admettre et vivre en paix sous un régime de liberté, n'était nullement ce que les protestants demandaient. Ce rêve idyllique est le fait des modernes ; ils s'accorde aux idées modernes de la liberté de conscience ; eux ne voulaient point cette liberté : leur vraie pensée, conforme à celle du temps, ne tendait qu'à s'emparer de la France et à imposer la Réforme. Les circonstances semblaient propices ; ils tentèrent le coup de main d'Amboise.

Cette célèbre conjuration, par où s'ouvre l'histoire des guerres civiles en France, constitue aux yeux de l'histoire impartiale la provocation la plus éclatante, l'attentat le plus audacieux qu'on ait vu. Ils s'agissait, pour les chefs réformés, de se saisir de la personne du roi, et, le tenant entre leurs mains, de disposer sous son nom du royaume. Ils coloraient cette impudence du prétexte de soustraire la couronne à l'influence des Guises, le fait avéré de cette influence ôtant, selon eux, le devoir d'obéir ; celle du prince de Condé, qu'ils voulaient établir, et dont la religion différait de celle du roi et de ses sujets, devait avoir pour effet de rétablir ce devoir. La Renaudie, fameux par ce coup, tenta l'enlèvement, qui échoua. Les conjurés furent pris : ce qu'on osa arrêter fut livré au supplice.

Qu'on se figure l'indignation, la colère, l'ardeur de représailles qui s'éleva par tout le royaume à la nouvelle du risque couru et du coup d'insolente audace qui venait d'y exposer le pays. La secte était haïe ; on ne la redoutait que peu, à cause de la place médiocre qu'elle tenait en France : du jour au lendemain on apprenait qu'elle avait failli s'établir et dominer tous les sujets du roi. Ce risque parut aussi exorbitant qu'affreux. Pour le comprendre, il faut imaginer, dans le xviii° siècle, avant la moindre annonce de troubles, au milieu de la paix publique, les loges maçonniques s'emparant de Louis XVI (s'il eût été mineur) et consommant la Révolution par un coup d'État. Qu'on imagine ce qu'eût été l'opinion à la nouvelle d'un pareil coup manqué ; tel fut à peu près l'effet produit par la conjuration d'Amboise.

Les Réformés alléguaient le supplice d'Anne Dubourg, qu'il s'agissait pour eux de venger. Pour venger un religionnaire coupable, ils s'en prenaient à tout l'État. Mais cette vengeance plus générale n'empêchait pas les particulières ; au président Minard, qui le jugeait, Anne Dubourg prédit sa mort prochaine. « Il est aisé de prophétiser, dit Bossuet, quand on a de tels anges pour exécuteurs. » Le président Minard fut assassiné le jour même. Dès ce moment on comprend que les protestants français se soient trouvés au ban de la nation.

Je viens maintenant au second fait, qui, dans la politique générale du parti, joue le rôle de l'*action directe* dans la propagande anarchiste.

Il faut savoir ce qu'étaient les Guises, la situation que leur composait, aux yeux du peuple comme des grands, le double éclat d'une fortune prodigieuse et de vertus incontestées. Qu'on ajoute le prestige de la retraite que menait dans Joinville la vieille Antoinette de Bourbon leur mère, formant ses filles d'honneur à la modestie et à la piété; le grand esprit, les talents, la magnificence du cardinal de Lorraine; le renom de bravoure et de grand caractère de celui qu'on appela M. de Guise *le Grand* : on pourra alors prendre l'idée des échos qu'éveilla la nouvelle de son assassinat dans toute la France. C'était, en même temps que la mort d'un héros, une insulte à la France catholique, qu'il personnifiait dans l'effacement de la cour, et une menace pour l'ordre public.

Personne n'eut de doute sur la part qu'y avaient prise les chefs huguenots; tout le parti en porta la haine. Ils alléguaient le massacre de Vassy, où il est vrai que les hommes du duc de Guise avaient eu part, mais dont lui-même ne fut pas cause. Puis, quelle comparaison pouvait-on faire d'une échauffourée de guerre civile et de ce détestable attentat?

Mais tous ces Réformés haïssaient le duc de Guise. Ils professaient à son égard le sentiment que les hommes de désordre et d'émeute ont de tout temps porté à ceux qu'ils craignent. Bossuet a relevé les aveux enveloppés de la complicité de tous ces gens. Il est plaisant de voir Théodore de Bèze, la gloire la plus pure du parti, au premier rang des confidences que les chefs du parti avaient reçues du crime qu'on méditait.

Ce ministre, ministre du saint Évangile, avouait « avoir infinies fois désiré et prié Dieu, ou qu'il changeât le cœur du duc de Guise, *ce que toutefois il n'a jamais pu espérer*, ou qu'il en délivrât le royaume : de quoi il appelle à témoin tous ceux qui ont ouï ses prédications et ses prières [1] ».

Il ajoute qu' « il ne nommait pas ce seigneur de Guise en public ». Cela n'était pas nécessaire en effet. Après de pareils encouragements, venus d'un tel lieu, il ne faut pas s'étonner si Poltrot fit le projet de tuer cet ennemi de la religion, s'il se sentit, dit Bèze, « ému d'un secret *mouvement* », c'est-à-dire d'une secrète inspiration. Entendez que cette inspiration vient de Dieu. Rien, en effet, ne tient plus du caractère de dévote entreprise que le récit que donne Bèze de cet assassinat.

Près d'exécuter ce dessein, « il priait Dieu, dit ce docteur [2], très ardemment qu'il lui fît la grâce de lui chan-

1. Bossuet, ouv. cit., liv. X, chap. 54.
2. Même ouv., pass. cit.

ger son vouloir, si ce qu'il voulait faire lui était désa-
gréable ; ou bien qu'il lui donnât constance et assez de
force pour tuer ce tyran, et par ce moyen délivrer
Orléans de destruction, et tout le royaume de si malheureuse tyrannie ».

Voilà les pensées qu'agitait cet assassin. Voilà l'usage
qu'il fait de Dieu et de la piété ; voilà ce qu'approuve
toute la secte, par l'organe du plus vénéré et du plus
illustre de ses docteurs.

Après Bèze, Coligny : autre renom de pureté. On verra
au livre Iᵉʳ de Bossuet sa conduite, et comment il approuva
le crime, en évitant d'en encourir la honte devant l'opinion. Après la conjuration d'Ambroise, crime d'État,
après cet assassinat, action de brigand, tout devait
paraître permis contre le parti huguenot; tout devait
sembler bon, pourvu qu'on en purgeât le pays.

La justification de la Saint-Barthélemy n'a rien à
demander au genre de plaidoyer qu'inspirent les massacres de Septembre aux avocats de la Révolution. Ceux-
ci nous représentent ces massacres comme des faits
excentriques et miraculeux qui, suspendant les lois ordinaires de l'histoire, commandent à celle-ci un silence
effaré ou des divagations d'illuminé. Nous ne parlerons
pas ainsi de la Saint-Barthélemy. En effet, quelle que
soit la violence de cet événement, il faut y tenir compte
de quatre choses : qu'il eut lieu sur l'ordre du roi, en
sorte qu'il est naturel d'y rechercher la défense de la
monarchie ; qu'il fut obéi avec empressement par les
foules, qu'ainsi on ne peut méconnaître que cet acte était
conforme à l'opinion; que la cour ne s'y résolut qu'après
de longues hésitations, preuve que ceux qui l'ordonnèrent
n'étaient pas étrangers aux sentiments de l'humanité;
qu'enfin, adouci en je ne sais combien de cas sur tous
les points du territoire par le secours que des catholiques

portèrent aux huguenots poursuivis, il est certain que ces sentiments ne manquaient pas plus au peuple qu'au roi. Chez un historien véridique, la Saint-Barthélemy ne saurait donc compter ni pour un effet spontané de la sauvagerie des multitudes, ni pour un acte de froide cruauté du pouvoir, ni pour une pratique de cour honnie de la nation entière et en horreur au genre humain. Ajoutez qu'au fort des guerres civiles où cet événement prend place, entre deux des batailles sanglantes dont elles désolaient le royaume, la mort de tant de gens à la fois, dont le plus grand nombre portaient les armes, ne saurait causer le surcroît d'horreur dont on éblouit les ignorants.

La situation de la couronne avait de bonne heure vu croître ses difficultés. Les Guises, dont la cause s'était identifiée un temps avec celle du roi et de la nation, se formèrent bientôt en parti. En se défendant contre les protestants, il fallut que le roi leur tînt tête. On sait quelles ambitions déclara le Balafré, devenu chef de la maison. Du temps du duc François déjà couraient les généalogies qui, faisant descendre ces princes de Charlemagne, les mettaient sur le chemin du trône. Dès le mariage du même duc, en 1549, on les voit affecter le nom et les armes de la maison d'Anjou, dont ils descendaient par Yolande, fille du roi René. Ce nom les introduisait dans la maison de France. C'est pour le leur ôter que Catherine en fit l'apanage de son fils Henri, depuis Henri III. On attribuait à François Ier la prévoyance de ces intrigues, témoin le quatrain suivant :

> Le feu roi devina ce point,
> Que ceux de la maison de Guise
> Mettraient ses enfants en pourpoint
> Et son pauvre peuple en chemise.

C'est en 1550 déjà que Ronsard, s'adressant au cardinal de Lorraine, disait :

> Et ne veuille point apprendre
> A te faire un nouveau Dieu.

En face d'ambitions déclarées, qui ne visaient à rien moins qu'à supplanter son fils, la reine mère eut à redouter que trop d'offensive contre les protestants ne la rendît prisonnière des Guises. Ce fut la raison politique des avantages que les religionnaires reçurent d'elle à plusieurs reprises. L'édit de janvier 1562, la paix d'Amboise ensuite, puis celle de Lonjumeau, enfin celle de Saint-Germain en 1570, eurent pour effet de les fortifier sans mesure. Cette dernière accordait l'amnistie, le culte dans deux villes par province, l'accession à toutes les charges de l'État, le droit de récusation des juges, la restitution de tous les biens, enfin quatre places de sûreté : la Charité, Cognac, Montauban, la Rochelle.

Ne perdons pas notre temps à plaindre la politique qui conduisait à cela, s'il est sûr (comme on n'en peut douter) que les conjonctures n'en souffraient pas de meilleure. Catherine de Médicis ne pouvait espérer de prendre la tête des catholiques ; le long crédit qu'y avait la famille rivale l'en écartait absolument. Par l'effet du malheur des temps, les forces que la haine de l'ennemi public avait rassemblées de ce côté risquaient de perdre le trône et la France. Ces oscillations des intérêts n'ont rien dont un historien s'étonne ; ce qui rend exceptionnelles celles-ci, c'est que la monarchie fut obligée de les suivre, sans pouvoir d'abord s'en rendre la maîtresse, tant était grand l'excès de puissance des partis. Il fallut un temps que la monarchie se fît parti elle-même et sauvât à ce prix l'avenir.

L'événement de la Saint-Barthélemy est le résultat de cette nécessité. La monarchie, dans cette circonstance, emprunte pour régner l'arme des partis. Mise au point, par l'effet de la paix de Saint-Germain, de tout redouter des protestants, qui croyaient à peine à tant de fortune, Catherine n'avait de moyen de s'en affranchir qu'un coup de force. Les armes ordinaires des princes ne suffisaient pas à ses besoins. Tout le scandale de l'événement tient dans le caractère mêlé de cette situation. Car on ne saurait refuser au roi le droit de châtier des rebelles ; la manière dont cela fut fait ici fait seule l'énormité du cas. L'exécution en masse et sans distinction d'un si grand nombre d'hommes et de tout un parti accuse d'affreux temps de trouble et de révolution ; seulement il ne dépendait de personne de faire face à ces temps sans une action de ce genre. Ce que la politique y voit de maux n'avait d'auteur que les circonstances ; il n'avait de cause et d'auteur véritable, si l'on remonte aux origines, que la rébellion même des protestants.

L'opinion n'y fut pas trompée. Malgré tout ce qui, à la cour, dans l'Église et dans tous les rangs de la nation, s'effrayait de tant de sang versé, cette répression fut approuvée. La France y vit un juste retour des choses, et le châtiment exemplaire d'un crime public sans précédent.

J'ajoute que le résultat qu'on recherchait fut atteint. Le parti de la Réforme ne s'en releva jamais. Ainsi ce que tout Français doit à la défaite de ce parti, tout le bienfait que chacun de nous en retire, tient à la Saint-Barthélemy. Ce bienfait est inestimable.

Pour mieux l'apprécier, un retour sur la nature du protestantisme est nécessaire.

Quant à la matière théologique, elle est tout entière

dans Bossuet. Je ne l'analyserai point ici, mais j'en redirai quelques caractères extérieurs. L'ignorance courante touchant ces matières fait qu'on ne soupçonne pas seulement le ton amer des controverses qui mirent la Réforme dans le monde. Le vrai personnage de Luther n'est pas connu de ses sectateurs.

Il faut voir l'impudence inouïe avec laquelle discourait ce docteur, et quel air de révolution était porté par lui jusque dans ces exercices [1] :

Un âne sait qu'il est âne, une pierre sait qu'elle est pierre, et ces ânes de papelins ne savent pas qu'ils sont des ânes...

Le pape ne peut pas me tenir pour un âne, il sait bien que par la bonté de Dieu et par sa grâce particulière je suis plus savant dans les Écritures que lui et tous ses ânes...

Si j'étais le maître de l'Empire, je ferais un paquet du pape et des cardinaux pour les jeter ensemble dans ce petit fossé de la mer de Toscane. Ce bain les guérirait, j'y engage ma parole et j'en donne Jésus-Christ pour caution...

Le pape est si plein de diables, qu'il en crache, qu'il en mouche, qu'il en...

La suite des derniers mots ne se laisse pas transcrire. C'est ainsi que Luther parlait du pape et de l'Église.

On n'évite pas, en lisant cela, d'admirer la profondeur d'erreur de nos conservateurs français, dédaignant (comme ils disent) l'insulte de l'adversaire et croyant de bonne foi que la grossièreté des termes fait tort à celui qui l'emploie, condamne du moins les révolutionnaires à la réprobation publique. A des hommes qui se croient si sages, il ne faut que représenter ces faits : un tiers de l'Europe devenu protestant ; la religion nouvelle par-

1. Chez Bossuet, *Histoire des Variations*, liv. 1er, chap. 33.

venant à se donner un air respectable ; ses ministres, ses
rites, ses consistoires, ses missions, lui composant une
figure dans le monde ; le nom de ses fondateurs élevé en
un degré de vénération extrême, les bulles de Luther
gravées en bronze sur les portes de Wittenberg, sa
statue dressée sur une place de Dresde, en face de
l'église catholique de la Cour : tant et de si grands
effets, auxquels ne manque pas même le pieux respect
des foules unies dans la prière ; et à la base de tout
cela, les sales, les dégoûtantes injures qu'on vient de
lire. N'est-ce pas de quoi entretenir nos dédains, et
nous assurer de la supériorité que donne en politique le
ton d'homme bien élevé ?

Le pape, dit encore Luther, est un loup possédé du malin
esprit. Il faut s'assembler de tous les villages et de tous les
bourgs contre lui. Il ne faut attendre ni la sentence du juge,
ni l'autorité du Concile ; n'importe que les rois et les Césars
fassent la guerre pour lui, celui qui fait la guerre sous un
voleur la fait à son dam [1].

Pour achever l'odieux du personnage, il faudrait
joindre tous les passages où le plus plat et le plus grossier orgueil de sa personne et de ses talents déborde ;
montrer les traits de cette arrogance qui le faisait se donner pour titre à lui-même et de sa propre investiture, celui
d'Ecclésiaste de Wittenberg, assurant que « très certainement Jésus-Christ le nommait ainsi et le tenait pour
Ecclésiaste » [2].

Tous les docteurs de la Réforme ont jeté quelques
éclats de cette vanité bouffonne ; Calvin, second en
importance, égale Luther à cet égard.

1. Bossuet, ouv cit., liv. Ier, chap. 25.
2. Bossuet, liv. cit., chap. 27.

Toute la France, écrit ce réformateur, connaît ma foi irréprochable, mon intégrité, ma patience, ma vigilance, ma modération et mes travaux assidus pour le service de l'Église [1].

Ailleurs il vante « sa frugalité, ses continuels travaux, sa confiance dans les périls, sa vigilance à faire sa charge, son application infinie à étendre le règne de Jésus-Christ, son intégrité à défendre la doctrine de piété, et la sérieuse occupation de toute sa vie dans la méditation des choses célestes » [2].

Et là-dessus, l'ouvrage étant de polémique :

M'entends-tu, chien ? m'entends-tu bien, frénétique ? m'entends-tu bien, grosse bête [3] ?

Enfin il ajoute qu'il est bien aise « que les injures dont on l'accable demeurent sans réponse ».

Au surplus je concède que ce ton d'injure ne tient pas uniquement aux passions de ces docteurs. Il était dans les mœurs du temps ; les théologiens se le permettaient. Mais enfin le commun de ceux-ci ne se donnait pas mission de réformer l'Église, et le moins qu'on pût attendre d'hommes qui représentaient le succès de leur parole comme un miracle de Dieu aurait été qu'ils la respectassent.

Par le ton des prêcheurs, qu'on juge celui des fidèles. « Je les voyais sortir, dit Érasme, de leur prêche avec un air farouche et des regards menaçants, comme gens qui venaient d'ouïr des invectives sanglantes et des dis-

1. Même ouv., liv. IX, chap. 78.
2. Même pass.
3. Même liv., chap. 82.

cours séditieux. » Bossuet ajoute : « Aussi voyait-on ce peuple évangélique toujours prêt à prendre les armes et aussi propre à combattre qu'à discuter [1]. »

Comme il arrive, un grand désordre des mœurs accompagnait ces grands écarts. Ne cessons pas de redire que l'affectation du zèle, cause de la violence des invectives, n'est pas moins source de relâchement. Dans un si court espace je ne saurais faire le compte de ce que la Réforme nous présente en ce genre ; aussi bien, des traits particuliers en pareille matière servent peu. Ce qui est de conséquence, ce qu'il importe d'extraire, c'est la fameuse histoire de la bigamie de Philippe le Magnanime, landgrave de Hesse, grand protecteur de Luther.

Cette bigamie fut formellement approuvée de Luther et des autres docteurs du parti, non pas en paroles seulement, mais par un acte écrit et motivé, revêtu de leurs signatures, que le prince exigea, craignant (ainsi qu'il s'en explique) d'aller en enfer faute de cela. En possession d'une femme légitime, il en désirait une seconde, et prétendit que sa religion lui permît de l'avoir en mariage. Émancipée du pape de Rome, l'Église de Wittenberg ne l'était pas des princes d'Allemagne ; il fallut en passer par où celui-là voulait.

Lorsque je m'expose, écrit-il à Bucer dans l'Instruction qui détermina les docteurs, lorsque je m'expose, dit le landgrave, à la guerre pour la cause de l'Évangile, je pense que j'irais au diable, si j'étais tué par quelque coup d'épée ou de mousquet. Je vois qu'avec la femme que j'ai, ni je ne puis, ni je ne veux changer de vie, *dont je prends Dieu à témoin :* de sorte que je ne trouve aucun moyen d'en sortir que par les remèdes que Dieu a permis à l'ancien peuple, c'est-à-dire la polygamie.

1. Ouv. cit., liv. Iᵉʳ, chap. 34.

Je recommande la dernière réflexion, et cet effet imprévu de la lecture de l'Ancien Testament, recommandée par Luther, sur la réforme des mœurs.

C'est pourquoi, continue ce protestant fidèle, je demande à Luther, à Mélanchthon et à Bucer même, qu'ils me donnent témoignage que je la puis embrasser.

A l'autorité des Saints Livres, jugeant que d'autres moyens de persuasion ne seraient pas joints sans avantage, il ajoute :

Qu'ils m'accordent donc au nom de Dieu ce que je leur demande, afin que je puisse plus gaiement vivre et mourir pour la cause de l'Évangile et en entreprendre plus volontiers la défense, et *je ferai de mon côté* tout ce qu'ils m'ordonneront selon la raison, *soit qu'ils me demandent le bien des monastères* ou d'autres choses semblables [1].

L'honnêteté de tout cela n'est-elle pas admirable ! Notez que cela se passe au nom de l'Évangile, de réformateurs à réformés, et dans les rangs les plus illustres d'une secte qui brisait avec Rome dans le pur intérêt de la doctrine et des mœurs.

Luther consentit. Il accorda le papier, dont la forme n'est pas moins remarquable que le fond :

Nous avons appris de Bucer et lu dans l'Instruction que Votre Altesse lui a donnée les peines d'esprit et les inquiétudes de conscience où Elle est présentement ; et quoiqu'il nous ait paru très difficile de répondre sitôt aux doutes qu'Elle propose, nous n'avons pas voulu laisser partir sans réponse le même Bucer, qui était pressé de retourner vers Votre Altesse.

1. Bossuet, ouv. cité, liv. VI, chap. 3 et 4.

La mise en demeure, en effet, ne souffrait pas plus de retard que d'excuse.

Votre Altesse, continue ce document, n'ignore pas combien notre Église, pauvre, misérable, petite et abandonnée, a besoin de princes régents vertueux qui la protègent; et nous ne doutons point que Dieu ne lui en laisse toujours quelques-uns, quoiqu'il menace de temps en temps de l'en priver et qu'il la mette à l'épreuve par de différentes tentations.

La *tentation* de résister au landgrave et de lui interdire la bigamie était heureusement conjurée. Les docteurs déjouaient cette embûche du malin. La suite comporte en premier lieu des considérations de grande dévotion et toutes les réserves de principe possibles, puis des exhortations morales où il est dit que « la peine du déluge est attribuée aux adultères »; enfin des plaintes contre le siècle, dépourvu (à ce que disent ces docteurs) de toute indulgence envers les ministre du saint Évangile : « C'est maintenant la coutume du siècle de rejeter sur les prédicateurs de l'Évangile toute la faute des actions où ils ont eu tant soit peu de part, lorsque l'on y trouve à redire. » Là-dessus et pour montrer combien une telle apparence est injuste, ils ajoutent :

Mais enfin (ce *mais enfin* dit tout), si Votre Altesse est entièrement résolue d'épouser une seconde femme, nous jugeons qu'Elle doit le faire secrètement, c'est-à-dire qu'il n'y ait que la personne qu'Elle épousera et peu d'autres personnes fidèles qui le sachent, en les obligeant au secret *sous le sceau de la confession*. Il n'y a point ici à craindre de contradiction ni de scandale considérable, car il n'est point extraordinaire aux princes (*menacés tout à l'heure pour ce fait du déluge*) de nourrir des concubines, et, quand le menu peuple s'en scandalisera, les plus éclairés se douteront de la vérité; et les personnes prudentes aimeront toujours mieux cette vie modérée que l'adultère et les autres actions brutales.

L'on ne doit pas se soucier beaucoup de ce qui s'en dira (*admirable trait de tartufe*), pourvu que la conscience aille bien [1].

Enfin, et terminant de si édifiants propos, la dispense et autorisation :

« Votre Altesse *a donc, dans cet écrit*, non seulement l'*approbation de nous tous* en cas de nécessité, etc. » *Signé :* Martin Luther, Philippe Mélanchthon, Martin Bucer, Antoine Corvin, Adam, Jean Leningue, Juste Vintferte, Denis Melanther.

Ce monument de honte, dont l'ombre seulement, chez nous, ferait le sujet de tous les brocards et de toutes les insultes des sectes, demeure, tombant sur la Réforme, providentiellement ignoré de tout le monde. Longtemps il resta secret dans les archives de la maison de Hesse. Enfin le prince Ernest, qui se fit catholique, le révéla à quelques personnes. L'électeur palatin Charles-Louis le publia en 1679, sous ce titre : *Considérations consciencieuses sur le mariage, avec un Eclaircissement des questions agitées jusqu'à présent touchant l'adultère, la séparation et la polygamie.* Après le document obtenu, le mariage fut célébré dans les formes.

Il y a quatre ans, l'université de Marbourg, fondation de Philippe le Magnanime, fêtant un de ses anniversaires, mit au jour, sous forme de cartes postales, un portrait populaire de ce prince, avec un huitain à sa louange, qui ne contenait que de pieux propos. La pièce commençait en ces termes :

> *Dem Worte Gottes schuf er Bahn.*
> Il a frayé la voie à la parole de Dieu.

Tel est un premier trait du culte qu'on rend à ce prince. Que ceux qui seront curieux de traits d'un autre

1. Ouv. cit., append. au liv. VI.

genre cherchent la vie du personnage au *Dictionnaire* de Moréri. L'article émane d'un protestant. On y verra en fin de récit la remarquable excuse de sa grande intempérance. Jointe au huitain dévot, elle fait un bon exemple de la manière dont la Réforme compose l'apologie de ses fondateurs.

J'ai à peine besoin de dire que tout ceci ne tend pas à déconsidérer la vie que les protestants en général pratiquent autour de nous. Sans doute la religion qu'ils pratiquent est pour eux la source du bien moral en plus d'un genre. L'ordre qui finit par s'établir, avec la paix, dans les Églises a puissamment servi ce résultat. Mais, avant que fussent calmés les affreux éclats des débuts et pansées tant de plaies qu'ils avaient faites, quels déchirements, quelles convulsions !

Il est fort bien d'arguer en faveur de la Réforme de la tranquillité et des mœurs qui règnent maintenant de ce côté, des idées conservatrices même dont, en Angleterre, en Hollande, en Suède et dans quelques cercles de l'Allemagne, nous les voyons s'accommoder. Mais cet état ne doit pas faire oublier celui où la secte jeta d'abord l'Europe.

En Allemagne, la révolte des Paysans, la guerre des Anabaptistes, Jean de Leyde et la prise de Munster, sont autant d'événements sanglants, dont le souvenir fait honte à la Réforme. Tout se termina par la guerre de Trente ans et par une ruine si profonde que le pays ne devait pas s'en relever en deux siècles. En Angleterre, c'est le règne d'Henri VIII, celui d'Élisabeth, le supplice de Marie Stuart ; dans les Pays-Bas, c'est l'affreuse guerre des Gueux. Tout cela compose un livre d'horreur et de sang, où, soit bourreaux soit victimes, les protestants ne peuvent renier le rôle de cause.

Mais ce qui est plus frappant encore, ce sont les effets de la Réforme dans le siècle suivant. On nous objecte que le sort des sociétés ne saurait se modifier sans de grandes secousses et sans beaucoup de sang versé. Mais comment expliquer que ces secousses se reproduisent au bout d'un siècle ? Le venin de l'hérésie travaille les profondeurs des États dont elle s'est emparée. Dans les pays dont elle est maîtresse, les révolutions recommencent. En Angleterre, c'est celle de 1640 et le supplice de Charles Ier ; en Hollande, c'est la guerre civile entre Maurice de Nassau et Barnevelt, plus tard le massacre de Jean de Witt, son remplacement par le stathoudérat. Contester que ces troubles eussent la religion pour cause, ce serait mentir à l'histoire. L'élévation de Cromwell vient du puritanisme, et le supplice de Barnevelt en 1519 est l'effet du fameux synode de Dordrecht.

Il n'y a peut-être pas de plus grande preuve du caractère profondément révolutionnaire de la Réforme. Bossuet l'a bien déduit dans son oraison funèbre de la reine d'Angleterre. Malherbe le sentait dans la chair de la France quand il écrivait ces vers d'airain :

Par qui sont aujourd'hui tant de villes désertes,
Tant de grands bâtiments en masures changés,
Et de tant de débris les campagnes couvertes
    Que par ces enragés?...

Fais choir en sacrifice au démon de la France
Les fronts trop élevés de ces âmes d'enfer,
Et n'épargne contre eux, pour notre délivrance,
    Ni le feu ni le fer.

Quelques-uns ont osé là-dessus taxer Malherbe d'intolérance. Il serait pourtant bien difficile de contester ce qu'il allègue.

Cet aperçu général sur le siècle nous permet maintenant d'aborder la révocation de l'édit de Nantes.

DIMIER. Préjugés   18

On se trompe au sujet de cet événement, parce qu'on se méprend communément sur le sens de l'édit lui-même. Cet édit était inévitable de la part d'un roi comme Henri IV, qui avait été protestant. Le dessein qui le fit accorder tenait à cette circonstance ; jamais l'édit ne fut regardé en France comme une constitution du royaume ; c'était, aux yeux de tous, un état temporaire, qu'atteste assez l'octroi de faveurs exceptionnelles, comme celles des assemblées triennales, des chambres mi-parties dans chaque Parlement, enfin des places de sûreté.

Louis XIV ne devait donc absolument pas se croire obligé de garder ces mesures. Nous savons que d'autre part il tenait à rétablir l'unité de religion chez ses sujets. Dans ses *Eclaircissements sur les causes de la Révocation de l'édit de Nantes*, parus en 1793, Rulhière cite de ce dessein un témoignage tiré du testament de ce monarque :

« Sur ces connaissances générales, dit le roi, j'ai cru que le meilleur moyen pour réduire peu à peu les huguenots de mon royaume était de ne les point presser du tout par aucune rigueur nouvelle contre eux, de faire observer ce qu'ils avaient obtenu sous l s règnes précédents, mais aussi de ne leur accorder rien de plus [1]. »

Rulhière en conclut que la révocation de l'édit se fit malgré l'intention de Louis XIV et contre sa volonté ; mais cette conclusion ne saurait être admise, car, à mieux lire ce texte, on y trouve quelque chose de plus fort que le moyen prévu par le roi, c'est sa volonté arrêtée de prendre *le meilleur* moyen pour réduire les huguenots, partant d'y réussir à tout prix.

On imagine entre l'édit de Nantes et sa révocation une

1. Ouv. cit., p. 101.

période d'un siècle, durant laquelle il ne fut pas touché
au régime des protestants en France ; à cet état aurait
succédé la suppression violente de ce régime : cela encore n'est pas exact. Au temps de Richelieu premièrement, et surtout depuis la majorité de Louis XIV, plusieurs dispositions qu'on prit à l'égard des protestants
avaient changé leur situation.

La première fut la loi des Relaps, en 1661, qui défendait sous les peines les plus sévères le retour d'un converti à la Religion ; la seconde, en 1667, fut la loi contre
l'Émigration, par où fut interdit aux sujets protestants
du roi d'émigrer sans sa permission. Toutes ces précautions étaient prises en vue de l'obligation de rentrer
dans l'Église, qu'on pensait imposer à la fin. On pressait
de toute part les conversions; de grandes prédications
avaient lieu dans ce but ; pour joindre quelque prestige
de force aux moyens ordonnés à la seule persuasion, on
faisait paraître dans les villages huguenots du Gévaudan
et du Nîmois ces régiments de dragons dont le passage
fait dans l'histoire ennemie tant de tapage sous le nom
de *dragonnades*. On donnait aussi de l'argent, pensant
que tant de moyens unis dispenseraient de contrainte
matérielle. A la fin, les pasteurs furent chassés ; ce fut
la dernière étape de cet effort : la révocation de l'édit de
Nantes, en 1685, ne consiste précisément qu'en cela.

Un lecteur moderne se fera, je crois, un tableau assez
exact de toute cette entreprise en la comparant à celle
que la République a menée en France contre le Concordat de 1801. Ce concordat pris pour l'équivalent à l'égard
de l'Église catholique de ce que l'édit de Nantes fut
pour les protestants ; l'avènement de la République
représentant celui de Louis XIV; les diverses lois de
persécution édictées par ce régime imitant les mesures
préparatoires à la révocation de l'édit ; enfin la loi de

séparation équivalant à cette révocation : tels sont les points de cette comparaison. Ils peuvent nous servir à comprendre et de plus à justifier, quand on y regarde de près, l'entreprise de Louis XIV.

Qu'on ne s'étonne pas de cette assertion. Nos conservateurs croient faire merveille en reprochant au présent régime ce qu'ils trouvent de ressemblances entre lui et l'ancien. Tout au contraire, quand ces ressemblances existent, elles font l'éloge de l'esprit politique pratique du vieux parti républicain. Dans une mauvaise cause, ce parti a su prendre les moyens de rendre son autorité durable et de déjouer la contradiction. S'il réussit ainsi à garder le pouvoir, sachez en reconnaître la cause dans le soin qu'il eut d'observer quelques-unes des lois éternelles du gouvernement des hommes.

Entrons donc dans les raisons dont on se sert de nos jours pour justifier ce parti, et que les organes républicains répandent, pour comprendre celles de Louis XIV.

Il ne faut pas dire, il ne faut pas croire, que toutes ces raisons sont mauvaises. L'indignité de la République, dans la guerre qu'elle fait à l'Église, ne consiste ni dans les violences, qu'elle s'applique très attentivement à éviter ou à réduire ; ni dans la volonté, considérée en soi, de faire l'unité entre les citoyens ; ni dans la persuasion que la base de cette unité réside dans les sentiments et dans les croyances des hommes. Tout cela est raisonnable, et ceux qui le contestent ne font que montrer par là un esprit d'anarchie plus extrême que celui même des républicains. Non, l'injustice de la République dans ses rapports avec l'Église est autre. Elle consiste dans trois points que voici :

1° Dans un temps où la tolérance est devenue une loi des circonstances, cette injustice consiste à méconnaître les faits qui l'imposent, qui l'imposent même à la monarchie catholique, qui partant l'imposent bien davantage à ceux qui se vantent d'en remontrer à cet égard à la monarchie ;

2° A confondre dans les mêmes organes le pouvoir politique et le pouvoir spirituel qui leur sert d'allié, je veux dire la libre pensée maçonnique ; l'enseignement de cette dernière est remis en apparence à des organes spéciaux, mais ces organes sont rattachés en fait, par des liens d'étroite obéissance, à l'appareil de la puissance civile ; l'instituteur, qui représente le principal de ces organes, est à la nomination du préfet ; l'instruction publique tout entière, synthèse de ce pouvoir spirituel, est un département d'État ;

3° A faire l'unité de la France au profit d'une secte ; secte anarchique, nuisible à l'État français.

Telles sont les causes qui, du point de vue de l'ordre public, condamnent l'offensive de la République. J'ajoute qu'elle n'est pas libre de se corriger là-dessus, son caractère de secte l'empêchant de s'en remettre aux pratiques qui suffisaient à défendre un gouvernement national. La confusion des deux pouvoirs est l'essence de notre République, et la tolérance la tuerait.

Aucun de ces trois reproches ne tombe sur Louis XIV. En effet, l'unité qu'il recherchait était au profit de la France, et les pouvoirs religieux étaient indépendants.

Ils l'étaient à ce point que, dans la révocation de l'édit, le sentiment des pouvoirs religieux se manifesta au contraire de celui du roi. On eût aimé, du côté du clergé, que l'entreprise continuât d'être confiée à la prédication : cette préférence est naturelle aux pouvoirs spirituels ; une lettre souvent citée de Fénelon nous rend témoins des plaintes qu'on fit à ce sujet. Elle contient en même temps la preuve que ces plaintes étaient injustes. Fénelon remarque la manière imparfaite dont cette action spirituelle était conduite, il critique l'insuffisance des docteurs ; cependant on avait fait en ce genre tout ce qu'on pouvait : la conclusion à tirer de ce qu'il dit, c'est que les moyens d'assurer les résultats par la seule prédication manquaient. Aussi longtemps que l'art de réussir consistera dans l'emploi des moyens qu'on possède, non dans le regret de ceux qu'on n'a pas, la conduite que tint Louis XIV méritera d'être approuvée.

Le rétablissement de l'unité était un projet arrêté. Quand il eut donné à la persuasion ce qu'il était en mesure de donner, il termina par la contrainte.

Cette contrainte eut sans doute des effets dont la pitié peut s'émouvoir ; en soi, on ne saurait prétendre qu'elle ait choqué aucun droit essentiel. Les protestants ne pouvaient s'en étonner. Tout le long du siècle écoulé, leur situation de secte tolérée par faveur ne fut contestée par personne ; les grandes diminutions qu'ils subirent dans leur nombre par l'effet de conversions dont plusieurs sont illustres n'avaient fait que mettre cette situation dans une plus grande évidence. On ne pouvait s'étonner que cette tolérance cessât ; l'avantage de l'unité rétablie fut unanimement apprécié.

Le tapage des revendications postérieures nous fait imaginer qu'il y eut alors une grande réprobation ; mais l'histoire n'enregistre rien de pareil : toute la France fut avec le roi. Il en est de même du dommage de nos arts, dont nos manuels de classe rapportent mensongèrement que l'émigration des protestants fut cause.

A vrai dire, on s'étonne que des partisans si chauds de la cause internationale, qui devraient se féliciter que nos arts, portés à l'étranger, aient instruit le genre humain, se retrouvent nationalistes quand il s'agit de critiquer Louis XIV. Quant à la France, jamais les arts n'y fleurirent plus précisément qu'à cette époque ; dans ceux qui touchent à l'industrie et dont on allègue le dommage, la fin du règne de Louis XIV et la Régence sont signalées par un éclat plus brillant que jamais. C'est en ce temps-là que, par le moyen du meuble et de l'équipage, le goût français gagna cet empire sur toute l'Europe dont le spectacle admirable emplit le XVIIIe siècle.

Le nombre des émigrés huguenots n'a jamais été établi ; chacun le fixe à sa fantaisie ; mais on peut assurer que la perte qu'il représente ne composa jamais pour le pays ce malheur unique dont on nous parle. La France n'en ressentit nul dommage qu'on puisse prouver, dont on puisse même dire la nature. Tout le détriment vient du décri que les nations ennemies s'empressèrent de jeter sur la France à ce propos.

L'effet produit fut quelque chose de pareil à celui du procès Dreyfus. Mais il n'y avait en ce temps-là personne pour épouser en France la cause de l'étranger, et l'honneur national était aux mains du roi.

CHAPITRE XII

LA REVENDICATION DES SECTES
III. LES JANSÉNISTES

La destinée de ces hérésies offre de grandes différences. Celle des Albigeois fut détruite ; la réforme protestante eut pour effet de rompre l'unité de l'ancienne Chrétienté et d'ouvrir pour l'Europe une ère pleine de périls nouveaux ; le propre du jansénisme fut de mettre la guerre civile au sein de la société française.

Ce résultat vient de ce que ces hérétiques repoussèrent la séparation, à laquelle leur obstination devait les réduire. En enseignant ce que l'Église défend, ils affectèrent de demeurer dans l'Église ; pas un instant ils ne cessèrent de chercher dans les règles de l'obéissance même un abri pour leur rébellion. Ils ont donné le premier exemple d'une hérésie qui refuse le schisme, afin de ne se point affaiblir : premier essai d'une politique destinée à renaître de nos jours au profit de doctrines plus audacieuses encore.

Les effets d'un jeu si perfide furent de rendre quelques points de doctrine douteux parmi les catholiques, et de décrier un ordre religieux dont l'honneur n'importait pas moins à la catholicité qu'à la France.

Je voudrais appuyer sur ce point et montrer quels soutiens de la cause nationale les jésuites représentent aux yeux de tout Français chez qui l'histoire n'est pas victime du préjugé. Et d'abord, nul ne met en doute que la suppression de cette compagnie a rendu les voies plus faciles au triomphe de la Révolution. Qui peut dire quelles ressources morales ils eussent fournies pour la combattre? Les services rendus en leur temps contre la Réforme en sont le gage. La défaite de la Réforme est aux trois quarts l'ouvrage des compagnons de saint Ignace; il les avait rassemblés dans ce but ; il semble que personne plus qu'eux ne dût être armé pour aider à la résistance contre cette attaque nouvelle. D'autre part, comment oublier l'œuvre que les missionnaires jésuites avaient accomplie dans le monde au profit de notre pays ?

Cette œuvre est un des étonnements de l'histoire. A la fin du règne de Louis XIV, la Chine était devenue la conquête de ces pères. L'ascendant qu'ils y avaient pris mérite de causer d'autant plus d'étonnement que le progrès de nos missions modernes paraît plus borné dans ces contrées. Nous les tenons pour impénétrables ; les jésuites y avaient pénétré. La conversion des peuples au christianisme avançait rapidement ; l'empereur, nommé Can-tchi, n'avait pour conseillers que des jésuites français. Leurs achitectes, célèbres dans toute l'Europe, avaient bâti son palais d'Été ; leurs astronomes avaient aménagé son observatoire de Pékin. Par l'entremise de ces religieux Louis XIV et cet empereur échangeaient des compliments et des cadeaux. L'influence française allait de pair avec le progrès de la religion. C'était le gage certain, pour l'avenir, d'une chrétienté d'Extrême-Orient et d'une sphère de domination française, dont le présent est loin de nous offrir l'équivalent. On sait comment la querelle des cérémonies funèbres anéantit tout cet espoir. Par un effet des pratiques de leurs ennemis, les jésuites furent chassés de Chine : l'Église et la France perdirent ensemble ces merveilleuses avances d'avenir.

Contre l'hérésie janséniste, la cause de ces pères ne
fait qu'une avec celle de l'honneur français. Cette hérésie ne leur porte pas dans l'histoire un seul coup que ne
ressente la mémoire de notre plus grand roi.

Ce que Louis XIV encourt de reproches à cet égard
est une matière des classes de rhétorique; nos professeurs de littérature se sont passionnés pour Port-Royal.
Cette mode, à laquelle on n'aperçoit de cause, outre le
prestige des *Provinciales*, que le préjugé révolutionnaire,
ami des révoltés en tout genre, est générale dans l'Université. M. Gazier, professeur en Sorbonne, en est de nos
jours le représentant. Même la revendication janséniste
a pris de nouvelles forces dans ces dernières années ; les
ruines de Port-Royal des Champs, soigneusement entretenues, enrichies d'un musée, ont vu tripler le nombre
des visiteurs; on y a dressé des bustes et fêté des anniversaires ; on y organise la revanche du passé et la confusion de l'ancien régime; on y mène des écoles en façon
de pèlerinage. A l'heure qu'il est, ces ruines perdues
dans la verdure, où des reliques choisies avec discrétion
réveillent doucement le souvenir des solitaires, figurent
assez bien ce que serait un monument d'Etienne Dolet
à l'usage des sphères intellectuelles.

Sous une forme plus riante et moins grossière, des
gens de lettres, des professeurs, de nouveaux bacheliers,
viennent y participer aux mêmes dispositions hostiles
à l'égard de l'autorité, aux mêmes rancunes contre notre
histoire. Ce sont les sentiments qu'éveillent les souvenirs du jansénisme, parfaitement conformes à ce qu'il
fut.

Ses origines tiennent toutes en deux points : la complicité de Jansénius et de Saint-Cyran, ligués sur le terrain de la théologie, en faveur de la doctrine ; le fana-

tisme mis par les Arnauld à combattre sous ce couvert.
l'esprit de la monarchie française.

La doctrine arrêtée du côté des docteurs venait des
erreurs sur la grâce qu'on vit professer à Louvain, au
temps le plus troublé de la Réforme, par le célèbre théo-
logien Baïus, et qui furent condamnées en 1567 ; l'esprit.
des Arnauld venait du rôle que joua, au milieu des guerres
civiles de France, le parti dit des *politiques*. Il ne faut
pas confondre ce parti avec celui qui doit s'appeler royal,
et qui, liant son action à celle de la reine mère, n'eut.
jamais d'autre politique que le salut de la monarchie.
Des deux côtés donc, du côté de Baïus comme du côté
des Arnauld, se rendent évidentes les attaches du jansénisme avec la réforme protestante ; il en est proprement un legs.

On ne sait pas le temps précis auquel commencèrent
les relations de Jansénius avec Saint-Cyran. Peut-être ce
fut à Louvain, où ce dernier étudia. Ces relations continuèrent à Bayonne, patrie de Saint-Cyran, où ce dernier
avait attiré son maître, et où tous deux vécurent quelque
temps étroitement rapprochés et travaillant ensemble,
entre 1613 et 1617. Une correspondance assidue s'ensuivit de leurs relations, entre 1622 et 1624.

On saisit dans cette correspondance des traits d'une
extrême conséquence et le vrai portrait du jansénisme.
Sainte-Beuve en a contesté l'importance, mais l'esprit
de parti l'aveuglait : le caractère de conjuration y éclate.
Les jésuites avaient bien compris le parti qui s'en pouvait tirer ; un des leurs, le P. Pinthereau, ayant découvert cette correspondance, la publia sous le nom de M. de
Préville. On s'étonne en la lisant qu'elle n'ait pas pesé
davantage dans le jugement qu'on fit depuis du jansénisme ; mais c'est un fait que dans toute cette querelle
la Compagnie se montra toujours ou malhabile ou indif-

férente à se défendre elle-même. Elle opéra la destruction de la secte, sans parvenir) à saisir l'opinion par
quelques-uns de ces traits vigoureux qui fixent les esprits
sans retour ; victorieuse de l'hérésie, elle ne retira point
de gloire de cette victoire. Ceux qui l'ont accusée de
chercher son intérêt sont bien obligés de convenir qu'elle
en laissa échapper les moyens ; en possession de plusieurs
armes décisives, on ne l'en voit frapper aucun coup capable de la dégager elle-même, en même temps que la
cause qu'elle servait.

Jansénius et Saint-Cyran ne méditaient rien moins que
la revanche du baïanisme. Ils la méditaient formellement,
ils discutaient les moyens de l'assurer ; Jansénius, qu'on
priait de réfuter Dominis, archevêque de Spalato, nou-
vellement condamné pour le livre *de Republica Christiana*,
écrit qu'il « abhorre » de le faire ; le synode protestant
de Dordrecht, tenu à cette époque contre les remon-
trants, il dit qu'il l'approuve « presque entièrement ».

Dans un mémoire du P. de Montézon inséré par Sainte-
Beuve à la suite de son *Port-Royal*, ce jésuite, en grand
désaccord avec l'historien, cite les témoignages suivants
de saint Vincent de Paul. On sait que ce saint connut
fort Saint-Cyran, et en général les affaires et les gens du
jansénisme à ses débuts :

Une des raisons, dit-il, que j'ai de condamner les opinions
nouvelles, c'est la connaissance que j'ai eue du dessein de
l'auteur de ces opinions (Saint-Cyran) d'anéantir l'état présent de l'Église et de la remettre en son pouvoir. Il me dit
un jour que le dessein de Dieu était de ruiner l'Église présente, et que ceux qui s'employaient pour la soutenir faisaient contre son dessein.

Ces propos d'hérétiques sont curieux à noter. On y
voit un remarquable exemple du zèle dévot dont s'arme

cette sorte de gens contre l'objet authentique et reconnu
de la dévotion des fidèles. Ce que voici ne paraîtra pas
d'une application moins générale ; il est encore plus
important :

> ... Et comme je lui eus dit, continue le saint, que c'était
> pour l'ordinaire les raisons que prenaient les hérésiarques
> comme Calvin, il me repartit que Calvin n'avait pas mal fait
> en tout ce qu'il avait entrepris, mais qu'il s'était mal défendu :
> *Bene sensit, male locutus est.*

En somme, et tous adoucissements ôtés, le plan n'était
pas autre chose que de recommencer la Réforme, et de
ne pas la manquer cette fois.

Les catholiques répondaient à cela qu'il y avait deux
manières d'entendre la réforme : celle de Luther et de
Calvin, que l'Église ne donne pas licence de regretter ;
celle qu'elle approuve et encourage, et que le concile de
Trente avait faite. Mais l'œuvre du concile de Trente
déplaisait à Saint-Cyran ; il refusait d'y voir le vrai
esprit de salut. Trois siècles avant ceux qui de nos jours
dénoncent une tactique des anciens partis dans la défense des intérêts de l'Église, il taxait de mélange adultère les revendications essentielles de celle-ci et ce qu'il
y eut jamais de plus conforme à sa discipline traditionnelle. Au P. Gibieuf et à l'abbé de Prières, il répondait
que le concile de Trente fut « une assemblée politique ».

Quant aux moyens d'assurer le complot, assez de passages de la correspondance susdite nous font voir où on
les cherchait.

> Le couvent de..., dit cette correspondance, est autant pas-
> sionné pour les menées de Sulpice (Jansénius) que les Carmes
> pour les religieuses. C'est ce qui me fait voir que telles gens
> sont étranges quand ils épousent quelque affaire ; et je juge

par là que ce ne serait pas peu de chose si Pilmot (l'*Augustinus*) fût secondé par quelque compagnie semblable, car étant
embarqués ils passent toutes les bornes *pro et contra*.

On cherchait un ordre religieux qui se chargeât d'épouser la cause et qui la poussât dans le monde. A ces
manœuvres il ne faut pas omettre de joindre l'intrépidité
ordinaire chez tous les sectaires à pratiquer le mensonge
ésotérique.

J'ai ouï dire à M. de Saint-Cyran, disait encore saint Vincent de Paul, que s'il avait dit dans une chambre des vérités
à des personnes qui en seraient capables [1] et qu'il passât
dans une autre où il s'en trouverait d'autres qui ne le seraient
pas, il leur dirait tout le contraire.

Il s'adressa premièrement au cardinal de Bérulle, qui
venait d'introduire l'Oratoire en France ; puis à saint
Vincent de Paul, cherchant dans la congrégation de
Saint-Lazare l'aide que l'Oratoire lui refusait. Dans les
deux cas il fut rebuté. L'embarras où ces refus le mirent
le fit se rabattre sur les Arnauld et sur la communauté
de femmes dont leur influence disposait. Ce n'est pas
qu'il dissimulât qu'un couvent de femmes le servirait
bien moins ; mais il fallut s'en contenter.

Les relations de Saint-Cyran et de la mère Angélique
datent de 1620, temps où Port-Royal, dont elle était
abbesse, s'étant transporté à Paris, les solitaires commencèrent à occuper la maison des champs.

C'est dans ce même temps qu'une autre fille de la
famille Arnauld, la mère Agnès, attirait l'attention
publique par l'incident devenu fameux de l'institut du
Saint-Sacrement. C'était une société de dévotion, que la
fameuse duchesse de Longueville, fatiguée des intrigues

1. Capables de les comprendre.

et de la galanterie, avait imaginé de former. Cette origine inspirait peu de respect ; la dévotion cependant y faisait étalage et les complicités de parti devaient y attirer les Arnauld. A l'usage de la société nouvelle, la mère Agnès composa un *chapelet*, qu'on se passa parmi les dames. Les prières en étaient conçues en termes indiscrets et dangereux ; les Jésuites l'attaquèrent, et Rome le supprima.

Le parti, battu de ce côté, chercha d'un autre côté sa revanche. Les Jésuites soutenaient alors une querelle en Angleterre contre les prétentions de l'ordinaire dans ce pays ; Smith, le vicaire apostolique, leur y contestait plusieurs droits. Saint-Cyran prit cette occasion de publier le livre du *Petrus Aurelius* (1631), dans lequel il affectait de défendre la hiérarchie. Sainte-Beuve, malgré sa complaisance, relève discrètement ce qu'avait de ridicule une intervention de ce genre de la part d'un adversaire des ingérences romaines ; il voudrait voir, dit-il, en Angleterre un Saint-Cyran « plus gallican »[1].

Tels furent les premiers engagements qui mirent aux prises la secte et les jésuites. Ils provoquaient de nombreux commentaires ; aucun livre n'avait encore paru où le parti découvrît sa doctrine ; on ne pouvait le saisir nulle part ; la condamnation d'une prière ne pouvait abattre ses partisans : rien n'empêchait ses directions de courir dans la société avec le masque de la vraie piété. Aux yeux de la foule frivole, l'ostentation en ce genre le soutenait. Mais le pouvoir politique veillait ; aucune proposition formelle n'était requise pour attirer l'attention du roi : il suffisait de l'agitation de fait.

Cette agitation vint à son comble depuis que Saint-Cyran eut été choisi comme directeur spirituel de Port-

1. *Histoire de Port-Royal*, t. 1er, p. 318.

Royal, en 1635 : alors son action sur les consciences commença de fomenter une façon de guerre civile. Les nouveautés que le renom de piété des religieuses contribuait à répandre portaient partout cet air d'ascendant hautain et ce ferment de discorde habituels au prosélytisme sectaire.

Ce directeur avait imaginé de signaler sa grande rigueur en ne donnant l'absolution qu'après la pénitence sacramentelle accomplie. Cela fit merveille aux yeux de religieuses dont ce fait manifestait l'exceptionnelle vertu ; des gens qui ne rêvaient que l'honneur d'être saints affectèrent aussi de louer cela. Cependant cette fantaisie blessait les usages reçus dans l'Église ; elle attestait chez Saint-Cyran des trésors d'arbitraire despotique et d'impertinence. Richelieu, ministre alors, mit un terme à ces fameuses pratiques : Saint-Cyran fut arrêté et conduit au bois de Vincennes, en 1638. Les paroles prononcées à cette occasion par le ministre méritent d'être rapportées :

« Si l'on avait, dit-il, enfermé Luther et Calvin quand ils commencèrent à dogmatiser, on aurait épargné aux États bien des troubles. »

Saint-Cyran sortit de prison en 1643. Pendant qu'il y était, parut l'*Augustinus*, l'année 1641 ; c'était le grand ouvrage annoncé, le livre qui, contenant l'essence de la doctrine, était depuis longtemps promis comme une merveille. Jansénius en était l'auteur ; il en attendait de grands effets ; mais, par une décision dont on ne saurait trop admirer la prudence, il avait résolu que ce livre ne paraîtrait qu'après sa mort. Celle-ci, survenue en 1640, détermina cet événement. Le résultat ne se fit point attendre ; l'*Augustinus*, déféré à Rome, fut condamné en 1642.

Qui voudra voir un comble d'outrecuidance risible chez les gens que choquait cette condamnation devra lire, dans les Mémoires de Lancelot, l'effet qu'elle fit sur Saint-Cyran.

M. de Saint-Cyran, dit ce fidèle disciple, ayant peine à digérer ce procédé de la cour de Rome, qu'il savait fort bien distinguer de l'Église romaine, ne put retenir son zèle pour la vérité, et il dit par un certain mouvement (inspiration) intérieur qui ne semblait venir que de Dieu : Ils en font trop, il faudra leur montrer leur devoir.

On remarquera, je pense, cette inspiration intérieure, parente de celle qui, selon Bèze, poussa Poltrot contre le duc de Guise. Il ne faut rien moins que des inspirations de cette sorte, « qui ne semblent venir que de Dieu », pour autoriser tantôt l'assassinat, tantôt la révolte contre l'Église.

Le P. de Montézon cite les paroles violentes échappées dans cette occasion à l'ange de douceur qui s'incarnait dans la mère Angélique. Cette prompte condamnation poussait la secte à bout ; dès ce moment, le jansénisme découvert ne put plus que prolonger des intrigues : il avait cessé d'être une conspiration.

J'en ferai voir trois caractères : le caractère théologique, le caractère politique et le caractère de politique religieuse.

J'ai dit, et l'on sait du reste, que le premier rattachait le jansénisme à la fameuse question de la grâce ; mais, dans une étude comme celle-ci, un caractère surtout mérite l'attention, c'est celui de la réforme de l'Église. On a vu qu'elle faisait le prétexte du parti ; mais le sens qu'il donnait à ce mot de réforme était suspect, et il fallait le dissimuler. Saint Vincent de Paul pourtant en eut la confidence : on l'avait cru longtemps capable d'être séduit ; aussi n'est-il rien de plus précieux que son témoignage à cet égard :

Je vous confesse, lui disait Saint-Cyran, que Dieu m'a donné et me donne de grandes lumières : il m'a fait connaître qu'il n'y a plus d'Église, et cela depuis cinq ou six cents ans. Auparavant l'Église était comme un grand fleuve qui avait des eaux claires ; mais maintenant, ce qui nous semble l'Église, ce n'est plus que bourbe. Le lit de cette belle rivière est encore le même, mais ce ne sont plus les mêmes eaux.

Il disait encore :

Ce sont eux, ce sont les premiers scolastiques, et saint Thomas lui-même, qui ont ravagé la vraie théologie.

Ainsi le messager de la réforme nouvelle se présentait en docteur inspiré, investi d'une mission divine, pour réparer six cents ans d'erreur. On ne peut douter de la véracité de saint Vincent de Paul dans un rapport aussi précis, que personne aussi bien ne s'aviserait d'inventer. Ces témoignages du saint sont au nombre des choses qui ont le plus embarrassé la secte ; ils la condamnent en termes formels :

Sachez, écrit saint Vincent de Paul, que cette nouvelle erreur du jansénisme est une des plus dangereuses qui aient jamais troublé l'Église ; et je suis très particulièrement obligé de bénir Dieu et de le remercier de ce qu'il n'a pas permis que les premiers et les plus considérables d'entre ceux qui professent cette doctrine, *que j'ai connus et qui étaient mes amis,* aient pu me persuader de leurs sentiments.

Ne pouvant espérer de rendre suspect le caractère d'un tel homme, ces dévots zélés affectaient de ne voir dans les jugements de saint Vincent de Paul que l'effet des intrigues ennemies sur un esprit peu éclairé. C'est ainsi que la mère Angélique, dissimulant mal son aigreur, écrivait :

M. Vincent décrie Port-Royal plus doucement à la vérité que les Jésuites, mais par *un zèle sans science* il désire autant sa ruine que les autres par une malice toute franche [1].

Cette expression de *zèle sans science* ne fait-elle pitié ici ?

Le caractère du docteur ne se déclare pas moins dans la manière dont il lisait l'Écriture. Il est visible qu'il n'y cherchait que des textes capables de contredire au sens traditionnel et d'en imposer aux simples sous couleur d'un retour prétendu à la doctrine originale. « J'ai trouvé aujourd'hui un passage, dit-il, que je ne donnerais pas pour dix mille écus. » On n'imaginerait pas Bossuet, saint Augustin ou saint Bernard parlant ainsi. Du reste, il prétendait si fort être inspiré, qu'il osait réprouver tout haut ceux qui parlent sans inspiration :

Il n'y a rien de plus dangereux, dit-il, que de parler de Dieu par mémoire plutôt que par mouvement (inspiration) du cœur.

Le grand bon sens de Sainte-Beuve ne se tient pas de répondre : « Saint-Cyran ne pensait en disant cela qu'à une espèce de danger, et oubliait cet autre écueil non moindre, d'une inspiration trop aisément présumée [2]. » L'auteur de *Port-Royal* parle avec ménagement. Rien ne doit nous empêcher de dire que cette prétention d'être inspiré dégénérait en comédie. En même temps que la plus ridicule, cette sorte d'ostentation est la plus odieuse.

« *Je regarde Dieu*, osait dire ce prophète dans des espèces de classes qu'il faisait, pour savoir ce qu'il est

1. Crétineau-Joly, *Histoire des Jésuites*, tome IV, p. 28.
2. Ouv. cit., liv. II, chap. 6.

plus à propos que je vous dise. » Le P. Rapin caractérise l'impertinente folie de cette affectation quand il
écrit : « N'est-ce pas le moyen de suivre son pur caprice ? »

Le même degré d'orgueil se trouve chez les disciples,
exprimé sous des formes plus ingénues encore. Cette
ingénuité n'empêche pas un fonds d'hypocrisie de percer.
Je ne pense pas qu'en ce genre il y ait beaucoup de mor-
ceaux qui l'emportent sur celui-ci ; il est de Lemaître à
Singlin, tous deux notables jansénistes :

On n'a point ouï dire, peut-être depuis un siècle, qu'un
homme, au lieu et en l'état où j'étais, dans la corruption du
Palais, dans la fleur de mon âge, dans les avantages de la
naissance et dans la vanité de l'éloquence, lorsque sa réputation était la plus établie, ses biens les plus grands, sa profession plus honorable, sa fortune plus avancée et ses espérances plus légitimes, ait laissé tout d'un coup tous ces biens,
ait brisé toutes ces chaînes, se soit rendu pauvre, au lieu
qu'il travaillait à acquérir des richesses ; qu'il soit entré dans
les austérités, au lieu qu'il était dans les délices ; qu'il ait
embrassé la solitude, au lieu qu'il était assiégé de personnes
et d'affaires ; qu'il se soit condamné à un labeur éternel, au
lieu qu'*il parlait avec assez d'applaudissement.* Cependant,
quoique ce *miracle* soit plus grand et plus rare que celui de
rendre la vue aux aveugles et la parole aux muets, notre
siècle est si peu spirituel que l'on a seulement considéré
comme une chose extraordinaire ce qu'*on devait révérer
comme une chose sainte.*

Telle est l'opinion modeste que ces gens avaient d'eux-
mêmes et des spectacles qu'ils offraient au monde.
N'allez pas cependant les condamner, car ils en rapportent tout à Dieu. Dieu et leurs prétentions sont si bien
joints là dedans, qu'on ne saurait toucher à l'un sans
toucher à l'autre ; et il n'y a pas un seul coup adressé à
M. Lemaître qui ne passât pour sacrilège.

Dans une des deux célèbres lettres, chefs-d'œuvre de raillerie fine et d'éloquence, que Racine écrivit contre Port-Royal, cet auteur avait relevé l'humilité pompeuse des confessions publiques du même Lemaître. « Et votre Monsieur Lemaître, disait-il,

> ... il avoue dans une lettre qu'*il a été dans le dérèglement,* et qu'il s'est retiré chez vous pour pleurer *ses crimes.* Comment donc avez-vous souffert qu'il ait fait tant de livres sur la matière de la grâce ? Ho, ho, direz-vous, il a fait auparavant une longue et sérieuse pénitence. Il a été deux ans entiers à bêcher le jardin, à faucher les prés, à laver les vaisselles.

La réponse fut vive et même furieuse. Pour n'avoir pas relevé Tartufe à genoux, pour avoir pris le janséniste au mot sur des crimes qu'il ne feignait d'avouer que pour qu'on le portât aux nues, Racine fut traité d'indigne.

> Vous accusez M. Lemaître, ripostait Port-Royal par la plume de Dubois, vous abusez indignement de son humilité qui lui a fait dire qu'il avait été dans le dérèglement, et vous ne prenez pas garde que ce qu'il appelle dérèglement, c'est ce que vous appelez souverain bien.

Quelle pitié ! et quelle honte de voir que des professeurs continuent d'enseigner aux enfants l'admiration de ces gens-là ! Et de qui donc parle le moraliste [1] quand il écrit que « l'humilité n'est souvent qu'une feinte soumission dont on se sert pour soumettre les autres » ?

J'ai annoncé dans le jansénisme un côté de conspiration politique. C'est un point qu'on passe sous silence, et qui n'en est pas moins certain. Il étonnera moins, si l'on songe que Jansénius était en son particulier l'auteur d'un livre, *Mars Gallicus,* dans lequel les rois de France,

---

1. La Rochefoucauld.

presque sans exception, depuis les origines jusqu'à Louis XIII, étaient l'objet de son invective.

Contemporaine des troubles de la Fronde, la querelle du jansénisme y fut mêlée. Les personnages portés au premier rang de ces troubles n'avaient pas peut-être tout ce qu'il eût fallu pour figurer entre de pieux solitaires et de saintes filles dans l'arène des guerres civiles ; mais l'esprit de parti les unissait, et l'on vit se sceller sans difficulté ce que Crétineau-Joly appelle, avec une savoureuse précision, « l'alliance entre le vice ambitieux et la vertu turbulente ».

Mᵐᵉ de Longueville, le cardinal de Retz, devinrent l'objet des prédilections de Port-Royal. On les aida d'argent et d'influence. Au coadjuteur en exil on envoyait de quoi subsister, et ce n'est pas un des traits les moins plaisants de l'histoire, que de voir Retz soutenir une existence pleine de galanteries avec l'argent fourni par la mère Angélique.

Plus tard, les papiers saisis chez le P. Quesnel découvrirent un complot contre le roi. Une pratique des plus audacieuses de la secte était la prétention d'être comptée comme une puissance et de se faire comprendre dans la trêve de vingt ans que le comte d'Avaux, depuis 1684, était chargé par Louis XIV de négocier en Hollande. On découvrit alors la preuve du fait. Le P. Quesnel fut arrêté en 1703. Ce fut à l'égard du parti le commencement des dernières rigueurs.

Ces pratiques politiques étaient la conséquence des mesures que toutes les hérésies ont dû prendre pour s'établir, en un temps où le spirituel des sociétés était réglé rigoureusement. Elles sont liées au plan que les jansénistes suivaient à l'égard des compagnies disposant d'une influence dans l'Église.

Au témoignage de saint Vincent de Paul, écrivant à

l'abbé d'Orgnes et cité par Collet son biographe [1], Saint-Cyran avait avoué à M. de Pravigny, secrétaire d'Etat, que les jansénistes « ne s'étaient proposé que de décréditer les jésuites sur le dogme et sur l'administration des sacrements, et que dans l'affaire présente il ne s'agit ni de Molina ni de la science moyenne ». C'est ici que la part des Arnauld dans cette histoire se fait sentir.

Ils étaient fils du vieil Arnauld, autrefois signalé par son *Plaidoyer pour l'Université contre les Jésuites*. Ce plaidoyer remontait aux anciennes querelles qui agitèrent le règne de Henri IV et qui finirent par le bannissement de la Compagnie, après le régicide de Jean Châtel. On avait accusé les jésuites de ce crime, à cause d'une justification théologique du tyrannicide que leur P. Mariana avait écrite. Cette absurdité était allée si loin, les ennemis des jésuites avaient été si puissants, qu'un monument de pierre où le fait se trouvait inscrit avait été érigé dans la cour du Palais. Ce monument fut ôté bientôt, et les jésuites rappelés par le roi. Les auteurs du méfait avaient poussé de grands cris, entre lesquels prit place un autre écrit du vieil Arnauld, un mémoire présenté au roi en 1602 pour empêcher le retour de ces pères.

Tels étaient l'origine des Arnauld et les exemples qu'ils tenaient de famille. Les attaques contre la Compagnie de Jésus devaient nécessairement concentrer à la fin tout l'effort des jansénistes. Le pouvoir politique fortement constitué, l'Église bientôt mise en défense, décourageaient leurs espérances ; ni l'offensive sur le dogme, ni les pratiques des guerres civiles ne pouvaient les retenir longtemps. Les haines héritées de la Réforme et des tiers partis qu'elle inspira, les intérêts de l'hérésie nouvelle, que les jésuites eurent l'honneur de dénoncer les

1. Crétineau-Joly, *Histoire des Jésuites*, tome IV, p. 21.

premiers, se liguaient contre cette compagnie. Ainsi le
dessein que la secte fut obligée de suivre, et où il lui
fallut se renfermer enfin, était conforme à son principe.
Par là s'expliquent l'ardeur et la constance qu'ils mirent
à le poursuivre et à la décrier.

J'ai dit que l'*Augustinus* fut condamné en 1642. Un
pape d'une haute intelligence, ami particulier de la France,
Urbain VIII, fut l'instrument de cette condamnation.
Moins d'un an après, en 1643, mourut Saint-Cyran,
emportant au tombeau le regret deux fois amer de ses
desseins avortés et de ses rancunes inassouvies. Alors
vivait à la cour une princesse de la maison de Rohan,
que ses parentés protestantes pouvaient désigner à la
secte comme une adepte à conquérir ; c'était Mme de Gué-
mené. Elle inclinait à prendre un janséniste pour son
directeur de conscience ; le P. de Sesmaisons [1], jésuite,
l'en détourna par une lettre qui fut rendue publique. Ce
fut le signal de la guerre.

Le grand Arnauld entra en scène, et publia la *Fréquente Communion*. C'était, comme on sait, une condamnation de la communion fréquente, que les jésuites
recommandaient. Le livre parut avec l'approbation de
quinze prélats. Tout le parti en fit un bruit énorme et,
remis en posture par ce détour habile, n'eut plus à la
bouche que la morale dangereuse de ceux qui avaient
fait condamner Jansénius.

Il est vrai, la *Fréquente Communion* enseignait une
pratique différente de celle que recommande l'Église ;
mais on pouvait trouver là-dessus tant d'équivoques, que
la condamnation était comme impossible. Les adhésions
d'évêques faisaient merveille ; jointes à l'ostentation de
dévotion du livre, elles intimidaient la critique et recueil-

---

1. Grand-oncle des deux généraux de Sesmaisons et du P. de Sesmaisons, jésuite, mort l'année dernière.

laient l'approbation des simples. Comment tant de paroles pieuses eussent-elles couvert des intentions répréhensibles ? Il faut savoir aussi de quelle manière quelques approbations d'évêques avaient été obtenues.

J'ai répondu à la reine (Anne d'Autriche), écrivait saint Vincent de Paul, qu'il était vrai que Mgr de N. avait signé les livres de Jansénius et de la *Fréquente Communion*, mais c'était sans les lire, n'en ayant pas eu le loisir... A quoi Sa Majesté a répliqué en demandant si l'on pouvait signer les livres sans les voir. Je lui ai dit que feu Mgr de N. avait signé le livre de la *Fréquente Communion* sans l'avoir lu [1].

Pendant dix ans, depuis 1643, que parut le livre du grand Arnauld, la diffamation des jésuites se poursuivit. Sous le couvert de cette diversion, le jansénisme faisait des adeptes. A la déclaration publique, qu'ils n'osaient faire, suppléaient mille dissidences avouées, qui, pour se rendre insaisissables à des condamnations formelles, n'en opéraient pas moins l'hérésie dans les âmes. Le moment parut venu de frapper un nouveau coup ; de nouveau on visa la tête : cinq propositions furent extraites de l'ouvrage de Jansénius et firent l'objet d'une condamnation. Ce furent les bulles d'Innocent X, parues en 1653.

Nous sommes à l'époque qu'on peut appeler classique et littéraire du jansénisme, à celle dont on fait l'histoire devant les écoliers.

Le parti s'empressa de déclarer que les bulles ne le touchaient point ; qu'avec le pape, avec tous les fidèles, ceux qu'on voulait flétrir du nom de jansénistes condamnaient les cinq propositions ; que tout le fait de ces jansénistes n'était que de combattre la morale relâchée des jésuites et de déconseiller la fréquente communion.

1. Crétineau-Joly, ouv. cit., tome IV, p. 25.

C'était au mieux ; mais un parti ne peut tenir, s'il abandonne son chef et s'il renonce à son nom. Aussi, laissant
aller une forme de sa doctrine, qu'il comptait bien rat-
traper sous une autre, n'eut-il garde de souffrir que Jansénius fût atteint. Ils condamnaient, disaient-ils, les cinq
propositions, mais elles n'étaient pas dans Jansénius.

Et en effet elles n'y étaient pas. Elles n'y étaient pas
dans les termes : aucun passage de cet auteur pris à part
n'en offre un équivalent absolu. Si le contraire eût été,
si les propositions avaient été formellement extraites, on
n'eût pas manqué d'alléguer que leur sens dans l'original
était autre que celui qu'elles prenaient isolées : on eût
crié aux textes tronqués. Sous une forme précisément
contraire, on eût élevé la même querelle.

L'autorité fait ce qu'elle veut à cet égard. Pourtant,
s'il faut choisir, avouons que rien ne paraît si équitable
que le procédé qu'on suivit en cette occasion ; le contenu
d'un livre étant ordinairement mieux présenté dans un
résumé fait exprès que dans quelques phrases textuelle-
ment rapportées. Il est vrai qu'on se prive ainsi de la
force qu'apportent les confrontations de textes ; mais
cela est de nulle importance quand l'autorité qui condamne dispose aussi du droit d'interpréter.

C'est justement le droit de l'Église, qu'elle n'a jamais
admis qu'on contestât. Condamnant les cinq propositions,
elle les condamnait *dans Jansénius* ; tout l'effort du sophisme se heurtait à cela.

Les jansénistes disaient qu'ils n'étaient point touchés.
Nous avons vu de nos jours renouveler cette attitude à
propos d'autres condamnations ; en même temps nous
avons eu le spectacle de l'agitation qui s'y joint. Celle-
là fut extraordinaire ; toute la France en ressentit l'effet.
Le grand Arnauld crut devoir prendre l'offensive ; il voulut voir jusqu'où pourraient aller ceux qui, reniant les

cinq propositions, continuaient d'avouer Jansénius. La
Lettre au duc et pair fut écrite en 1656, dans ce but. La
Sorbonne s'empressa de condamner cette lettre. Venant
après les bulles du pape contre le docteur, cette condamnation d'un essai de revanche, essuyée dans Paris
par les sectateurs mêmes, était un coup aussi cuisant
que funeste ; on voyait perdre tout ce qu'avait gagné le
succès de la *Fréquente Communion ;* la cause, ruinée
depuis longtemps en principe, allait succomber devant
l'opinion. C'est à regagner ce point que servirent les
Provinciales ; elles parurent en feuilles cette année et la
suivante.

Quelque empire que prennent naturellement sur les
hommes les traits d'une satire audacieuse et l'ostentation de la vertu, quelque charme qu'ajoutent à ces avantages un dialogue finement observé, une mise en scène
naturelle et plaisante, une dialectique subtile et passion-
née, une expression brillante, un tour rapide où les liaisons s'accusent par le sens des noms et des verbes et
tiennent lieu de l'exposition logique, un art de composer qui tient du prodige par les gradations savantes, les
repos agréables, les traits soudains, la juste mesure, le
lien d'unité parfaite, une éloquence enfin dans le ton élevé
et grave ; quelque débit, dis-je, que de si grands mérites
aient valu au livre de Pascal, monument reconnu de notre
langue, cependant il faut avouer que le fond n'en aurait
jamais subsisté sans la complicité des doctrines d'anarchie, liguées, depuis l'apparition du livre, contre toute
espèce d'autorité.

Les étudiants de ma génération ont entendu M. Larroumet convenir en Sorbonne du caractère odieux de
plusieurs doctrines de Pascal sur la direction des consciences. C'est l'impression ressentie de tout homme sim-

plement raisonnable à la lecture des *Provinciales*. La
doctrine de Pascal est inhumaine et folle. Sur les conditions du péché, sur la réconciliation, sur les dispenses,
ses théories sont l'effet d'une gageure, qui jette sur le
livre entier le discrédit du charlatanisme, de l'hypocrisie
et du mensonge.

Nous voulons, dit le jésuite mis en scène dans ce livre,
que Dieu donne des grâces actuelles à tous les hommes à
chaque tentation, parce que nous soutenons que, si l'on
n'avait pas à chaque tentation la grâce actuelle pour n'y point
pécher, quelque péché que l'on commît, il ne pourrait jamais
être imputé.

Pascal peint cela sous les traits les plus noirs. Mais,
parmi ses lecteurs d'aujourd'hui, qui ne se moquera de
son indignation? Car les théologiens ne trouvent rien à
reprendre là dedans ; et quant à ceux qui, n'étant pas
théologiens, seraient sujets à se laisser séduire, ils ne
seront pas séduits par l'opinion de Pascal.

Étonné, reprend l'auteur des *Lettres*, *d'un tel discours*,
selon lequel tous les péchés de surprise et ceux qu'on commet dans un entier oubli de Dieu ne pourraient être impu-
tés...

Laissons les distinctions ; à prendre l'ensemble des choses, précisément tel qu'on nous le propose, ce Montalte,
qui s'étonne, n'est-il pas *étonnant ?* Ce qu'il veut nous
faire croire est qu'on pèche sans le savoir ; contester cela
lui semble exorbitant.

Ailleurs il s'agit d'opinions que le chrétien est en droit
d'avoir, qui lui sont permises selon l'Église. Le confesseur qui le juge en a d'autres, permises aussi, et qui lui
sont particulières, comme au pénitent les premières.
Survient un cas où le confesseur réprouve, en vertu de

l'opinion qu'il a, la conduite du pénitent. En dépit de cette réprobation, il faut bien que le confesseur s'abstienne de condamner le pénitent.

Quand le pénitent, dit le P. Bauny, suit une opinion probable, le confesseur le doit absoudre, quoique son opinion soit contraire à celle du pénitent. Refuser l'absolution à un pénitent qui agit selon une opinion probable (c'est-à-dire permise) est un péché qui de sa nature est mortel.

Quoi de plus juste ? Le confesseur ne juge qu'au nom de l'Église ; dans l'exercice de son ministère il n'a droit de condamner que ce qu'elle condamne. Cependant Montalte s'écrie : « Voilà qui est bien prudemment ordonné ! Je croyais que vous ne saviez qu'ôter les péchés, je ne savais pas que vous en sussiez introduire. » Quand on a compris le fond de la querelle, cette ironie fait pitié, et l'on trouve le jésuite fort sage, qui répond : « Vous ne parlez pas proprement ; nous n'introduisons pas les péchés, nous ne faisons que les remarquer. »

Autre critique, à propos de rechutes :

Il y a des auteurs, dit encore le P. Bauny, qui disent qu'on doit refuser l'absolution à ceux qui retombent souvent dans les mêmes péchés, et principalement lorsqu'après les avoir plusieurs fois absous, il n'en paraît aucun amendement. Mais la seule véritable opinion est qu'il ne faut point leur refuser l'absolution.

Nouvel étonnement du compère, qui demande finement « si cette assurance d'avoir toujours l'absolution » ne portera pas les pécheurs à pécher. L'inconvénient ne peut être contesté, je l'avoue. Cependant, Montalte, quel remède ? Votre question s'étend plus loin que la rechute, elle s'étend à tout usage du sacrement. Le pardon promis encourage à pécher : ne le promettez-vous à personne ? Montalte dit : « Que ces maximes-là attireront de gens à vos confessionnaux !.— Vous ne sauriez croire combien il en vient, dit le jésuite ; nous sommes accablés sous la foule de nos pénitents : *pœnitentium numero obruimur.* » L'ironie est plaisante, mais que fait-elle à la chose ?

De pareils traits déconsidèrent plus qu'un livre ; ils déshonorent la thèse elle-même. Ce qui paraît la soutenir n'est pas plus solide.

Celui qui ne peut dormir sans souper est-il obligé de jeûner ? Nullement. N'êtes-vous pas content ? — Non, pas tout à fait, lui dis-je, car je peux bien supporter le jeûne en faisant collation le matin et en soupant le soir. — Voyez donc la suite, me dit-il. Personne n'est obligé à changer l'ordre de ses repas.

Voilà un des forts de l'auteur. Or, réservant le point de savoir si cette casuistique n'est pas en soi une chose parfaitement nécessaire, je conviens que sa petitesse a quelque chose de ridicule. Mais petitesse, ridicule, défaut de vue, n'est pas crime. Le relâchement n'est ici que dans l'imagination de l'auteur. Avoir des raisons valables de ne pas changer ses repas et de ne pas pouvoir jeûner le soir, qui doute que cela ne compose une dispense légitime ? Peut-être on répondra qu'il convenait de laisser à la pratique le soin d'ordonner cette dispense. Après tout, c'est un fait que le casuiste n'a pas écrit son livre à l'usage des premiers lecteurs venus, mais à l'usage des directeurs de conscience.

En quelles occasions un religieux peut-il quitter son habit sans encourir l'excommunication ? S'il le quitte pour une cause honteuse, comme pour aller filouter, le devant bientôt reprendre.

Le sens évident, que développe la suite, est celui-ci : Le péché étant de dérober, aucun péché de surcroît ne s'y ajoute, pour le religieux, du fait de son habit quitté. On peut trouver qu'en cas pareil la question est sans importance ; on peut prétendre qu'il faut être peu sensible à l'horreur du larcin lui-même pour agiter à ce propos si peu de chose qu'un changement d'habit ; cette disproportion peut faire rire, elle peut expliquer une moquerie ; une invective est de trop. Ce qui est de trop encore est de donner à croire que le larcin et l'habit ôté, présentés ensemble par le casuiste, bénéficient de son indulgence. « J'avais peine à croire cela », dit le prête-nom de Pascal. Peine à croire quoi ? Et qu'est-ce que signifie cette mise en scène, sinon un dessein formé d'abuser de la confiance ou de la distraction du lecteur.

Un autre abus est le tour que donne Pascal à de simples fautes de goût chez les casuistes. Ce mauvais goût s'échappe en traits ridicules, qui sont cependant fort innocents. Tel celui-ci du P. Cellot, dans son titre de la *Hiérarchie* :

La pluralité des messes, dit le jésuite, apporte tant de gloire à Dieu et tant d'utilité aux âmes, que j'oserais dire, avec notre P. Cellot dans son titre de la *Hiérarchie*, qu'il n'y aurait pas trop de prêtres « quand non seulement tous les hommes et les femmes, si cela se pouvait, mais que les corps insensibles et les bêtes brutes même, *bruta animalia*, seraient changés en prêtres pour célébrer la messe ».

Rien n'est si absurde que cette invention, je l'avoue, rien n'est si ridicule que le contentement marqué par l'auteur qui l'a trouvée ; mais elle n'excite rien qui ressemble à l'indignation, et l'odieux qu'on essaye de jeter sur ce morceau est parfaitement immérité.

Il faut en dire autant de toutes ces coquetteries de dévo-

tion, de toutes ces mignardises niaises, que Pascal cite
en foule au chapitre de la dévotion aisée :

> Cœur pour cœur, ce serait bien ce qu'il faut (en échange
> de nous à la Sainte Vierge) ; mais le vôtre est un peu trop
> attaché et tient un peu trop aux créatures. Ce qui fait que
> je n'ose vous inviter à offrir aujourd'hui ce petit esclave que
> vous appelez votre cœur.

Ainsi parle le P. Barry. Cela nous fait voir dans le
P. Barry un précieux peu agréable, fâcheux échantillon
d'un style mis à la mode par les imitateurs intempérants
de saint François de Sales ; mais cela ne saurait montrer
dans le P. Barry un monstre acharné à la ruine de la
morale.

C'est pourtant de ces trois éléments qu'est composée
toute cette fameuse attaque. Tantôt l'auteur a tort, tantôt il n'a raison que contre la pédanterie du casuiste, tantôt il ne fait que triompher d'un mauvais goût de l'écrivain. Le reste ne consiste qu'en quelques erreurs fort
rares, renfermées dans quelques personnes et qui ne sauraient avoir de conséquence. Elles n'en sauraient avoir,
pour deux raisons : l'une c'est que tous les casuistes que
Pascal cite ne sont pas jésuites ; de sorte que leurs travers ne sauraient passer que pour ceux de la casuistique
elle-même, non de la Compagnie de Jésus ; la seconde
est que plusieurs suppositions, qui fournissent dans ce
livre le commentaire au reste, sont l'invention de Pascal.

D'abord il invente l'engagement que prendrait, à ce
qu'il dit, la Compagnie entière au livre qu'un de ses
membres publie ; il invente également le partage des
directeurs sévères et des directeurs larges, mis en avant
selon les cas, afin de ne rebuter personne. La première
invention repose tout entière sur les autorisations d'imprimer requises, pour chaque ouvrage écrit par un jésuite,

des autorités de la Compagnie. Cela marque une solidarité, mais non pas plus étroite que celle qui lie entre eux,
par une pratique pareille, les membres de tous les autres
ordres. En certains cas, il faut bien admettre que cette
solidarité ne laisse pas d'être assez lâche. En feignant
qu'elle engage, dans ce que chacun écrit, les jésuites plus
que les autres, Pascal ne suivait que sa fantaisie. Le
second point n'a pas de fondement du tout, et tout ce
qu'il en tire n'est qu'en l'air.

On sait quel fut l'effet considérable des *Provinciales*
sur l'opinion. Elles rendirent au parti battu quelques-uns
des avantages de la victoire. Tout accablé qu'il était en
principe, elles lui donnaient un aspect redoutable ; le faux
ascendant que lui prêtaient ces *Lettres* prenait corps dans
l'imagination ; tous les tenants de Port-Royal passèrent
pour gens considérables. Même à Rome on les ménagea ;
on ferma les yeux sur la duplicité qui, en même temps
qu'ils souscrivaient la condamnation de l'hérésie, leur
faisait nier qu'ils l'eussent professée. On fit signer à tous
les adhérents un formulaire qui réprouvait les cinq propositions. C'était exiger le point de *droit*, réservant, comme
on disait, le point de *fait*. Cet arrangement s'appela la
paix de Clément IX.

Elle cessa quand, sur la fin du siècle, fut rédigé le
fameux *Cas de conscience des quarante docteurs,* et que
parurent les *Réflexions morales sur le Nouveau Testament* du P. Quesnel. Ces ouvrages remirent tout en question. En même temps, le caractère politique de l'agitation
se découvrait avec éclat. Louis XIV était résolu à ne plus
rien souffrir de ce côté. De 1709 à 1710, il dispersa le
Port-Royal de Paris et rasa le Port-Royal des Champs.
La fameuse bulle *Unigenitus* fut lancée en 1713. Ce fut
la fin de l'existence visible et officielle du jansénisme.

Il continua de s'agiter sous le masque. Plusieurs erreurs, qu'il avait semées, se perpétuèrent parmi les fidèles et dans le clergé jusqu'à la Révolution. A de très rares exceptions près, il n'existe plus maintenant en France que chez des libres penseurs et à l'état de sympathie historique.

Nos maîtres de rhétorique composent un grand chapitre de l'influence de Port-Royal sur la littérature française. Il est de fait que Racine y fut élevé et que Pascal en prit la défense. Mais ni l'un ni l'autre ne figure dans l'histoire comme partie de leur société. Pascal différait d'eux par beaucoup de ses idées, et Racine écrivit contre eux, sous forme de lettres, les plus piquantes satires qu'ils aient essuyées. Ni l'un ni l'autre ne tient d'eux pour le style. Ceci avoué, il faut reconnaître que l'influence de Port-Royal se réduit à rien ou à peu de chose.

Ni le grand Arnauld, ni Lemaître, ni Singlin, ni Lancelot, ni Lenain de Tillemont, encore moins Dubois, ni Barbier d'Aucour n'ont laissé d'ouvrage en renom, ni servi de modèles à personne.

Le nom de cette école est médiocrité. Seul Nicole fut lu et prisé. Il n'en est pas tout à fait indigne. Il y a de la sagesse dans ses *Essais de Morale* et quelques pages heureuses dans sa *Logique*. Hors de là, leur renom d'hellénistes est ce qui leur mérite encore le plus d'éloges. Rien, après tout, n'a eu tant de lecteurs que leur *Jardin des Racines grecques;* on a tort de le négliger maintenant ; j'incline à le regarder comme leur plus bel ouvrage.

Quant au tour de sévérité qu'on assure qu'ils donnèrent à la morale du temps, et qu'on prétend relever jusque chez Bourdaloue, ce tour n'est pas autre chose que l'attitude nécessaire de tous les moralistes et de tous les prédicateurs. On ne propose pas de réforme aux foules qui ne soit sévère; les mesures et les adoucissements ne viennent que dans les cas particuliers et en face des personnes. Ainsi Mme Cornuel disait de Bourdaloue : « Le P. Bourdaloue surfait dans la chaire, mais dans le confessionnal il donne à bon compte. » Sainte-Beuve dit à propos de cela : « Ce sont là des mots spirituels qui ne prouvent rien. » Il me semble, au contraire, qu'ils expriment la vérité et la nécessité des choses. En croyant saisir l'œuvre du jansénisme par là, j'ai peur qu'on ne saisisse encore qu'une ombre.

Au demeurant, dans les lettres comme ailleurs, le plus important du jansénisme vient des *Provinciales* et y retourne. Le mal que ce livre fit aux jésuites est une chose qui dure encore, comme celui que *Tartufe* fit à l'Église. Aussi bien l'attaque des *Provinciales* ne pouvait-elle éviter de nuire à la cause de la religion elle-même : entre les mains de ses ennemis, ce livre fait pendant à *Tartufe*, quoique d'un effet moins populaire.

Les jésuites y ont répondu avec beaucoup de pertinence. Le P. Nouet fit paraître dans le temps des ripostes ; mais c'est surtout le livre du P. Daniel qu'il faut recommander à cet égard. Ses *Entretiens de Cléandre et d'Eudoxe* sont le meilleur guide qu'on puisse trouver pour une reconnaissance exacte, tantôt du fond de chaque question, tantôt de la polémique elle-même, brouillés par l'esprit de parti.

CHAPITRE XIII

LA CRITIQUE DES ANCIENS IMPOTS

Les préjugés dont il reste à parler sont dirigés principalement contre les derniers siècles de la monarchie française. Ce sont ceux qui servent plus ordinairement à justifier la Révolution.

Rien n'en fait mieux sentir l'importance, par exemple, que de les voir former la partie principale du livre de l'*Ancien Régime* de Taine. Ce probe esprit, ce lucide historien donnait asile à ces préjugés comme tout le monde. Il ne fallut rien moins que le spectacle de la Révolution en exercice pour le faire douter des reproches écrits chez lui sous la dictée de la Révolution en promesse.

Quant aux critiques qu'on fait de l'impôt, j'en parlerai autrement que de toutes celles qu'on a vues jusqu'ici. C'est qu'en effet la fiscalité moderne doit être regardée comme supérieure à l'ancienne, et ce qui suit en contiendra la preuve.

Dans cette question cependant veulent être distingués des considérants importants, que le commun des économistes omet. L'omission de ces considérants leur sert à noircir l'ancien fisc, représenté chez eux comme un comble de désordre. La dîme, les corvées, la gabelle, l'emprunt, les traitants, l'altération des monnaies composent le portrait qu'ils en font, et qu'ils opposent à l'ordre parfait de nos budgets. Là-dessus on ne manque guère d'ajouter, en forme de conclusion souveraine, que la vieille monarchie a péri par ses finances ; quelques-uns disent « s'est effondrée ».

La grossièreté du terme suffit à faire sentir l'impertinence de la pensée. On peut répondre tout de suite à cette conclusion, que les finances de la Restauration ont été ce qu'on a vu de plus irréprochable, et que cela n'a pas empêché la Restauration de « s'effondrer », sous le même effort des mêmes entrepreneurs de l'effondrement national.

Une institution comme la monarchie française ne périt pas comme une maison de banque. C'est se moquer de prétendre qu'une royauté de dix siècles a pu recevoir la mort d'une mauvaise gestion financière, qui durait depuis aussi longtemps qu'elle, qui en dix siècles ne l'avait pas tuée, et qui, loin d'empirer quand ce dénouement survint, allait, de l'aveu universel, en s'améliorant tous les jours.

Oserai-je ajouter que, de quelque manière qu'on explique ce point d'histoire, assez d'hommes illustres ont laissé dans notre pays la réputation de financiers habiles pour que la critique qu'on oppose à nos anciennes finances soit mitigée. Charles V, Charles VII, Louis XI, Louis XII, Sully, Colbert, le cardinal Fleury, sont autant de preuves que quelque science des finances a précédé dans notre pays la fiscalité moderne. Ajoutez les talents qu'il a bien fallu déployer pour venir à bout de tant de guerres coûteuses, pour encourager magnifiquement l'art et l'industrie nationale, pour mener parfois les deux ensemble et de front. Catherine de Médicis bâtissait en pleine détresse des guerres civiles. Louis XIV sut mener à terme la grandiose entreprise de Versailles.

On répond à cela, tantôt que ces princes vivaient d'expédients, tantôt qu'ils pressuraient les peuples. Mais on pourrait soutenir que les expédients étaient justement l'*art* de ces temps-là ; et quant à pressurer les peuples, à qui fera-t-on croire qu'une nation soit capable de durer et de prospérer à ce prix ? La réponse à ceci est dans le fait de l'existence, de la durée et de la puissance de l'ancienne France, qui, malgré ce qu'on allègue, suppose nécessairement de l'ordre dans les finances.

Cependant, comment nier plusieurs faits de cette histoire ?

L'altération des monnaies est certaine. Elle dura depuis Philippe le Bel jusqu'au cardinal Fleury. Durant cinq siècles, entre plusieurs moyens de suffire aux dépenses publiques, la monarchie française connut et pratiqua celui qui consiste à remettre en cours pour leur valeur ancienne des monnaies refondues dont on réduisait le titre.

Le recours aux traitants n'est pas plus contestable. Le roi empruntait à usure ; d'avides marchands d'argent étaient indispensables à l'entretien de son trésor. C'étaient des juifs, ou de ces Italiens qui faisaient nommer Lombards tous ces prêteurs. Scipion Sardini prêtait à Catherine ; les traitants de Louis XIV sont demeurés célèbres ; l'histoire de la fortune et de la ruine de financiers comme Bourvarlais emplit de son tapage tout le dix-septième siècle.

Ces pratiques ont pour vivant commentaire les embarras financiers qu'on voit se déclarer à des époques diverses : pour ne compter dans les temps modernes que quelques-uns des principaux, ceux de 1575, de 1645, de 1709, de 1770. Embarras signalés par des désordres et des irrégularités de tout genre : paiements de rentes ajournés, consolidations, pensions supprimées ou réduites, emprunts obligatoires ; auxquels répond le redoublement d'impôts, avec l'état de violence et d'agitation qui s'ensuit.

L'objet de ce chapitre est de fournir la vraie philosophie de ces faits.

Et d'abord remarquons que les anciens impôts n'ont causé de ces agitations, ne motivent dans la postérité la réclamation dont on parle, que par intervalles seulement, non pas d'une manière continue. Ce désordre ne se voit que dans des temps de détresse : détresse publique, dont les causes tiennent à des circonstances exceptionnelles. Tantôt c'est la guerre étrangère, et tantôt la guerre civile, quelquefois les famines, inévitables alors. Le fait est facile à vérifier ; les conséquences en sont remarquables.

Car en réalité, qu'est-ce que de mauvaises finances ? Celles dont l'effet est de doubler les impôts sans cause notable, particulièrement sans aucune de celles qui tiennent à la guerre. Il en est des États comme des particuliers. Mauvais économe n'est pas celui que les embarras d'argent travaillent en temps de dépenses exceptionnelles, mais celui qui manque d'argent dans le cours ordinaire des choses, parce qu'il est incapable de ménager ses ressources. Le degré d'embarras où l'on tombe est moins ce qu'il faut considérer que les circonstances dans lesquelles on y tombe. Ce degré d'embarras peut venir de quelques causes générales, que la sagesse même n'a pu vaincre. Ainsi la République est mauvaise financière, les impôts grandissant toujours sans qu'on en puisse donner de raison, ni dire quelles circonstances nouvelles entraînent cet accroissement de charges. Au contraire, les finances compromises de François Ier, de Catherine de Médicis, de Desmarets à la fin du règne de Louis XIV, de l'abbé Terray vont avec les embarras de l'État ; elles sont l'effet de maux qui s'étendaient à tout.

Tout le monde subit la gêne de ces temps-là, le roi en son privé comme la France, les puissants comme les faibles, les riches comme les pauvres. C'est en pareil cas qu'on a vu les rois de France porter leur argenterie à la Monnaie. C'est à de pareilles détresses que nous devons la perte de cette fameuse vaisselle d'argent de Louis XIV, meubles, bassins, caisses d'oranger, dont la tapisserie des Maisons royales nous conserve les magnifiques images. Au contraire, la paix rétablie avait pour effet de remettre tout en ordre chez les particuliers comme chez le roi.

C'est ce qu'on vit après le traité des Pyrénées, sous l'administration de Colbert, entre 1662 et 1671. Les finances alors furent parfaites et, quant aux résultats, propres à contenter les plus difficiles.

Ainsi en fut-il sous le cardinal Fleury, dans les vingt-deux ans qui vont de 1726 à 1748. Cette période est la plus prospère à cet égard que l'ancien régime ait connue. Des signes non équivoques l'attestent. Tous les six ans chaque adjudication des Fermes marquait une plus-value nouvelle. En ce temps-là se place la longue surintendance du contrôleur Orry, maintenue près de quinze ans. Alors se rend sensible l'essor de l'industrie ; le bien-être des villes grandit, comme la richesse dans les campagnes. En vingt endroits, dans nos campagnes, nous rencontrons des fermes de ce temps-là. La bâtisse en est admirable, tout y rappelle l'aisance des anciens maîtres. Je laisse le style, qui les met bien au-dessus de ce qu'on voit construire aujourd'hui.

Nous avons peine à imaginer les ressources qui se trouvaient alors dans les petites villes et même dans des villages, ressources depuis concentrées en quelques points de la France, et dont la dispersion composait un état de choses infiniment digne d'être regretté. Par exemple, le château d'Arnouville près de Gonesse, qui fut bâti par les Machault, possédait une grille de fer orné, depuis transportée aux Vaux-de-Cernay, qui est un chef-d'œuvre de l'art. Voici ce qu'on lit dans d'anciennes descriptions :

Cette grille, composée par M. Contant, a été exécutée par Nesle, serrurier établi à Arnouville, homme supérieur en son genre.

Qu'on se figure ce serrurier artiste établi dans ce village des environs de Paris, et qu'on mesure sur un tel détail le degré de développement de ces temps-là.

Durant les périodes dont je parle, on ne voit pas d'embarras chez le prince, aucune plainte ne s'élève dans le peuple. Ce qu'on allègue de détresse n'est qu'en certains moments. Notre erreur l'étend à tout l'ancien régime ; nous prenons les plaintes d'une année pour la doléance des siècles.

Divisons les reproches, comme il est légitime. Louis XIV, dit-on, a fait des guerres ruineuses : c'est un reproche à sa politique, ce n'est pas un reproche à ses finances. Les ministres, ajoute-t-on, ont dilapidé ; mais il n'y a pas d'exemple que cette dilapidation ait causé le mauvais état des choses. Elle ne nuit pas dans la prospérité, et la détresse d'argent n'en est jamais l'effet. De tout ceci je conclus que le nom de mauvaises finances n'est pas applicable au passé. Toute condamnation générale, qui tend à représenter le désordre installé dans le trésor royal et le défaut d'économie publique comme l'état constant de l'ancienne France, est contredit par ce peu de réflexions.

Cependant ce n'est pas sans raison qu'on remarque d'anciennes imperfections à cet égard. Qu'est-ce donc qu'on peut reprendre dans les finances d'alors ? Leur instabilité.

Elle est manifeste. Ce qu'on vient de lire la confirme. Prospères en temps de prospérité, les finances de l'ancien régime sont sujettes à tomber, en cas de malheurs publics, sous le poids de dépenses extraordinaires. C'est un inconvénient que notre siècle évite, et qu'il convient de considérer.

On trouvera que cette instabilité n'était l'effet d'aucune mauvaise gestion particulière, mais de l'instabilité générale des fortunes. Quant à celle-ci, les signes s'en manifestent de mille manières. Il faudrait n'avoir jamais rien lu pour ignorer dans quelles conditions irrégulières on jouissait jadis d'une grande fortune. Les revenus ne pouvaient s'assurer. Riche une année, on était pauvre l'autre. De là venait pour les particuliers la nécessité des expédients ; de là tant d'entreprises que l'on ne pouvait achever, tant de bâtiments laissés en cours d'exécution.

Le défaut de grande industrie, l'état naissant du crédit, causaient cela ; la mobilité des capitaux, dont bénéficient les modernes, n'était pas soupçonnée alors. Tout le bien était en terre, sur laquelle les saisons ont une influence souveraine ; l'état des récoltes réglait tout : l'inclémence d'un été troublait la recette publique, un hiver excessif ruinait le pays. On sait quel fut l'effet de celui de 1710.

Un économiste éminent, M. Stourm, paraît oublier cela quand, faisant le procès de ce temps-là et rapportant le peu d'exactitude avec lequel fut payé l'emprunt de 1709, il écrit :

Une fois l'emprunt réalisé, *les excuses ne manquèrent pas* pour ajourner l'échéance promise : déficit imprévu dans la rentrée des impôts, *rigueur d'un hiver exceptionnel*, continuation de la guerre.

N'est-il pas étonnant d'entendre appeler *excuses* des causes aussi certaines que les circonstances dont il s'agit? Un hiver durant lequel on raconte que la mer gela sur nos côtes fait cependant un contretemps que toute la sagesse de M. Léon Say eût été impuissante à conjurer alors. Il y a du ridicule dans ce reproche des modernes, et dans cette fatuité qui les fait s'affranchir en idée de la sujétion des éléments.

Ce que l'ancien régime en pareil cas faisait mal, personne n'aurait pu le mieux faire. Ces effets tenaient à des causes que l'initiative d'aucun homme, le jeu d'aucune institution ne pouvait changer. Une fiscalité certaine et permanente était alors parfaitement impossible.

Tout l'art consistait en ce temps-là à amasser un trésor pour le besoin. Le salut de l'État était le même que celui d'un journalier, qu'une maladie ruine. On ne dira jamais assez à quel point les écrivains spéciaux en ces matières, ignorants du point de vue de l'histoire générale, tout renfermés dans les rubriques d'une dogmatique intolérance, ont parlé faussement du passé.

Il est superflu, écrit l'un d'eux (repoussant les doctrines d'un financier d'alors), il est superflu de réfuter de pareils sophismes. Même en 1709, ce tableau ne pouvait illusionner qu'un *ministre aveuglé par les nécessités du moment.*

Je demande à quoi l'auteur prétend qu'un ministre ait égard, sinon *aux nécessités du moment.* Il dit « aveuglé » : c'est fort bien, et on ne peut défendre l'*aveuglement.* Cependant il faudrait se convaincre que la situation d'un écrivain qui, au nom d'un système, juge l'histoire tranquillement, sans autre risque pour lui que d'être sifflé, n'a que peu de rapport avec celui d'un ministre qui, voyant se vider ses coffres, n'a que le moment pour les remplir. Les nécessités qu'il éprouve n'ont pour effet

ni de l'éclairer, ni de l'aveugler ; elles commandent, et
c'est bien assez. La réflexion et la lumière sont bienve-
nues en d'autres temps.

Tel est le tableau d'ensemble qu'il faut se représenter,
si l'on veut comprendre de quelle sorte l'ancien régime
vécut en matière d'impôts. Il faut entrer maintenant
dans quelque détail.

Je rappelle que les impôts d'alors étaient la *taille*, la
capitation, et les *dixièmes* ou *vingtièmes*, comme impôts
personnels et de répartition, c'est-à-dire réglés pour chacun sur les sommes qu'il faut obtenir ; impôts personnel, dis-je, l'impôt réel étant à peu près impossible alors,
à cause de la difficulté d'estimer ce que chacun possédait. C'était, en second lieu, la *gabelle* et les *aides*,
impôts indirects et de quotité, c'est-à-dire fixés en eux-
mêmes.

Ce qui fait que dans les temps difficiles on les supportait malaisément, c'est que les premiers étaient irré-
guliers et que les autres étaient fort chers. Ceux-ci
étaient affermés par l'Etat. On sait que cette ferme fut
l'institution de Colbert : il institua quarante fermiers
généraux, dont l'engagement était renouvelé tous les six
ans. Le système n'allait pas sans abus ; mais on n'y pouvait remédier, faute de l'outillage obéissant que les États
modernes possèdent dans leurs administrations. Ce que
nous appelons de ce nom n'existait pas et on ne pouvait
songer à les créer.

La Ferme en tenait la place au mieux dans les levées
d'impôts indirects. Pour les autres impôts, on se servait
de collecteurs choisis dans chaque endroit, à qui revenait
le soin de recueillir l'impôt au nom du roi. Cette institution de la collecte entraînait des inconvénients qu'on
imagine ; mais tout moyen manquait de la remplacer. Un

receveur rassemblait dans ses mains l'argent levé par
les collecteurs. Pour établir quelque contrôle effectif de
la gestion de ce dernier, on inventa de faire se succéder
dans une charge trois receveurs, dont le premier rentrait
en fonction au bout de trois ans : on les nomma receveurs triennaux ; la gestion de l'un servait de contrôle à
celle de l'autre. Pour les receveurs généraux, le système
fut d'en mettre deux dans la même charge, et par chaque
généralité.

Tous ces efforts attestent assez les embarras qui
tenaient à l'état de choses, et que seul un certain progrès des choses pouvait changer. Les vices de la levée
s'ajoutaient, en temps de crise, à l'impopularité de l'impôt.

Tout ceci fait comprendre pourquoi, dans ces temps-
là, la monarchie ne put éviter les expédients.

En 1711, elle souffrit que le clergé rachetât 4.000.000
de capitation annuelle, pour une somme de 24.000.000.
C'était, disent nos économistes avec pompe, *emprunter
à seize pour cent*. Mais ils oublient d'ajouter une
remarque : c'est que les traitants prêtaient à vingt-cinq.

En 1713, une réduction de deux cinquièmes des rentes
sur l'Hôtel de Ville eut lieu. *Faillite officielle*, disent
nos économistes. Je leur demanderai si les conversions
de rente que nous subissons à présent ont un effet différent de cette « faillite ». Ils allégueront qu'elles sont plus
régulières. Je l'avoue. J'avoue que cette régularité est un
avantage des modernes ; mais quant à l'injustice, elle
n'est ni pire ni moindre d'un côté que de l'autre, et les
gros mots sont de trop.

Aussi bien, ne croyons pas que ces expédients aient
contenté l'ancienne monarchie, et qu'elle n'ait rien fait
pour y parer. Il faudrait au surplus entrer dans tout le
détail, il faudrait demander si un certain nombre de faits

qu'on nous dépeint sous les couleurs les plus noires n'avaient pas quelques avantages, dont on eut l'art de profiter.

Melon l'économiste, dont l'*Essai politique sur le Commerce* est un des livres les plus intéressants qui existent sur la matière, garantit sérieusement que l'altération des monnaies a des avantages. Elle favorise, dit-il, le débiteur en lui donnant le moyen de se libérer avec une moindre quantité de métal. Un érudit des plus conscientieux, M. Callery, dans l'*Histoire du Pouvoir royal d'imposer*, justifie en termes parfaitement mesurés la fiscalité de Philippe le Bel. Il démontre que les chroniqueurs dont le témoignage sert à décrier ce roi, Guillaume de Nangis, Girard de Frachet, ainsi que les Chroniques de Saint-Denis, ont été mal interprétés.

Du côté des traitants, on sait avec quelle énergie la monarchie se défendait. Il n'y a peut-être pas de spectacle plus curieux, dans l'histoire, que celui de ces Chambres ardentes où la couronne, par un ordre extraordinaire que l'évidence de ses droits légitimitait à tous les yeux, rétablissait ses finances aux dépens de ceux qui les avaient pillées : vraie revanche des pouvoirs nationaux sur les puissances d'argent, non moins propre à manifester la haute dignité de ceux-là qu'à corriger l'abus qu'on ne pouvait ôter. M. Drumont a loué mainte fois cette procédure ; mais il a eu tort de l'interpréter comme une poursuite exercée contre la spéculation : c'est proprement de la part du roi une reprise de ce qui lui appartenait.

Pour mettre dans tout son jour cette question des impôts et rendre à l'ancien fisc ce qui lui revient d'apologie à cet égard, rien ne vaudra de mettre en face de ce fisc ce que les écrivains réformateurs ont opposé en fait de réformes. Rien ne peut mieux servir à apprécier le bien contenu dàns ce régime imparfait que l'examen des récriminations qu'il soulevait.

Les plus anciennes en date sont exprimées dans le livre de la *Dime royale*, ouvrage célèbre de Vauban, composé en 1698 et remis au roi en 1707.

C'était un très grand homme de guerre ; ses théories de finances n'ajoutent rien à sa gloire. On les a vantées cependant, mais par opposition seulement à Louis XIV, puisque les plus empressés à l'en louer ne laissent pas d'avouer quelles sont mauvaises. Il y a là-dessus des mots qu'on ne peut trop admirer.

Quoique ce projet (le projet de Vauban) dit Léon Say, *fût impraticable*, il n'en fait pas moins le plus grand honneur à l'homme de génie qui en est l'auteur.

Quoique ce mot, dirai-je, justifie à merveille le soin que prit Louis XIV de faire taire Vauban, il n'en met pas moins dans tout son jour l'inexprimable frivolité d'esprit d'un grand pontife de la finance. En cette matière la plus rigoureuse de toutes, vantée même à ce titre par ceux qui la professent, louer un réformateur d'avoir fait un projet que l'on déclare *impraticable*, le louer de cela quand on prétend pour soi-même à l'honneur de réformer les erreurs en ce genre, de redresser les torts et de gouverner l'Etat, je demande de quel nom cette folie-là se nomme.

Tout ce que cette science compte d'autorités se réunit contre l'impôt unique ; il est traité d'utopie partout ; cependant il fait le fond du livre de la *Dime royale*. De ce livre il passa bientôt à l'école célèbre des physiocrates.

On sait quel empire elle avait pris à la veille de la Révolution. Quesnay, Gournay Turgot, et plus tard

Dupont de Nemours, en sont les représentants fameux. On en dédia les doctrines à Louis XV. Quesnay, qui, comme médecin de Mme de Pompadour, avait son logement à Versailles, eut l'honneur de voir tirer par le roi la première épreuve de son *Tableau économique*. Cette école publiait un journal, les *Ephémérides du Citoyen*, plus tard remplacé par les *Nouvelles Ephémérides*, que dirigea l'abbé Baudeau.

J'ai dit que leur principe était l'impôt unique. On en chargeait la terre, et, dans le revenu de celle-ci, ce qu'on appelle le produit net. Ainsi établi, croyait-on, sur la source de toute production, on tenait pour certain que tout le monde le supporterait, par un effet du soin que prendrait le producteur de s'en payer sur le genre humain. Dans ce système, en somme, le laboureur compte pour fermier de l'impôt, désigné tel par la nature. Cette sombre extravagance fit une fortune immense. Elle ne trouvait pas de contradicteurs, les tenants du système ayant fait en sorte d'occuper toutes les avenues de la publicité. Ils encoururent pourtant le satire de Voltaire, dans son roman de l'*Homme aux quarante écus*.

Tels sont les remèdes que l'invention des gens de lettres proposait aux abus de l'ancienne fiscalité. Il n'est pas pour celle-ci de meilleure excuse.

La Révolution ne fut au propre qu'une continuation de ces folies. Exécutée par des *bêtes féroces*, selon le mot de Rivarol, on sait assez que les *gens d'esprit* en furent auteurs. A cet égard comme à plusieurs autres, elle offre le tableau de livres mis en action. C'est donc un abus de prétendre qu'en présence des inconvénients que j'ai rapportés tout à l'heure, elle ait le moins du monde traité le mal.

Ce traitement ne fut jamais son fait. Il s'est achevé depuis la Révolution ; il était commencé avant elle. Ce qu'elle inventa ne fit qu'en troubler le cours, soit en le contrariant en effet, soit en le compliquant d'imbéciles chimères.

Longtemps avant 1789, ces questions de finances étaient traitées par des hommes de la profession, qui consignaient leur expérience dans les livres. Melon, ci-dessus nommé, Forbonnais, Dutot, furent en possession sur cette matière de lumières que ne connurent jamais les physiocrates. Avec ce mouvement des auteurs allait un progrès de réformes. Un édit du cardinal Fleury assura en 1726 la fixité des monnaies, que les circonstances rendaient enfin possible. Cet édit l'eût assurée pour toujours, sans la Révolution, qui au bout de soixante-cinq ans, en 1791, rompit précisément cet ordre, qu'on nous fait croire qu'elle établit.

Necker, pour notre malheur à demi physiocrate, mais financier de profession, décréta avantageusement une fixité de la taille, qu'on ne put plus changer sans que (comme c'était le cas pour les autres impôts) le Parlement eût donné son avis. Cela fut en 1780. En 1787, l'assemblée des Notables réunie par Louis XVI formula le principe de l'impôt mobilier, fixé d'après l'habitation de chacun ; principe excellent dont aucune théorie n'avait préparé l'invention et qui ne vint que des conseils de l'expérience, dirigeant l'effort naturel en vue de l'amendement des choses.

Les amis de la Révolution, attachés en histoire au fatalisme évolutionniste, ne manquent pas de voir dans ces effets la Révolution elle-même et son souffle, qui commençait d'emporter la société. Cependant il est sûr que ces réformes furent accomplies selon le mode et les procédés de l'ancien régime ; il n'est pas moins sûr que la Révolution en exercice fit tout le contraire.

L'œuvre de celle-ci fut de brouiller tout, sous l'empire, d'une part, de la physiocratie, de l'autre, de la philosophie nouvelle des Droits de l'homme.

Léon Say ose assurer que la physiocratie n'eut pas de part à la Révolution. C'est une fantaisie de cet auteur. Il ne s'agit pas seulement d'une influence sur les esprits, prouvée par je ne sais combien de témoignages, mais d'une influence dans les faits. L'impôt unique, que la Révolution voulut établir, sa volonté que cet impôt fût l'impôt foncier, la suppression des impôts indirects, qu'elle entreprit, sont les propres principes de l'école physiocratique. Dupont de Nemours représentait cette école à la Constituante et dans l'assemblée des Cinq-Cents.

Ce qui fit supprimer la gabelle à la première de ces assemblées ne fut pas seulement l'esprit démagogique, mais aussi l'attachement au principe.

La gabelle était impopulaire moins en soi que par la manière dont cet impôt était perçu. C'était le cas de beaucoup de ces anciens impôts. L'inégalité de droits de province à province était ce qui en rendait le poids insupportable ; il faut ajouter les variations qu'elle subissait d'une année sur l'autre ; pourtant les plaintes qu'elle soulevait par là ne furent pas les seules causes que l'on considéra. En effet, il est remarquable que le Directoire proposa bientôt de la rétablir. Ainsi ce qu'on en redoutait n'étaient pas les effets, mais l'illégitimité philosophique, sur laquelle on fut moins scrupuleux dans la suite. Le ministre du Directoire disait :

Il faut peut-être un grand courage pour oser replacer sur la liste des revenus publics le produit *de certaines contributions*, que des déclamations, fondées sur des abus qui ne peuvent plus renaître, ont discréditées dans l'opinion publique. Ainsi la proposition de percevoir un droit, quelque modique qu'il soit, sur la consommation du sel devra naturellement se présenter avec une extrême défaveur. Elle rappellera de douloureux souvenirs. Que peut-il y avoir cependant de commun entre *ce régime dévorant* et l'établissement d'un droit à l'extraction des marais salants ?

En effet, comment trouver une ressemblance entre l'impôt sur le sel et la *proposition de percevoir un droit sur la consommation* du sel ? Il aurait fallu être bien pointilleux pour cela. L'Empire passa aux effets. Il rétablit tous ces impôts, celui des boissons en 1804, celui du sel en 1806 ; celui du tabac fut rétabli en 1808. Le peuple de France recommença à payer des droits contre lesquels on veut nous faire croire que la Révolution fut faite.

Il est remarquable que, dans la Constituante, Malouet avait réclamé en faveur de la gabelle, disant qu'elle n'était devenue odieuse que « par le régime qui était suivi et par l'excès de son poids ». Mais la *philosophie* ne voulait rien entendre ; elle s'imposait contre les nécessités d'État. Elle s'imposait contre l'opinion même, qui s'accommodait au contraire des impositions indirectes. Nous en tenons le précieux aveu de Dupont de Nemours, qui, à titre de physiocrate, réprouvait justement le principe de ces impositions. Devant la Constituante il disait : *Cédons à l'opinion, maintenons ces impôts.* En passant, je prie le lecteur d'admirer cette méthode de gouvernement : « Organes, disait Dupont de Nemours, de l'opinion publique dans des temps orageux, *nous sommes obligés d'en suivre l'impulsion* et de léguer à nos enfants le sort de l'éclairer : elle veut des contributions indirectes [1]. »

Rien n'est plus formel, ni moins suspect. Dupont de

1. Léon Say, *les Solutions démocratiques de la question des Impôts*, tome II, p. 22.

Nemours parlait comme nos centres, qui font appel à l'opinion. Les gauches, repoussant cette théorie abjecte, imposent leurs systèmes et triomphent ; ces systèmes en soi sont absurdes, mais le procédé qui les fait prévaloir est le bon. A cet égard alors, comme toujours, les jacobins montrèrent plus de pratique politique que les modérés. On supprima les impôts dont seuls les abus déplaisaient, et au principe desquels l'opinion tenait. On les supprima, dis-je, jusqu'au jour où la nécessité, d'accord avec l'opinion, obligea d'anéantir sur ce point (comme en plusieurs autres) l' « œuvre » de la Révolution.

La philosophie des Droits de l'homme conseillait un autre genre de folie. L'égalité devant l'impôt est son fait.

. On ne dira jamais assez combien ce principe d'égalité, aisément célébré dans l'abstrait, engendre, en cette matière particulière d'impôt, de questions insolubles et d'absurdités. Il y a longtemps que tous ceux qui s'occupent de ces choses ont remarqué la difficulté de déterminer l'*incidence* de l'impôt. Celui sur qui l'impôt est levé n'est pas toujours celui qui le paie, par la raison qu'il s'en dédommage dans les transactions qui s'ensuivent ; le marchand fait payer plus cher une denrée que l'État impose : ainsi c'est le public qui paie. En mille occasions et de mille manières cette transmission de charge s'opère : tantôt l'impôt est recouvré tout entier, tantôt seulement en partie, la diversité des relations ayant pour effet d'en faire mille mélanges. Ainsi l'impôt du riche va frapper le pauvre, la justice est mise en déroute, la prétendue égalité violée. De là vient que le signe d'un sage impôt n'est pas de se déduire plus ou moins de principes de justice (dans lesquels la moitié des considérations nécessaires sont omises), mais d'être recouvré avec facilité.

A cet égard, les impôts que le siècle écoulé a payés méritent d'être fort approuvés. La République, reprenant l'œuvre de la Révolution, s'applique à les changer, pour l'amour du principe.

Au nom de cette égalité, que de réclamations n'a-t-on pas entendues contre le privilège qu'avaient, dit-on, les nobles de ne pas payer d'impôts autrefois ! La vérité constante est qu'ils payaient ceux du dixième et du vingtième. Il n'y avait pas d'exception à ceux-là. Le clergé les payait aussi. Il y joignait de plus ces fameux dons gratuits, que la monarchie, dans les moments d'embarras, réclamait de sa bonne volonté. La taille, il est vrai, épargnait la noblesse ; cependant on se tromperait fort de croire que cette exemption fût l'effet de la faveur : elle tenait à des raisons historiques qui longtemps constituèrent un droit.

Il faut considérer que la taille fut à l'origine et dans son institution une aide qui remplaçait le service militaire. Il est remarquable que les autres impôts relevaient de la Cour des comptes, laquelle avait charge des biens domaniaux ; au contraire, la taille relevait de la Cour des aides. C'étaient deux administrations dont Charles V avait voulu que les attributions fussent distinctes, pour ne donner point d'ombrage à la fierté des seigneurs : à l'une était remise la charge de ce que le roi exigeait comme *seigneur*, à l'autre de ce qu'on lui devait comme au *roi*. Le service militaire était de cette dernière sorte ; un impôt par lequel on s'en dispensait n'eut garde de tomber sur ceux qui continuaient de le rendre : c'est toute l'histoire de la taille. Dans la logique de cette institution, la seule plainte qu'on puisse formuler, c'est que d'autres que les nobles continuent de la payer ou d'en payer l'équivalent, quoiqu'on n'ait pas laissé d'étendre à eux l'obligation du service militaire. Dans ce point de vue, ce n'est pas l'ancien régime mais le moderne qui lèse le roturier.

Il est certain, il est visible, il est palpable que tout ce que la Révolution a entassé de plaintes à cet égard ne fut jamais dirigé à des réformes, mais à l'agitation démagogique seulement. On ne chercha pas autre chose par la publication du Livre rouge ; la suppression de la corvée, dont Turgot prit l'initiative en 1776, n'avait pas d'autre but au monde.

On sait ce qu'était ce Livre rouge : un état des dépenses de la cour, où se lisaient les pensions et les dons de toute sorte. L'effet de ces documents répandus dans la foule passe de bien loin leur portée véritable ; ce qu'ils contiennent d'irrégulier fait scandale ; les mentions les plus innocentes produisent au moins l'indignation. Ceux qui jetèrent ce Livre en pâture à l'opinion le savaient. Leur intention n'était d'éclairer personne : ils ne visaient qu'à la révolution. Dans le Livre rouge dévoilé, les foules badaudes pensèrent contempler à la fois tous les abus de l'ancien régime.

Quant à la corvée, qui n'eut jamais d'injuste que ce qu'il plut aux publicistes d'en écrire et de persuader, le Consulat la rétablit purement et simplement, le 23 avril 1802. Abolie par le tyran Louis XVI la deuxième année de son règne, elle revécut au bout de vingt-cinq ans par les soins du soldat de la Révolution. Il faut avouer que l'acte révolutionnaire fut de la supprimer. On l'appela désormais prestation, c'est le nom qu'elle porte aujourd'hui. Tout ce qu'on y changea fut que les chantiers de travail furent rapprochés des lieux d'habitation de chacun, et que les pouvoirs locaux eurent charge de la répartir. Petits avantages, que Turgot aurait pu assurer ; mais il n'eût pas conquis par là le nom de redresseur d'un abus de l'ancien régime, que nos manuels ont le front de lui maintenir.

La grande invention de la Révolution en ces matières mérite une attention particulière. Il y faudrait un chapitre à part et le ton relevé d'un poète écrivant dans le genre du *Lutrin* ou de la *Boucle de cheveux enlevée.* L'*impôt en nature* ferait le sujet heureux d'un ouvrage héroï-comique, auquel on n'aurait que la peine de mettre les rimes, les orateurs du temps ayant fourni le fond.

Dans ce monde de robins philosophes et de cuistres qui formait alors les assemblées, le rêve d'un impôt levé sur la denrée même, au milieu du tableau des champs, ne pouvait manquer d'être approuvé. Les imaginations fermentèrent là-dessus. Une fois de plus dans cet épisode apparaît l'ignoble caractère d'hallucination littéraire qu'épouse la Révolution. Tous ces badauds venimeux, tous ces niais féroces, se forgeaient l'image d'une Bétique purgée de l'appareil de registres et de bureaux et revenue au simple appareil de l'âge d'or. Ils s'en repassaient entre eux la séduisante peinture, et même semblent n'avoir réclamé cet impôt que pour avoir le plaisir de la peindre.

A la moisson, disait devant la Convention, à la moisson, disait Dubois-Crancé, tout le monde est riche ; chacun est émerveillé de la quantité de denrées qui rentre dans les granges ; on fait bombance, on n'en croit pas voir la fin. Mais lorsque vient le *mois de nivôse,* lorsque, après avoir battu les semences, payé les domestiques, le bourrelier, le charron, le maréchal, il faut encore acquitter la contribution aux charges publiques, c'est là où l'on trouve à décompter. Le laboureur doit délasser presque toute sa récolte pour aller au marché échanger sa denrée contre *le signe qui la représente* à l'impôt... Il est donc de l'intérêt des cultivateurs, et spécialement des moins fortunés, d'acquitter au bout du

champ la contribution qu'ils doivent à la République, afin
que ce qu'ils remettent en grange leur appartienne en réalité et cesse de les tromper par une fausse apparence de
richesse, qui n'est dans le fait qu'un dépôt onéreux [1].

Admirez le sérieux de ce ton et le grave soin que prenaient de peigner ces proses stupides des gens qu'on nous
dépeint comme possédés de l'unique souci du salut public.
Ainsi s'est fleuri de nos jours M. Jaurès, dans le genre
épique. L'églogue de celui-là ne fut pas d'abord suivie;
l'Assemblée opposa la question préalable; quelques-uns
pourtant la défendirent. L'abbé Charrier remarqua avec
bonheur que « l'impôt en nature effraie parce qu'on n'en
a pas l'expérience »; Bouche, passant aux moyens, prit
sur lui d'assurer que « les municipalités ouvriraient des
enchères, où elles affermeraient à des particuliers, qui
paieraient en argent » : cette manière, ajoutait-il brave-
ment, « est douce et peu dispendieuse ».

Quelques restes de bon sens éteint, galvanisés par ces
sottises, jaillirent du sein de la Convention. Dédeley
répondit : 1° que le fermier réclamerait de gros droits,
trente pour cent au moins, à cause du nombre incalcu-
lable d'agents qu'exigerait le recouvrement de l'impôt le
même jour sur une immense étendue ; 2° que certaines
récoltes ne peuvent attendre le collecteur ; 3° que celles
qui se font par petites quantités pendant longtemps,
comme des cocons, des noix, etc., ne se prêtent absolument pas à ce système ; 4° qu'une moisson égale est loin
de représenter toujours le même profit pour le propriétaire, et qu'on ne peut lever la même part de denrées sur
des terres dont les frais sont inégaux : ainsi il fallait
estimer chaque terre et le tracé du cadastre, qu'on pensait éviter, n'en était pas moins nécessaire.

1. Stourm, *les Finances de l'ancien régime*, t. Ier, p. 187.

C'était en 1793. En 1795, devant les Cinq-Cents, Dubois-Crancé renouvela sa proposition, l'histoire à la main cette fois.

Les Romains, dit-il, percevaient l'impôt en nature. *Les Chinois, le peuple le plus sage de l'univers,* font de même.

Cet argument était sans réplique. On sait qu'après Aristée et Tityre, la Révolution ne vénéra rien tant que Fo-hi, Kien-lon et Can-tchi, et après les Vies de Plutarque que le livre Choukin. La Chine l'emporta. Le projet fut voté, avec quel succès on l'imagine. Voltaire écrivait plaisamment : « Les Lapons et les Samoyèdes sont soumis à un impôt unique en peaux de martre, la république de Saint-Marin ne paie que des dîmes pour entretenir l'état de sa splendeur. » La France fut mise à ce pas. La loi prit dix séances. On accorda l'impôt en nature, d'abord pour la moitié, et puis pour les trois quarts. Au bout d'un an, un rapport de Balland faisait ouïr aux Cinq-Cents les résultats.

Ils étaient effroyables. Le désordre de la perception en faisait la moindre partie ; le déficit passa toutes les craintes. L'énorme amas de denrées remis aux mains de l'État s'était perdu de vingt façons : on les rangeait dans les églises confisquées ; la pourriture, les insectes, les voleurs, les y consommèrent en partie ; les frais de garde, de manutention, de transport avaient achevé de dévorer le reste. Dubois-Crancé n'en défendit pas moins son système avec intrépidité. Il traita les autres projets de *chimères*. Selon lui, un cadastre exact était impossible. « La véritable répartition, dit-il, la plus approximative du moins, se trouve dans les mains de la nature. » Et, content de cette gentillesse, il ajoutait : « Par la manière dont elle distribue ses bienfaits, elle indique elle-même où est la richesse, où est la misère. »

Le régime ainsi défendu prolongea un an son exercice En 1797 seulement, après deux ans de désordre burlesque et d'affreux gaspillage, on se résolut de terminer la gageure. Tel est en abrégé le trait le plus remarquable de la réforme de l'impôt sous la Révolution.

Je parle des systèmes réguliers. Quant aux faits d'expédients, c'est mieux encore. La fixation du *maximum*, les réquisitions de denrées à main armée, firent voir, après trois quarts de siècle de progrès ininterrompus vers la fixité des finances, un retour à des mesures d'exception dont la violence passait tout ce qu'on avait connu. Cambon, pour encourager le commerce, proposait d'interdire la lettre de change. Mais par compensation nous eûmes les assignats : témoignage fameux et éternel des capacités financières déployées par les réformateurs. La ruine générale s'ensuivit ; ils n'empêchèrent pas la banqueroute. Au milieu de tout cela, Barère disait :

Citoyens, jamais la fortune publique n'a été élevée au point où elle est en ce moment. Riche de *liberté*, riche de *population*, riche de *domaine*, la République compte employer pour l'amélioration du sort des citoyens les milliards des riches.

On remarquera en passant combien cette éloquence a peu changé.

Conclusion : néant et néant. Tout ce qu'on nous conte sur l'œuvre de la Révolution quant aux impôts n'est qu'un mensonge. La Révolution n'a pas fait le Grand-Livre, la Révolution n'a pas fait le Cadastre, si du moins faire signifie *faire* et non annoncer *qu'on fera*.

« De même, écrit M. Stourm[1], qu'elle osa organiser le grand livre de la dette publique en pleine faillite, au

1. Ouv. cit., t. Iᵉʳ, p. 194.

milieu du désordre administratif le plus effroyable, elle ne craignit pas de décréter le Cadastre. Les historiens qui prennent pour une fondation glorieuse ces sortes de décrets improvisés, qu'aucun rapport, qu'aucune discussion ne précède, paraissent ignorer quels efforts patients et réfléchis, quels travaux prolongés nécessitent d'aussi grandes créations, lorsqu'elles sont destinées à fonctionner réellement et efficacement. »

Le 21 mars 1793, la Convention avait voté ce texte : « Il sera procédé à un cadastre général. » L'année suivante, la phrase fut revotée ; c'est tout. C'est en cette sorte que la République fondait ; c'est le tableau précis de son pouvoir créateur : il fallut le Consulat pour commencer le cadastre.

Le bon est de voir là-dessus les gens de parti peiner pour redonner figure au monstre. M. Léon Say le lèche avec persévérance. A force de figures de style, il le présente sans trop de honte. Le portrait que ce financier sévère parvient à tracer des finances d'une époque *qui n'eut point de finances* est exactement du même genre que celui de Mlle de Scudéri avait donné en beau de la Furie Tisiphone. Je recommande sérieusement la comparaison :

Pendant la Révolution les rôles furent *très imparfaitement* dressés et les contributions furent *très imparfaitement* recouvrées. On fut obligé de faire des remises *fréquentes*, ET MÊME de faire payer l'impôt en nature, parce qu'il n'y avait pas d'argent dans les fermes.

Le trait de l'impôt en nature escamote un mensonge. On a vu qu'il ne fut pas subi, mais imposé. Pour le reste, que de précautions, dont le vrai caractère est l'impudence ! N'importe, il faut de l'adresse pour exécuter cela, et l'on sait si cette adresse est perdue.

Ce fiasco retentissant, cet échec misérable, ce démenti illustre à tant d'ostentation ne fut pas, comme on le dit quelquefois, la faute des circonstances ; il ne venait pas des énergumènes, mais des docteurs ; il venait du charlatanisme de Turgot, de l'illusion de Necker, il venait des physiocrates et de leur *revenu net*, sur lequel ils voulaient qu'on établît l'impôt, et que personne jamais ne sut fixer. La loi de 1790 en proclama avec innocence le principe, qu'on ne put jamais appliquer. On institua pour cela des magistratures ; le Directoire créa les *jurys d'équité*, véritable abus décrété. Tout ne fit qu'étaler l'impuissance, la stérilité de la réflexion appliquée à ce sujet par des cerveaux abstraits nourris de généralités et vides de choses.

Malesherbes a reconnu cette erreur. Elle ne leur sera pas pardonnée, car personne n'est forcé de prendre la conduite des hommes et ce qu'il y a de fautes excusables n'est jamais celles qu'on fait commettre aux autres. « M. Turgot et moi, dit-il, nous étions de fort honnêtes gens, très instruits, passionnés pour le bien ; qui n'eût pensé qu'on ne pouvait mieux faire que de nous choisir ? Cependant, ne connaissant les hommes que dans les livres, manquant d'habileté pour les affaires, nous avons mal administré. Sans le vouloir, nous avons contribué à la Révolution. »

Rien n'est plus triste que cet aveu. Rien n'est plus gros de leçon pour mille gens de ce temps-ci, à qui manque même cette sagesse stérile et qui s'en vont criant, après les catastrophes : J'étais de *bonne foi*, j'ai fait mon *devoir*.

Assurons-nous donc de ceci, c'est qu'en matière d'impôt, les avantages modernes n'ont pas été le dessein de la Révolution. De l'espèce d'ordre rétabli sur ses ruines, le premier consul tira nos administrations. Leur ponctualité, leur discipline, permirent des levées d'impôt plus parfaites qu'autrefois. Cet avantage, s'ajoutant à tout ce que le cours du temps amenait de changements favorables, visibles sous l'ancienne monarchie, eut pour effet ce que nous voyons. Je dis ce que nous voyons pour peu de temps encore, puisque l'esprit de la Révolution, en minant jusqu'à l'ordre administratif, est sur le point de le détruire, et sans nul doute y parviendra si l'on ne chasse la République.

Ajoutons que la perfection en ce genre ne résume pas tout le souci de l'État, et que ceux qui font le procès de l'ancien état de choses à cause de ce seul point se trompent. Tout instables, toutes sujettes à amélioration qu'elles fussent, ces finances n'en étaient pas moins celles d'un grand État et d'un peuple prospère. Ce membre imparfait jouait son rôle dans le corps le plus sain et le plus beau du monde. Aussi longtemps que l'école des hommes d'État sera quelque chose de différent d'une académie de finances, il sera juste d'épargner là-dessus les anathèmes.

« Dieu nous préserve, écrit un financier à propos de Louis XIV, des grands rois qui lèguent à leur pays la situation constatée en 1715 ! » Étrange condamnation. Quoi ! les conquêtes, les traités, les alliances, ne sont rien ; les ressources des citoyens, les mœurs, l'avancement des esprits, pas davantage ! Gages du passé, promesses d'avenir, vains mots, qu'une page de comptes enterre. Quelle pitié ! quel aveuglement de mesurer la grandeur d'un règne au dernier bilan de ses finances ! Un père ne laisse-t-il à ses enfants que ses dettes, quand la maison est grande et prospère ? Au-dessus de l'argent, n'y a-t-il pas le pays, et tout ce qu'il porte en lui de moyens plus ou moins avancés d'en refaire ?

CHAPITRE XIV

LE MENSONGE DE LA MISÈRE PUBLIQUE

En plusieurs endroits de notre histoire il est question d'un état de misère dans les campagnes. Comme il arrive en pareil cas, les auteurs du temps y ont joint le détail qui les frappait, et ce détail fait impression sur le lecteur. Les dénonciateurs de l'ancienne France n'ont pas manqué de tirer parti de cela.

Ils ont écrit et répété que rien ne fut si malheureux que la condition du paysan tant que dura l'ancien régime. Le tableau de cet affreux état traîne partout. On nous représente la campagne alors comme couverte de gens affamés, sordidement logés, mal vêtus et croupissant dans l'ignorance. Pour une partie des gens instruits, ce tableau a passé en fait, ils ne le croient ni contestable ni sérieusement contesté ; je ne dis rien du peuple lui-même, plongé de nos jours dans le surcroît d'ignorance qu'entretient le mensonge délibérément enseigné.

La querelle qu'on élève ainsi, est différente de celle des impôts. Il ne s'agit pas de ce qu'une fiscalité imparfaite apportait de trouble par instants dans les fortunes particulières en même temps qu'au trésor public, mais de conditions permanentes faites à l'existence d'une classe d'hommes. Car c'est une partie seulement du peuple de France qu'on plaint. On imagine ce peuple partagé en deux parts : l'une échappant par quelques avantages de rang, de relations et de fortune au détriment d'un régime mal construit ; l'autre portant tout le poids de ce détriment, offerte comme en sacrifice au maintien d'une apparence d'ordre, dont s'accommodaient ces temps-là. Voilà ce qu'on croit, et voilà ce qu'on condamne. Car comment louer les fruits brillants ou agréables issus d'un tel état de choses ? La souffrance des petits crie vengeance contre les pompes historiques du temps. Chacun prend parti pour les petits.

Cette sorte de zèle est à la mode ; je n'ai garde d'en blâmer le principe. Les moralistes ont toujours eu le droit de remarquer les persécutions auxquelles les petits vivent exposés, de relever le contraste existant entre leur rude labeur et l'opulence des grands. Mais de s'imaginer que l'impression de ce contraste doit dominer les jugements de l'histoire et de la politique, quelle erreur ! et combien l'illusion qui s'en repaît, le charlatanisme qui s'en aide mérite peu de considération !

Cependant, on veut tout soumettre à cela. Au tableau des peines des petits on joint, pour soutenir ce parti, le tableau de leur humiliation. Non content de revendiquer pour eux ce qu'il plaît d'appeler le bonheur, on s'indigne du peu d'honneur auquel leur condition les condamne. Il importe de remarquer que cette sorte d'indignation était étrangère aux hommes de l'ancien régime.

Nul alors ne sentait de peine de l'infériorité de son rang ; les hiérarchies sociales semblaient naturelles. Le petit y rendait honneur au grand sans que l'idée lui vînt de s'en trouver humilié. Le grand ne songeait pas à l'en plaindre ; il ne s'extasiait pas sur le malheur qu'il y a à n'être ni si puissant, ni si magnifique, ni si savant qu'un autre ; les hommes dont c'était le partage, il n'imaginait pas de les appeler des *humbles*. Cette su-

prême aumône des *altiers* de ce temps-ci n'était pas plus
reçue en grammaire qu'en morale : il a fallu, dans l'une
et dans l'autre, de grandes révolutions pour la faire
admettre.

Ne parlons donc pas, si nous voulons juger du contentement des petites classes en ce temps-là, des regrets
que leur cause de nos jours la comparaison des plus élevées ; on ne trouverait pas un témoignage qui leur attri-
buât ces sentiments : ne parlons que de leurs moyens de
vivre.

Or ces moyens n'étaient pas, comme on le croit,
comme on le répète, comme on l'enseigne, au-dessous
de ce qu'ils sont aujourd'hui, au-dessous du passable et
du nécessaire ; ils étaient honnêtes et confortables.
Quelque étonnant que cela puisse paraître, on en trouvera la preuve dans ce chapitre. La prospérité du paysan fut grande sous l'ancien régime, dans les siècles qui
précédèrent la Révolution comme dans le Moyen Age ;
celle de l'artisan était de même.

Il faut rappeler l'état florissant du royaume aux divers
temps de notre histoire, sous Charles V et sous Charles VI avant la bataille d'Azincourt, à la fin du règne de
Henri IV, au temps de Colbert, sous le règne de
Louis XV presque entier. Alors les classes nobles et les
bourgeoises jetaient un éclat sans pareil ; non pas un de
ces éclats qui précèdent la ruine, mais solide, mais sou-
tenu d'une prospérité du commerce admirable et d'une
aisance de relations sociales que nous sommes loin de
revoir aujourd'hui. La puissance de la bourgeoisie marchande par toute l'Europe est un trait unique de certaines de ces périodes. A Gand, au xv° siècle, il semble
que rien n'ait égalé la corporation des bouchers. Bou-
cher à l'étal y était plus que chevalier ; les plus illustres

d'entre eux y patronnent les arts et entrent dans le conseil des princes. A Paris, cette puissance se rend tristement sensible à l'occasion des guerres civiles : la force du parti bourguignon tint à la bourgeoisie de cette ville ; les bouchers encore y jouèrent un premier rôle.

A la campagne il en est de même. Des hommes dont toute la vie se passe à manier des chartes du Moyen Age, à remuer des contrats de fermage et des titres de propriété n'omettent pas de dire qu'en aucun temps le paysan ne fut si heureux qu'alors. Toutes les monographies de province portent des témoignages approchants. Un érudit à qui son caractère et sa science ont donné une rare autorité, M. Delisle, auteur d'un célèbre mémoire sur la *Condition des classes rurales en Normandie*, émerveillé lui-même des témoignages d'insigne richesse de cette province au Moyen Age, a exprimé son sentiment à cet égard en disant (le mémoire date de soixante ans) qu' « un paysan d'alors visiterait sans grand étonnement beaucoup de nos fermes ». Chacun connaît le livre de M. Babeau sur la *Vie rurale dans l'ancienne France*. Le résumé de cette vie offert dans ce livre, est la réfutation complète des erreurs répandues partout.

Cependant remarquons un point. C'est que, de nombreuses commodités manquant aux gens de ces temps-là, le paysan n'a pu en être pourvu plus que d'autres.

Nous faisons un cas extrême de ces commodités ; un certain progrès matériel nous fascine. L'accroissement de la population d'où sensuivent des ressources en divers genres, l'accumulation de l'expérience, qui fait l'avancement de l'industrie, ont eu pour effet de rendre en plusieurs points le train de notre existence plus doux, d'en ôter d'ennuyeuses servitudes, d'y joindre des facilités que ne soupçonnaient pas les ancêtres. Je n'ai garde d'en nier l'avantage, mais il faut le mettre à son rang. Gardons-nous de réduire à ce point notre philosophie de l'histoire, de n'imaginer que barbarie avant le temps où furent produites ces inventions. Il suffit de remonter à trente ans en arrière pour voir de grands changements accomplis en ce genre, qui font que nous nous demandons comment on a pu alors s'accommoder ; cependant le genre humain n'était pas diminué, le prix de la vie ne paraissait pas au-dessous de ce qu'il nous semble aujourd'hui. Assurons-nous qu'il en fut de même autrefois, malgré un état de l'industrie bien moins avancé encore. En tout temps, il est aisé de voir que la dignité des sociétés et le rang qu'elles tiennent dans l'estime sont réglés sur tout autre chose que le perfectionnement des allumettes chimiques. Il suffit de regarder la gloire des anciens, Romains, Grecs, Egyptiens, chez qui l'industrie était à l'état d'enfance, d'imaginer le peu de commodité de la vie qu'on menait à Pompéi au premier siècle de notre ère, au temps d'Auguste, d'Horace, de Pline, de Vitruve, d'Agrippa et de Germanicus. Cette réflexion doit ouvrir nos yeux et nous ôter d'un préjugé que l'américanisme moderne et les écoles professionnelles ont honteusement fortifié chez nous.

Un humoriste fort vanté en Amérique, Marc Twain, a fait un livre des aventures supposées d'un Yankee à la cour du roi Arthur. Tout le sel de cet ouvrage consiste dans l'étonnement mêlé de mépris qu'un habitant de Chicago ou de Minneapolis ressent à la vue de cette cour et de tout ce dont on y a manqué. Le même ton de satire se voit dans le *Mondain* de Voltaire. En dépit de ce patronage, il faut avouer que rien n'est si grossier. Quelle niaiserie que de prendre en pitié la chevalerie, parce qu'elle n'a point connu les carrosses à glaces ! Nous aurions beau jeu aujourd'hui pour rire de Voltaire lui-

même et des pauvres avantages qu'il vante, de le prendre au mot quand il s'écrie :

Ah! le bon temps que ce siècle *de fer!*

De fer, oui vraiment pour qui le compare au nôtre
et ne veut voir dans le monde que photographie et télé-
phone.

On a longtemps mangé sans fourchette, on a longtemps
couché au lit sans chemise ; personne en cela ne conteste
l'avantage des modernes ; mais il n'y a que des sots pour
fonder là-dessus une philosophie de l'histoire. Au temps
de François Iᵉʳ, l'appartement d'un grand, du roi lui-
même, comprenait trois pièces : la chambre, la salle et
le cabinet ; il dormait dans l'une, mangeait dans l'autre,
travaillait dans la troisième. C'était tout ce que le roi
avait à Fontainebleau. Et quelles chambres ! mal tracées,
incommodes, sans dégagement, sans lumière, du moins
au jugement que les modernes en font. « Dieu nous préserve, disait Courier en parlant du château de Chambord,
d'habiter une maison bâtie par le Primaticcio ! » Quand
le président Carnot allait à Fontainebleau, il se gardait
bien de loger dans les appartements du roi : il en choi-
sissait de moins anciens et plus commodes.

Le moindre amendement dans les distributions passait alors pour une merveille, tant on y avait peu d'exigence.

Cette pièce, écrit un guide de Fontainebleau au temps de
la Régence, était autrefois une petite garde-robe très obscure, qui avait son entrée, comme tout l'appartement, par
un passage étroit et sombre pratiqué dans le gros mur, près
de la première porte du grand cabinet... Mais Louis le Grand,
voulant embellir ce château et donner à son appartement
une plus grande régularité, fit détruire en 1713 cette garde-

robe, murer ce passage et ouvrir une fausse croisée qui était
sous l'arcade où on voit son chiffre, et fit de cette anticham-
bre une très jolie pièce, éclairée des deux côtés.

Au château de Dampierre près de Chevreuse, d'autres
commodités sont décrites d'un air tout à fait triomphant.
Il s'agit de l'île au bout de la pièce d'eau, où se trouvait, dit cette ancienne description, « quatre pavillons
en bastion : deux servent de cabinets de conversation,
un autre de cuisine et le quatrième de lieux à l'anglaise ».

C'est un sujet à ne s'épuiser jamais. Les livres de
M. Alfred Franklin sur les mœurs d'autrefois permettent d'en varier l'aspect à l'infini. Dans des temps que
nous voyons si faciles à charmer et qui supportaient en
tout genre des incommodités dont nous ferions mille
plaintes, il ne faut pas s'étonner que les classes inférieures, subissant la condition commune, aient été en
général moins bien logées qu'elles ne sont; qu'elles aient
à quelques égards moins bien mangé. Les pauvres
n'avaient garde d'échapper à ce que les riches eux-
mêmes devaient supporter. Par exemple, ce fut longtemps un luxe que de garnir de vitres les fenêtres. Beaucoup de maisons des champs n'en avaient pas. Elles ne
fermaient qu'à volets de bois. Ce fait paraît n'avoir
choqué personne ; on en supportait l'inconvénient.

Ce qui fait dans le peuple la dignité de la vie, l'avantage d'une société sur l'autre, et, dans le sens le plus
élevé du mot, le degré de *civilisation*, n'est aucune de
ces sortes de causes. Outre la moralité proprement dite,
il consiste dans la santé et dans l'allégresse de l'âme,
dans des lumières générales sur le monde et sur les
choses, dans une idée de la chose publique présente à
chacun et sentie dans les intérêts particuliers. Tout cela
suppose une culture des hautes classes, qu'accompagnent

ordinairement un bon gouvernement et des lettres florissantes. Tout cela n'a que fort peu à faire de ce qu'on
appelle les *inventions* et du genre de progrès dont le
degré se mesure dans les expositions universelles.

Or, que les paysans de France se soient trouvés dans
l'état que je dis, c'est ce que démontrent je ne sais combien de témoignages. Toute la littérature française en
est garante. Les peintures qu'elle présente de cette classe
sociale la montrent en tous ces points au moins l'égale
de ce qu'elle est aujourd'hui.

Le paysan qui paraît dans le roman de Renart, dans
Rabelais, dans La Fontaine et dans Rousseau, son personnage chez Marivaux et chez Molière, n'ont rien qui dé-
mente ce que j'avance. Nous le voyons aussi dans les
estampes : sa figure n'y est ni d'un misérable, ni d'une
brute, ni d'un paria. Comparée à l'idée qui se prend par
toutes ces sources, la réalité d'aujourd'hui, loin de l'emporter, a quelque chose de moins agréable, de moins
net, de plus grossier. Les témoignages historiques proprement dits ne sont pas moins concluants à cet égard.

La détresse dont le passé rapporte le témoignage, les
années de famine, sont l'exception : voilà ce dont il faut
qu'on se persuade. Le tableau de la misère qu'elles
offrent a pour effet de frapper les imaginations ; des expressions violentes qu'on voit revenir sans cesse donnent
une juste idée de cet effet et du compte que l'historien
doit tenir du grossissement qui s'ensuit. A plusieurs
reprises, par exemple, nous lisons que le paysan « man-
gea de l'herbe » ; il y a trente ans, dans un livre de
M. Xavier Merlino, nous lisions cela de l'Italie contemporaine ; mais quelle herbe ? Croit-on que des hommes
l'aient broutée à la façon des bêtes, le long des routes ?
Un degré de famine, qui les aura réduits à des salades
grossières ramassées dans les champs, c'en est assez pour

faire naître l'hyperbole. Je la tiens légitime en tant que
telle, et je ne demande pas mieux que d'en prendre
l'idée d'une détresse excessive ; mais il y a bien de la
différence avec le sens étroit dont on nous éblouit. Que
si quelque chose de plus fut vu en ce genre, qu'on soit
bien assuré que c'est par grande exception, dont la ra-
reté, en étonnant l'esprit, rend le rapport plus éclatant.
Tel est l'effet de ce qu'on n'a jamais vu et de ce qui
paraît hors de gamme : on le grossit en paroles, on le
répète sans cesse ; mais il faut être bien peu instruit des
choses et, comme dit La Bruyère, « ne pas entendre la
figure », pour prendre cette répétition de mot pour la répétition des choses.

Quand Guy Patin en 1661 écrit [1] ceci : « Je pense que
les Topinambous sont plus heureux dans leur barbarie
que ne sont les paysans français d'aujourd'hui ; la récolte
n'a pas été bonne », pense-t-on que cela signifie que la
condition des vrais Topinambous fût meilleure que celle
de nos campagnes, et quelqu'un ira-t-il écrire sérieusement qu'il valait mieux, selon ce témoignage, être sauvage aux Iles que Français ? Pour entendre le vrai de ces
rapports, il me semble qu'il suffit de savoir en général
comment les hommes s'expriment, comment nous-mêmes
nous parlons tous les jours.

Que si l'on n'y veut pas songer, comment pourrait-on
s'expliquer d'autres témoignages où la figure ne joue
aucun rôle cette fois ? Par exemple, en 1787, des rapports certains [2] nous font voir dans l'étendue du département de l'Aube un cinquième seulement en moins de
bêtes à cornes que ce que ce département en compte
aujourd'hui. Considérez que ce cinquième au moins est

1. Lettres, t. II, p. 245.
2. Babeau, ouv. cit., p. 114.

enlevé de nos jours par l'exportation et que la population y est plus nombreuse qu'alors : il faudra bien conclure que la condition du paysan est moins bonne aujourd'hui qu'alors. M. Babeau, qui a particulièrement connu cette partie de la province française, fait observer qu'elle était loin de compter parmi les plus riches. Cependant on y voit, dans le même temps, des bourgs de sept cents à huit cents âmes en possession de trois et quatre bouchers.

Bien auparavant, en Normandie, des documents de la plus grande précision montrent les paysans les moins aisés mangeant de la viande après la soupe deux fois par jour, au dîner et au souper. En 1684, un règlement, dont nous avons le texte, prescrit de donner aux collecteurs d'impôts mis en prison une livre de viande, vingt onces de pain et une pinte de vin par jour. Ces collecteurs étaient des paysans : certainement on se réglait en cela sur ce qu'ils mangeaient chez eux à l'ordinaire. Ainsi la viande y tenait cette place. Cependant on a écrit partout que les paysans de l'ancien régime ne mangeaient presque jamais de viande.

Ajoutez que dans les provinces lointaines, à l'écart des grandes villes, le bon marché de la viande était grand à cette époque ; le paysan avait donc intérêt à la manger plus qu'à la vendre. Jouvin de Rochefort signale en basse Bretagne des veaux gras qu'on vendait trente sous. Ces témoignages suffiront quant à la subsistance.

Pour le logis, je vois qu'on fait état de ce que les paysans avaient des maisons « de boue ». Ici encore je demande quelle boue. L'usage de la terre pour bâtir est imposé en plusieurs endroits par le défaut de carrières et de terre à brique. Cet usage est bien loin d'être signe de misère. En Normandie, nombre de bâtisses servant de réserve et d'appentis ne sont faites que de pisé, c'est-à-dire que de boue. Le Beaujolais est couvert de maisons d'habitation bâties de la sorte, parfaitement propres, spacieuses et confortables. Au contraire, les pauvres villages de Savoie sont bâtis de pierre schisteuse et couverts d'ardoise. Ces différences ne donnent aucune indication de pauvreté ou de richesse.

Quant à la terre battue formant le sol des chambres, aux poutres basses où pendent les salaisons, au voisinage du bétail, j'ose dire que ces choses, remises dans leur milieu et à leur plan (du reste visibles aujourd'hui même en beaucoup de parties de la France), ne font pas l'effet qu'on s'imagine. Il faut n'avoir imaginé les champs que du fond d'une arrière-boutique pour pousser jusqu'à l'indignation l'étonnement que des hommes puissent vivre privés de planchers et de plafonds de plâtre.

Le ridicule excès de cette prévention tient à l'empire pris par les écrivains romantiques sur l'imagination contemporaine. Rien ne fut plus bourgeois que cette école ; son ignorance des choses rurales allait jusqu'à l'extravagance. Nourrie dans les cafés de Paris, ne demandant son inspiration qu'aux grimaces d'un Moyen Age absurde, évoqué par bravade au fond de ruelles sordides, toute à l'exaltation fantastique du laid, à l'illustration pédantesque des émotions excitées chez de jeunes bourgeois avides par le spectacle de la vie des villes, aucune ne fut plus loin de s'intéresser aux champs. Ce qu'elle en étala ne fut que contre Boileau, auquel on tenait à reprocher de n'avoir pas dit *vache* pour *génisse*. Ils n'ont aimé que Paris, connu que Paris, vécu qu'à Paris. Le prix de la vie ne fut jamais à leurs yeux que le luxe que Paris donne et que les plus gueux souhaitaient avec fureur. Le reste leur faisait horreur.

Dans un pareil point de vue les récriminations n'ont

rien d'étonnant. Il n'y a presque pas un trait de la vie rurale qui ne mette en train les plaintes d'un boutiquier de la pointe Saint-Eustache, logé dans un entresol sans air, respirant les détritus des halles, jouissant sous sa porte d'entrée d'une chevauchée du Parthénon en plâtre et de l'honneur de se faire tirer le cordon par un portier au fond d'un antre affreux. Seulement il est clair qu'en préférant son sort il n'obéit pas à un sentiment de nature, mais à l'illusion de l'habitude ou au préjugé de la vanité.

Ceux que ce préjugé possède seront étonnés d'apprendre de quels meubles était meublée la maison du paysan d'autrefois. Il semble qu'on s'y soit appliqué plus qu'au reste. Les pièces en sont solides et de bonne condition ; chacun sait que les plus beaux se sont fait rechercher de nos jours. Bahuts, tables, chaises, lits, mentionnés dans les inventaires, font honneur à l'aisance du propriétaire ; nappes et serviettes ne manquent pas, les lits de plume sont en abondance ; en Champagne, province pauvre cependant, ils sont d'usage universel.

Dans les ménages les moins aisés, où le bois du lit est taillé à la serpe, on rencontre cependant la plume. Un trait curieux fait voir l'étendue de cet usage dans les villages des environs de Paris. Pendant les troubles de la Fronde, les bandes espagnoles pillèrent Sucy-en-Brie. Les paysans avaient retiré leur mobilier le plus précieux dans l'église. Après que les soldats en eurent forcé les portes, ils marchaient, dit la chronique, au milieu des lits éventrés et avaient de la plume jusqu'à mi-jambe.

Tout cela est loin de marquer la pauvreté. La vaisselle est anciennement de bois, puis de terre, puis d'étain, à mesure que l'industrie met ces matières, plus propres, à la portée des villageois. A la fin, elle est de faïence et d'argenterie.

Pour le vêtement, les remarques qu'on peut faire sont les mêmes. Qu'on n'imagine pas ces paysans vêtus seulement de la laine de leurs troupeaux, filée dans les villages. Ceux de Champagne portent du drap d'Elbeuf, de Romorantin, de Vire : les ressources nécessaires pour acheter les produits des manufactures en renom ne leur manquaient pas, comme on voit. Le drap de Berg-op-Zoom en Hollande se montre aussi dans les inventaires, avec les étoffes dites de Londres et du Maroc, tissues ailleurs que dans le pays. A cet article comment éviter de joindre la mention des habits des femmes, dont la magnificence est attestée par ce qui subsiste à cet égard dans nos provinces. La soie, l'argent et l'or éclatent dans ces costumes, que les générations se transmettaient; les bijoux, chez quelques-unes, y sont joints avec une abondance dont l'attirail d'une paysanne moderne, convertie aux modes de Paris, est loin de faire voir l'équivalent.

Tel est en résumé l'état du paysan d'ancien régime, dans ce qu'il comporte de plus matériel. Tous ces détails sont de source ; des contrats de mariage, des titres de propriété, des inventaires, les versent en abondance, pêle-mêle et comme au hasard.

Dans la lettre morte de ces actes, qui ne visent en eux-mêmes à nulle apologie et dont l'intention terre à terre met sous nos yeux l'allure commune des hommes et comme le simple train de l'histoire, la vérité revit d'une manière plus frappante que dans l'exposé le plus méthodique. Cette vérité fait honte à d'ineptes mensonges. Elle atteste la légèreté avec laquelle les Français ont accueilli le décri de leurs ancêtres.

On a fondé ce décri sur quelques textes, tirés au hasard des auteurs, et qui se retrouvent cités partout.

Au nombre de ces textes, quoique peut-être on ne

l'attende guère, je mettrai celui de Henri IV, demandant pour le plus pauvre des paysans « la poule au pot » tous les dimanches. Ce qu'on vient de lire oblige de l'entendre au sens le plus restreint. Le paysan de France, nous l'avons vu, n'a pas eu besoin qu'on lui souhaitât de manger de la viande chaque dimanche. Ainsi le mot doit être rapporté à une époque particulière, appauvrie par les guerres civiles. Remarquons de plus qu'il s'agit de viande fraîche, qui n'exclut pas l'usage des conserves même alors. Enfin le Béarnais parlait pour tout le royaume, et l'on peut croire que le plus grand nombre des provinces avaient devancé le souhait royal.

On allègue avec cela les vers de La Fontaine, quand le paysan appelle la mort :

> Quel plaisir a-t-il eu depuis qu'il est au monde ?
> En est-il un plus pauvre en la machine ronde ?
> Point de pain quelquefois et jamais de repos.
> Sa femme, ses enfants, les soldats, les impôts,
>   Le créancier et la corvée
> Lui font d'un malheureux la peinture achevée.

La plainte est forte ; mais ce n'est qu'une plainte. Pourquoi la croirions-nous fondée ? Les paysans ne sont pas seuls à se plaindre de la vie et à souhaiter la mort. Peignant ce souhait dans cette classe d'hommes, l'auteur y a représenté les soucis de sa profession ; un marchand se fût plaint des risques du commerce et sans doute eût voulu mourir pour échapper à ses échéances : en aurions nous conclu que le négoce en ce temps-là fût impraticable ? Aussi bien, n'omettons pas ceci, que les plaintes des hommes sont de tous les temps. Parce qu'on en trouve en un temps la peinture, cela ne prouve pas que ce temps y ait été sujet plus qu'un autre.

Le paysan de l'ancien régime s'est plaint, n'en dou-

tons pas ; il s'est plaint des difficultés que chacun de
nous s'offense de trouver dans sa vie. Les plaintes du
peuple sont mal pesées, elles comportent une grande
abondance de paroles. En ce temps, les paysans se plai-
gnaient de la milice ; cependant elle ne prenait par an
que six mille hommes dans toute la France : ferons-nous
attention à cette plainte ? Après ce que nous avons vu
de la vie du paysan, ferons-nous attention à celles que
La Fontaine nous a dépeintes ?

> Aux noces d'un tyran, tout le peuple en liesse
> Noyait son souci dans les pots.

Pauvre peuple, dit-on, dont le souci avait besoin d'être
noyé ! Je réponds : Heureux peuple qui boit et qu'on
met en liesse ! Et l'un de ces arguments vaut l'autre.

Le Jardinier et son seigneur a fait aussi quelque fortune. On dépeint comme abus de la chasse seigneuriale
le ravage du pauvre jardin. C'est oublier que l'auteur le
représente comme la punition de l'indiscrétion du jardinier qui requiert l'assistance du seigneur contre un
lièvre. Il est évident que tous ces textes sont lus sans
la moindre critique, et même sans l'ombre d'intelligence.

Sur tous domine le passage des « paysans » au livre
des *Caractères* de La Bruyère. L'occasion est bonne d'en
parler et de régler une fois pour toutes le compte d'un
morceau si célèbre, et qui a fait écrire tant de sottises.
Le voici :

L'on voit certains animaux farouches, des mâles et des
femelles, répandus par la campagne, noirs, livides et tout
brûlés de soleil, attachés à la terre qu'ils fouillent et qu'ils
remuent avec une opiniâtreté invincible ; ils ont comme une
voix articulée, et quand ils se lèvent sur leurs pieds, ils

montrent une face humaine, et en effet ils sont des hommes ; ils se retirent la nuit dans des tanières, ou ils vivent de pain noir, d'eau et de racines : ils épargnent aux autres hommes la peine de semer, de labourer et recueillir pour vivre, et méritent ainsi de ne pas manquer de ce pain qu'ils ont semé.

Il y a dans ce portrait trois choses.

Premièrement, des faits. Le paysan est *répandu par la campagne*.

Le paysan est *noir, livide et brûlé de soleil*.

Le paysan est *attaché à la terre*.

Le paysan *fouille* la terre.

Le paysan *remue* la terre *avec une opiniâtreté invincible*.

Le paysan *vit de pain noir, d'eau et de racines*.

En second lieu, des épithètes. Le paysan ressemble à des *animaux farouches, mâles et femelles*.

Le paysan *se retire dans des tanières*.

En troisième lieu, des contrastes. Le paysan n'en a pas moins *comme une voix articulée* et n'en montre pas moins *une face humaine*.

Le paysan *épargne aux autres hommes la peine de semer, de labourer et de recueillir*.

Le paysan *mérite ainsi de ne pas manquer de ce pain qu'il a semé*.

Cette liste ainsi rangée épuise le portrait. Elle ne contient rien qui ne s'y trouve ; elle n'en omet pas un détail. On nous assure que ce portrait fait le procès de l'ancien régime : il faudra donc, si l'on dit vrai, que les régimes nouveaux nous en fournissent un autre qui s'en distingue avec avantage. Ainsi, ce qu'on exigera du paysan moderne issu de la Révolution, c'est :

Quant aux faits, que des faits contraires à ceux qui viennent d'être rapportés composent effectivement son portrait ;

Quant aux épithètes, que le peintre de mœurs ne puisse plus songer à employer celles-là ;

Quant aux contrastes, que la satire sociale trouve ceux qu'on vient de lire désormais fades et sans application.

Prenons les faits pour commencer. Ceux que La Bruyère rapporte ont-ils fait place à des faits effectivement contraires ?

Le paysan a-t-il cessé d'être *répandu par la campagne* ? Le paysan n'est-il plus *noir, livide et brûlé de soleil* ? Le paysan n'est-il plus *attaché à la terre* ? Le paysan ne *fouille-t-il* plus *la terre* ? Le paysan ne remue-t-il plus *la terre avec une opiniâtreté invincible* ? S'il est vrai que le paysan ne saurait plus passer pour vivre de *pain noir, d'eau* et de légumes (que la langue oratoire ancienne nomme *racines*), son ordinaire, qui ne s'est amendé qu'en même temps que s'amendait l'ordinaire de toute la France et de l'Europe (compris les bourgeois et les grands), n'est-il pas toujours à la même distance de celui des classes plus aisées, de sorte qu'on pourrait, en ne changeant que les mots, conserver pour le moins une proportion pareille ? Les gens instruits de ce que mangeaient nos pères avoueront même que la distance est plus grande.

A toutes ces questions, les faits répondent que oui. Donc toute cette partie du portrait ne saurait composer de blâme à l'ancien régime qui ne tombât aussi bien sur le moderne, puisqu'elle peint le moderne aussi bien que l'ancien.

Les épithètes maintenant.

Un peintre de mœurs qui voudra opposer la vie austère, laborieuse et pénible du paysan à l'élégance et au divertissement des villes n'aura-t-il plus le moyen d'appeler, par une hyperbole méritée, le paysan d'aujourd'hui *animal farouche* (c'est-à-dire solitaire), *mâle et femelle* ?

S'il compare le logis de la bourgeoisie aisée à la maison de nos paysans, l'idée ne pourra-t-elle lui venir de traiter celle-ci de *tanière* ?

A cette question, un exact sentiment des figures et du pittoresque suffit pour répondre de la même manière. Donc La Bruyère, en parlant comme il fait, ne dit rien qui soit propre et exclusif à l'ancien régime. Les éléments de sa peinture durent toujours.

En troisième lieu et enfin, les contrastes. N'est-ce pas un contraste toujours frappant et émouvant qu'une vie aussi rude que celle qu'on mène aux champs soit celle d'un homme, et qu'elle soit menée par des êtres pareils à nous de voix et de visage, comme de pensée ? N'est-il pas touchant que ces hommes nous épargnent la peine de semer le pain, dont le monde ne peut se passer ? N'est-ce pas aujourd'hui et toujours la même matière de réflexion, que celui qui donne le pain aux autres ne tire que de la peine extrême qu'il y prend le droit de ne pas en manquer ?

Oui encore, oui toujours. En sorte que ce passage ne contient que des choses éternelles, dont on ne peut rien tirer pour louer le régime moderne.

Sa fin explique son commencement. La réflexion tend à ceci. Il faut du pain aux hommes, la vie des villes ne se passe point de cette nourriture ; cependant on ne la tire du sol qu'au prix d'un labeur si rude qu'à peine le citadin trouve-t-il figure d'homme à celui qui en prend le soin, composant son maigre gagne-pain de l'entretien du genre humain. Là-dessus les couleurs sombres viennent naturellement : *L'on voit certains animaux farouches...* Mais ces couleurs ne sont que des couleurs, une mise au point conforme à la pensée de l'auteur, toute au contraste que j'ai marqué. Venant à la matière même de ses allégations, on n'y découvre rien qui ne se trouve aujourd'hui sous nos yeux. La Bruyère reviendrait au monde, qu'il ne pourrait que refaire la même peinture. Cela tranche l'interprétation.

Que si quelqu'un en doute, je lui propose ceci. Au chapitre des enfants, le même La Bruyère écrit : « Les enfants sont hautains, dédaigneux, colères, envieux, curieux, intéressés, paresseux, volages, timides, intempérants, menteurs, dissimulés, ils crient et pleurent facilement, etc. ; ils sont déjà des hommes. » Dira-t-on que ceci peint le temps et fait la preuve que tous ces vices étaient alors chez les enfants ? Rien moins. C'est que ce texte, de toute évidence, n'est pas historique, mais moral. Ainsi de celui des paysans : il est moral, non politique.

Une autre objection moins populaire vient du Journal de d'Argenson. Taine le cite avec abondance, et l'on y trouve à profusion des traits de misère du peuple au temps de Louis XV. Mon intention n'est pas de prendre un à un ces textes et d'en chercher l'application exacte. Il suffira de remarquer, premièrement, qu'on ne les voit revenir qu'aux années de disette, soit en 1710, aux environs de 1739 et en 1750. La disette de cette dernière année est célèbre pour avoir aidé la Révolution. En second lieu, il ne faut pas omettre que d'Argenson détestait le contrôleur Orry et qu'il n'a pas cessé de prendre dans ces critiques ses avantages contre ce contrôleur et contre le cardinal Fleury, qu'il détestait tout autant. D'Argenson appartient à la lignée de ces parlementaires jansénistes, mécontents des ministres, pleins d'un fond de chagrin et d'aigreur qui leur fait outrer les critiques et se poser en censeurs de toute la monarchie.

Quant aux disettes elles-mêmes, on ne les conteste pas. Elles n'étaient la faute de personne. Elles sévissaient dans toute l'Europe, et dans plusieurs contrées bien plus cruellement qu'en France. En 1681 et en 1687, on en avait déjà vu de semblables. C'est alors qu'il fallait recourir tantôt au pain d'orge ou d'avoine, tantôt au pain de fougère, pire encore. Ces désordres tenaient à la difficulté des communications, aux droits d'entrée que percevaient les provinces, à la pratique multipliée des jachères. Nulle part on ne voit que l'oppression en fût cause.

On s'est beaucoup servi du célèbre voyage d'Young pour dépeindre les campagnes françaises à la veille de la Révolution. Taine en particulier en fait usage. Mais je ne vois pas d'abus de textes comparable à celui qui se fait de ceux-là.

Un texte n'est rien, ne cessons pas de le dire. *Tous les textes*, disait Fustel. C'est que *tous* les textes servent à comprendre *chaque* texte, et qu'il n'y a pas, en histoire plus qu'ailleurs, d'analyse que la synthèse ne doive accompagner et guider. Qui souhaitera de tirer du voyage d'Young non des armes de polémique, mais le tableau de la vérité, devra tenir compte de plusieurs choses.

Premièrement, de la disposition d'un voyageur, naturellement enclin à remarquer de très petites choses, auxquelles il accorde une immense importance. Selon l'humeur et le préjugé, il interprète celles-ci tantôt en mal, tantôt en bien, mais toujours sans mesure. Par exemple, Young ne peut supporter de voir arracher l'herbe à la main.

Des femmes, dit-il, que l'on voit, dans le bois, arrachant à la main l'herbe pour nourrir leurs vaches donnent au pays un air de pauvreté [1].

Il faut croire que cela ne se voyait nulle part en Angleterre et que les habitudes apportées de ce pays ren-

1. *Voyages en France*, trad. Lesage, t. Ier, p. 8.

DIMIER. Préjugés   23

354   LE MENSONGE DE LA MISÈRE PUBLIQUE

daient la chose extrêmement choquante. Il y revient en
un autre endroit [1]. De même les Anglais ont toujours
regardé comme un comble de misère les sabots du paysan de France. Ils les mettaient avec le papisme, dont
ils priaient Dieu de les délivrer : *from popery and woo-
den shoes.*

Young témoigne d'autres impatiences, qui à nos yeux
ne sont pas mieux fondées. Un passant l'importune de
sots propos : aussitôt le voyageur de prendre feu contre
les fâcheux de France. Celui-ci s'étonne qu'Young soit
Anglais et qu'il vienne d'Angleterre. Quelle ignorance!
dit Young. Quelqu'un lui demande s'il y a des rivières
dans son pays :

> Cette ignorance incroyable, écrit à ce propos le voyageur,
> quand on la compare aux lumières si universellement répan-
> dues en Angleterre, doit être attribuée comme tout le reste
> au gouvernement [2].

Cette réflexion et d'autres du même genre donnent
une faible idée du jugement et même des talents d'observation de l'auteur. On ne le trouve pas moins entiché
dans ce qu'il ajoute partout de la saleté de la France.
« Les écuries de France, espèce de tas de fumier couverts » ; d'autres endroits encore, qui seraient, dit-il,
« le purgatoire d'un porc anglais », sont chez lui l'expression de la vanité nationale au moins autant que des
choses elles-mêmes.

Sur le boire et le manger, mêmes comparaisons, qui
dérobent en partie la réalité :

> Le peuple d'ici (de Bordeaux), comme le Français en géné-
> ral, mange peu de viande. A Leyrac on ne tue que cinq

1. Même ouv., t. Iᵉʳ, p. 32.
2. Ouv. cit., t. Iᵉʳ, p. 65.

bœufs par an : *dans une ville anglaise de même importance,
il en faudrait deux ou trois par semaine* [1].

Tel est l'effet visible chez Young de l'erreur naturelle
d'un voyageur. Il faut joindre en second lieu celui du
préjugé anglais contre la France, concernant l'oppression du gouvernement, la mauvaise culture des terres,
la vie chiche menée par les Français.

L'effet naturel de ces préjugés, chez un voyageur de
passage, c'est que la moindre chose le confirme. Dans
ce qui précède, nous avons vu l'écho des caricatures d'outre-Manche, qui représentaient alors les Français sous
les traits d'un peuple affamé, mangeur de chats et de
grenouilles.

Quelquefois le contraste que fait la vérité a pour effet
d'exalter le préjugé :

Si les Français, dit notre Anglais, *n'ont pas d'agriculture*
à nous montrer, ils ont des routes. Rien de plus magnifique
ni de mieux tenu... Tout le chemin à partir de la mer est
merveilleux : c'est une large chaussée aplanissant les mon_
tagnes au niveau des vallées [2].

Là-dessus, quelle réflexion va-t-il faire ?

Elle m'eût rempli d'admiration, *si je n'eusse rien su* de
ces abominables corvées qui me font plaindre les malheureux cultivateurs auxquels le travail forcé a arraché cette
magnificence.

Si je n'eusse su : je ne pense pas que personne ose
rapporter cela comme un trait de l'observation. Ailleurs,
présentant ce qu'il *voit* et ce qu'il *sait* dans un raccourci
instructif, il écrit :

1. Ouv. cit., t. Iᵉʳ, p. 78.
2. Ouv. cit., t. Iᵉʳ, p. 7.

Les magnifiques ponts et les chaussées ne *prouvent* que l'oppression du gouvernement[1].

Enfin comptons les préjugés qui tiennent aux lectures préparatoires, saisissables ou avouées en plusieurs endroits.

La lecture de Voltaire se sent dans tout le livre. Arrive-t-il à Versailles, on voit reparaître chez Young les propres critiques de cet auteur concernant le château en un endroit de ses œuvres particulièrement intéressant pour un Anglais, celui du *Traité sur le Poème épique*, où il juge le *Paradis* de Milton. On ne peut avoir lu le *Siècle de Louis XIV* sans être légèrement assommé du nom de plusieurs manufacturiers, entre autres de Van Robais, drapier, établi à Abbeville : à peine Young a-t-il mis le pied dans cette ville, qu'il nous entretient de Van Robais. Ainsi du reste.

Tous les livres français lus de son temps ont fait impression sur lui. Il appelle Turgot l'« ami de l'humanité » ; la connaissance qu'il a des mérites de ce ministre vient de la biographie de Condorcet. Rousseau, dont on connaît l'influence sur son imagination, l'occupe surtout de ses souvenirs : il s'attendrit sur les Charmettes.

Tous ces traits, par où s'atteste l'empreinte des écrivains ennemis de l'ancien régime, imbus eux-mêmes des préjugés que l'influence ennemie de l'Angleterre développait depuis cinquante ans chez nous, doivent achever de nous mettre en garde. Unis au reste, ils servent à faire entendre de quelle manière la France put être jugée par Young et les corrections que comporte son témoignage.

La confiance que plusieurs auteurs y ont mise ne saurait se justifier après toutes ces remarques. Elle ne le saurait, si l'on considère de quelle façon inexacte d'au-

1. Ouv. cit., t. Ier, p. 69. Autre exemple, p. 57.

tres Anglais ont jugé la France dans un temps que nous connaissons bien, car c'est le nôtre. Dans un article de la *Contemporary Review*, sur les *Paysans propriétaires en France*, lady Verney nous fait de ceux-ci une peinture où on les voit accablés de travail, mangeant rarement de la viande, buvant seulement le petit-lait de leurs vaches et vivant dans une complète saleté. Les observations de cette dame sont prises de la Savoie, du Lyonnais et de la Bourgogne, et elle les écrivait en 1881. Cela peut servir de mesure au fond que nous devons faire sur ces sortes de rapports hâtifs, incompétents et tendancieux.

Mais que dira-t-on si, malgré tout cela, le voyage d'Young, pris dans son entier et non dans des extraits intéressés, ne laisse pas de donner de la France une impression favorable ? Telle est la vérité cependant. Les détails fâcheux y sont aigrement relevés par nos censeurs ; cependant les faits favorables abondent. Voici quelques exemples de ceux-là :

Grandes irrigations à Saint-Laurent ; paysage d'un grand intérêt pour le fermier. Depuis Garges jusqu'à la rude montagne que j'ai traversée, la course a été la plus intéressante que j'aie faite en France ; les efforts de l'industrie les plus vigoureux, le travail le plus animé. Il y a ici une activité qui a balayé devant elle toutes les difficultés et revêtu les rochers de verdure [1].

Par une contradiction frappante avec ce qu'il dit ailleurs de la frugalité de nos concitoyens, on le voit, après les routes de France, louer la table de nos auberges, le nombre des plats qu'elles donnent et leur variété. « Le dessert d'une auberge de France, dit-il, n'a pas de rival en Angleterre. » Sur le coucher pareillement : « Les lits

1. Ouv. cit., t. 1er, p. 63.

de France surpassent les nôtres, qui ne sont bons que dans les premiers hôtels. » Notez aussi la comparaison suivante, qu'on doit croire arrachée à l'orgueil national par un contentement des plus vifs :

Nous avons été mieux traités pour la nourriture et la boisson que nous ne l'eussions été en allant de Londres aux Highlands d'Écosse, pour le double du prix [1].

Tout cela peut servir de réponse à bien des reproches ignorants et aveugles auxquels les Français se montrent enclins envers eux-mêmes. Il faudrait y joindre les extraits du voyage d'un autre Anglais, qu'on n'a guère cité, parce qu'il n'a paru imprimé que récemment et qu'il n'a reçu de traduction que depuis peu. Ce sont les *Lettres de France* de Rigby, publiées par lady Eastlake en 1880. Ces lettres sont un tissu de louanges à l'adresse de notre pays. Venant à la veille de la Révolution, elles composent la plus fameuse défense qu'on puisse voir de l'état de la France rurale à cette époque. J'en donnerai cet échantillon :

Nous avons vu les scènes les plus agréables au passage, le soir d'avant notre arrivée à Lille. De petites compagnies assises devant les portes, parmi les hommes les uns fumant, les autres jouant aux cartes en plein air, les autres filant le coton. Tout ce que nous voyons porte les marques de l'industrie, et tous ces gens semblent heureux. Il est vrai que nous voyons peu de signes de l'opulence particulière, nous ne voyons pas autant de résidences de nobles qu'en Angleterre ; mais aussi nous avons vu peu de gens en haillons livrés à l'oisiveté et à la misère. Quels étranges préjugés nous sommes sujets à prendre en ce qui concerne les étrangers ! J'avoue que je croyais que les Français étaient une nation frivole et insignifiante, qu'ils étaient d'apparence chétive,

1. Ouv. cit., t. Ier, p. 41.

vivaient dans un état de misère causé par l'oppression qu'ils subissaient. Ce que nous venons de voir contredit tout cela. Les hommes sont forts et de nature robuste, et l'aspect du pays témoigne que le travail n'est pas ralenti. Les femmes également (je parle des basses classes) sont vigoureuses et bien faites ; on devine qu'elles font beaucoup de besogne, principalement à la campagne... Les paysannes d'Angleterre ne font pas si bonne impression, et il est sûr qu'elles ont l'air moins contentes. Ces femmes, avec leurs grands et lourds paniers au dos, ont sur la tête de bons bonnets, les cheveux poudrés, des boucles d'oreilles, des colliers et des croix. Je suis excessivement frappé de la merveilleuse différence qu'il y a entre ce pays-ci et l'Angleterre. Je ne sais ce que nous en penserons ensuite ; pour le moment, la différence est en faveur de ce peuple-ci. S'ils ne sont pas heureux, ils ont bien l'air de l'être.

La revue des éloges tirés de l'étranger n'a tenté jusqu'ici que peu d'auteurs. Des tendances trop communes les en ont détournés. On y trouverait pourtant quelques beaux traits, venant de l'Allemagne principalement. Par exemple, Jodocus Sincerus, citoyen de ce pays, qui voyageait en France au commencement du xviie siècle, écrit avec admiration :

Si l'on consommait en un an dans les autres pays le même nombre de chapons, de poules et de poulets qu'on fait disparaître ici en un jour, il serait à craindre que l'espèce n'en pérît.

Voilà le témoignage d'un peuple qu'un siècle d'exaltation systématique n'avait pas mis en possession de se proclamer le premier du monde pour le bien-être, et qui rendait naïvement l'impression ressentie par l'Europe entière de la prospérité de la France.

J'ajouterai quelques mots de l'état des lumières, qui n'est pas étranger à ce sujet. Il ne faut pas qu'un Français de ce temps-ci ignore qu'au moment de la Révolution toutes les paroisses, presque d'un bout de la France à l'autre, avaient leur école. Tel était le progrès de l'enseignement populaire ; jusque dans les villages, les études avaient chance de pouvoir se pousser fort loin; le savant Mabillon y avait fait les siennes.

Tous les documents attestent que l'instruction primaire y était reçue de moins de gens qu'à présent, mais qu'en revanche un bien plus grand nombre de campagnards y accédaient aux études secondaires. Il est remarquable de voir que l'Oratoire du Mans, en 1688, au milieu du règne de Louis XIV, dans ses classes de seconde et de troisième, ne comptait pas moins de quarante-deux fils de fermier, de laboureur et de paysan. Notre enseignement classique, nos lycées même, sont loin aujourd'hui de cette proportion-là.

Tel est le tableau de l'ancienne France dans ses classes les moins élevées. On peut juger de l'honneur et de la reconnaissance que l'ancien régime mérite d'en retirer. Il est vrai que des événements récents, dont l'histoire des origines de la Révolution fait mention, offusquent cette vue générale. L'année 1788 se place comme un paravent au devant de ces glorieuses perspectives. C'est l'année de la grande disette, dont la peinture, mêlée dans le récit de circonstances si graves, laisse au lecteur une impression de l'ancien régime tout entier.

Les ennemis de celui-ci ont tiré de cet effet tout ce qui se peut de mieux ordonné à la falsification de l'histoire. Dans le temps même, cette famine leur fut du plus grand secours. Young, qui reparut en France alors, en porte le naïf témoignage :

Il me paraît clair, dit cet auteur, que les violents amis des communes ne sont pas mécontents de cette cherté (des vivres)

qui seconde grandement leurs vues et leur rend un appel
aux passions du peuple plus facile que si le marché était
bas [1].

Voilà constatées *de visu* les menées révolutionnaires.
Elles n'auront rien qui nous étonne. Elles se sont pour-
suivies, l'événement passé, sur le terrain de l'histoire.
La même duperie qui aida à faire la Révolution n'a pas
cessé de servir à la justifier.

On vient de voir ce qu'il en faut croire. Aussi bien,
quant à cet état récent des populations de la campagne,
à qui fera-t-on croire qu'il était misérable, quand on
voit l'endurance physique des armées de la Révolution,
si grande qu'elle a fait en son temps l'étonnement de
l'Europe, et qu'elle fait encore celui de l'histoire ? Était-
ce là l'effet de famines dont la dernière aurait, par sa
seule violence, soulevé tout le pays et détrôné les rois ?

1. P. 185.

CHAPITRE XV

LA LETTRE DE CACHET,
LES LIBERTÉS ANGLAISES

J'appelle du nom de libertés anglaises des libertés
que le préjugé représente comme violées par l'ancien
droit public français, et dont le régime anglais a passé,
depuis Voltaire, pour le modèle accompli.

Je voudrais dire liberté individuelle; mais ce mot, dans
les programmes politiques, se présente avec un air de
menace anarchique et, dans les cours de philosophie,
au milieu d'indébrouillables nuages. On nous le définit
un droit d'aller et de venir sans être inquiété, de posséder son corps; mais quoi? cette liberté ne saurait être
distinguée de celle des actes que règlent et autorisent
les lois particulières. La liberté d'aller et de venir, si
c'est à l'église, est nommée liberté des cultes; la liberté
de porter son corps, si c'est à l'école, qu'est-ce autre
chose que la liberté d'enseignement? Ainsi, si l'on admet
des lois particulières qui fixent ou restreignent ces
diverses libertés, la liberté individuelle n'est qu'un mot.
C'est un grand avantage pour notre République, de qui
la principale affaire est, sous le couvert d'une liberté de
principe, de régner (comme règne un parti) par la suppression de toutes les libertés de fait. Quel avantage,
dis-je, en pareil cas, qu'un nom sous lequel il est convenu que la liberté demeure inviolable, tandis que les

différentes espèces de libertés sont ôtées en détail sous des noms spécifiés !

Liberté d'*aller et de venir*. Là-dessus, mille de nos contemporains se figurent qu'un Français de l'ancien régime ne pouvait sortir de chez soi sans risquer au bout de dix pas d'être saisi et jeté à la Bastille. Ce tableau ridicule est celui qu'on présente des conditions de la vie de tous les jours alors. Disons donc libertés anglaises ; ce mot restreint l'application et permet de se faire une idée raisonnable d'une société privée de ces libertés-là. Toute la question est celle de la prison préventive, ou, parlant plus généralement, de toute action étrangère aux formes régulières de la justice.

Des lois minutieuses ponctuellement obéies règlent cette matière chez nos voisins, elles sont anciennes dans leurs institutions ; en France, il n'en allait pas de même : des pratiques étrangères d'une part à la procédure judiciaire, réglées d'autre part par la coutume seulement (non par aucun édit ou ordonnance publique), disposaient en plusieurs occasions de la liberté des citoyens. Sans une sentence du juge on allait en prison, et ce qui réglait en ce cas la durée de la prison n'était aucune sentence lue devant un tribunal, mais la décision prise par certains magistrats agissant souverainement au nom du roi. L'instrument d'une action pareille était la lettre de cachet, célèbre dans l'histoire de la Révolution. Quelques lettres de cachet menaient à la Bastille. Ainsi ces deux noms furent unis dans la peur et dans la haine. On crut se venger de celle-là en détruisant celle-ci. La suppression de toutes deux sauva la liberté, la liberté individuelle, la liberté dont les auteurs anglais et les français instruits à leur école rebattaient les oreilles de la France et de l'Europe depuis cinquante ans.

Les derniers éclats de ce grand tapage durent encore

dans la mémoire des modernes. C'étaient les *Mémoires* de Linguet sur la Bastille, parus en 1783, et le fameux pamphlet de Mirabeau, lequel, mis en prison sur la demande de son père compromis par ses sottises, figure, en cette veille des dernières catastrophes, comme le digne héraut de cette revanche.

Tant de bruit, ordonné à des effets si nets, explique le retentissement du médiocre événement que le 14 juillet consomma. En soi, la prise de la Bastille était peu de chose ; cette prison ne servait presque plus ; le peu de résistance qu'elle offrit ôtait au peuple la matière d'une victoire. Mais elle représentait la lettre de cachet, les arrestations préventives, l'emprisonnement sans jugement ; ces choses rappelaient à la mémoire des hommes trente ans d'un déchaînement inouï de violences et de calomnies. En un moment, l'Europe apprit que ces violences avaient réussi. Un fait d'émeute les couronnait ; les trônes s'en sentirent ébranlés ; dans Kœnigsberg le bonhomme Kant en changea sa promenade quotidienne. A Paris, où l'objet matériel frappait les yeux, on aperçut moins le symbole et l'événement parut moins grand. Il l'était par l'idée que s'en faisaient les hommes et que l'histoire jacobine, perpétuant la gageure, a eu depuis le talent de conserver et même d'agrandir.

Qu'était-ce que la lettre de cachet ?

Un ordre direct du roi, dont l'effet n'exigeait aucune des transmissions et des procédures ordinaires et se faisait sentir aussitôt. Les modernes s'étonnent volontiers qu'une telle intervention de la volonté royale ait été supportée ; peut-être cette impression sera-t-elle corrigée par le tableau des procédés de la justice à cette époque.

L'emploi de la lettre de cachet s'observait premièrement dans la procédure criminelle. Les formes de cette procédure étaient lentes et compliquées.

Qu'on en juge. Excepté le cas de flagrant délit, aucune arrestation ne pouvait être ordonnée que par décret de prise de corps ; ce décret n'était prononcé qu'après information ; pour amener les témoins nécessaires à celle-ci, une assignation était requise, laquelle à son tour n'était possible qu'après permission d'informer ; cette permission n'était donnée qu'après que le juge avait rendu plainte. Rien n'était plus long, comme on voit, et ne favorisait davantage l'impunité. On coupait court par la lettre de cachet, cet ordre du roi ayant pour effet de surseoir à toutes formalités. De cette façon, celui qu'on soupçonnait était arrêté sur-le-champ.

Tel était en la circonstance l'effet de la lettre de cachet : par elle, le prévenu se trouvait mis à la disposition du juge. On peut s'offenser de cela, on peut plaider la cause du prévenu contre le système de la prison préventive ; on peut réclamer le régime anglais et recommencer là-dessus le procès dont les échos n'ont pas cessé de nous assourdir ; ce qu'on ne saurait, c'est donner en exemple du contraire ce qui s'est pratiqué depuis quatre-vingt-neuf, et qui se pratique encore aujourd'hui. En effet, le régime qu'on vient de dire dure encore : le droit du juge à s'assurer d'abord de la personne du prévenu est justement le système qu'on subit de nos jours, auquel les Français d'à présent, émancipés de la lettre de cachet, sont soumis.

On avouera que le mot ne fait rien à la chose. Ce qui s'appelait lettre de cachet s'appelle *mandat d'amener :* c'est toute la différence. Je ne fais pas ici de paradoxe : on peut défier le plus zélé défenseur du régime moderne contre l'ancien de montrer le contraire. Le mandat d'amener part d'un dessein pareil à celui de la lettre de

cachet ; il opère les mêmes effets ; il est par sa nature
sujet aux mêmes abus. Si l'on doutait de ce dernier
point, il ne faudrait que rappeler ce qui se lit tous les
jours dans les journaux, des tracas et des dommages
encourus par les prévenus dans quelque affaire : on sait
peut-être qu'aucune réparation ne leur est due, en pareil
cas, suivant nos codes. Ceux que ce sujet intéresse pourront lire la brochure d'un avocat, M. Coulon, *de l'Inconvénient devant la Justice française de faire éclater
son innocence avant le moment opportun.*

Toute la différence, que je veux signaler, c'est que
sous l'ancien régime, la lettre de cachet n'étant décernée
qu'en certains cas, l'inconvénient ne risquait de se produire que dans quelques procès seulement, tandis que de
nos jours ce risque a lieu dans tous. Le régime d'exception de la lettre de cachet pris comme procédure régulière et étendue à tous les cas : telle est proprement
l'œuvre de la Révolution. Tel est le profit qu'elle nous
offre. De plus, je prie qu'on remarque qu'en ceci comme
en toute chose, le caractère d'exception ôté, les abus se
rendent plus faciles ; parce qu'il est plus naturel à
l'homme d'abuser d'un moyen auquel on lui donne droit
que de celui dont il dispose par permission seulement.

Ainsi tout ce qu'on débite sur la lettre de cachet, si
l'on ne considère que cet usage, ne fait le procès de l'ancien régime qu'à condition d'y comprendre le nouveau,
et même d'y compromettre celui-ci davantage.

Maintenant, c'est une erreur de croire que le plus grand
nombre des lettres de cachet ait été décerné pour des
affaires d'État. Les jacobins, au nom de la raison d'État,
ont couvert la France d'échafauds : la sombre imagination de ces gens-là se plaît à supposer le même cas à
toutes les pages de l'histoire.

Il y est au contraire assez rare. Ils se figurent la mo-

narchie aux prises avec des difficultés du même genre
que celles qu'ils éprouvèrent ; mais il y a bien de la différence entre les conditions d'un régime doublement
condamné comme contraire à l'histoire et à la nature des
hommes et les conditions de celui qui se conformait à
l'une et à l'autre. Le fait est que la lettre de cachet décernée pour raison d'État est un cas fort rare de l'ancienne monarchie.

M. Funck-Brentano a donné une parfaite étude de la
question [1]. Les archives de la Bastille remuées par lui
à l'Arsenal en ont fourni l'argument décisif. *Deux ou
trois sur mille,* telle est la proportion dans laquelle il
assure que furent les lettres de cachet décernées pour raison d'État. Telle est la proportion infime dont est sorti
le tapage que nous savons.

Le bon est de voir une fois de plus, en cette affaire,
de quelle manière le nom du peuple sert de prétexte aux
récriminations démocratiques. Dans un si petit nombre
de cas, je le demande, combien de fois le peuple fut-il
concerné ? Une pluie de lettres de cachet aurait seule
eu pour résultat d'en faire arriver quelques-unes aux
basses classes de la société : ce peu ne tombait que
sur des sommets, ou en des endroits si particuliers
que la foule n'en pouvait prendre ombrage. Quelques
écrivains eurent à s'en plaindre : ils persuadèrent aux
foules que c'était là leur affaire ; les foules les crurent,
et, ce qui est mieux encore, des conservateurs distingués
de ce temps-ci croient comme elles. Dur comme fer,
dis-je, ils croient que la démocratie est la cause du
peuple : oserai-je dire qu'elle n'est que celle des déclassés
et des pédants ?

Dans la procédure criminelle ordinaire, une fois la

1. *Revue des Deux Mondes,* 15 octobre 1892.

lettre de cachet obéie, les juges n'en continuaient pas moins de suivre les formes du procès et de poursuivre la prise de corps. Le décret régulier de prise de corps obtenu, l'ordre du roi était levé, l'effet de la lettre de cachet était fini. Tout ceci est conforme à ce qu'on a lu plus haut. Ces lettres n'avaient d'objet que de pourvoir à la lenteur des formalités ; à cet égard même, on évitait qu'elles ne remplaçassent la justice régulière. Celle-ci d'elle-même les annulait, ne leur laissant, dans l'opinion des hommes comme en fait, que le caractère d'instrument provisoire. Tel est l'un des emplois, parfaitement légitime, louable à plusieurs égards, qu'on faisait de ces lettres.

Elles servaient à un autre usage encore, duquel il faut maintenant parler. Il est excessivement différent du premier. Ce qu'on va lire fera voir l'un des traits les plus originaux, les plus intéressants, presque les plus touchants, de l'histoire des mœurs d'autrefois.

Outre l'aide que j'ai dit qu'elles apportaient à l'exercice de la justice régulière, les lettres de cachet étaient en certains cas substituées à toute procédure. Elles décidaient de la prison, non en l'attente de quelque décret, mais absolument, et sans autre garant que les règles qui servaient à les obtenir et à en maintenir l'effet.

L'administration seule disposait de ces cas-là ; nul tribunal n'y était mêlé, ils appartenaient à la police. Qu'un sujet du roi fût convaincu de faits punissables de prison, que des intérêts graves joints à cette conviction rendissent la promptitude et le secret désirables, la lettre de cachet donnait au magistrat le moyen d'y procéder sans autre forme. Celui-ci ne trouvait de limite à son pouvoir discrétionnaire que les témoignages mêmes qui avaient fait obtenir la lettre. Le prévenu, sur son ordre, étais mis en prison ; on ne le relâchait que sur son ordre, aussitôt que les motifs qui l'y avaient fait mettre avaient cessé.

Je ne sais si les nerfs du lecteur auront supporté cet exposé. Je le conjure seulement, avant de juger de cela, de se rappeler que je ne me propose pas de démontrer que l'ancien régime avait été inventé pour nous plaire. Toutes les idées auxquelles on tient de nos jours n'y étaient sans doute pas satisfaites. Les anciens n'avaient pas nos préjugés. Quelque étonnant que cela paraisse, ils manquaient même de ceux que nous mettons au rang de vérités éternelles. Il y a des livres écrits sur ces matières, dont tout le dessein est de prouver aux hommes que la Révolution ne devait pas être faite, parce que les idées modernes issues de la Révolution étaient satisfaites avant elle. Les mêmes qui voulaient faire du comte de Chambord, suivant la forte expression du prince, « le roi de la Révolution » nous présentent tous les jours l'éloge d'une « ancienne France de la Révolution ». Ce n'est pas cet éloge que j'ai entrepris : premièrement, parce qu'il ne saurait reposer que sur le mensonge ; en second lieu, parce qu'il était inutile ; car ce que nous avons à tirer de l'ancienne France est premièrement un motif de l'aimer, et en second lieu la protestation de l'histoire contre l'esprit de secte et de système. Ceux qui en accommodent l'éloge à cet esprit font donc la besogne la plus stérile en même temps que la plus chimérique du monde.

L'école de la Révolution a déguisé les faits, il est vrai ; mais en même temps elle a fomenté le préjugé qui fait errer sur le jugement des faits. Nous n'aurons donc rien obtenu si, en corrigeant les faits, nous ne restaurons pas les principes.

Les Français d'aujourd'hui font consister toute garantie de la liberté des hommes dans le droit reconnu d'avoir des juges. Le privilège de la magistrature, l'indépendance du magistrat, la séparation du pouvoir judiciaire selon la formule de Montesquieu, tel est à nos yeux le principe essentiel de la sécurité des citoyens, la pierre angulaire des sociétés. Tout cela tient à des considérations où il entre du vrai, et dont on peut faire sans doute un bon usage ; cependant rappelons-nous que des principes de cette espèce n'existent pas. Il y a très peu de conditions vraiment essentielles du bon état des sociétés, et aucune ne consiste dans une définition. Des juges assurés et leur indépendance sont une bonne garantie de la liberté des hommes, elle n'est pas la seule qu'on puisse inventer ; quant à la séparation du pouvoir judiciaire pris en soi, ce n'est rien.

De nos jours en France, la liberté de chacun semble tenir tout entière à la liberté qu'on laisse aux juges, parce que nous sommes sujets d'une démocratie centralisée, c'est-à-dire d'un régime où l'État est aveugle et règle tout. Il n'en était pas de même en d'autres temps. J'ajoute que c'est justement dans le temps où cette indépendance des juges serait indispensable que les formes qu'on prend pour l'assurer deviennent impuissantes. Cette garantie n'apparaît seule au monde que quand elle a réellement cessé d'être et ne consiste plus qu'en des mots. C'est notre cas : il nous contente. Il nous contente de deux manières : d'abord à cause de la simplification à laquelle nous attache l'esprit de système, rien n'étant plus conforme à cet esprit que de renfermer la liberté et toute chose au monde dans un seul point ; ensuite parce que nous demandons avant tout des paroles et des rites constitutionnels. Ces vaines simagrées nous rassurent. Nous ne voulons connaître de garanties à la liberté des citoyens que des fictions juridiques et protocolaires. Nous les avons, et le peu qu'elles servent devrait servir à nous ouvrir les yeux.

Un libéral de droite m'interrompt : « Non vraiment nous ne les avons pas. Il faut les faire voter à la Chambre. Cent ans après la Révolution, la France manque encore de son *habeas corpus*. Quel scandale ! » Il imagine là-dessus des effets de tribune propres à émouvoir le Bloc. On sait quel en est le résultat à l'usage. Le Bloc se moque de l'*habeas corpus*. J'avoue que je m'en moque autant que lui.

Non que je le croie méprisable de l'autre côté de la Manche. Il y a produit d'heureux effets ; il y fait une partie de la fierté nationale ; tout le monde en Angleterre le connaît et l'estime. Mais le peuple de France n'en aurait cure ; il se fait une autre idée de la liberté des gens.

On sait ce qu'est cet *habeas corpus*. Deux édits du roi Charles II, en 1679, en ont fixé les conditions. Il consiste en ceci que, si quelqu'un est mis en prison, lui-même ou tout autre à sa place n'a qu'une requête à faire à la Haute Cour de justice du royaume. Cette cour, aussitôt, adresse à celui qui retient la personne en prison le *writ* d'*habeas corpus*. Ce *writ* émanant de si haut lieu est un instrument des plus forts. Il oblige à pourvoir au jugement immédiat ou à remettre l'homme en liberté. Les résistances à cette injonction constituent le grave délit de « mépris de la Cour : *contempt of Court* », puni par la loi anglaise de dommages-intérêts excessivement lourds, et dont la menace suffit. Ainsi l'effet qu'on souhaite est assuré.

Encore un coup, cette constitution est digne d'éloge, et le fait est qu'elle réussit. Elle réussit chez une nation où l'esprit public est très fort, où le respect des institutions a été longtemps à son comble, où (chose impor-

tante à retenir) le fonctionnaire était mû par d'autres
sentiments encore que ceux de l'ordre administratif.
Mais en France que serait l'*habeas corpus* ? Tous les
hommes doués de quelque sens pratique l'imagineront
aisément. Le mécanisme de la Cour ne fonctionnerait
jamais. Suppose-t-on, lors de la dernière Haute Cour de
1899, le comte de Lur-Saluces ou M. Buffet sollicitant
un *writ* contre Waldeck-Rousseau ? A une date un peu
postérieure, suppose-t-on le misérable juge d'instruction
Delalé, couvert par tous les pouvoirs de la République,
menacé de cent mille francs de dommages-intérêts à la
requête du malheureux et innocent frère Flamidien ? Lors
d'un complot plus récent encore, voit-on M. Clemenceau
déclaré coupable à la face de la France du crime de *contempt of Court ?* Voit-on, dis-je, le ministre, les juges,
la France elle-même en cette affaire ? Voit-on l'indignation publique prenant parti pour la robe rouge ? Cette
seule supposition touche à l'extravagance.

Quelle meilleure preuve de la vanité qu'il y a à requérir pour nous ce qui sert les autres ? Ne dites pas : C'est
la faute au gouvernement. Ce gouvernement changé, la
monarchie refaite, l'*habeas corpus* sera inutile ; sans cette
condition il est impuissant. Aussi devons-nous regarder
comme sans remède, dans l'hypothèse du présent régime,
l'arbitraire du juge d'instruction.

Seule y fait contrepoids la peur de l'opinion, rendue
sensible dans les tapages de presse. Seuls des moyens
d'essence révolutionnaire et la coutume maintiennent
notre indépendance à l'égard de la prévention. Il y a
quinze ans on comptait encore l'interpellation des Chambres ; la complicité de celles-ci et leur abaissement intellectuel, joints à l'indifférence croissante du pays pour les
éclats parlementaires, ont réduit à rien ce moyen. Il
passait pour le plus puissant. On peut juger de notre

sort à la facilité avec laquelle il a disparu. De tout temps ce fut un moyen médiocre, malgré l'importance de la sanction, ou plutôt à cause de cette importance même qui met le pouvoir à l'abri. Un père qui n'aurait de droit sur ses enfants que de leur faire couper la tête perdrait tout moyen de s'en faire obéir. Ne laisser à chaque Français que le droit de renverser les ministères par le moyen de son député, c'est remettre chaque Français à discrétion, car la plupart des causes portées à la tribune est sans proportion avec de tels effets. Rien n'est si raisonnable que de les sacrifier à la permanence du pouvoir.

Le ministre a beau jeu, sur chacune de ses causes, de poser la question de cabinet. « Si vous me préférez ce cantonnier, je m'en vais. » On n'a garde, on vote la confiance. Le bon sens se trouve d'accord avec les passions parlementaires et l'intérêt de chaque député. Quelle injustice ! disent les républicains de droite. Il est vrai ; mais la faute en est au système, qu'il faut dénoncer. Vous l'acceptez et vous défendez le cantonnier : vous voilà anarchiste plus que les gauches. Du côté des gauches, contre vous, est le vrai esprit de gouvernement. Telle est, en régime démocratique, la garantie personnelle de chacun.

Mais, dira-t-on, sous l'ancien régime, sous le régime de la lettre de cachet, où se trouvait cette garantie ? Je réponds : Dans toutes les formes de justice ordinaires, quand il s'agissait de cas où la justice avait son cours ; soit qu'aucune lettre de cachet n'intervînt, soit qu'on ne s'en servît qu'afin de s'assurer du prévenu. Reste le cas mentionné en second lieu, où la lettre de cachet fait toute la procédure : c'est celui-là qu'il faut examiner.

Il faut savoir quelles sortes de circonstances étaient cause de s'en servir ainsi. C'étaient invariablement des affaires de famille. Invariablement, il s'agit tantôt d'un mari infidèle, tantôt d'un fils débordé dont il fallait réprimer les désordres. La plainte des proches mettait en mouvement ce mécanisme.

Le magistrat de police recevait cette plainte. Il instruisait l'affaire, décidait une enquête, convoquait des témoins, consultait l'entourage, puis, sur l'instance des intéressés, rendait sa décision. Cette décision ne doit pas s'appeler condamnation. Elle n'émanait pas de la justice, elle n'avait pas le nom d'un jugement : elle n'emportait qu'une peine, ce qui est bien différent. Le magistrat de police ne condamnait pas, il se bornait à sévir. La punition ainsi infligée n'entraînait, pour celui qui en était l'objet, rien de pareil au casier judiciaire ; elle n'entraînait pas de déshonneur ; grâce à la discrétion de cette sorte de procédure, elle ne causait pas davantage de scandale.

M. Funck-Brentano conte en ce genre l'histoire d'un gantier-parfumeur de la rue Comtesse-d'Artois. Mieux que toutes les explications, le détail qu'on va lire fera connaître cette procédure.

Ce gantier s'appelait Ollivier. Sa femme se plaint au lieutenant de police, qui pour lors était le fameux Berryer (c'était en 1750), d'être maltraitée par son mari. Elle représente qu'il délaisse la boutique, ce qui cause double perte au ménage, dont les économies vont toutes à un caprice de l'époux. La fille cause de ce mal se nomme Marie Bourgeois et loge rue Saint-Denis-aux-Rats.

Au reçu de cette plainte, le lieutenant envoie un commissaire chez cette fille pour lui représenter son devoir. Cette exhortation manqua son but, car on voit reparaître bientôt la plainte de la femme Ollivier, qui se fait cette fois plus pressante et demande même l'emprisonnement. « Elle ne cesse, dit cette femme, de le recevoir chez elle, ce qui cause beaucoup de désordre dans notre ménage et notre commerce ; et il est facile de voir que, si cela continue, il nous sera impossible de faire honneur à nos affaires. Ce considéré, Monseigneur, j'ai recours à vous pour vous supplier de faire enfermer Marie Bourgeois. » Ces mots sont inscrits dans un placet, dûment adressé et signé, et contresigné du principal locataire de la maison de Marie Bourgeois.

L'affaire prenant de l'importance, le lieutenant la remet à un secrétaire nommé Chaban. Un inspecteur est adjoint au commissaire envoyé la première fois. Tous deux conduisent l'enquête et confirment la plainte.

Remarquez le soin de l'information et les modes divers de l'action. Berryer écrit au curé de faire comparaître les coupables et de leur faire entendre les reproches de la religion. On n'eût osé manquer à cette convocation. Marie Bourgeois, pour y échapper, avertie sans doute par quelque indice, change de paroisse dans l'intervalle. Nouvel ajournement de l'affaire. Berryer écrit : « Gardez les pièces jusqu'à ce qu'il vous vienne de nouvelles plaintes. »

Ces plaintes ne manquent pas de reparaître. La parfumeuse, de plus en plus pressante, écrit : « Par pitié, Monseigneur, faites enfermer Marie Bourgeois. » Autre enquête ; quatrième placet, où se lisent ces paroles touchantes par l'excès d'angoisse qu'elles expriment : « Mon mari s'apprête à quitter Paris du jour au lendemain. Déjà sa maîtresse a donné congé de sa chambre. »

L'information était suffisante. Le remède ne souffrait pas de retard. Marie Bourgeois fut arrêtée le 15 juillet 1751.

Ce récit suggère plusieurs réflexions. En premier lieu, on ne peut qu'admirer l'avantage d'une sanction si simple et si prompte pour la conservation des mœurs ; je dis dans la mesure où l'ordre des familles y est intéressé,

le reste ne regardant pas les magistrats civils. On remarquera en second lieu les précautions dont le magistrat
s'entoure, la lenteur qu'il met à sévir, la sagesse qui lui
fait attendre les dernières plaintes ; pour finir, la vigueur
de la résolution, qui fait applaudir le dénouement comme
celui d'une comédie bien faite. En troisième lieu, je signale le rôle que cette simple procédure assignait au
curé. On y reconnaît le trait intéressant d'une époque
où la simplicité des rapports sociaux, en même temps
que l'union des deux pouvoirs, le spirituel et le civil, permettait une souplesse d'allure que nous ne connaissons
plus et dont l'avantage est extrême. Quatrièmement enfin, notons le rôle des voisins et le jour important qu'il
jette sur la résistance offerte alors par les extrémités du
corps social.

Ce dernier point est d'une grande importance. Sans
l'aveu des voisins, on ne pouvait rien faire ; leur témoignage est requis pour avancer l'affaire et l'on voit assez
que leur opposition y eût mis obstacle. La différence à
cet égard avec notre temps est frappante. Veuillot relève
admirablement ce point dans la préface des *Odeurs de
Paris* :

Rousseau, dit-il, avait trouvé ce beau mot de *désert d'hommes* pour peindre Paris, quand Paris, peuplé seulement de
six à sept cent mille âmes, n'était qu'une ville de province
divisée en une quantité de paroisses, où tout le monde se
connaissait, où chacun faisait partie d'une corporation, vivait
dans un quartier, avait des amis, des patrons, des parents.
Et bientôt, qui donc dans Paris aura seulement un voisin ?
quel homme y pourra compter sur un autre homme pour une
assistance quelconque, pour une résistance à quoi que ce soit
d'injuste et d'odieux ? Il y a le sergent de ville, et voilà tout !
Le sergent de ville connaît tout le monde, protège tout le
monde, ramasse tout le monde. Mais que cet unique protecteur a de droits sur tout le monde, et que ses pupilles ont à
observer de règlements !

Le plus bel éloge peut-être de la lettre de cachet, c'est d'avoir fait de ces circonstances un instrument d'ordre public, utilisant les relations de voisinage et de paroisse par une procédure d'un genre unique.

Ce que j'en dis n'est pas une supposition. Car nous voyons ces lettres à l'œuvre fort efficacement en plusieurs cas, dont le récit continue de m'être fourni par M. Funck-Brentano.

Sur une plainte du même genre que celle dont on vient de lire l'histoire, une certaine Catherine Randan fut enfermée à l'Hôpital ; c'est ainsi qu'on nommait la Salpêtrière. Un auditeur de la Chambre des comptes nommé Menjol, soit averti par les voisins soit voisin lui-même ou patron de cette femme, fit aussitôt parvenir sa plainte à la lieutenance en ces termes :

« 1° Que dans l'information de vie et de mœurs qui fut faite au sujet de la prisonnière, M. Lemoine, principal locataire de la maison, rue Bourtibourg, où elle habitait depuis six mois, n'a point été entendu, ni aucun des voisins de la même rue ;

« 2° Qu'avant d'être frappée d'une lettre de cachet, la prisonnière n'a point été mandée devant le curé de Saint-Paul, sur la paroisse duquel elle demeurait ;

« 3° Que l'ordre du roi, qui aurait dû être exécuté par l'inspecteur Bourgoin, ne l'a été que par l'un de ses commis, sans que l'on appelât un commissaire, et sans que les formalités *requises en pareil cas* fussent remplies. »

Qui voudra savoir la différence de la police d'alors avec celle d'aujourd'hui n'a qu'à considérer l'issue de cette réclamation. Il verra si l'on peut juger d'après la nôtre le sort des gens remis à celle-là. Catherine Randan fut remise en liberté.

Une autre réclamation vise le cas d'une demoiselle Le-

clerc au temps de la Régence. Elle émane d'un voisin de
celle-ci et porte la date du 22 juin 1721.

Monsieur, écrit ce voisin, comme il n'est point d'exemple
et qu'il est contre les ordonnances et règles, et même contre
les lois, de faire enfermer une femme sur la déposition d'un
seul particulier, et que l'ordre sur ce fait exige le scandale,
la plainte des voisins et même du curé, on a cru devoir vous
représenter que l'abbé de Maignas a surpris votre religion
au sujet de la nommée Leclerc.

La demoiselle Leclerc fut mise en liberté.

Tout ce qu'on vient de lire fait assez voir que la procédure de la lettre de cachet avait ses règles, et que, pas
plus que celle des tribunaux, cette procédure ne laisse de
place à l'arbitraire. Ce qu'on prétend y reprendre de ce
chef tombe donc de soi-même. Elle est œuvre de police,
non de justice, et ce fait serait de nos jours de quoi la
décrier ; mais on vient de voir par des exemples comment
se comportait la police à cette époque. De quelque manière qu'on la retourne, il est certain que, dans cet usage
même, tout ce qu'on a dit de la lettre de cachet pour
faire haïr l'ancien régime n'est que mensonge.

Il est vrai que cette procédure policière était secrète ;
mais, bien loin qu'il fallût s'en plaindre, elle n'avait lieu
justement de cette sorte que dans l'intérêt des familles.
Par là leur honneur était sauf. La discrétion était absolue. Les pièces relatives à chaque affaire étaient enfouies
à la Bastille.

L'ancien régime ne s'est jamais trompé sur ce caractère de protection accordée aux familles par la lettre de
cachet. Nous en avons de curieux témoignages.

Un père, à qui Malesherbes avait refusé une lettre de
cachet contre son fils, lui écrivait avec indignation :

Quand l'autorité tutélaire et souveraine se refuse à appuyer l'autorité domestique, elle sait sans doute où prendre les ressorts propres à veiller sur la tête de chaque individu en particulier.

Il est certain que cette alliance intime des pouvoirs publics avec le pouvoir domestique était le trait d'un ordre supérieur. Le père seul avait le droit de demander une lettre de cachet contre son fils ; mais on résistait peu à cette injonction. « Il est d'usage, écrit d'Argenson au comte du Chayla, d'arrêter les enfants dont les pères se plaignent. »

C'est là ce qui causa les plaintes de Mirabeau, enfermé, comme on sait, au donjon de Vincennes. En cela mystifié comme dans le reste, il est plaisant de voir que le peuple fit sienne la cause d'un fils de famille dévergondé. Mais la révolte contre les siens faisait de ce fils de famille l'allié de tout ce qui rêvait le renversement de toutes choses ; la démocratie l'épousa, comme on a vu il y a dix ans la maîtresse feuille du Bloc se faire, l'apologiste d'un jeune gentilhomme en révolte contre son père, traînant son nom dans les aventures les plus mortifiantes et les plus folles. Ce père fut réduit à protester par la même voie de la presse, et dans la même feuille. On ne saurait rien lire de plus noble, de plus juste et de plus relevé que la lettre qu'il écrivit alors. Mais je ne doute pas que si la lettre de cachet eût été de mise envers ce fils, le père eût pris ce moyen plutôt que l'autre. Or notez la nature du sentiment français, qui est tel que tout le monde l'eût approuvé.

Qu'on ne parle pas de la barbarie qu'il y a à requérir les pouvoirs publics en pareil cas. Leur intervention ainsi réglée n'avait justement rien d'infamant. C'était de quoi on leur savait gré, et ce qui fait que la lettre de cachet était regardée comme une grâce.

La famille, dit d'Argenson, a intérêt à soustraire son parent à une condamnation infamante. Quand le roi, *par bonté*, veut bien soustraire un coupable à la rigueur des lois en le faisant enfermer, c'est une faveur.

Qui sait ce que plusieurs eussent encouru des tribunaux et de la justice régulière, si l'action de simple police ne les eût prévenus à propos, quelquefois corrigés, toujours soustraits du moins aux ridicules éclats que fait un procès public sur des questions de famille ?

« Le public, dit encore d'Argenson (dans les affaires de ménage), est charmé de la scène qu'on lui donne, et personne n'a encore eu la charité de tirer le rideau pour cacher un spectacle si ridicule. » Aujourd'hui le mal est à son comble. L'impudence de la presse passe toutes les bornes en ce genre. Nous en mesurons le fâcheux effet.

Une autre histoire fera voir l'utilité de ce secret, dont des ignorants ont la sottise de faire un crime. Elle est touchante et presque dramatique.

Un jeune homme nommé Bunel fut arrêté dans une bagarre. On le convainquit de plusieurs vols, effet de l'ignoble commerce qu'il entretenait avec une fille. Sa mère, veuve d'un ancien soldat aux gardes françaises, effrayée de l'abîme où elle le vit plongé, soutenue par l'énergie d'un affreux désespoir, obtint, à force de démarches, de s'arranger avec la partie civile, et, grâce à la recommandation de M. de Boulainvilliers (chez qui un des vols reprochés à son fils avait été commis), elle obtint une lettre de cachet.

Il est enfermé à Bicêtre, et là s'engage dans le régiment de Briqueville-infanterie. A la suite de ce régiment, le nouvel engagé quitte la France le 22 mars 1751. Le 4 novembre 1752, Briqueville écrit à Berryer pour lui demander le rappel de Bunel. Les notes du jeune homme sont bonnes, il semble que le passé n'ait jamais existé ;

le colonel plaide chaudement sa cause. En présence de ce témoignage, un rapport de police est adressé au comte d'Argenson, qui signe le rappel de Bunel le 5 décembre de la même année. Le jeune homme est rendu à sa mère, arraché à son vice et sauvé du déshonneur. Tel est le bienfait du secret de la lettre de cachet.

Au demeurant, qu'on n'imagine pas que la justice régulière n'entretenait aucun rapport avec la lettre de cachet, ou qu'elle fût entièrement subordonnée à elle. Par exemple, c'était une règle rigoureuse, qu'une lettre de cachet ne pouvait être accordée au cours d'un procès. Une autre disposition regardait le droit de visite dans les prisons, exercé par les parlements, lequel permettait à ceux-ci d'être informés de ces procédures par leurs effets. J'ajoute que tout ce qu'on voit ajouter à cela pour rendre la lettre de cachet odieuse, comme la fameuse histoire de ces lettres données en blanc, n'est qu'un mensonge.

Tout cela n'a pas empêché M. Camoin de Vence d'écrire dans la *Revue des Études historiques*[1] : « Le *principe même* de la lettre de cachet était, *quoi qu'on dise, et nous ne saurions trop l'affirmer*, essentiellement contraire à toute vraie justice. »

M. Camoin de Vence est bien intentionné. Par malheur, il ne sait pas s'élever au-dessus de la nuée frivole de ce qu'il nomme les principes. Car qu'est-ce que *le principe de toute vraie justice*, sinon d'être jugé justement ? M. Camoin de Vence exige de plus que cela soit fait dans certaines formes. Mais pourquoi ces formes tiendraient-elles au principe? C'est, dira-t-il, que faute de ces formes on juge mal en fait. Mais on lui cite la lettre de cachet, qui, sans l'aide de ces formes, n'a pas laissé de servir à

1. Année 1892.

bien juger. Bon *en fait*, dit M. Camoin de Vence, mais cela n'absout pas le principe.

Tel est le préjugé de ceux qui ne veulent croire qu'à des constitutions de papier. D'autres font à la lettre de cachet des objections plus solides, quoique moins honorables. Ils n'y peuvent souffrir l'instrument de l'autorité dans la famille. A ceux que toute autorité offense, celle-ci n'est pas moins en horreur qu'aucune autre. La famille, dont elle fait le fondement, est détestée de la Révolution au même titre que toutes les associations naturelles, ennemies à ses yeux de la seule liberté légitime, qui est celle de l'individu.

Rappelons-nous le cynique aveu de Cambacérès, si opportunément relevé par Le Play, sur la liberté de tester. Ce digne organe de la Révolution avouait ne poursuivre dans cette liberté que l'autorité du père de famille, représentée comme tyrannique. De nos jours, les amis de l'union libre ne s'offenseront pas moins de la contrainte conjugale, dont la lettre de cachet se faisait l'instrument. L'histoire du parfumeur de la rue Comtesse-d'Artois leur sera une raison de la maudire. Par-dessus les années écoulées, leur culte de la liberté donne la main à celui que professèrent ces intéressantes victimes du *foyer-prison* d'autrefois.

Aussi bien, ne croyons pas que celles-ci aient été incapables d'en déduire les principes et de formuler à cet égard la revendication de leur droit. Nos fauteurs d'anarchie se croient en avance là-dessus. Je signale à ces messieurs le plaidoyer, vieux d'un siècle et demi, d'une femme qui, si elle vivait, serait certainement de leurs clientes. On le trouve, comme plusieurs des passages qui précèdent, au Mémoire de d'Argenson dont M. Funck-Brentano tire une partie de ses preuves ; on sait que d'Argenson était grand lieutenant de police :

Une jeune femme nommée Baudoin publie hautement qu'elle n'aimera jamais son mari, et que chacun est libre de disposer de son cœur et de sa personne comme il lui plaît. Il n'y a point d'impertinences qu'elle ne dise contre son mari, qui est assez malheureux pour en être au désespoir. Je lui ai parlé deux fois et, quoique accoutumé depuis plusieurs années aux discours impudents et ridicules, je n'ai pu m'empêcher d'être surpris des raisonnements dont cette femme appuie son système. Elle veut vivre et mourir dans cette religion, il faut avoir perdu l'esprit pour en suivre une autre, et, plutôt que de demeurer avec son mari, elle se ferait huguenote ou religieuse. Sur le rapport de tant d'impertinences, j'étais porté à la croire folle ; mais par malheur elle ne l'est pas assez pour être renfermée par la voie de l'autorité publique, elle n'a même que trop d'esprit, et j'espérais que, si elle avait passé deux ou trois mois au refuge, elle comprendrait que cette demeure est encore plus triste que la présence d'un mari que l'on n'aime pas. Au reste, celui-ci est d'une humeur si commode qu'il se passera d'être aimé, pourvu que sa femme veuille bien retourner chez lui et ne pas lui dire à tout moment qu'elle le hait plus que le diable. Mais la femme répond qu'elle ne saurait mentir, que l'honneur d'une femme consiste à dire vrai, que le reste n'est qu'une chimère et qu'elle se tuerait sur l'heure si elle prévoyait qu'elle dût jamais avoir pour son mari la moindre tendresse.

On voit que les ennemis des contraintes morales, partisans de l'obéissance *consentie*, n'ont jamais manqué de littérature : il y a une éloquence de nature qui se déclare en pareil cas et l'instinct tout seul fait des merveilles. Mais l'autorité d'autrefois ne s'en laissait pas plus éblouir que des faits de brutalité pure. Là où nos badauds disent : C'est très intéressant, il est bon de voir ce magistrat d'ancien régime, qui ne passa jamais pour un esprit borné, n'écrire que les mots d'*impudence*, de *ridicule*, d'*impertinence*. C'était tout ce que l'étonnement, qu'il avoue, gagnait sur les principes arrêtés d'autrefois. On

peut imaginer, dans ces conditions, que la lettre de cachet était bien défendue.

Il faut maintenant dire un mot du cas rare où celle-ci
servait la raison d'État. Le libéralisme déploie là-dessus
son éloquence, et, quoique l'application en soit beaucoup
réduite par ce qu'on vient de lire, je ne pense pas qu'il
faille accorder le peu qui reste à sa critique. On allègue
là-dessus l'Angleterre, où la raison d'État serait incon-
nue. Mais la raison d'État est de tous les États, parce
qu'il n'y a pas au monde une autorité dont le devoir ne
soit de prévenir le désordre afin de n'avoir pas à le punir. En Angleterre comme ailleurs, les générations différentes ont été sujettes à ressentir plus ou moins la nécessité de ce principe, et à s'en relâcher plus ou moins.
Ce relâchement fait à nos yeux l'originalité de ce peuple ;
ce serait une erreur de croire que personne n'en reconnaît chez lui l'inconvénient. On le trouve signalé chez
les auteurs. « Chez nous, écrit A. V. Dicey, l'État peut
punir ; il ne peut guère prévenir les crimes. » De quelque
manière qu'on l'explique, une telle parole ne peut passer
que pour un aveu d'infériorité.

Cela est si vrai que l'*habeas corpus*, article sacré, pal-
ladium à nos yeux des libertés anglaises, s'est vu suspendre plusieurs fois par autorité du Parlement. Les
Anglais ont souffert cette suspense : je ne sais si en France
le scandale que cela causerait n'aurait pas pour effet de
ruiner tout l'avantage de l'institution. Il est vrai que
cette suspense n'empêchait pas de payer les dommages-
intérêts prévus par l'*habeas corpus ;* mais la rigueur ne
s'en exerçait pas moins, contre le principe de l'*habeas
corpus.*

Ces dernières remarques paraîtront suffisantes. Elles

ne laissent rien subsister qui ne soit à l'honneur des
temps où la lettre de cachet fut en vigueur.

Le changement des mœurs fit sentir à la fin plusieurs
inconvénients dans la pratique de ce système. De forts
liens de famille et de voisinage étaient indispensables à
son bon fonctionnement. Ces liens de famille en se relâ-
chant firent qu'on s'étonna des pouvoirs que la lettre de
cachet donnait; les liens de voisinage cessaient avec
l'agrandissement de Paris, où la lettre de cachet avait
été de tout temps la plus fréquente. L'effet de ce relâchement devait être d'en faire souhaiter la suppression.
Le Parlement en fit des remontrances, le 11 mars et le
3 mai 1788. Tous ceux qui savent de quelle manière les
institutions se modifiaient sous l'ancien régime et par
quels signes leur disparition s'annonçait ne doutent
aucunement que ce système eût été supprimé sans la
Révolution. Il l'eût été comme dénué de rapport avec
des mœurs nouvelles et destiné désormais à causer plus
d'inconvénients que d'avantages. La Révolution le supprima pour une raison bien différente, comme contraire,
à ce qu'elle croyait, aux droits éternels de l'humanité.

Quant au grand nombre des abus causés, même dans
les derniers temps, par la lettre de cachet, c'est une
fable. Malesherbes, dans un rapport inédit que cite
M. Funck-Brentano, donne le résultat d'une enquête
conduite par lui en 1775. Ce résultat montre qu'il n'avait
découvert que deux détenus qui fussent dignes d'être
mis en liberté. La vérité est qu'on se désaffectionna de
l'institution, de sorte qu'il fut facile de tourner l'opinion
contre elle. L'opinion n'a que peu la mémoire du passé;
rien ne fut plus aisé que de faire croire au peuple que
la lettre de cachet avait toujours justifié les critiques que
des mœurs nouvelles motivaient. Ce fut un des mensonges tapageurs de ce temps-là.

Une dernière réflexion terminera ce chapitre. Dans le
cas de raison d'État, la liberté de chacun de nous en face
de la prison préventive est aussi précaire que jamais.
Les formes régulières continuent d'être absentes des procédures que cette raison commande. Tous les Français
vivants peuvent témoigner du fait. A quoi donc servit
en cela la Révolution? A rien, sinon peut-être à multiplier au delà de toute mesure l'occasion de ces inter-
ventions, par la nécessité où elle a voulu se mettre, en
gouvernant contre la raison, d'en appeler sans cesse à la
force.

LE PROCÈS DE L'ABSOLUTISME

J'ai voulu terminer ce livre par le sujet le plus important de tous, en qui se résument les griefs des modernes contre l'ancien régime. De plus, comme il n'y a pas de nom qui représente à leurs yeux le pouvoir absolu plus que celui de Louis XIV, il m'a paru que l'éloge du plus grand de nos rois ferait la digne fin d'un ouvrage écrit à l'honneur de la France et de la monarchie.

Nous frémissons au nom du pouvoir absolu. Ce mot représente à nos yeux quelque chose d'exorbitant, qu'on ne peut pas songer à défendre, qu'on peut à peine espérer d'excuser. Je parle des mieux disposés à cet égard. Les mots de monarchie de droit divin, qui s'appliquent au même objet, remettent tous nos nerfs en défense, Dieu mêlé en cette affaire étant l'outrance suprême. Des catholiques ennemis d'une partie du passé ont cru bien inventé de crier au sacrilège. Quel sacrilège, en effet, que de faire de l'obéissance au roi l'objet d'un précepte divin ! Ils se sont avisés là-dessus que le principe du droit divin avait été établi par les princes protestants. Ils en font Jacques Ier, roi d'Angleterre, l'inventeur. M. Coquille, pour qui je serais bien fâché qu'on crût que je professe peu d'estime, a entassé sur cette matière les considérations les plus imprévues, en même temps que les plus arbitraires. Or c'est du pouvoir absolu, c'est du droit divin précisément que j'entreprends l'explication.

J'entreprends de prouver, contre le préjugé et en dépit du monceau d'arguments accumulés par un siècle de frivolité politique sans égale, que cet absolutisme et que ce droit divin s'accordaient très rigoureusement avec la liberté des personnes, que cet absolutisme et que ce droit divin ne s'accordaient pas moins avec la sauvegarde des intérêts. Que voudrait-on demander de plus ?

Une remarque permettra de préjuger la question. Les Français d'autrefois, ceux qui vécurent au temps de l'absolutisme, et pour tout dire, sous Louis XIV, se sont-ils doutés qu'ils étaient esclaves ? Il faut pourtant convenir qu'un état si insupportable, ressenti en un temps où la capacité de réfléchir et la puissance d'analyser étaient ce qui manquait le moins, ne pouvait manquer d'être connu, partant exprimé dans les écrits du temps. Dira-t-on que l'oppression était si rigoureuse qu'il n'était même pas permis de se plaindre ? En ce cas, des lettres, des mémoires, des journaux intimes, rendraient compte de cet état, en exprimeraient la sujétion, l'angoisse, raconteraient le mécontentement des hommes astreints à souffrir en silence. Or rien de pareil ne nous a été transmis.

Outre la littérature courante, beaucoup d'écrits secrets nous sont parvenus de cette époque : dans pas un nous n'apercevons que les Français aient eu conscience alors qu'un régime d'oppression pesait sur eux. Nous voyons qu'alors comme toujours on médit de la cour et des grands, nous voyons médire aussi du roi : tout ce qu'il y a de témoignages défavorables en ce genre ne dépasse pas le niveau commun des reproches aux circonstances et aux personnes ; aucun ne s'adresse au régime, aucun ne mentionne un défaut de liberté ressenti par les sujets du roi.

Nous possédons dans quelques ouvrages d'alors une peinture des mœurs du temps. La Bruyère et Molière, pour ne nommer que les plus illustres, nous font le tableau de la vie de tous les jours. Nous n'y voyons paraître, sous les traits du bourgeois, du noble, du provincial, de la ménagère, du valet, etc., que des figures analogues à celles d'aujourd'hui. Toute la différence est qu'on parle beaucoup de politique chez nous, et que les gens de ce temps-là paraissent déchargés de ce soin. Nos propos de tous les jours contiennent beaucoup de critiques à l'adresse du gouvernement ; ceux d'alors n'en parlent jamais que pour lui témoigner la déférence banale de gens qui ne s'en occupent pas plus que du cours de la lune et des saisons.

La conclusion est évidente. On peut plaindre nos aïeux d'avoir été condamnés à professer cette indifférence ; on ne peut feindre que cette condition ait été un sujet de peine pour eux. D'autre part, les actes de la vie courante dont nous les voyons occupés ne paraissent pas avoir été plus gênés, ni leur fortune plus précaire, ni leurs établissements moins stables, ni leur repos dans l'avenir moins grand, ni leur contentement de vivre en général moins vif que celui que nous pouvons avoir.

Si donc les gens de ce temps ont été opprimés, ce n'a pu être que d'une manière et sous des rapports qui leur échappaient entièrement. Ils ne ressentaient cette oppression dans aucun des actes matériels, dans aucun des essors moraux de leur existence, de l'existence telle qu'elle était menée, telle qu'on la désirait alors.

Remarquez qu'en ce temps-là la critique est ce qui manque le moins : critique littéraire, critique morale, critique sociale, y poussent leurs pointes de tous côtés ; les plus piquantes satires contre les nobles, contre la cour et, sous le couvert de la fable, contre la condition royale même se lisent chez les auteurs en renom. Boileau, parlant des prérogatives de la naissance, écrit :

Et la postérité d'Alfane et de Bayard,
Quand ce n'est qu'une rosse, est vendue au hasard.

La liberté à l'égard du roi dans les relations person-
nelles est extrême. Le même Boileau dit en plein Versailles : « Je pense me connaître en vers un peu mieux
que lui. » Une dame de la cour, dérangée par une espiè-
glerie du duc du Maine, s'écrie dans un mouvement d'impatience : « Sire, vos enfants sont insupportables. » Dans
ce goût de critique et dans cette liberté, nul soupçon de
satire politique ne perce. Le roi, dit-on, y tenait la main :
je le crois ; cependant la *Dîme royale* et *Télémaque*
montrent qu'il n'était pas impossible d'essayer cette critique. Or ces ouvrages sont de la fin du règne, et, même
en cette fin de règne, l'exception. Il y a mieux. De tout
temps, l'étranger offrit un refuge aux livres défendus ;
les pamphlets contre Louis XIV avaient toute liberté de
paraître en Hollande, on ne s'y est pas fait faute d'en
publier ; cependant il fallut du temps pour que le point
de l'oppression politique fût touché dans ces pamphlets.
Il fallut la révocation de l'édit de Nantes pour orienter
de ce côté la colère des protestants chassés. Jusque-là, on
reprochait des faits particuliers. Nulle atteinte de principe à la liberté, nul trait de tyrannie inhérent au régime
n'y était dépeint.

Ces remarques sont très importantes. Elles prouvent
que la critique dont nous sommes prévenus n'a pas existé
dans le temps même et n'a pris corps que dans la suite.
La tyrannie de Louis XIV n'a gêné que des gens qui
n'ont pas vécu sous son règne.

Enfin le temps vint où l'on s'avisa que le régime de
nos rois manquait à plusieurs lois de l'ordre social. Cela
fut pendant le dix-huitième siècle, en même temps que se
répandait l'admiration pour l'Angleterre. Le grand événe-

ment, à cet égard, fut d'avoir jeté le mot de *liberté* dans le langage des moralistes. Chose curieuse, Voltaire, qui le premier s'en servit ou du moins lui donna la vogue, ne cessa jamais d'en sentir la vanité. Ce mot ne cadrait point aux habitudes françaises. Dans les catégories créées depuis un siècle et demi par nos moralistes, il ne trouvait pas de signification. Pourtant il faisait bon effet dans la peinture d'un sujet de la reine Anne et du premier des Georges ; c'était un trait de caractère qu'on n'eût pas osé négliger. Hors de là, il faut voir comme Voltaire s'en venge. Il reprend et raille chez Montesquieu la théorie qui la refuse, fût-ce aux Turcs ; il se moque de la séparation des pouvoirs, à laquelle ce dernier s'efforce d'en demander la définition.

On sait quelle fortune singulière cette théorie des pouvoirs séparés a faite depuis. Je n'en crois pas les considérants méprisables ; mais de supposer que l'ordre des sociétés consiste dans le maintien jaloux de ces distinctions juridiques, c'est à quoi ne consentiront jamais ceux que l'histoire a désabusés de la chicane. Montesquieu condamne sans merci tout ce qui refuse de s'y conformer. Il assigne un terme pour cela. Tout ce qui n'observe pas son système, il le range dans le *despotisme*. Ce mot, et ce qu'il contient d'anathème, devait passer dans l'usage du temps. Il est de ceux qu'on n'emploie plus guère, qui, comme dit Vaugelas, « sentent le rance » aujourd'hui. C'est que rien n'est plus fragile dans le fond que les idées auxquelles son auteur l'a lié.

Despotisme, c'est l'état des nations chez qui l'exécutif, le législatif et le judiciaire, définis comme veut l'*Esprit des lois*, ne sont pas remis à des organes distincts. J'ajoute que despotisme signifie quelque chose comme l'enfer des peuples dans ce livre, et comme leur condamnation sans appel. A l'autre extrémité de la gamme, le

paradis, consistant dans l'obéissance parfaite aux règles
de l'illustre auteur, nous est présenté sérieusement dans
la constitution anglaise. Le chapitre consacré à celle-ci
épouse moins la forme d'un traité que d'un hymne. A
cet égard, elle est le monument d'une époque, ou si l'on
veut, la stèle commémorative de la naissance d'un préjugé.

Un avocat a eu l'honneur de la placer ; tout bon Anglais
qu'il fût, Voltaire n'osait ; peut-être répugnait-il à une
échelle des peuples dont le dernier degré revenait aux
compatriotes d'Orosmane.

Le Turc chez Montesquieu incarne le despotisme. L'habitude se prit bientôt en France de ne plus nommer l'un
sans l'autre.

> Liberté qui nous fuis, tu ne fuis point Byzance...

C'était au temps de Chénier l'injure suprême, tant
Byzance et la liberté s'opposaient dans l'esprit des gens,
comme le bon au mauvais principe. L'Académie des
Sciences morales est restée fidèle à cette antithèse. Quand
on eut quelque temps mêlé dans le même anathème le
Turc et le gouvernement despotique, qu'on eut suffisam-
ment balancé ces deux noms dans les plateaux égaux de
la balance d'ignominie, on y mit celui de Louis XIV.
Froidement et comme d'une chose la plus naturelle du
monde, on s'avisa que le régime français ne différait du
turc que par les apparences et réalisait le despotisme.
Les Anglais nous le firent remarquer. Les avocats de
France, l'*Esprit des lois* en main, furent obligés d'en convenir. La nation tout entière frémit à la pensée que les
lois de l'équilibre politique, récemment découvertes par
un président au Parlement, étaient violées chez nous
depuis des siècles.

Maistre nous est témoin de l'air de nouveauté qu'avait encore de son temps cette impudence et de l'étonnement des gens raisonnables qui voyaient dans les papiers anglais mêler le Turc et Louis XIV. Cet étonnement maintenant a cessé. L'ascendant pris sur les intelligences par le triomphe de la Révolution fait passer l'absurdité en fait.

C'est à cet ascendant qu'il s'agit de s'opposer. Contre cet ascendant il s'agit de prouver la parfaite injustice de ce nom de despotisme appliqué à l'ancien gouvernement de la France. Un examen exact des choses y pourvoira.

Et d'abord convenons d'un point : c'est que dans un État le commandement ne saurait revenir à tout le monde. Quoique ce principe soit évident, il ne sera pas inutile d'en prendre les termes dans Bossuet : « Où tout le monde, dit-il, veut faire ce qu'il veut, nul ne fait ce qu'il veut ; où il n'y a point de maître, tout le monde est maître ; où tout le monde est maître, tout le monde est esclave [1]. » De là vient la nécessité de rassembler le pouvoir dans quelques mains.

La Révolution donne elle-même satisfaction à ce principe quand, posant premièrement celui de la souveraineté nationale, elle n'en reconnaît pas moins la nécessité d'une délégation du pouvoir. Avec cette délégation commence dans son système les difficultés d'application.

Car, cette délégation étant composée d'hommes, on ne peut éviter qu'elle soit mue par des volontés particulières ; le problème est de les ranger à la volonté de tous. Mais comment ? par le frein de l'élection, c'est-à-dire en définitive par la menace d'être renversé. Ainsi dans ce

---

1. *Politique tirée de l'Ecriture sainte*, liv. Ier, art. 3.

système l'exercice du pouvoir, qui n'est sujet à nul partage, suppose ceux qui le détiennent soumis à une contrainte absolue. Détenteurs d'un pouvoir sans limites, l'obéissance qu'ils doivent n'a pas de bornes. Maîtres de tout en fait, ils ne peuvent rien vouloir que la source du pouvoir ne puisse leur interdire. Il est vrai que cette source n'a pour elle que le droit, puisqu'elle est démunie de la force matérielle, tout entière remise à la délégation. Cependant on la proclame souveraine et, pour que cette souveraineté ne demeure pas un vain mot, on lui reconnaît le recours à la révolution.

Ainsi ce qui règne n'a pas le pouvoir, et ce qui a le pouvoir ne règne pas. Les moyens d'une part, le droit de l'autre, tel est le sublime de cette invention-là. L'exercice du pouvoir n'y est donc ce qu'il doit être qu'à condition que les volontés de la nation s'accordent avec celles de ses chefs ; les volontés, dis-je, non pas une volonté générale, mais des volontés individuelles, particulières. L'exercice légitime du pouvoir n'est qu'à ce prix et le système compte sur cette conformité. Mais, outre qu'il n'est pas vraisemblable qu'elle se produise spontanément, à quoi sert, si on la suppose, l'attirail d'une constitution qui ne fait rien pour l'assurer ? Car rien n'empêche, dans cette constitution, que le pouvoir en exercice n'oppose la force aux révolutions, et aux sanctions électorales la ruse et la force à la fois.

Ainsi la théorie jacobine du pouvoir ne sort de l'absurdité que pour tomber dans l'enfantillage. Quant à la pratique qui s'y fonde, sa définition la condamne à rouler sans cesse de la tyrannie à la révolution, de l'anarchie brute et amorphe à la suppression policière de toutes les libertés, y compris celle de vivre.

Cette théorie jacobine du pouvoir est celle de tous les libéraux, qu'ils soient des centres, de droite ou de gauche ; tous supposant la souveraineté de l'individu et le libéralisme ne consistant même qu'en cela. Montesquieu entend autrement la modération du pouvoir. La nécessité démontrée de remettre le commandement aux mains de quelques-uns, il la prend pour point de départ, il ne l'appelle pas délégation ; il recherche seulement les moyens de lier l'exercice du pouvoir à la justice et à l'intérêt public. Il trouve ces moyens dans le partage de pouvoirs qu'on sait. Et, rattachant toutes sortes d'utiles institutions à ce principe arbitrairement déduit, il fait briller mille lumières de détail autour d'un foyer d'obscurité.

Car, pour venir au fait, qu'est-ce que le pouvoir? C'est, chez celui qui le possède, des moyens tels qu'il n'appartient qu'à sa volonté d'en suspendre l'exécution. Tout autre obstacle qu'on suppose possible à l'exécution de quelque chose supprime réellement le pouvoir de la faire. S'il faut à quelqu'un pour agir, s'il lui faut de *nécessité* le concours de quelque autre qui le *puisse* refuser, il faut avouer qu'il n'a pas le pouvoir. Cela est évident. Mécaniquement cette condition exclut ce mot, et sa suppression le ramène. Mais *partage* du pouvoir n'est rien que cette condition mise à son exercice ; il équivaut donc à le supprimer : un pouvoir partagé n'est pas un pouvoir. Tout ce qu'on entassera de raisons à ce sujet n'empêchera pas cette conséquence et la ruine de tout l'édifice appuyé sur un tel partage.

Qu'à quelque organe de l'autorité publique soit remis le pouvoir de faire une chose et refusé le pouvoir d'en faire une autre, cela se conçoit et cela est clair ; mais que le pouvoir de faire quelque chose soit partagé entre plusieurs pareils organes, c'est-à-dire que, l'un disposant de l'une des conditions d'exécution, les autres conditions en soient remises à d'autres, voilà ce qui n'est pas compatible avec l'existence du pouvoir, voilà ce qui équivaut à sa suppression. Cette suppression, c'est l'anarchie : c'est tout le bien qu'on attend de l'institution publique rendue impossible.

Bossuet encore dit à ce propos : « S'il y a dans un État quelque autorité capable d'arrêter le cours de la puissance publique et de l'embarrasser dans son exercice, personne n'est en sûreté. » Notre éminent maître et ami M. de la Tour du Pin exprime à cet égard la condition de l'autorité, dans une formule qu'il est important de retenir : « Elle n'admet pas, dit-il, de partage, mais seulement des limites. » Toutes choses ne sont pas remises nécessairement au même, mais tout ce qui lui est remis est remis à lui seul. C'est le principe même de l'autorité.

Remarquez que ceci n'exprime pas ce qui doit être, mais ce qui est inévitablement, ce que toute l'impatience des hommes ne peut empêcher qui soit. L'anarchie mise dans un État ne fait pas qu'il ne s'y accomplisse des actes d'autorité, elle ne fait pas que ces actes y soient moins nombreux que dans les régimes les mieux réglés ; seulement ils s'y accomplissent sans ordre, sans garanties et dans des conditions qui tournent au mal les bonnes intentions même. Le pouvoir, pour chacun de ces actes, continue de résider quelque part et d'y résider sans partage.

Cet effet se fait sentir jusque dans les traits généraux de l'invention de Montesquieu. Des trois pouvoirs, le législatif, l'exécutif et le judiciaire, il est clair que l'exécutif seul mérite ce nom, car il n'y a pas de pouvoir au monde qui n'enferme celui d'exécuter. Que si vous prétendez que l'exécution réside dans un organe d'où n'émaneront absolument ni législation ni sentence, cette distinction aboutit à rendre le pouvoir réel irresponsable, à revêtir d'une irresponsabilité légale le vrai organe de la puissance publique. Nous savons assez ce que ce principe, inscrit au fronton de nos constitutions, est capable d'engendrer d'abus.

Nos avocats en sont charmés. L'exécutif irresponsable, voilà pour eux le suprême de la sagesse humaine. Ne découvrons pas l'exécutif ! Drumont aimait à raconter qu'en voyage ses amis l'éveillaient en disant : « Savez-vous une chose horrible qui arrive ? on a découvert l'exécutif. » On riait de cela à la *Libre Parole* ; on continue d'en frémir au *Temps* et dans tous les milieux où la théorie des pouvoirs est admise, afin de couvrir de quelque politesse les sauvageries du *Contrat social*.

Tout ce que je viens de dire n'est pas autre chose que la justification du pouvoir absolu.

Dût le préjugé moderne s'en étonner, tous les pouvoirs sont absolus. Il n'y en a pas, si ce nom leur est refusé, qui puissent garder celui de pouvoir même. J'ai dit que la théorie libérale du pouvoir, celle qui le fait résider dans le peuple, n'en a jamais supposé le partage. Ainsi, selon la Révolution même, la nature du pouvoir est d'être absolu. Il est vrai que l'endroit où elle le fait résider a pour effet de l'anéantir. Ce n'est pas un pouvoir séparé d'un pouvoir, c'est le pouvoir séparé de son exercice même. Ce comble d'absurdité en fait de séparation, l'auteur de l'*Esprit des lois* ne l'avait pas prévu.

Le droit divin se rapporte à cette notion, en est le complément nécessaire. Il signifie que, bien que le pouvoir soit issu de circonstances fortuites, contingentes et particulières, il n'en épouse pas moins aux yeux des hommes un caractère de majesté inviolable, à cause de sa nécessité. La société est le vœu de la nature, elle n'est l'effet d'aucune résolution des hommes ; ainsi tout ce qu'elle rend nécessaire est au-dessus de leurs volontés :

telle est l'autorité publique. Créées de Dieu comme les individus, les sociétés ne sauraient recevoir des hommes l'organe essentiel de leur existence : c'est donc de droit divin que le prince y commande. Ceci ne touche point au choix qui s'en peut faire. L'idée d'un roi choisi à l'origine en cérémonie par un peuple est la plupart du temps une niaiserie historique ; mais la vérité politique n'a précisément rien à redouter de cela, parce que rien n'empêche que même un choix très libre ait pour effet un engagement inviolable. Il s'en faut bien que, dans toutes les circonstances auxquelles ils s'engagent librement, les hommes ne restent liés que par leur volonté, gardant le droit de se reprendre incessamment. Ainsi il faut distinguer la *désignation* du pouvoir, laquelle est l'œuvre des circonstances (entre lesquelles rien n'empêche qu'on ne compte la préférence d'une nation), et sa *nature*, laquelle est supérieure à toutes les contingences et domine toutes les volontés.

Bossuet, parlant de la loi, distingue admirablement ces deux points de vue quand il écrit qu'elle est « un pacte solennel par lequel les hommes *conviennent* ensemble, par l'autorité des princes, *de ce qui est nécessaire* pour former leur société ». Venant à la société elle-même, le même auteur écrit magnifiquement : « Le peuple ne pouvait s'unir en soi-même par une société inviolable, si le traité n'en était fait *dans son fond* en présence d'une puissance supérieure telle que celle de Dieu [1]. »

Tel est le principe du droit divin. Je serais curieux que, jugeant d'après ces textes, quelqu'un voulût bien m'expliquer ce que ce principe a de sacrilège.

L'inviolabilité des princes légitimes repose tout entière

---

1. Ouv. cit., liv. I°, art. 4.

sur ce fondement. Elle a été crue de tout temps par les esprits justes et modérés. M. de Maistre en offre un curieux exemple dans le commentaire donné dans sa correspondance aux mesures par lesquelles ses maîtres et amis les jésuites furent chassés de Russie. Malgré la peine qu'il en ressentait, et dont il ne ménage pas l'expression, le parfait respect de l'empereur ne le quitte pas un moment. Boileau, s'excusant de son métier de satirique auprès de la pieuse et bienfaisante Mlle de Lamoignon, demandait si du moins elle n'aurait pas permis qu'on médît des mécréants : du Turc, par exemple. Elle se récria : « Non pas, dit-elle, il ne faut jamais toucher aux personnes de cette dignité-là. »

On aime à nous dépeindre ce respect comme hors de mode. Cependant il règne de nos jours à l'égard des princes, chez toutes ou presque toutes les nations étrangères. On se figure aussi qu'il appartient au dix-septième siècle et que l'ascendant outré de Louis XIV l'imposa. La vérité est qu'il est aussi ancien dans notre pays que la monarchie ; la vérité est que les principes dont j'ai fait voir que ce respect s'inspire ont toujours fait partie de notre droit national.

Rien, en effet, n'est moins selon le témoignage de l'histoire que d'imaginer les prétendues pratiques d'un pouvoir arbitraire, appuyées d'un faux droit divin, s'établissant au xviie siècle comme des nouveautés. Pas une preuve n'existe d'un tel établissement. Au contraire, en remontant le cours des ans, on ne trouve dans le siècle précédent et jusque dans le Moyen Age qu'une idée toute pareille de la monarchie. Une certaine école se flatte de plaider la cause de la monarchie devant la Révolution et de la gagner, moyennant le sacrifice de Richelieu et de Louis XIV. Petit sacrifice, comme on voit. Ces royalistes croient bien trouvé de reprendre le mot célèbre de Mme de Staël : « Chez nous, c'est la liberté qui est ancienne et le despotisme qui est nouveau. » Hélas ! ce qu'elle appelait despotisme était aussi ancien que la France et les vraies libertés, au temps qu'elle insultait, étaient aussi florissantes que jamais.

Une fois de plus, je dois signaler l'erreur, l'inutilité, j'ose dire le ridicule de ces tableaux de complaisance, prudemment reculés au fond des âges, où toutes les exigences du préjugé moderne sont représentées comme satisfaites, avant que des despotes récents, Henri IV, Louis XI ou Philippe le Bel, soient venus, par une malheureuse « déviation », justifier la Révolution. Dans ces temps bienheureux d'une royauté sans tache, les bienfaits les plus raffinés du régime parlementaire étaient assurés à notre pays. Jamais les rois n'eussent osé faire les maîtres ; ils exerçaient la volonté des peuples. On nous étale là-dessus une fierté populaire tenant tête au pouvoir royal, des attitudes de bravaches chevaleresques et pieux, tout un tableau de mélodrame, où le cortège complet des niaiseries révolutionnaires paraît affublé de l'oripeau gothique.

D'abord et dans les origines, ce sont les assemblées de la Germanie. Tacite en fait mention : nous devons l'en croire. Et pour que notre Gaule là-dessus ne soit pas en reste, on met une noble fierté à rappeler qu'Honorius convoqua dans Arles, en 418, les représentants de nos sept provinces. Voilà, n'est-il pas vrai, un sénat national ! Ce n'est pas tout : sous les Mérovingiens, des assemblées du peuple étaient tenues ; ainsi les rois ne gouvernaient pas seuls. Sous les Carlovingiens, nouveau sujet d'orgueil : le Champ de mars et le Champ de mai y représentaient la liberté. Il n'est pas jusqu'aux rois capétiens de qui le conseil des grands, rassemblés au-

tour du trône, ne figurât le contrôle de l'exécutif. Tel
est le tableau du plus lointain passé.

Ici l'historien prend un temps et se recueille, pour
aborder la merveille de cette histoire et célébrer digne-
ment le sujet qui s'offre à lui, sujet si beau qu'on re-
grette de ne pouvoir faire entendre tout ce qu'il contient
dans ce seul nom : la réunion des États généraux.

La pratique en dura trois siècles. Ils constituaient,
dit-on, le vrai parlement de la France, la garantie de
ses libertés, la limite à l'empiétement royal, la pointe
avancée de la bourgeoisie. Institution inestimable, qui
fait honte à nos Chambres et réalise mieux qu'elles le
louable partage de l'autorité avec les délégués de la
nation. Louis XIV y mit fin. Ce fut l'ère du despotisme,
bientôt châtié (cent soixante-quinze ans plus tard) par la
Révolution.

Tel est le tableau qu'on nous présente, et dont je me
garde de charger aucun trait. L'introduction d'idées
exclusivement modernes dans près de vingt siècles d'histoire le rend extrêmement ridicule. J'ajoute que tout en
est faux, les faits comme la philosophie.

Aucune des institutions qu'on mentionne, et dans lesquelles on se persuade de trouver, à tous les moments
de l'histoire, l'équivalent d'une représentation, ne fut
dans la réalité une institution de liberté. Cependant les
rois qui gouvernaient sans le concours d'institutions de
ce genre ne méritent pas le moins du monde d'être
traités de despotes. Aussi bien, le passé est si loin de
fournir la moindre application à cette théorie, qu'il en
brouille toute la nomenclature. Cela ne décourage pas
nos docteurs. Il est vrai que quelques-uns en marquent
leur étonnement. Philippe le Bel, roi despote comme on
sait, n'a pas laissé de réunir les premier États généraux,
institution de liberté.

Par un étrange contraste, écrit M. Georges Picot [1], ce fut le souverain engagé le plus hardiment dans la voie du despotisme qui réunit les premiers États généraux.

Étrange contraste, en effet ; qui tient peut-être à l'idée fausse que l'auteur se fait à la fois des États généraux, de Philippe le Bel et du despotisme. Mais la coutume d'aucun moderne n'est pas de s'interroger là-dessus. Ce que leur préjugé contredit dans l'histoire, ils le déclarent *étrange,* et c'est tout.

Fustel de Coulanges a parfaitement déduit le caractère du *conventus* de l'époque carlovingienne, composé des grands du royaume et de leur escorte, ce qui composait une immense assemblée.

« Peut-être, dit-il, ce peuple, par l'effet de sa présence, aurait-il été tout-puissant. Mais il aurait fallu qu'il voulût l'être, et d'abord qu'il pensât à l'être. *Cette grande réunion ne représente que l'obéissance :* qui n'est pas un fidèle sujet n'y vient pas. Elle pourrait faire opposition ; mais, selon les idées de ces hommes, l'opposition se marquerait plutôt que l'absence. Elle n'est pas une garantie de liberté. Les hommes feraient plutôt consister la liberté à la supprimer. »

Il ajoute :

« On voit bien que de telles réunions deviendront hostiles à la royauté, le jour où les évêques et les comtes seront devenus indépendants d'elle ; mais, aussi longtemps que ces hommes seront ses premiers serviteurs, elles ne devront être qu'un moyen de gouvernement. Elles étaient un procédé commode pour faire parvenir au pouvoir central les forces et l'argent des sujets, et pour faire descendre vers les sujets les forces et les inspira-

1. *Histoire des États généraux considérés au point de vue de leur influence sur le gouvernement de la France.*

tions du pouvoir central. Elles étaient la centralisation
même sous sa forme la plus rigoureuse et la plus dure,
puisque tous les hommes libres de l'Empire devaient
chaque année se rendre en personne auprès de la personne du maître [1]. »

Voilà ce qu'étaient le Champ de mars et le Champ de
mai, voilà ce que les fameuses assises des volontés de
la nation, rassemblées pour contrôler le pouvoir des rois,
représentaient : l'obéissance. Il est vrai que les grands
joignaient en ces occasions leur signature au sceau royal
qui scellait les capitulaires. Mais ce qu'une préoccupation
moderne nous fait imaginer de partage de l'autorité royale
en cela est démenti par les idées d'alors.

« Cette signature ne saurait signifier que ce sont eux
qui ont fait la loi ; *elle signifie seulement qu'ils ont juré
de l'observer*. Elle n'est pas une preuve de liberté politique, elle est une marque d'engagement. »

Fustel ajoute :

« Sans doute, il ne faudrait pas nier l'importance de
cette sorte d'assentiment populaire. On voit aisément
combien une promulgation ainsi faite en présence des
hommes assemblés, sous forme de question, en leur demandant leur serment et leur signature, diffère d'une
simple promulgation par cri public ou par voie d'affi-
chage... *Mais l'historien ne doit pas s'y tromper*. Cette
interrogation, ce consentement et cette signature n'avaient
rien de commun avec une discussion et un vote populaire. Loin que l'idée de liberté y fût contenue, les hommes y voyaient plutôt une forme de l'obéissance [2]. »

Après des conclusions de ce genre, appuyées de preuves qu'il sera facile de rechercher chez l'auteur même,
il ne doit plus être permis à personne de nous représen-

1. *Transformations de la Royauté*, p. 411.
2. Ouv. cit., p. 474.

ter dans ces assemblées l'ombre d'un régime parlementaire et de tirer de ce fait la condamnation des prétendus régimes d'absolutisme.

Pour les plaids de la première race, c'était bien moins encore : on n'y saurait voir proprement que des rendez-vous militaires ; les nobles y donnaient leur avis, et le peuple sanctionnait ce que voulait le roi par des acclamations.

Le régime féodal devait mettre fin à cette pratique de cours plénières. Les conseils que tinrent les Capétiens n'avaient ni ce déploiement ni cette solennité ; l'affluence y était restreinte ; mais ils avaient le même caractère quant à l'exercice de l'autorité.

S'y rendre était regardé moins comme un privilège que comme un devoir : la loi en était rigoureuse. Souvent avec la personne du seigneur le roi exigeait qu'une escorte fût jointe. Beaucoup souhaitaient de s'en dispenser ; mais ils n'osaient le faire sans excuse : l'un alléguait l'état de sa santé, l'autre le défaut de sécurité des pays qu'il fallait traverser, un troisième le retard des lettres royales. Le soin qu'ils prennent de chercher des prétextes d'absence montre qu'on ne voyait aucunement dans cette charge le gage avantageux d'un partage de l'autorité royale. M. Luchaire [1] nous fait voir, en 1150, l'abbé de Cluny, Pierre le Vénérable, expliquant au régent Suger les inconvénients qui l'empêchent de se rendre au colloque de Chartres. C'est une bonne occasion de vérifier ce point.

De la part des ennemis du roi, l'hostilité se marquait par cette absence. Cet effet suffirait à distinguer les assemblées dont je parle d'assemblées de contrôle, telles que nos Parlements. Il montre assez que le fait de paraître

---

1. *Histoire des Institutions politiques de l'ancienne France sous les premiers Capétiens*, t. I⁰⁰, p. 255.

à ces assemblées, d'y paraître, dis-je, en conseiller, constituait en soi un acte d'obéissance, non de revendication.

Notre erreur à cet égard vient de l'habitude prise dans les temps modernes d'imaginer dans toute assemblée du peuple ou des grands d'un royaume une force rivale de la royauté. Le spectacle offert par quelques Chambres modernes et les systèmes politiques auxquels nous les rattachons prévient si bien l'esprit qu'on ne s'en peut défaire. Mais le principe des assemblées anciennes était entièrement différent. Elles étaient l'organe du souverain ; elles n'avaient lieu que pour la consultation ; aucune part de la souveraineté ne leur revenait : à aucun degré ni d'aucune manière elles ne partageaient l'autorité royale.

Quant aux États généraux, je demande s'il n'est pas temps d'ôter aux défenseurs de la Révolution l'occasion de facile triomphe et le spectacle ridicule offerts par les efforts de ce que j'appellerai un parlementarisme rétrospectif.

Des royalistes se croient bien forts quand, ayant épousé le préjugé parlementaire, ils en découvrent l'application avant la Révolution même, dans l'assemblée des États généraux. M. Aubry-Vitet remarque [1] que, pour suffire à cette apologie, trois petites choses ont manqué aux États généraux : la périodicité, une loi constitutionnelle et les attributions législatives. Comment peut-on négliger cela ? Comment, en l'absence de ces points essentiels, peut-on espérer de les faire prendre pour l'organe d'un contrôle exercé par les sujets du roi sur son autorité ?

Cette importante fonction leur est déniée par tous les témoignages de l'histoire. L'histoire ne rapporte pas même précisément le temps auquel furent réunis les premiers États généraux. Cependant c'était le règne de

---

1. *Les États généraux avant 1789 (Revue des Deux Mondes,* 15 mai 1873).

Philippe le Bel, sur lequel les témoignages ne manquent pas et qui n'a rien de mystérieux pour nous. Comment pourrait-on supposer qu'une institution de cette portée eût passé inaperçue des hommes? Le rôle qu'en plusieurs occasions de notre histoire nous prêtons à ces États n'est pas un fait mieux vérifié. Trois cents ans après leur institution, lors de la fameuse assemblée de 1614, M. Aubry-Vitet remarque « l'indifférence des députés pour tout ce qui touche aux principes fondamentaux du gouvernement et à l'organisation du pouvoir central ». Tel fut le cas de ces États, les derniers qu'ait réunis l'ancienne monarchie avant ceux de 1789. Ceux qui voient dans l'ajournement d'une assemblée si peu politique une intention de despotisme n'ont pas considéré cela. Nous ne voyons pas que ces derniers États se soient crus plus nécessaires à l'ordre du royaume que les rois qui cessèrent de les convoquer ne l'ont cru eux-mêmes.

On veut nous faire croire que leur rôle était de voter l'impôt, comme les Chambres anglaises. Mais ils n'ont jamais voté d'impôts que par occasion. M. Callery, dans son excellente *Histoire du Pouvoir royal d'imposer*, que j'ai déjà citée, démontre sans réplique que l'établissement des impôts n'eut aucune part à l'institution des États généraux.

« Les États généraux, à leur origine, dit-il, n'ont jamais été consultés et n'ont jamais eu à se prononcer sur une question d'impôt. Leur réunion n'a jamais eu d'autre but alors que de décider si l'assistance militaire, qui féodalement était due au roi, serait donnée corporellement ou compensée par une redevance pécuniaire spéciale. »

Il ne s'agissait proprement que de régulariser l'*aide de l'ost*. Tels sont les débuts et la fin d'une institution à laquelle on prétend faire la place si large dans l'économie de l'ancienne monarchie. Cette opinion ne tient pas devant l'histoire. Les États furent un conseil du roi, conseil extraordinaire dans sa convocation et dans son étendue. Ce qui s'ensuit de ces deux points, en fait de conséquences particulières propres à changer la figure d'un tel conseil, est sans doute le fait de ces États ; mais ne supposons rien davantage. Ils n'ont présidé à aucun des grands événements de notre histoire, leur réunion fut toute de circonstance et d'intermittence ; en quinze siècles d'existence nationale, il n'ont subsisté que trois cents ans. Pendant trois cents ans la monarchie Capétienne s'en est passée ; pendant deux cents ans, dans la période la plus prospère et la plus éclatante de notre histoire, on a renoncé à cette invention. Il est donc contraire aux faits de représenter les États généraux comme un organe essentiel de l'ancien gouvernement français.

La vérité est qu'en plusieurs circonstances ils ont beaucoup aidé ce gouvernement. Nos rois s'en sont servis, non sans adresse, pour se laver, soit aux yeux de l'opinion soit devant l'étranger, de plusieurs résolutions nécessaires à la prospérité du royaume. M. Rathery remarque à propos que Louis XI (classé despote par l'école libérale) est celui de nos rois qui a tiré le meilleur parti des États généraux [1].

Donc ce qu'on nomme à grand tort despotisme est bien plus ancien que Louis XIV, Richelieu ou Henri IV. Il remonte à saint Louis et à Philippe Auguste ; il remonte à Hugues et à Robert. Voici ce qu'au temps de ces rois Abbon, légiste des premiers temps de la monarchie capétienne, écrit :

Comme le devoir du roi est de connaître à fond les affaires du royaume tout entier, afin de n'y laisser subsister aucune injustice, comment pourra-t-il suffire à une pareille tâche

1. Voir l'appendice à la fin de l'ouvrage.

sans le consentement des évêques et des grands du royaume? De quelle façon exercera-t-il son ministère en luttant contre la perfidie des rebelles, si les princes du royaume ne lui prêtent pas l'aide et le conseil *qu'ils doivent en raison de sa dignité*. En effet, il ne peut suffire seul à tout ce qu'il y a d'utile à faire dans le royaume [1].

Voilà ce qu'était le conseil du roi : un service imposé par la prérogative royale ; rien qui ressemble à une émanation de la nation, organe des droits de celle-ci mis soit en antagonisme, soit en parallèle avec la prérogative royale. Nulle trace d'un droit national distingué du droit royal. Tel est l'esprit de la monarchie française à ses débuts.

Conformément à cette définition du conseil, voici ce qu'écrit le même Abbon de la prérogative royale :

Tout ce qu'établit la puissance des rois très glorieux doit être stable et incontesté, sous quelque forme que se manifeste sa volonté par la parole et par les actes. C'est pourquoi celui qui contrevient aux actes royaux prouve qu'il n'aime ni ne craint le roi [2].

Qu'on pèse l'importance de ceci. Il n'est tiré ni de la *Politique* de Bossuet, ni des procès-verbaux de l'Académie sous Louis XIV, ni même des légistes de Philippe le Bel ; il est du xie siècle, c'est-à-dire du berceau même de l'institution monarchique. Que ceux qui en détestent l'esprit condamnent donc cette institution.

Aussi bien, n'est-il pas frappant de voir M. Luchaire, dans ses *Premiers Capétiens,* employer les mêmes termes pour désigner le principe de la monarchie française que ceux dont on caractérise la monarchie de Louis XIV ? Il l'appelle un pouvoir « de droit divin », et il a raison.

1. Luchaire, ouv. cit., t. Ier, p. 243.
2. Même ouv., p. 43.

Mais, dit-on, dans un semblable système, quelle garantie ont les personnes contre l'arbitraire royal ? Je réponds : Dix siècles d'un pays comme le nôtre s'en sont accommodés, ne doutez donc pas que les personnes aient eu satisfaction à cet égard.

C'est que pouvoir absolu ne signifie pas pouvoir de caprice.

Bossuet, au livre IV de sa *Politique*, a parfaitement marqué la différence. Un pouvoir absolu peut être raisonnablement exercé ; il le sera infailliblement, s'il est remis à quelque organe dont la position et la nature soient propres aux intérêts dont ce pouvoir dispose. Supposer que le bon fonctionnement d'un pouvoir ne vient que des limitations du dehors est une erreur des plus grossières. Le vrai régulateur des choses réside naturellement en chacune d'elles ; les sanctions extérieures ne viennent qu'en second. De plus, il est ridicule de demander de pareilles sanctions à la force quand il s'agit de limiter le pouvoir, maître par définition de la force.

Exiger cela, poser le problème dans ces termes, c'est chercher non pas la quadrature du cercle, qui se résout dans l'infini, mais la simple réalisation de l'absurde. Une sanction comme celle qu'on réclame doit être demandée aux égards que les hommes ont naturellement les uns pour les autres, aux mesures que la considération des choses leur impose naturellement. Dans une société bien réglée, ces liens se rendent extrêmement forts et passent en efficacité toutes les menaces de résistance authentiquées par les constitutions.

Celles-ci ne sauraient tout prévoir, elles ne sauraient non plus rien assurer ; de plus, les termes inflexibles qu'elles posent sont contraires à la nature des choses et ne garantissent rien. On peut bien espérer, par un article de code, de mettre en révolution les dernières classes d'une nation ; mais, quant aux résistances légitimes et nécessaires, seules des institutions bien ménagées peuvent les assurer aux extrémités du corps social. C'était le cas de l'ancien régime. Dans un des chapitres précédents, j'en ai montré quelques effets.

Rien n'est si faible que la Révolution, que tout moyen révolutionnaire, pour assurer le respect des personnes. Quant à chercher cette garantie dans les prérogatives avouées d'un corps élu, nous avons de quoi nous assurer en France de la vanité de ce dessein.

Ce qui peut assurer la gestion régulière d'intérêts remis soit à un magistrat, soit à un corps, c'est que ces intérêts soient les leurs. On nous répond que ce qui leur donne le *droit* de les gérer est l'élection. Mais quel intérêt a le public à ce que ces gens aient le droit ? Tout son intérêt est que la besogne soit faite ; par qui ce soit, il n'importe pas. J'avoue que l'élection peut servir à cela, parce qu'elle peut servir à désigner les plus capables et ceux dont l'intérêt est le plus étroitement lié à l'intérêt qu'il s'agit de défendre ; mais ce n'est pas la vertu de l'élection qui assure cette liaison d'intérêt. Cette liaison d'intérêt ne vient pas de ce que l'élu, craignant d'être renvoyé, est obligé de servir l'intérêt de ceux qui l'élisent. L'élection ne durant qu'un instant, rien n'est plus aisé que de la corrompre. Les passions de l'électeur, son ignorance n'offrent pas moins de facilité pour cela, que la ruse et la violence des factions dominantes.

Voilà pour la volonté du corps élu. Quant à sa puissance, qu'est-elle ?

Celle, dit-on, que confère naturellement la représentation du peuple. Mais cette représentation est aussi vague qu'immense. Sa force ne saurait résider ni dans l'injonction impérieuse d'un mandat particulier, ni dans l'ascendant des compétences, ni dans la menace de sanctions précises et prochaines ; elle ne réside en rien de ce qui, inclinant les hommes à des actes déterminés par la vue nette des effets et par le respect lucide des circonstances, fait d'un échange légitime d'influences le train commun de l'ordre en ce monde. La force de ce corps est toute dans sa masse et dans la violence des passions qu'il déchaîne. C'est un géant redoutable et stupide, que la raison met en défiance, les avertissements en fureur, mais que la ruse vulgaire et quelques cajoleries d'une coterie de fripons maîtrisent sans peine.

A l'égard des particuliers son pouvoir de protection est nul. Le scandale d'une interpellation devant une assemblée soulevée, voilà son arme, violente et courte comme la Révolution. Arme au demeurant que sa propre violence use et consume, et qui dans notre République est aujourd'hui réduite à rien.

Ces réflexions mènent à préférer, pour la garantie des intérêts, des assemblées multiples et diverses à une assemblée unique. Ces assemblées distinctes sont plus efficaces pour le bien ; la résistance à l'arbitraire y trouve ses armes naturelles. Il est vrai qu'elles ne peuvent produire d'agitation, comme fait un corps unique réuni dans la capitale, éclatante estrade où brûle de se signaler tout ce qu'un pays contient de bavards prétentieux, traînant la Révolution dans leur métaphore ; foyer toujours actif de troubles par le dramatique du spectacle qu'ils offrent. Il est peu de choses à quoi des États provinciaux et professionnels ne puissent servir, et n'aient en effet servi aussi bien que des États généraux ; en revanche, ceux-ci sont sujets à causer mille maux dont les autres sont incapables.

Cela ne signifie pas qu'une assemblée unique n'ait pu avoir son usage légitime. Incapable de tenir lieu ni des groupements locaux, ni des intérêts associés, on imagine aisément des raisons de l'ajouter à ces différents corps. Mais l'extrême folie est que cette assemblée détienne aucune partie de la souveraineté, et son frein nécessaire doit être fourni par des relations étroites avec les groupes locaux, qui ne lui laissent la liberté que de figurer des intérêts, chose légitime, et non des opinions, chose aussi dangereuse qu'inutile.

Tout ceci serait matière à de longs commentaires, car les moyens d'assurer l'ordre sont aussi variés que les circonstances, le caractère de la nation, ses intérêts présents, ses devoirs supérieurs, ses sentiments, ses préjugés même. La mesure de ces choses change sans cesse; aussi faut-il pour s'y accommoder le secours d'organes convenables, les textes de lois tout seuls ne sauraient y pourvoir.

Un point doit être ici retenu, c'est que l'existence d'un Parlement français ne fait rien pour la liberté, que le défaut de Parlement en France ne préjuge rien contre la liberté, et que l'accusation d'absolutisme, qui n'allègue pas d'autre raison que celle-là, repose exactement sur le vide.

APPENDICES

APPENDICE A L'INTRODUCTION

Sur une question aussi importante que celle de la méthode historique, touchée avec plus de détail dans les discours prononcés à la commémoration de Fustel de Coulanges en 1905 (v. ci-dessous), et à propos de cet historien dans les *Maîtres de la Contre-Révolution*, on ne peut omettre de citer, pour la lumière qu'il donne en cette matière profane, le passage suivant de l'Encyclique *Pascendi*. On y trouve signalée, chez les exégètes modernistes une falsification précisément pareille à celle dont il s'agit.

Certains d'entre les modernistes, adonnés aux études historiques, paraissent redouter très fort qu'on les prenne pour des philosophes : de philosophie, ils n'en savent pas le premier mot. Astuce profonde. Ce qu'ils craignent, c'est qu'on ne les soupçonne d'apporter en histoire des idées toutes faites, de provenance philosophique, qu'on ne les tienne pas pour assez « objectifs », comme on dit aujourd'hui. Et pourtant, que leur histoire, que leur critique, soient pure œuvre de philosophie ; que leurs conclusions historico-critiques viennent en droiture de leurs principes philosophiques, rien de plus facile à démontrer. Leurs trois premières lois sont contenues dans trois principes philosophiques déjà vus, savoir : le principe de l' « agnosticisme » ; le principe de la « transfiguration » des choses par la foi ; le principe enfin que Nous avons cru pouvoir nommer de « défiguration »...

Au nom du troisième principe philosophique, les choses même qui ne dépassent pas la sphère historique sont passées au crible : tout ce qui, au jugement des modernistes, n'est pas dans la « logique » des faits, comme ils

disaient, tout ce qui n'est pas assorti aux personnes, est
encore écarté de l'histoire...

Demande-t-on peut-être au nom de quel critérium
s'opèrent de tels discernements ? Mais c'est en étudiant
le caractère de l'homme, sa condition sociale, son éducation, l'ensemble des circonstances où se déroulent ses
actes : toutes choses, si Nous l'entendons bien, qui se
résolvent dans un « critérium » purement « subjectif ».
Car voici le procédé : ils cherchent à se revêtir de la
personnalité de Jésus-Christ ; puis, tout ce qu'ils eussent
fait eux-mêmes en semblables conjonctures, ils n'hésitent
pas à le lui attribuer. Ainsi, absolument *a priori* et au
nom de certains principes philosophiques qu'ils affec-
tent d'ignorer, mais qui sont les bases de leur système,
ils dénient au Christ de l'histoire « réelle » la divinité,
comme à ses actes tout caractère divin ; quant à l'homme,
il n'a fait ni dit que ce qu'ils lui permettent, eux, en se
reportant aux temps où il a vécu, de faire ou de dire...

D'après le philosophe, une loi domine et régit l'histoire, c'est l'évolution. A l'historien donc de scruter à
nouveau les documents, d'y rechercher attentivement les
conjonctures ou conditions que l'Église a traversées, au
cours de sa vie, d'évaluer sa force conservatrice, les nécessités intérieures et extérieures qui l'ont stimulée au progrès, les obstacles qui ont essayé de lui barrer la route,
en un mot ce qui peut renseigner sur la manière dont se
sont appliquées en elle les lois de l'évolution. Cela fait,
et comme conclusion de cette étude, il trace une sorte
d'esquisse de l'histoire de l'Église ; le critique y adapte
son dernier lot de documents, la plume court, l'histoire
est écrite. — Nous demandons: Qui en sera dit l'auteur ?
L'historien ? le critique ? A coup sûr, ni l'un ni l'autre,
mais bien le philosophe. Du commencement à la fin,
n'est-ce pas l' *a priori* ? Sans contredit, et un *a priori* où

l'hérésie foisonne. Ces hommes-là Nous font véritable-
ment compassion ; d'eux l'Apôtre dirait : « Ils se sont
évanouis dans leurs pensées... se disant sages, ils sont
tombés en démence. » Mais où ils soulèvent le cœur
d'indignation, c'est quand ils accusent l'Église de tortu-
rer les textes, de les arranger et de les amalgamer à sa
guise et pour les besoins de sa cause. Simplement, ils
attribuent à l'Église ce qu'ils doivent sentir que leur reproche très nettement leur conscience...

Ils l'écrivent, cette histoire, et si imperturbablement
que vous diriez qu'ils ont vu de leurs yeux les écrivains
à l'œuvre, alors que, le long des âges, ils travaillaient
à amplifier les Livres saints. — La critique « textuelle »
vient à la rescousse ; pour confirmer cette histoire du
texte sacré, ils s'évertuent à montrer que tel fait, que
telle parole n'y est point à sa place, ajoutant d'autres
critiques du même acabit. Vous croiriez, en vérité, qu'ils
se sont construit certains types de narrations et de discours, sur lesquels ils jugent ce qui est ou ce qui n'est
pas déplacé. — Et combien ils sont aptes à ce genre de
critique ! A les entendre vous parler de leurs travaux
sur les Livres sacrés, grâce auxquels ils ont pu découvrir en ceux-ci tant de choses défectueuses, il semblerait
vraiment que nul homme avant eux ne les a feuilletés,
qu'il n'y a pas eu à les fouiller en tous sens, une multi-
tude de docteurs infiniment supérieurs à eux en génie,
en érudition, en sainteté ; lesquels docteurs, bien loin
d'y trouver à redire, redoublaient au contraire, à mesure
qu'ils les scrutaient plus profondément, d'actions de grâces
à la bonté divine, qui avait daigné de la sorte parler aux
hommes. C'est que, malheureusement, ils n'avaient pas
les mêmes auxiliaires d'études que les modernistes, savoir, comme guide et règle, une philosophie venue de
l'agnosticisme, et comme critérium, eux-mêmes.

DIMIER. Préjugés   27

APPENDICE AU CHAPITRE IX

Malgré le caractère particulier du sujet, on ne refusera pas, je crois, de prendre une connaissance plus approfondie des origines de l'esthétique réformée dans quelques citations de l'extravagant *Essai sur l'Architecture* de l'abbé Laugier.

LAUGIER, « ESSAI SUR L'ARCHITECTURE », CHAPITRE Ier

Il en est de l'architecture comme de tous les autres arts : ses principes sont fondés sur la simple nature et dans les procédés de celle-ci se trouvent clairement marquées les règles de celle-là.

Considérons l'homme dans sa première origine, sans autre secours, sans autre guide que l'instinct naturel de ses besoins. Il lui faut un lieu de repos. Au bord d'un tranquille ruisseau, il aperçoit un gazon ; sa verdure naissante plaît aux yeux ; son tendre duvet l'invite : il vient et, mollement étendu sur sur le tapis émaillé, il ne songe qu'à jouir en paix des dons de la nature. Rien ne lui manque, il ne désire rien. Mais bientôt l'ardeur du soleil qui le brûle l'oblige à chercher un abri. Il aperçoit une forêt qui lui offre la fraîcheur de ses ombres : il court se cacher dans son épaisseur, et le voilà content. Cependant mille vapeurs élevées au hasard se ren_contrent et se rassemblent, d'épais nuages couvrent les airs, une pluie effroyable se précipite comme un torrent sur cette forêt délicieuse. L'homme, mal couvert à l'abri de ses feuilles, ne sait plus comment se défendre d'une humidité incommode qui le pénètre de toutes parts. Une caverne se présente, il s'y glisse et, se trouvant à sec, il s'applaudit de sa découverte. Mais de nouveaux désagréments le dégoûtent encore de ce séjour. Il s'y voit dans les ténèbres, il y respire un air malsain, il en sort, résolu à suppléer par son industrie aux inattentions et aux négligences de la nature.

L'homme veut se faire un logement qui le couvre sans l'ensevelir. Quelques branches abattues dans la forêt sont les matériaux propres à son dessein. Il en choisit quatre des plus fortes, qu'il élève perpendiculairement, et qu'il dispose en carré. Au-dessus il en met quatre autres en travers, et sur celles-ci il en élève qui s'inclinent, et qui se réunissent en pointe des deux côtés. Cette espèce de toit est couvert de feuilles assez serrées pour que ni le soleil ni la pluie ne puissent y pénétrer : et voilà l'homme logé. Il est vrai que le froid et le chaud lui feront sentir leur incommodité dans sa maison ouverte de toutes parts; mais alors il remplira l'entre-deux des piliers et se trouvera garanti.

Telle est la marche de la simple nature ; c'est à l'imitation de ses procédés que l'art doit sa naissance. La petite cabane rustique que je viens de décrire est le modèle sur lequel on a imaginé toutes les magnificences de l'architecture ; c'est en se rapprochant dans l'exécution de la simplicité de ce premier modèle que l'on évite les défauts essentiels et que l'on saisit les perfections véritables.

Les pièces de bois élevées perpendiculairement nous ont donné l'idée des colonnes. Les pièces horizontales qui les surmontent nous ont donné l'idée des entablements. Enfin les pièces inclinées qui forment le toit nous ont donné l'idée des frontons : voilà ce que tous les maîtres de l'art ont reconnu. Mais qu'on y prenne bien garde : jamais principe ne fut plus fécond en conséquences. Il est facile désormais de distinguer les parties qui entrent essentiellement dans la composition d'un ordre d'architecture d'avec celles qui ne s'y sont introduites que par besoin ou qui n'y ont été ajoutées que par caprice. C'est dans les parties essentielles que consistent toutes les beautés. Dans les parties ajoutées par besoin consistent toutes les licences. Dans les parties ajoutées par caprice consistent tous les défauts.

Ne perdons point de vue notre petite cabane rustique. Je n'y vois que des colonnes, un plancher et un entablement, un toit pointu dont les deux extrémités forment chacune ce que nous nommons un fronton. Jusqu'ici point de voûte, encore moins d'arcade ; point de piédestaux, point d'attique ; point de porte même, point de fenêtre. Je conclus donc et je dis : Dans tout ordre d'architecture, il n'y a que la colonne, l'entablement et le fronton qui puissent entrer essentielle-

ment dans sa composition. Si chacune de ces trois parties
se trouve placée dans la situation et avec la forme qui lui
conviennent, il n'y aura rien à ajouter pour que l'ouvrage
soit parfait.

A ces audacieuses décisions il y a profit à opposer la protestation de la pratique traditionnelle, dans le suivant passage extrait d'une réfutation contemporaine :

LAFONT DE SAINTE-YENNE, EXAMEN D'UN « ESSAI SUR L'ARCHITECTURE »,
pp. 5 à 7, 11 à 12, 33 à 43

Après la description de la structure et de la simplicité de
nos premières habitations, l'auteur établit une relation à la
rigueur de toutes les parties de nos édifices avec celles de ces
bâtiments rustiques et informes qu'il appelle la nature.

Et pourquoi penser qu'on ne puisse un peu s'éloigner de
ces grossières et informes productions? Si les hommes eussent
toujours été plongés dans leur première rusticité et leur stupide ignorance tels que nos sauvages de l'Amérique, ils n'auraient encore que ces mêmes cabanes pour retraites ; semblables aux brutes qui n'ont rien ajouté depuis leur création
à ce qu'un instinct aveugle et involontaire les a forcés d'opé-
rer. Mais à quel dessein l'auteur de notre être, qui agit toujours avec une sagesse profonde et n'a rien créé d'inutile,
nous eût-il donné une industrie si supérieure à tous les animaux ? Pourquoi nous inspirer l'amour des arts, de leur
progrès, de leur perfection, si l'on doit se borner à ces grossiers principes et y rapporter toutes nos productions?...

Les colonnes, dit-il, doivent être rondes, parce que la
nature ne fait rien de carré. Voilà un principe aussi nouveau
qu'il est bizarre. Ne trouve-t-on pas dans presque toutes les
carrières des pierres de cette forme produites par la nature?...

Mais je lui passe que la nature n'ait rien produit de carré ;
est-ce une raison pour assujettir l'art à ne travailler que sur
des formes rondes ? Il s'ensuivrait de ce raisonnement que
le plan de nos habitations devrait être circulaire, tous nos
édifices avoir la forme d'un colombier, et nos églises celles
d'une rotonde...

Un autre abus qu'il trouve intolérable en architecture, ce

sont les colonnes torses. Il s'en faudra beaucoup que nous soyons du même avis. Je sais que leur forme serait extrêmement choquante si elles étaient employées à porter les masses pesantes d'un grand édifice. Alors tout ce qui semble s'écarter de l'aplomb est insupportable à la vue, parce qu'il en exclut l'apparence de solidité. Mais il n'en est aucune qui soit mise à cet usage. Si le cavalier Bernin s'en est servi au baldaquin de Saint-Pierre, ce savant homme ne l'a fait qu'avec choix et jugement. Quoi de plus ridicule que d'employer dans tous nos baldaquins, pour soutenir une maigre portion d'entablement qui ne porte presque rien lui-même, des colonnes pleines et massives dont les proportions et la forme sont égales à celles qui portent des poids énormes ?... La colonne torse étant évidée spiralement dans toute son étendue ou depuis son tiers, a beaucoup plus de légèreté que la colonne pleine et convient parfaitement aux compositions sveltes et de pure décoration, qui demandent très peu de solidité.

...Ne nous éloignons point entièrement de la nature, nous ne produirions que des monstres ; mais aussi ne nous en approchons pas de si près qu'on ne puisse la distinguer d'avec l'art, et qu'il perde le plus précieux de ses droits, celui de varier nos plaisirs et de les rendre plus vifs par les heureux effets d'une irrégularité approuvée.

APPENDICE AU CHAPITRE XVI

La revue d'*Action française* avait publié le 1er septembre 1906, sous cette signature : *Un vieux Royaliste*, une lettre adressée à Henri Vaugeois, que j'ai cru indispensable de joindre au chapitre de l'Absolutisme. Je suis sûr de faire plaisir au lecteur de cette seconde édition en nommant l'auteur, qui n'est autre que M. Alain du Cleuziou, auteur de l'*Histoire de Bretagne* enseignée en 1907 à l'Institut d'Action française et publiée depuis en volume.

La lettre a pour objet particulier les rapports du roi avec les États généraux sous l'ancien régime et apporte sur ce point des réflexions et des témoignages qu'on ne saurait trop relire et méditer.

Cette lettre est née d'une controverse qui s'éleva entre l'*Action française* et quelques théoriciens aux yeux de qui l'exercice légitime du pouvoir n'appartient au roi que *sous le contrôle* des États, et qui donnaient cette théorie comme l'expression de l'ancien droit public français. Cela ne peut se faire qu'en passant sous silence ou en arrangeant à sa guise les faits les plus authentiques de l'histoire.

En voici la preuve dans cette lettre :

Monsieur,

Je prends la liberté de vous communiquer quelques textes historiques.

On vous écrit : « En 1506, les États de Blois n'ont-ils pas cassé le traité signé de Louis XII qui accordait à Charles d'Autriche la main de Claude de France ? »

L'autorité des savants Bénédictins auteurs de l'*His-

toire de Bretagne est indiscutée. Leur récit, que je vous ai transcrit, donne une tout autre physionomie à l'intervention des États, intervention qui s'est produite sur l'initiative du Roi. Les États exposent leurs remontrances, le Roi déclare les avoir pour agréables, il en délibère en son conseil, PREND UNE DÉCISION, que le chancelier fait connaître aux États.

En écrivant que, en 1468, à Tours, les États généraux se sont opposés au démembrement de la Normandie, votre contradicteur ne fait pas ressortir ce qui, je crois, est la vérité historique : c'est que les délibérations des États, conduites par Louis XI qui était habile homme et savait manier les esprits, ne firent que couvrir ses desseins secrets et lui permirent de compter sur des subsides pour faire la guerre au duc de Bretagne. C'est en parlant de Louis XI qu'un de nos vieux jurisconsultes bretons du XVIᵉ siècle disait que *ce roi fut le premier qui mit son autorité hors de pair.*

J'avoue ne pas comprendre non plus cette expression : « le pouvoir *particulier* [1] du Roi qui s'est exercé seul sans contrôle pendant 175 ans ».

Comme vous l'avez écrit, Monsieur, la méthode de l'*Action française* est historique. Le pouvoir royal a présenté des aspects bien divers depuis Hugues Capet jusqu'à 1789. Les limites de son autorité ont varié, non seulement suivant les époques, mais, pour la même époque, *suivant le pays où il s'exerçait.* Au XVᵉ siècle, il s'exerçait très différemment en Ile-de-France et en Bretagne. Au-dessus des formules sont les réalités.

Très modeste chercheur de province, fouilleur d'archives et de vieux livres, j'avoue avoir quelque peine à me détacher de l'étude des faits, et je ne vois pas com-

---

1. Opposé dans la même lettre à *pouvoir général*, seul national et légitime.

ment le Roi, dans l'exercice de son autorité, depuis
Louis XIV n'a pas exercé un pouvoir national ! Je vous
communique à ce propos quelques pages d'un Exposé
que je trouve fort bien fait sur la Constitution française
à l'époque de Montesquieu [1]. Il est extrait d'un ouvrage
qui, je crois, n'est plus très connu et dans lequel on
trouve d'excellentes choses, *Mémoires pour servir à l'histoire du Jacobinisme*, par l'abbé Barruel, Londres, 1797.
L'auteur a vécu sous l'ancien régime, le connaît bien et
n'hésite pas à attribuer la Révolution non à la mauvaise
constitution des Français, mais à *la corruption de l'esprit public par les philosophes* et à l'action des sociétés
secrètes. Cet extrait fait voir comment *sous l'ancien régime* le pouvoir absolu du Roi rencontrait ses justes limites.

Quelle sera la Monarchie de demain, si Dieu nous fait
la grâce de la voir ? En relisant les heureuses formules
de M. André Buffet dans l'*Enquête sur la Monarchie*, je
songeais que les Constitutions les plus écrites oscillent
et se transforment sous l'influence des faits et des événements, mais que LE PAYS A MAINTENANT BESOIN D'UN POU-
VOIR FORT, DE LIBERTÉS PRÉCISES, et que, le jour venu, LE
ROI SERA LE MEILLEUR JUGE DES LIMITES DU POUVOIR DE
L'ÉTAT MODERNE. L'expérience décevante de l'Assemblée
nationale devrait éclairer les honnêtes gens et leur faire
comprendre qu'il faut placer avant tout l'institution de
la royauté.

Après la guerre de la Ligue, Henri IV alla à Rennes.
La province avait été en proie à l'anarchie violente pendant huit ans. Un gentilhomme, M. de Montgomery,
avait été comme les autres mandé par le Roi pour le venir
trouver à Rennes. Comme tous les capitaines des divers

_____

1. V. ci-dessous, pp. 430 et suiv.

partis, sa conscience n'était pas très tranquille et il fit quelques difficultés pour se rendre à l'invitation. Lorsque Henri IV le vit venir, il se tourna vers M. de Lourdéac et dit assez haut pour être entendu de tout le monde: *Messieurs, la fête des Rois est passée.* Le vieux bourgeois breton qui a relaté cet épisode en son Journal ajoute : « Chacun le pensa comprendre, car il y avait plus de 10.000 rois en Bretagne, je vous laisse à penser du surplus ! »

L'anarchie n'est plus sanglante ; mais n'avons-nous pas aujourd'hui encore 10.000 rois — francs-maçons, protestants, juifs, métèques — du Parlement et de la France, qui nous espionnent, nous dénoncent, nous contrôlent et ne sont pas contrôlés ? Faisons un Roi qui nous gouvernera à la Béarnaise, et, comme vous le dites avec raison, « ne cherchons pas à étrangler dans une antithèse juridique soit l'autorité vitale du Roi, soit les fortes et salubres libertés du pays ».

Excusez, je vous prie, Monsieur, la longueur de cette lettre. Ligueur d'Action française, je me suis permis de vous envoyer un extrait de nos vieux historiens bretons sur un point où il m'a semblé que votre contradicteur se trompait ; j'y ai joint une coupure plus longue d'un Français du XVIIIe siècle, qui aurait, je crois, souscrit volontiers soit à la formule de M. de la Tour du Pin : « Le droit royal n'admet pas de partage, mais seulement des limites », ou à celle équivalente de M. Maurras : « Le Roi de France protecteur des Républiques françaises »[1].

---

1. V. *L'Enquête sur la Monarchie*, par Charles Maurras (Nouvelle Librairie Nationale, édit.)

I. — LES ÉTATS DE 1468 ET LE ROI LOUIS XI [1].

« Le Roi, informé de tout ce qui se tramait contre lui en Angleterre, crut qu'il n'aurait jamais de paix et qu'il ne pourrait compter sur aucun traité tant que son frère serait entre les mains des mécontents. Pour leur enlever tout prétexte de brouiller, il convoqua les États à Tours pour le 1er d'avril afin qu'ils réglassent eux-mêmes l'apanage de Monsieur. L'ouverture s'en fit le 6 d'avril : le Roi qui savait manier les esprits sut amener les États au but qu'il s'était proposé. Il fut décidé dans cette assemblée que la Normandie était tellement unie à la couronne que le Roi ne pouvait l'en séparer ; qu'on donnerait à Monsieur pour apanage 12.000 livres de rente, etc. Qu'à l'égard du duc de Bretagne qui retenait Monsieur, qui avait osé faire la guerre à son souverain et traiter avec les ennemis de l'État, il serait sommé de rendre ce qu'il avait pris ; que s'il refusait de le faire, le Roi était autorisé à lui déclarer la guerre et que les États lui offraient tous les secours qu'il devait attendre du zèle et de la fidélité de ses sujets. Cette délibération, si conforme aux vues de Louis XI, le confirma dans son dessein de pousser vivement le duc de Bretagne ; mais il était arrêté par la crainte du duc de Bourgogne et il aurait bien souhaité que ce prince adhérât aux résolutions des États ; il lui en fit faire la proposition, mais le duc la rejeta fièrement ; cependant il consentit que la trêve entre lui et le Roi fût prolongée de deux mois. »

Mais c'est de la lecture de l'histoire de ces troubles civils, histoire assez longue, qu'on saisit très bien que les États de Tours furent un acte de politique habile de la part de Louis XI.

1. Dom Morice, *Histoire de Bretagne*, t. II, p. 107.

II. — Sur les États de 1506 et le roi Louis XII [1].

« Les États du Royaume étant assemblés à Tours dans ce mois-là (mai 1506), les députés des ordres allèrent trouver le Roi au Plessis le 14, et Maître Thomas Bucot, portant la parole, après avoir représenté au Roy les alarmes que sa maladie avait données à tout le royaume et lui avoir, après plusieurs éloges, donné le titre de *Père du peuple*, le supplia, au nom de tous les États, de donner Madame Claude, sa fille unique, en mariage au duc de Valois. Le Roy, ayant concerté sa réponse avec les cardinaux d'Amboise et de Narbonne et le chancelier, dit aux députés : que, s'il avait gouverné ses peuples de manière à faire regretter sa perte, il espérait, avec le secours de Dieu, faire encore mieux dans la suite et que, pour ce qui était du mariage proposé, il prendrait là-dessus l'avis des princes de son sang. Il tint conseil, en effet, le 18. L'évêque de Paris parla le premier, et après lui les premiers présidents de Paris et de Bordeaux, qui firent fort de grands discours pour lever toutes les difficultés qu'on pourrait former contre le mariage proposé, à quoi ils réussirent si bien, qu'il fut résolu tout d'une voix que l'on accorderait ce que les États demandaient. Le chancelier déclara le lendemain cette résolution aux députés en présence du Roy, des princes et de tout le conseil, et que les fiançailles se feraient le 21, comme elles se firent effectivement, dans une salle du Plessis où l'Infant de Foix apporta Madame Claude entre ses bras ; le cardinal d'Amboise la fiança avec le jeune duc de Valois ; et le Roy fit faire serment par tous les princes, barons du royaume et députés des États et en particu-

1. Extrait de l'*Histoire de Bretagne* de dom Lobineau, t. 1er (Paris, chez la veuve de F. Muguet, 1717), p. 830.

lier par ceux de Bretagne : qu'ils exposeraient corps et
biens pour faire accomplir le mariage de Monsieur de
Valois et de Madame Claude, aussitôt qu'ils seraient en
âge de le consommer, et que, si le Roy mourait sans
enfant mâle, Monsieur de Valois serait reconnu pour roi.
Le lendemain on dressa le traité de mariage, etc. »

III. — MÊME SUJET [1].

« Ce traité était si avantageux à Maximilien et si préjudiciable aux intérêts de l'État qu'il y a assez d'apparence que le Roi ne l'avait fait que dans la vue d'abattre
la puissance des Vénitiens, *sans avoir envie de l'exécuter*. Et en effet on ne pouvait concevoir comment le
Roi s'était déterminé à transporter à une maison rivale
non seulement le duché de Milan et le comté d'Ast, mais
encore les plus beaux domaines de la couronne, tels que
la Bretagne, la Bourgogne, le comté de Blois et le Mâ-
connais. Les princes, la noblesse et les principales villes
sentirent toutes les conséquences de ce traité ; ils s'as-
semblèrent pour chercher les moyens de les prévenir, et
ils proposèrent au Roi d'assembler les États du royaume
pour délibérer sur cette matière. Ce prince, qui s'était
déjà repenti de ce traité, écouta avec bonté les représen-
tations qu'on lui fit à ce sujet, *charmé d'avoir ce prétexte de manquer à sa parole avec quelque honneur*. Il
consentit à la proposition qu'on lui fit et convoqua les
États à Tours pour le mois de mai.

« Ceux qui devaient les composer étaient assemblés ;
les députés de tous les ordres allèrent trouver le Roi au
Plessis, et le Dr Thomas Bricot porta la parole au nom

---

1. Extrait de l'*Histoire de Bretagne* de dom Morice, t. II (Paris,
Delaguette, 1756), p. 238.

de tous. Après avoir loué le Roi par l'endroit qui lui était le plus sensible, c'est-à-dire par la tendre affection qu'il avait pour ses sujets, il peignit d'une manière vive et pathétique les alarmes que la crainte de le perdre avait causées à son peuple pendant sa dernière maladie. Il s'étendit ensuite sur les inconvénients du mariage de Madame Claude avec un prince étranger ; il fit sentir de quelle importance il était pour l'État de démembrer tant de belles provinces, dont la possession donnait aux ennemis l'entrée jusque dans l'intérieur du royaume toutes les fois qu'ils voudraient faire la guerre à la France. Il supplia le Roi au nom de tous ses sujets de rompre ce mariage et de faire épouser la princesse au comte d'Angoulême, héritier présomptif de la couronne.

« Le Roi, après avoir concerté sa réponse avec les cardinaux d'Amboise et de Narbonne, dit aux députés qu'il était sensible aux nouvelles marques d'affection qu'il recevait de leur part, qu'il se ferait toujours un devoir de les gouverner avec bonté, qu'il avait pour agréable la remontrance des États, mais que l'affaire dont il s'agissait était si importante qu'avant de leur donner une réponse positive, il en voulait conférer avec les princes et les seigneurs de son conseil. Les Bretons étaient plus intéressés encore que les autres à ce mariage qui aurait transporté le duché à un prince étranger. Les députés de cette province, qui arrivèrent à Tours pour assister aux États, présentèrent en leur nom une requête au Roi pour le prier de ne point passer outre dans une affaire qui devait avoir des suites si funestes pour le royaume en général et spécialement pour la Bretagne. Louis XII tint un grand conseil où furent appelés les personnages les plus considérables des trois États. Le Roi exposa qu'il n'avait rien de plus à cœur que les intérêts de son peuple et que, pour cette raison, il accorderait volontiers la demande qu'on lui faisait, mais qu'il avait donné sa parole pour ce mariage et qu'il ne pouvait y manquer sans se déshonorer. L'évêque de Paris, qui parla le premier, représenta à ce prince qu'en vertu du serment de son sacre *il était obligé de procurer les avantages du royaume et la tranquillité de ses sujets, qu'il n'était point en son pouvoir d'aliéner le domaine de la couronne, à moins que cette aliénation ne fût très avantageuse à l'État ;* que celle dont il s'agissait était très préjudiciable à la France ; qu'enfin les serments qu'il avait faits ne pouvaient obliger la princesse en bas âge : qu'ils suppliaient de nouveau Sa Majesté de la faire épouser au comte d'Angoulême. Le Roi, vaincu par toutes ces raisons, fit tenir le lendemain l'assemblée générale des États. Le chancelier déclara au nom de ce prince qu'il accordait à leur zèle ce qu'ils lui avaient demandé avec tant d'instance, etc.

« Le Roi donna avis de ce qu'il venait de faire à Maximilien, à Philippe d'Autriche et au roi d'Angleterre. Les deux premiers en furent piqués, mais ils n'étaient point en état de marquer leur ressentiment. Henri VII fut très chagrin de ce changement... Cependant, comme il n'y avait point de remède à ce mal, il fit complimenter le Roi sur cet événement. »

IV. — CONTRE LA DIVISION DES POUVOIRS ET LE PARTAGE DE LA SOUVERAINETÉ, — OU CRITIQUE DES DIVISIONS DE MONTESQUIEU [1].

« Pour juger à quel point le système de Montesquieu *appelait de lui-même les révolutions*, il faut se reporter au temps même où il fut publié. Qu'elles qu'eussent été

1. *Mémoires pour servir à l'histoire du Jacobinisme*, par l'abbé Barruel, t. 1er, pp. 51 et suivantes.

dans les premiers siècles de leur Monarchie, les formes législatives des Français, il est constant qu'à cette époque leurs rois, et, suivant l'aveu de Montesquieu lui-même, la plupart des rois, réunissaient au droit de faire exécuter les lois celui de porter eux-mêmes toutes celles qu'ils croyaient nécessaires, ou bien utiles à leur empire, et celui de juger tout citoyen infracteur de la loi.

« La réunion de cette triple autorité constituait un monarque absolu, c'est-à-dire un véritable souverain pouvant absolument lui seul tout ce que peut la loi.

« A cette époque, les *Français étaient loin de confondre ce pouvoir absolu avec le pouvoir arbitraire du despote ou du tyran.* Dans tout gouvernement, en effet, il existe et il faut qu'il existe un pouvoir absolu, un dernier terme d'autorité légale, sans quoi les discussions et les appels seraient interminables, mais il ne faut nulle part un pouvoir arbitraire et despotique.

« Ce pouvoir absolu se trouve et dans les républiques et dans les États mixtes. Là on pourra le voir dans un Sénat ou dans une assemblée de députés ; ici, dans le mélange d'un Sénat et d'un roi. Les Français le trouvaient dans leur roi, dont la volonté suprême et légalement manifestée était le dernier terme de l'autorité politique.

« Cette volonté, suprême et devenue loi par les formes requises, était un lien pour le roi même comme pour les sujets. Ce n'est pas simplement Henri IV et son ministre Sully qui reconnaissent que la première loi du souverain est de les observer toutes, *c'est Louis XIV au milieu de sa gloire,* c'est ce prince dont les sophistes ont affecté de faire un vrai despote ; c'est Louis XIV qui proclame le plus hautement, jusque dans ses édits, cette obligation, et nous tient ce langage : *Qu'on ne dise point que le souverain ne soit pas sujet aux lois de son État, puisque la proposition contraire est une vérité du droit des gens, que la flatterie a quelquefois attaquée, mais que les bons princes ont toujours défendue comme une vérité tutélaire de leurs États. Combien plus il est légitime de dire que la parfaite félicité d'un royaume est qu'un prince soit obéi de ses sujets, et que le prince obéisse à la loi, et que la loi soit droite et dirigée au bien public !* (Préambule d'un édit, 1667.)

« Avec cette obligation seule dans le souverain, il n'est plus rien de despotique ou d'arbitraire. Car, dans le sens de nos langues modernes, le despote est celui qui n'a de règle que ses caprices ou ses volontés instantanées et sous lesquelles nul citoyen ne peut être tranquille, parce qu'il ne sait pas même si son maître ne le punira pas aujourd'hui de ce qu'il lui commandait hier.

« Le pouvoir de faire la loi avait lui-même ses règles chez les Français. Il était d'abord subordonné à toutes les lois primitives et naturelles de la justice ; il ne pouvait s'étendre au droit de violer les propriétés, la sûreté, la liberté civile. Il était *absolument nul* contre les lois fondamentales du royaume, *contre les pactes, les coutumes, les privilèges même des provinces ou des corps, que chaque Roi faisait à son sacre le serment de maintenir ;* il était modéré par le devoir et les droits inhérents à ces corps de magistrature, chargés d'examiner les lois avant leur promulgation et de représenter au souverain ce qu'elles pouvaient avoir de contraire au bien public. Il l'était par la discussion des lois à son conseil, *par son intérêt même qui lui permettait peu de faire des lois dont l'injustice aurait pu se tourner contre lui-même,* puisqu'il y était soumis comme les autres dès qu'elles étaient portées. Il l'était enfin par l'objet même de la loi, qui, étant général, ne lui permettait pas de se lais-

ser conduire en la portant par des vues, des haines, des
vengeances particulières.

« Bien plus que tout cela, un lien normal, que l'on
sait avoir été en France aussi fort que partout ailleurs,
un amour, une confiance, une estime, un enthousiasme
réciproque entre les Français et leur roi, repoussaient
toute idée d'un monarque despote et arbitraire. Les rois
savaient très bien qu'ils régnaient sur un peuple libre et
dont le nom même signifiait homme libre[1]. Ils avaient
tellement mis leur gloire à ne régner que sur des hommes
libres, qu'ils avaient successivement aboli presque tous
les vestiges de l'ancien régime féodal, et que tout
homme esclave ailleurs était déclaré libre par cela seul
qu'il mettait le pied en France.

« Enfin, s'il est vrai de dire que la liberté politique
consiste en deux choses : 1° en ce qu'un citoyen puisse
faire impunément tout ce qui n'est pas défendu par les
lois, 2° en ce que les lois ne prescrivent ou ne défendent
rien au particulier que pour le bien de la société générale,
on peut avec confiance en appeler à l'expérience. Tout
homme honnête et observant les lois de l'empire, où
était-il plus libre, où marchait-il plus sûrement tête levée
qu'en France ?

« On peut dire qu'il y avait des abus dans cet empire,
on pourrait ajouter que ces abus, les uns provenaient du
caractère des Français et *d'un excès plutôt que d'un
défaut de liberté ;* que les autres, et surtout les abus
d'autorité, étaient la faute de ceux mêmes qui ont le plus
crié contre ces abus, c'est-à-dire des sophistes qui,
détruisant les mœurs et les principes, auraient dû s'étonner un peu moins que des ministres immoraux, impies et
sans principes fissent taire la loi devant leurs passions et

1. Confusion étymologique sans importance ici.

leurs intérêts. Personne ne se plaignait que de la violation des lois : c'était donc leur observation et non pas leur bouleversement et des révolutions qu'il fallait solliciter. »

. . . .

« Garat, qui avant la Révolution était de ceux qui prêchaient la souveraineté du peuple, n'en disait pas moins : « Aujourd'hui toutes les lois émanent de la volonté « suprême du monarque, qui n'a plus la nation entière « pour son conseil ; mais son trône est si accessible que « les vœux de la patrie y parviennent toujours. » (*Répertoire de Jurisprudence*, art. « Souveraineté », par Garat, cité par Barruel.)

COMMENTAIRE. — Pour résoudre cette question : *Quelle est la vraie constitution de la France ?* et pour rester dans la méthode de l'*Action française*, il convient, semble-t-il, de l'envisager au point de vue de l'intérêt national, en distinguant le *passé* et le *présent*.

1° Quelles seraient en ce moment les institutions les plus propices pour relever le pays ? L'Enquête sur la Monarchie, qui est la base des travaux de l'*Action française*, a fixé et le caractère du pouvoir royal et ses limites, déterminées par les libertés nationales, en termes si heureux qu'elle a été comme un renouveau pour l'idée monarchiste.

2° Quelles furent dans le passé les institutions les plus favorables, celles qui ont procuré le plus de grandeur utile à la patrie ? Il faudrait proprement, pour répondre à ceci, faire l'histoire des institutions françaises, qui certes ont bien varié. Vouloir faire tenir cette histoire dans une formule peut paraître un point de vue encore plus inexact que celui de régler la constitution d'un État par un texte écrit. Les passions humaines, les faits, la force des choses en un mot transforme sans cesse les conceptions les plus habiles. Pour l'analyste qui s'en tient aux événements historiques tels quels, IL N'EXISTE PAS DANS L'HISTOIRE UNE CONSTITUTION IDÉALE FRANÇAISE, mais une série de transformations du pouvoir en France.

Quelle fut la nature du pouvoir royal ? Quelles furent ses limites à un moment donné de l'histoire ? Cette question même n'est pas encore simple ; il faut distinguer, comme l'indiquait ma dernière lettre, suivant le territoire dont on s'occupe : encore une fois, au xv⁰ siècle, l'action du pouvoir royal n'était pas la même en Ile-de-France et en Bretagne.

Enfin chacune des modalités d'exercice de cette action si variable dans l'espace a beaucoup varié suivant les temps.

Mais un fait clair, évident, manifeste, *c'est la concordance de l'extension du pouvoir royal et de la formation de l'unité française.* Quel fut l'aboutissement de cette extension ? A la fin du xviii⁰ siècle, l'abbé Barruel, qui a vécu sous l'ancien régime, a tracé le tableau exact et précis de la constitution française à cette époque. Elle pouvait continuer à évoluer pour se conformer à des mœurs nouvelles, à des besoins nouveaux. La Révolution est venue, et ce critique éclairé l'attribue non aux vices propres du régime, mais *à la corruption de l'esprit public par les écrivains tels que Montesquieu et Rousseau, qui érigèrent des chimères à l'état d'axiomes politiques, et aussi à l'action des sociétés secrètes.*

Étudier le rôle des États généraux à travers les trois siècles de leur histoire, leur attitude vis-à-vis du pouvoir royal, est encore une question de fait.

Laissez-moi revenir sur les deux points où je vous ai fourni mes textes : les États généraux variaient, eux aussi, d'action et de compétence, tout comme le pouvoir royal.

Quelle fut leur action en 1468, en 1506 ? D'après le témoignage d'écrivains consciencieux : dans le premier cas, Louis XI y eut recours pour masquer sa politique personnelle ; dans le second cas, Louis XII s'en servit pour briser un traité qu'il regrettait et qu'il n'avait peut-être conclu qu'avec l'intention de se dérober. En effet, sans tenir compte des dessous de l'affaire, la marche suivie est celle-ci : On fait remarquer au Roi les désavantages du traité, il cherche le moyen d'y remédier et s'arrête à la convocation des États ; ceux-ci font leurs remontrances, le Roi déclare les tenir pour agréables et répond qu'il va en délibérer en son conseil ; puis le chancelier fait connaître la décision du Roi qui accorde aux États leur demande. C'est donc encore ici l'autorité souveraine du Roi qui décide en dernier ressort, à supposer que le mouvement initial ne soit pas venu de lui.

Il faut toujours qu'il y ait une autorité qui juge sans appel. Il suffit d'ouvrir les yeux pour constater cette vérité : elle s'applique et dans le rôle élémentaire de l'expert, choisi librement par des parties pour terminer un différend, et dans le rôle des pouvoirs les plus élevés. C'est la nature même de la fonction d'un pouvoir qui trace la limite de l'autorité qu'il doit exercer. Notre monarchie *absolue* rencontrait ses limites dans *les libertés de la nation.*

Quelles seront les formes générales du pouvoir royal et ses limites ? L'Enquête sur la Monarchie les a établies clairement. L'action personnelle du souverain, du chef national, trouvera toujours matière à s'exercer pour le plus grand bien du pays, comme l'a démontré M. Buffet. Les limites de cette action seront déterminées par l'ensemble des circonstances, des nécessités, des événements auxquels elle devra pourvoir.

Notre pays, s'il sort de la crise où il se débat, aura

besoin de larges libertés administratives et d'un pouvoir fort aux mains d'un nouvel Henri IV. Il est peut-être plus urgent de songer à restaurer l'utile et le nécessaire, plénitude du pouvoir royal, — que de spéculer sur ses justes limites. Même et surtout à la veille de la Restauration effective, il faudra s'en remettre complètement à l'instinct héréditaire, à la volonté, à la providence royales du Prétendant. Ce sera bien le cas de reconnaître et de servir, en un sujet où elle est *absolument* compétente, son autorité *absolue*.

L'expérience de l'Assemblée nationale devrait d'ailleurs nous rendre sages. N'y a-t-on pas vu les *représentants autorisés* du pays discuter l'autorité royale et nous donner... la République ?

A cette lumineuse synthèse des faits je crois utile de joindre, dans l'ordre des opinions, les suivantes. L'une est celle d'un contradicteur de l'*Action française ;* l'autre, d'un homme mieux qualifié que personne pour faire entendre ici la leçon des faits : c'est un roi de France, Louis XV lui-même.

OPINION DE NOTRE CONTRADICTEUR

En 1789 nous avions comme Cour suprême les États généraux. Si Louis XVI en avait défendu énergiquement les prérogatives, comme c'était son devoir, comme l'y obligeait son serment prêté le jour de son sacre, s'il n'avait pas permis qu'on en violât les principes et les formes, LA NATION EÛT ÉTÉ SAUVÉE.

OPINION DE LOUIS XV

C'était, dit Mᵐᵉ Campan dans ses *Mémoires*, à l'époque où les remontrances du Parlement et le refus d'enregistrer les impôts donnaient de l'inquiétude sur la situa-

tion des finances. On en causait un soir au coucher de
Louis XV : « Vous verrez, Sire, dit un homme de la
cour très approché du roi par sa charge, que tout ceci
amènera la nécessité d'assembler les États généraux. »
Le roi, sortant à l'instant même du calme habituel de
son caractère et saisissant le courtisan pas le bras, lui dit
avec vivacité : « Ne répétez jamais ces paroles ; je ne
suis pas sanguinaire ; mais si j'avais un frère, qu'il fût
capable d'ouvrir un tel avis, je le sacrifierais dans les
vingt-quatre heures à LA DURÉE DE LA MONARCHIE ET A LA
TRANQUILLITÉ DU ROYAUME. »

DISCOURS

PRONONCÉ A LA COMMÉMORATION DU 75ᵉ ANNIVERSAIRE
DE LA NAISSANCE DE FUSTEL DE COULANGES,
LE 18 MARS 1905

MESDAMES, MESSIEURS,

Le grand et admirable esprit dont le soin de faire
l'éloge me revient en partie ce soir se définit fort exactement un esprit de grand historien.

Rien n'est plus familier de nos jours que ce mot, rien
ne frappe plus souvent nos oreilles ; il n'est rien dont
chacun croie connaître si bien l'espèce et la propre vertu.
Louer Fustel d'avoir écrit l'histoire parfaitement, n'est-ce
pas lui faire part d'un mérite commun à plusieurs de ce
temps-ci ? La véracité, l'exactitude, l'impartialité, l'esprit critique, la science, n'est-ce pas le bien de toute
l'époque ? Fustel critique sévère, Fustel savant profond,
Fustel impartial, Fustel exact et véridique, est-il autre
chose qu'un ornement d'un temps généralement épris
de vérité, à qui la perfection en ce genre est devenue
chose coutumière ?

Hélas ! Mesdames et Messieurs, il y a critique et critique, rigueur et rigueur, science et science. Celle de
Fustel n'était pas celle qu'on vit la plus répandue de son
vivant. On ne saurait dire qu'elle triomphe aujourd'hui.
Non pas qu'assez de savants contemporains, soit de leur

propre initiative, soit avertis, soutenus par son exemple,
ne suivent heureusement son chemin ; non qu'il n'y ait
du bon chez quelques-uns de ceux même qui s'en écar-
tent davantage : au total on ne peut dire que la science,
telle qu'elle prétend aujourd'hui s'imposer, la science
dont plusieurs hommes en place prônent les méthodes et
dictent les résultats, soit la science de Fustel ni rien qui
lui ressemble.

Mon dessein, notre dessein commun ne tient rien ici
de la polémique. La mention de cette contradiction n'est
pas pour annoncer le combat, mais pour marquer une
fois pour toutes la portée de mon commentaire. La pensée de Fustel fut trop indépendante et, à ne considérer
que les contemporains, trop originale et trop nouvelle
pour qu'on puisse, sans la trahir, adoucir le contraste
qu'elle fait avec les autres. Ce contraste lui donne toute
son ampleur. Ce contraste lui vaudra toute son influence,
lorsque les jeunes générations, mieux instruites, auront
achevé de tourner les yeux vers elle et fait enfin de
Fustel ce qu'il mérite d'être, le maître de la pensée contemporaine française.

Le premier trait et le plus général qui distingue Fustel
de Coulanges des autres historiens de son temps, c'est
sa complète liberté d'esprit à l'égard d'un préjugé double, qu'on peut dire presque universel.

Je dis préjugé double : dont la première partie est
que la société française telle que nous la voyons maintenant est la meilleure des sociétés et, tout calcul fait,
représente le plus haut degré de perfection politique et
sociale qu'on ait vu. La seconde est que l'état des modernes sauvages, tel qu'on le trouve dans les montagnes
Rocheuses, en Afrique et dans les îles du Pacifique, représente un état primitif des hommes et le tableau des
plus anciennes sociétés. Ces deux idées ont leur origine

dans la philosophie du XVIIIᵉ siècle. Le commun des historiens modernes songe à peine à les examiner. Sans l'avouer toujours et s'en apercevoir, tout ce qu'ils disent suppose ces deux propositions. Ce qu'ils louent dans le passé est ce qui nous ressemble ; ce qu'ils blâment, ce qui diffère de nous. S'abstiennent-ils de louer et de blâmer ? les termes de progrès ou de recul, employés chez eux sans y penser, se voient distribués selon ce principe. Ce qu'il y a au monde de plus laid, de plus pauvre, de plus malsain, de plus dégradé, de plus nu demeure d'instinct présent à leur pensée comme l'exemple conservé de ce qu'il y a de plus ancien.

Et l'on y est tellement accoutumé, la croyance publique elle-même s'est si bien façonnée là-dessus, que plusieurs seraient surpris qu'on appelle préjugé ce qui leur semble une évidence. Croire cela, aux yeux d'un grand nombre, c'est n'avoir pas de préjugés, c'est appliquer à la science historique une intelligence affranchie.

C'est que (pour commencer par là) on ne s'entend point avec Fustel sur le préjugé historique. Chacun convient qu'il faut s'en dégager. Mais combien de préjugés qui s'ignorent eux-mêmes ! La pente de nos jours est à ne donner ce nom qu'aux opinions issues de croyances religieuses. Ce qu'on veut bien appeler superstition est regardé presque comme le seul endroit dont la critique doive surveiller les approches. Je vois des gens si fort prévenus de cette idée que plus un préjugé capable de les éloigner des religions établies a chez eux de force et de ténacité, plus ils se croient sincèrement affranchis et maîtres de leur raison. A proportion qu'ils s'y enfoncent, à proportion ils pensent se dégager.

Je ne sais si le préjugé dont je parle doit à cette raison de prévaloir. Je sais au moins que le nom de préjugé lui convient.

Car, d'où vient qu'ayant à distribuer ces quatre noms
de bon et de mauvais, d'antique et de moderne, nous
osons décider que le moderne est le bon et que le mauvais est l'ancien ? Des sociétés modernes il n'est prouvé
qu'une chose, c'est qu'elles sont modernes ; des sauvages,
une chose, c'est qu'elles sont sauvages. L'excellence qu'on
accorde aux unes, l'ancienneté qu'on imagine des autres,
sont entièrement dénuées de preuves. Les livres de Fustel sont pleins de ce double doute. Partout il se garde
de mesurer le passé à l'aune des idées modernes. Cette
habitude des historiens le fâche. On le voit en concevoir
une vraie irritation. Pas davantage il ne concède que
les états de sociétés « rétrogrades » soient nécessairement primitifs. Ce mot de rétrograde montre assez qu'il
ne renonce point à juger, à connaître un mieux et un
pire, un avancement et un recul. Nulle part il n'a donné
non plus l'idée qu'il crût à ce qu'on veut bien appeler
des « vérités successives », comme si le vrai changeait
avec le temps. Mais il ne jugeait pas des causes sans
considérer les effets. L'épreuve des institutions, c'était,
selon lui, de réussir.

Ainsi rien ne l'empêchait d'aimer les réussites relatives
dont l'histoire nous offre la suite. Et rien dans cette suite
ne l'engageait à croire que le dernier venu fût le meilleur, et que le pire fût le plus ancien. Par là le joug
qu'impose aux esprits de ce temps la notion d'un avancement fatal et constant, dogme aveugle et absurde que
l'on prétend conforme avec l'enseignement de la raison,
est ruiné. Fustel n'a connu aucun des esclavages de la
religion gratuite et ignominieuse du dieu Progrès.

De là lui vient ce respect du passé qui fait dès à présent le trait le plus populaire de la doctrine de Fustel
de Coulanges, et dont je voudrais maintenant parler.

Mais avant d'en marquer le principal, je voudrais en
expliquer le plus fin. Cette matière est spéciale, un peu
professionnelle ; mais elle a de grandes beautés, et
pour la faire entendre, je vous demande, Mesdames et
Messieurs, quelques moments de scrupuleuse attention.

Il s'agit de la méthode même de découvrir le vrai de
l'histoire.

Une certaine école moderne prétend ne mettre rien
entre notre critique et les monuments les plus matériels
du passé. Les anciens ouvrages de littérature, où le
passé reçoit un commencement d'interprétation, lui sont
la source la plus suspecte du monde. est convenu
chez elle que les hommes de ces temps-là ne savaient ni
voir ni comprendre et qu'il importe de refaire sur nouveaux frais l'histoire des choses qu'ils ont touchées de
plus près. On écarte ce qui n'est que des rapports
écrits, pour recourir aux monuments. Les monuments
ne sont point suspects, parce que l'intelligence des anciens n'y a pas de part et que, ne révélant autre chose
qu'eux-mêmes, ils figurent à nos yeux le passé ressus-
cité. De là vient l'importance qu'a prise l'archéologie de
nos jours. Chez quelques-uns, en plusieurs occasions,
elle a envahi tout le champ de l'histoire. Pour ceux-là,
le tableau de la vie du passé ne doit plus se composer
que de ce qu'on tire de terre, de débris de cimetières,
par exemple, ou de petits pots étiquetés. C'est ce qu'on
appelle étudier les mœurs.

S'il s'agit de choses moins matérielles, seuls des actes
de l'état civil, des contrats de vente, des formules juridiques ont le privilège d'être considérés. Mais qu'un
vieux chroniqueur ne prenne point la parole, qu'Hérodote et Tite-Live se taisent. Conteurs de fables, incapables en leur temps de discerner le vrai du faux, fauteurs d'une tradition lettrée non moins indigne de

créance que l'orale : la tâche de l'historien moderne est de démentir tous ces gens-là, de les convaincre de faux ou de les prendre en pitié ; leur génie, non pas, ô grands dieux ! (car tout ce qui est individuel est sacré à cette philosophie), mais ce qu'on appelle d'un grand mot, leur méthode.

Les anciens n'avaient pas de méthode. L'eût-on cru ? Aussi n'ont-ils fait que des sots, quoiqu'ils aient eu bien du génie. A nous la méthode appartient, et non pas depuis quelques siècles, non pas depuis cent ans, mais depuis trente ans au plus, depuis moins encore : depuis, dit celui-ci, que la revue que je dirige est fondée ; depuis, dit l'autre, que j'ai passé une thèse qui montre clair comme le jour qu'avant moi les hommes, doués de bons cerveaux ne savaient pas penser.

Mesdames, Messieurs, tous tant que nous sommes, on nous a fait croire plus ou moins cela. On nous a dit que l'histoire était née dans notre siècle : c'est là un lieu commun des classes de rhétorique. De mon temps on enseignait encore que les voies modernes de cette science n'ont été annoncées que vers 1750, et réalisées que trois quarts de siècle après. Fustel écrit au contraire que, depuis ce temps-là précisément, ce qu'on nomme esprit critique n'est qu'une illusion. Auparavant sont les prédécesseurs que le maître reconnaît et qu'il vante.

Rien n'est si important pour la conduite des esprits que cette affirmation venant d'un pareil maître. Elle aide à détruire cette moderne et pernicieuse illusion d'une humanité coupée en deux par la découverte imprévue de la raison. Quelques-uns font remonter à Descartes l'invention de cette faculté précieuse. D'autres en placent la révélation quasi religieuse dans quelqu'une des séances de la Révolution. On dit : Auparavant régnait sur les esprits le principe d'autorité, maintenant c'est le libre examen. Les hommes n'examinaient point : il a fallu leur apprendre cela. Mesdames, Messieurs, que des principes si manifestement absurdes ne fassent plus la loi à nos esprits.

L'art de départager les témoignages humains, ce que nous appelons la critique, est aussi ancien que la culture. Dans tous les temps, de bons esprits en ont tiré les effets. Ils ont manqué parfois d'un outillage, et longtemps le petit nombre des chercheurs a diminué la portée des recherches. Parfois des préjugés, quelques superstitions de nature parfaitement définie ont sur des points précis altéré leur jugement. Quant à discerner le vrai du faux, quand ils en tenaient les éléments, non, ces anciens n'en étaient point incapables.

Ce respect de Fustel pour les textes, dont tant de gens parlent sans en savoir le sens, voilà son fondement remarquable. Le respect du passé, des témoignages passés, est à la base de sa méthode. Ce que nous vantons dans ses conclusions est au fond de ses recherches déjà. Et cet éloge, que tout homme raisonnable lui donne, la science historique ne le lui doit pas moins.

De là cette critique, qui chez lui dépasse de si loin celle des simples monuments, ce maniement de la matière pensée de l'histoire, ce commerce avec l'esprit même du passé. Se faire des événements l'idée que les contemporains s'en firent, voilà l'objet premier de ses efforts. Je ne dis pas le terme. Il va plus loin. Il s'élève plus haut. Il croit que la connaissance des effets qui suivirent achève la notion des événements, dont les contemporains n'ont vu que le train de tous les jours. Mais le premier degré de cette connaissance prend pied dans l'histoire faite par eux. Il faut d'abord la concevoir comme eux. Une tradition, tradition rectifiée, on pourrait dire que c'est là, pour Fustel, le corps solide et souverain de l'histoire.

Demeurons un moment encore dans l'éloge de Fustel historien. Remarquons, pour la consolation des hommes sensés de ce temps-ci, que cet homme d'un si haut exemple n'a pas redouté, après d'exactes analyses, de passer aux affirmations de la synthèse.

Quelques-uns ont tellement pris position là-dessus, on a si bien fait peur aux gens de précipitation inconsidérée, d'affirmation gratuite, de conclusions téméraires, que l'opinion prévaut maintenant qu'il faut se garder absolument de toute espèce de conclusion. La méthode, ose-t-on dire, seule est bonne ou mauvaise, seule est du ressort de l'historien ; les conclusions sont libres et regardent le philosophe. Remarquons, Mesdames et Messieurs, ce mépris de la philosophie, qui n'est, à ce compte, que l'art de débiter des propositions que chacun a loisir de trouver vraies ou fausses ; la preuve n'est pas de son ressort. Les philosophes n'accorderont jamais cela. Mais, quant aux historiens, qu'ils ne se laissent pas dire, de grâce, que leur science ne tire pas de conclusions.

On dit : Si, dans le domaine des faits. C'est ne rien dire. Qu'est-ce que le domaine des faits ? Il n'y a pas de vérité qui ne soit pas d'usage. Cela est vrai des vérités de fait comme des autres. Une vérité de fait, autant que n'importe laquelle, emporte l'enseignement de quelque ligne de conduite, le désaveu de quelque préjugé, la solution de quelque obstacle. Comment cela ? C'est que les faits ne sont jamais tous seuls. Il y a la liaison qu'on y remarque. — Non ; point de liaison, disent nos gens. — Disons donc, l'ordre dans lequel on les expose. Mais, de cela même, on ne veut point. « Aux ouvrages que j'ai publiés, dit Fustel, deux ou trois critiques ont reproché que les chapitres se suivaient, et que

les diverses vérités que j'avais mises en lumière avaient
quelque lien entre elle. C'est ce qu'on appelle être systématique [1]. »

Echo des polémiques auxquelles il fut mêlé, qui con-
sumèrent une partie de ses forces, qui l'épuisaient de
temps et de patience. Au nom de cette pédanterie honteuse, on condamnait cette grande intelligence, cet effort
partout heureux d'une synthèse superbe. Des niais infa-
tués allaient répétant : Poésie ! Fustel faisait de la poésie.
Quelques-uns osent le dire encore.

Il paraît que les poètes seuls affirment. Les historiens,
que font-ils ? Ils regardent. Le plus bel usage que
l'homme puisse faire de son cerveau, c'est, paraît-il, de
ne pas s'en servir. L'un d'eux, un jour, m'a dit, parlant à
moi : « Mon esthétique est tout historique. » Ce qui signifie, en bon français : Mon discernement des choses d'art,
mon jugement du vrai et du faux, c'est... (écoutez ceci,
je vous prie) ; mon discernement, mon jugement, c'est de
raconter les tableaux qu'on a peints et les statues qu'on
a sculptées.

Est-il rien de plus fou ? Cela règne, cela passe pour
sagesse, pour lumière de l'esprit. Ceux qui prétendent
sortir de cette abstention, de ce scepticisme ignomi-
nieux, et qui, soucieux de juger sur pièces, ne laissent
pourtant pas de juger, sont des échauffés, des rêveurs,
des mystiques. Je sais un homme à qui, pour avoir dit
qu'il y avait un beau et un laid dans les arts, on a reproché d'avoir été élevé par les jésuites.

Puis il y a l'impartialité. Si vous concluez à quelque
chose, historien, vous n'êtes plus impartial. En effet, vous
prenez parti. Mais quoi, n'y a-t-il pas une grande différence entre prendre parti d'abord ou ensuite, à croire

1. *Nouvelles Recherches sur quelques problèmes d'histoire*, p. 277.

sans preuve ou à croire sur preuve, à soutenir une opinion appuyée de l'examen des faits ou à ne suivre que
des fantaisies ? Chansons, on ne vous écoute pas. On
vous dit que Bossuet n'est pas un historien parce que
l'*Histoire des Variations des Églises réformées* conclut
et marque une liaison dans les faits. Mais cette liaison
n'est-elle pas dans les choses ?

« Le système, dit Fustel, est dans la réalité. Pourquoi
ne serait-il pas dans l'histoire [1] ? » Grandes et fortes
paroles que nous n'oublierons pas, qui fructifieront dans
les jeunes esprits, les rassurant contre la morgue hau-
taine des douteurs par système et des ignorants par
vanité.

Fustel a dit de l'histoire qu'elle est « une science
pure ». C'est que l'imagination du poète n'a rien à ajouter à la matière qu'elle fournit. L'imagination de l'historien est proprement aux ordres des textes. Elle ne se
met en mouvement que sur leur injonction. C'est elle
qui réveille les documents de l'histoire et les fait vivre
sous nos yeux, mais elle ne doit faire vivre que ce qu'ils
contiennent, elle leur est asservie, elle ne se distingue
point de la propre intelligence des textes. C'est parce
qu'elle les *voit* qu'elle n'erre point sur leur sens.

De là jaillit ce style limpide, simple et sévère, modèle
des historiens à naître, récent enseignement des jeunes
écrivains. Mesdames, Messieurs, la chose est à peine
croyable : on a reproché à Fustel de bien écrire. Cela
est une tare aux yeux de certaines gens.

Ce qu'il répondit achèvera son portrait. Comme la
synthèse dont je parlais, le style fait partie, selon lui, de
la méthode historique elle-même. « Par quel motif, dit
Fustel, monsieur... ne me pardonne-t-il pas d'écrire en

---

1. *Questions historiques*, p. 441.

un français simple et clair ? Il ne songe pas que la clarté du style ne jaillit (écoutez cela) que de la masse énorme des observations. » Et ceci, qui, pour être ironique, n'en est pas moins fortement pensé : « Monsieur... ne songe pas qu'il peut arriver à lui-même, si un jour il saisit une vérité et qu'il la possède pleinement dans toutes ses parties, d'avoir, sans le vouloir, une forme littéraire [1]. » Parole profonde sur l'art d'écrire. Enseignement rare et inestimable.

Je reviens, Mesdames et Messieurs, à ce respect du passé, à cette sympathie admirable pour les générations éteintes qui domine tout l'œuvre de Fustel, qui en fait le touchant attrait, dont les applications diverses m'ont conduit jusqu'à ce point-ci.

Comme il était exempt des principes inflexibles que dicte l'admiration béate d'un certain état de société, on ne trouve nulle part chez lui l'aigreur, la suspicion, la morgue redressante que tous nos gens exempts de préjugés, tous nos adorateurs exclusifs du fait mêlent incessamment à l'histoire du passé.

Il y a plaisir à le suivre dans ces lointains voyages, à se livrer sans préoccupation au spectacle qu'il offre de mœurs si différentes des nôtres, à constater que cette diversité, qui nous amuse et nous instruit, ne nous oblige point à rougir. Rougir du passé, voilà le point. Voilà ce que les préjugés dont j'ai parlé d'abord nous enseignent avant toute chose. Et comme la honte que nous donnent, à nous hommes, les vieilles institutions humaines, invariablement représentées comme barbares, se tourne aisément en reproche et en haine ! Cela est inévitable, surtout quand il est question de gens qui nous

---

1. Guiraud, *Fustel de Coulanges*, p. 241.

concernent de plus près, comme ceux dont nous sommes issus et dont l'existence compose l'ancienne histoire de notre pays.

Ceux-là, vous le savez, Mesdames et Messieurs, les Français d'à présent sont soigneusement dressés à les haïr. Cette haine prend sa source dans l'habitude générale de mépriser le passé.

On a nommé d'un nom barbare cette ancienne croyance des hommes, que la terre était le centre du monde. Cela s'appelle *géocentrie*. Une illusion comparable à celle-là, non au sujet de l'espace, mais au sujet du temps, règne chez nos contemporains. Les anciens avaient cru que le lieu qu'ils occupaient était exceptionnel dans le monde, qu'il était, d'une certaine manière, le premier. On s'imagine maintenant que notre époque tient cette place, qu'elle est l'aboutissement des temps, que ce qu'elle contient est la mesure de l'histoire. Si j'osais faire un néologisme, me souvenant que πάρον veut dire présent, j'appellerais cette superstition le préjugé du présent, la *parontocentrie*. Ne serait-ce pas une belle réponse à la *néophobie* de Lombroso? Faut-il haïr ce qui est moderne, ou au contraire n'aimer que cela? La question me semble mal posée. Les initiatives de l'homme sont sans doute un précieux élément de perfection. Cela ne fait pas que toute nouveauté soit bonne. Le passé nous quitte à mesure que le temps s'écoule; mais nous sortons façonnés de ses mains. Ce que nous aimons en nous-même est dans son fond aussi ancien que le monde. Il n'y a pas d'humanité nouvelle. La persuasion de cette vérité nous rejoint aux hommes d'autrefois.

C'est dans cette persuasion, qu'alimente l'histoire, que le patriotisme de Fustel s'enracine. Récemment, à propos de lui, on a voulu remarquer que l'histoire n'enseigne pas le patriotisme. Autant remarquer que de connaître

nos parents ne nous apprend pas à les aimer. « Le patriotisme, dit Fustel, est une vertu et l'histoire est une
science [1]. » Mais pourquoi cette vertu ne s'alimenterait-
elle pas de cette science ? Cela est certain chez Fustel,
où cette science commence et finit, comme j'ai fait voir,
par le respect dû passé. On ne peut aimer nos ancêtres,
la vieille France dont nous sortons, si l'on n'a pas d'abord
ce respect.

Ces dispositions préalables importent au choix de nos
affections. Il est certain que l'internationalisme se nourrit
d'un préjugé contraire, je dis de la haine et du mépris
déversés sur les anciens temps, où notre affection ne
trouve plus que prendre. Il lui faut cependant un objet.
L'homme tend à sortir de lui-même, à s'étendre hors du
lieu qu'il occupe, hors de la minute présente, soit dans
le temps soit dans l'espace. L'histoire qu'on nous enseigne nous ferme le temps ; il ne reste plus à notre
amour des hommes qu'à se déverser sur les autres
nations.

Seulement, remarquez cette conséquence. Pour aimer
nos ancêtres, il suffit de réfléchir à ce que nous tenons
d'eux, de quoi l'histoire fournit le détail. On ne peut
aimer d'autres hommes sans la perception de quelques
rapports pressants. Pour étendre son affection dans l'espace, il faut imaginer avec les autres hommes des ressemblances étroites et particulières. Un internationaliste
voit le triomphe de « la justice », c'est-à-dire de certaines idées localisées dans un parti restreint sur un petit
point du globe, partout imminent. Or les liens du premier genre sont vrais ; les ressemblances du second
genre sont imaginaires. De sorte que si, pour être patriote,
il est besoin de savoir l'histoire, un point me paraît non

1. *La Monarchie franque*, p. 31

moins certain : c'est que pour être internationaliste il faut ignorer la géographie.

Ainsi cette sympathie pour le passé, issue de l'esprit scientifique, et qui ne demande qu'à se rendre concrète dans l'amour du passé de la France, est le propre terrain d'où s'élance la fleur de notre patriotisme, l'amour d'un passé particulier auquel des liens particuliers nous lient.

L'internationalisme, en France, se nourrit de la haine du passé enseignée par nos historiens et passée dans les masses. Le débordement de cette doctrine n'a eu tant de vitesse et d'impétuosité que pour avoir été préparé de longue main, grâce à la cause que je viens de dire. Elle n'a cette force que parce qu'elle est issue de la passion la plus brutale et la plus aveugle qui soit : c'est la haine.

Le fait est que cette haine a façonné depuis cent cinquante ans presque les générations. Ce n'est pas un paradoxe de dire qu'aux yeux d'un bourgeois de France l'histoire de France n'évoque en général que des figures haïes ou haïssables. Le mot de cette tournure d'esprit, c'est celui que Cham le caricaturiste met dans la bouche d'un de ses personnages. Je dédie ce mot à Forain. Un petit garçon revient de la distribution des prix, chargé de livres et de couronnes. Le père l'accueille : « Tu as le prix d'histoire. Tu sais donc le nom de toutes ces canailles de rois ! »

Il y a peu d'années, étant de séjour à Londres, je rencontrai à la porte du musée de Saint Martin's un commensal de ma pension. Ce musée est celui des portraits authentiques anciens des hommes célèbres de l'Angleterre. J'entrais. J'offris à cet Anglais de faire cette visite ensemble. C'était un monsieur d'âge, de caractère enjoué, de médiocre culture et de manières parfaites. J'eus le spectacle de ses réflexions devant plusieurs siècles d'histoire d'Angleterre. Il la jugeait familièrement. Il appelait le fameux Nassau, qui supplanta les Stuarts, un fameux malin : *a clever chap*. Ce que je remarquai fut l'indulgence dont il enveloppait tous ces morts. Les derniers Stuarts eux-mêmes, que l'Angleterre déteste, n'encouraient que des reproches discrets. Je songeais à ce qu'eût été une pareille visite faite avec le premier venu dans notre musée historique de Versailles, au torrent d'injures qu'eussent soulevé certains noms, aux saletés graveleuses qu'on eût bavées sur d'autres, aux plaisanteries ineptes sur le profit d'être roi, sur l'oppression des peuples, les erreurs de la guerre, à toute cette infamie venimeuse ou stupide dont le drame romantique, après les historiens de doctrine, a rempli nos imaginations. Au contraire, cet Anglais aimait et respectait tous ces gens-là. Il leur savait bon gré d'être Anglais, d'avoir illustré son pays, de l'avoir fait lui-même. Et ce spectacle commun n'était pas sans grandeur, ni sans tristesse aussi par la comparaison.

Mesdames, Messieurs, écoutez Fustel. L'amour du sol, tout court, n'est pas le patriotisme. Il y faut joindre l'amour de notre histoire. La France géographique est peu de chose si l'on ne relève l'affection qu'on lui porte du respect de son histoire. Cette histoire est nôtre bien autant que le sol. Nous n'avons pas le droit de la négliger.

« Que n'a-t-on pas dit sur la race germanique ? Partout nos yeux prévenus ne savaient la voir que sous les plus belles couleurs. Nous reprochions presque à Charlemagne d'avoir vigoureusement combattu la barbarie saxonne et la religion sauvage d'Odin. Dans la longue lutte entre le Sacerdoce et l'Empire, nous étions pour ceux qui pillaient l'Italie et exploitaient l'Église. Nous maudissions les guerres que Charles VIII et François I⁰ʳ firent au delà des Alpes ; mais nous étions indulgents pour celles que tous les empereurs allemands y portèrent durant cinq siècles.

« Plus tard, quand la France et l'Italie, après le long et fécond travail du Moyen Age, produisaient ce fruit incomparable qu'on appelle la Renaissance, d'où devait sortir la liberté de la conscience avec l'essor de la science et de l'art, nous réservions la meilleure part de nos éloges pour la Réforme allemande, qui n'était pourtant qu'une réaction contre cette Renaissance, qui n'était qu'une lutte brutale contre cet essor de la liberté, qui arrêta et ralentit cet essor dans l'Europe entière et qui trop souvent n'engendra que l'intolérance et la haine. Les événements de l'histoire se déroulaient, et nous trouvions toujours moyen de donner raison à l'Allemagne contre nous. Sur la foi des médisances et des ignorances de Saint-Simon, nous accusions Louis XIV d'avoir fait la guerre à l'Allemagne pour les motifs les plus frivoles, et nous négligions de voir dans les documents authentiques que c'était lui au contraire qui avait été attaqué trois fois par elle. Nous n'osions pas reprocher à Guillaume III d'avoir détruit la république en Hollande et d'avoir usurpé un royaume, nous pardonnions à l'électeur de Brandebourg d'avoir attisé la guerre en Europe pendant quarante ans pour s'arrondir aux dépens de tous ses voisins ; mais nous étions sans pitié pour l'ambition de Louis XIV, qui avait enlevé Lille aux Espagnols et accepté Strasbourg qui se donnait à lui. Au siècle suivant, nos historiens sont tous pour Frédéric II contre Louis XV. Le tableau qu'ils font du xviiiᵉ siècle est un perpétuel éloge de la Prusse et de l'Angleterre, une

longue malédiction contre la France. Sont venus ensuite
les historiens de l'Empire : voyez avec quelle complaisance ils signalent les fautes et les entraînements du
gouvernement français, et comme ils oublient de nous
montrer les ambitions, les convoitises, les mensonges des
gouvernements européens. A les en croire, c'est toujours la France qui est l'agresseur, elle a tous les torts ;
si l'Europe a été ravagée, si la race humaine a été déci-
mée, c'est uniquement par notre faute.

« Ce travers de nos historiens est la suite de nos discordes intestines. Vous voyez qu'à la guerre, surtout
quand la fortune est contre nous, nous tirons volontiers
les uns sur les autres ; nous compliquons la guerre étrangère de la guerre civile et il en est parmi nous qui préfèrent
la victoire de leur parti à la victoire de la patrie. Nous
faisons de même en histoire. Nos historiens, depuis cinquante ans, ont été des hommes de parti. Si sincères qu'ils
fussent, si impartiaux qu'ils crussent être, ils obéissaient
à l'une où à l'autre des opinions politiques qui nous divisent. Ardents chercheurs, penseurs puissants, écrivains
habiles, ils mettaient leur ardeur et leur talent au service
d'une cause. Notre histoire ressemblait à nos assemblées
législatives : on y distinguait une droite, une gauche, des
centres. C'était un champ clos où les opinions luttaient.
Ecrire l'histoire de France était une façon de travailler
pour un parti et de combattre un adversaire. L'histoire
est ainsi devenue chez nous une sorte de guerre civile
en permanence. Ce qu'elle nous a appris, c'est surtout à
nous haïr les uns les autres. Quoi qu'elle fît, elle atta-
quait toujours la France par quelque côté. L'un était
républicain et se croyait tenu à calomnier l'ancienne
monarchie ; l'autre était royaliste et calomniait le régime
nouveau. Aucun des deux ne s'apercevait qu'il ne réus-
sissait qu'à frapper sur la France. L'histoire ainsi prati-

quée n'enseignait aux Français que l'indifférence, aux étrangers que le mépris.

« De là nous est venu un patriotisme d'un caractère particulier et étrange. Être patriote, pour beaucoup d'entre nous, c'est être ennemi de l'ancienne France. Notre patriotisme ne consiste le plus souvent qu'à honnir nos rois, à détester notre aristocratie, à médire de toutes nos institutions. Cette sorte de patriotisme n'est au fond que la haine de tout ce qui est français. Il ne nous inspire que méfiance et indiscipline ; au lieu de nous unir contre l'étranger, il nous pousse tout droit à la guerre civile.

« Le véritable patriotisme n'est pas l'amour du sol, c'est l'amour du passé, c'est le respect pour les générations qui nous ont précédés. Nos historiens ne nous apprennent qu'à les maudire et ne nous recommandent que de ne pas leur ressembler. Ils brisent la tradition française, et ils s'imaginent qu'il restera un patriotisme français. Ils vont répétant que l'étranger vaut mieux que la France, et ils se figurent qu'on aimera la France. Depuis cinquante ans, c'est l'Angleterre que nous aimons, c'est l'Allemagne que nous louons, c'est l'Amérique que nous admirons. Chacun se fait son idéal hors de la France. Nous nous croyons libéraux et patriotes quand nous avons médit de la patrie. Involontairement et sans nous en apercevoir, nous nous accoutumons à rougir d'elle et à la renier. Nous nourrissons au fond de notre âme une sorte de haine inconsciente à l'égard de nous-mêmes. C'est l'opposé de cet amour de soi qu'on dit être naturel à l'homme : c'est le renoncement à nous-mêmes [1]. » (Applaudissements.)

Ces applaudissements, Mesdames et Messieurs, donnés à une telle page, nous relèvent et nous rassurent. Ce

---

1. *Questions historiques*, p. 4.

n'est pas là de la déclamation. Qu'on ose faire à cette
fermeté de vue, à cette précision d'attaque les fades
reproches, les railleries dont je vois qu'on accueille les
esprits généreux qui portent tous les jours dans la presse
la monnaie de ces nobles propos !

D'autres ont appelé ceci l'amour de nos morts. Recon-
naissez-les pareillement, nobles intelligences qui, jusque
dans le patriotisme local, ont su reconnaître, faire comprendre et associer le patriotisme historique.

Et maintenant qui défait ce patriotisme-là, soutien et
source toujours ouverte de l'unité morale d'une nation ?
Fustel répond : la politique. C'est le second texte que
j'aurai l'honneur de vous communiquer du maître. Je
souhaite qu'il demeure dans vos mémoires, fort comme
il est de l'autorité d'un homme de science que personne
n'égala dans ses rapprochements :

« Si l'on se représente tout un peuple s'occupant de
politique et, depuis le premier jusqu'au dernier, depuis
le plus éclairé jusqu'au plus ignorant, depuis le plus
intéressé au maintien de l'état de choses actuel jusqu'au
plus intéressé à son renversement, possédé de la manie
de discuter les affaires publiques et de mettre la main
au gouvernement ; si l'on observe les effets que cette
maladie produit dans l'existence de milliers d'êtres humains ; si l'on calcule le trouble qu'elle apporte dans chaque vie, les idées fausses qu'elle met dans une foule
d'esprits, les sentiments pervers et les passions haineuses
qu'elle met dans une foule d'âmes ; si l'on compte le
temps enlevé au travail, les discussions, les pertes de
force, la ruine des amitiés ou la création d'amitiés fac-
tices et d'affections qui ne sont que haineuses, les déla-
tions, la destruction de la loyauté, de la sécurité, de la
politesse même, l'introduction du mauvais goût dans le

langage, dans le style, dans l'art, la division irrémédiable
de la société, la défiance, l'indiscipline, l'énervement et
la faiblesse d'un peuple, les défaites qui en sont l'inévitable conséquence, la disparition du vrai patriotisme et
même du vrai courage, les fautes qu'il faut que chaque
parti commette tour à tour à mesure qu'il arrive au pouvoir dans des conditions toujours les mêmes, les désas-
tres et le prix dont il faut les payer ; si l'on calcule tout
cela, on ne peut manquer de dire que cette sorte de maladie est la plus funeste et la plus dangereuse épidémie
qui puisse s'abattre sur un peuple, qu'il n'y en a pas qui
porte de plus cruelles atteintes à la vie privée et à la vie
publique, à l'existence matérielle et à l'existence morale,
à la conscience et à l'intelligence, et qu'en un mot il n'y
eut jamais de despotisme au monde qui pût faire autant
de mal [1]. »

Allons maintenant plus loin, Mesdames et Messieurs ;
cette matière est loin d'être épuisée. Elle est importante.
Conduit par la pensée d'un tel homme, on la voit se
renouveler sans fin.

Le patriotisme du passé, l'affection à la France historique s'étend sur tous les temps de son histoire. Il met
un lien du cœur entre des choses que le hasard des événements a quelquefois jetées, non sans disparate, aux
origines des nations ; il adoucit l'antipathie des événements qui les traversent dans un âge avancé déjà. Pour
les appeler d'un mot, les révolutions sont un obstacle à
cet égal amour que je réclame. En certains temps la lutte
des partis a déchiré le pays et rompu l'unité. Ces luttes
antiques ont fini quelquefois par la victoire de l'un sur
l'autre, et fait aux générations qui suivirent le triste legs
d'un antagonisme entre des vainqueurs et des vaincus.

1. Guiraud, *Fustel de Coulanges*, p. 244.

Le temps, réparant ces blessures, n'en a pas anéanti l'histoire. La mention de ce passé troublé demeure, jusque dans le présent, l'ennemi de l'unité d'un peuple.

En présence de cette source possible de discorde, une sage politique s'efforce de reléguer ce passé dans l'ombre. Soigneuse du bon accord entre les citoyens, elle ne voit que danger à réveiller le souvenir, fût-ce du passé le plus lointain et le plus formellement effacé. Elle sait l'empire qu'exerce l'imagination, son adresse à créer des traditions fausses, à inventer de faux rapprochements. Secondée par tous les bons citoyens, elle ne se lasse pas de remettre dans le passé une unité factice s'il le faut, dont se rassure le souci du présent.

Ici nos intellectuels réclament. C'est prôner le mensonge historique. Je réponds : Nullement, c'est prévenir par un change bienfaisant les maux que cause dans l'esprit public une politique de guerre engendrée des fantaisies de l'histoire. On ne défend pas aux historiens de savoir et de dire la vérité, on s'oppose à ce que les manuels pour le peuple s'emplissent de l'exaltation des révolutions du passé. On veille à ce que la connaissance en demeure abstraite dans les livres, à ce que l'imagination publique ne s'en repaisse pas. On tourne cette imagination du côté des légendes favorables. On laisse écrire à un Tennyson, dans les *Idylles du Roi*, l'histoire d'Arthur comme s'il était en ligne droite le premier roi de l'Angleterre, comme si le roi Edouard descendait de lui de mâle en mâle. Mesdames, Messieurs, voilà des traits de ce fort patriotisme, père de l'esprit public, que chacun reconnaît à nos voisins Anglais. Croit-on réellement chez eux qu'Arthur est le grand-père d'Edouard VII ? Certainement non ; on sait positivement le contraire. La raison sait parfaitement bien à quoi s'en tenir sur la légende ; mais l'imagination se repaît de cette légende.

Cette fiction, absente de leur croyance, s'imprime dans leurs affections. Leur instinct national s'en affermit.

Ainsi sur toutes les parties de l'histoire la même prévoyance travaille, s'appliquant à renouer la tradition dans les endroits où elle est rompue. Hélas ! Messieurs, la tradition, comme toutes les bonnes choses de ce monde, n'est parfaite que dans nos désirs. Il faut que l'art humain s'y mette pour l'achever. Sainte besogne, effort salutaire pour projeter dans les origines imaginées et chéries d'un peuple l'unité dont il recueille les avantages dans le présent.

En France, nous avons d'autres règles. Il semble que quelques-uns ne rêvent que de découvrir des ruptures dans le passé, pour en tirer la guerre dans le présent. L'histoire de l'Angleterre est loin de pouvoir se comparer à la constante unité de la nôtre. Une rage de nous entre-détruire nous met cependant bien au-dessous d'elle à cet égard. Nous requérons la science de nous donner des motifs de guerre intestine. Elle n'a que trop répondu à cet appel. De quelle ardeur on la voit relever, exagérer, raconter, illustrer, de vers, de drame, de musique et de peinture, les petites et les grandes révolutions. On craint que le souvenir ne s'en perde. On en entretient le peuple avec persévérance. On refait un sort à celles qui tendent à s'effacer, on ressuscite les oubliées. Saint-Barthélemy, Dragonnades, Albigeois, quelle excitation, quel régal ! et par-dessus tout la grande, l'immortelle époque où tant de têtes tombèrent, où tant de sang français coula par la volonté de Français, au nom de principes éternels qui rejoignent les hommes par delà des frontières. Lutte du paysan contre le noble, de la nation contre le roi, voilà le spectacle vrai ou faux qu'on se plaît à tirer de notre histoire.

Il alimente, soutient, réveille, passionne nos discordes

présentes. Notre histoire, depuis cent cinquante ans, est une histoire de guerres civiles. Examinez le fond de nos querelles politiques, vous n'y trouverez rien tant que l'archéologie.

Quand les révolutions manquent aux besoins de la guerre, il est remarquable que nous en inventons.

J'ai quitté Fustel un moment, m'y revoici. La plus célèbre de ces opinions sur les révolutions du passé est celle qui fait sortir la France de la conquête germanique opérée sur la Gaule romaine.

On l'enseigne encore dans les classes. Si je vous demandais tout d'un coup, Mesdames, ce que c'est que l'*alleu*, pas une de celles qui répètent l'histoire avec leurs petites filles à la sortie des cours ne faillirait à me répondre que ce sont des terres partagées par les rois francs à leurs soldats. Témoignage entre plusieurs d'une guerre sanglante, suivie d'une victoire cruelle, où se virent armées les unes contre les autres les races d'où notre nation est issue. On en allègue d'autres marques encore. On en multiplie les effets. Quelle occasion de s'entrebattre, quel point de départ superbe et comme fait à souhait pour une nation où l'on ne cesse de promener les torches de la guerre civile !

On n'eut garde de n'en pas profiter. Pour renouer le présent à ces propos de guerre, on inventa de reconnaître dans l'aristocratie française les descendants de la race victorieuse ; dans le vilain, celui de la nation vaincue. La lutte de ces deux fractions d'un même peuple, intéressées dans la même concorde, souffrant de leurs haines mutuelles également, fut représentée comme une suite légitime, inévitable, des combats d'autrefois. On méconnut l'action du temps, qui mêle et confond les races par l'empire des mêmes croyances, de la vie commune et des mêmes intérêts. Il fut entendu qu'après treize siècles la Révolution de 89 ne devait passer pour autre chose que pour la revanche de l'une sur l'autre.

Ici paraît Fustel de Coulanges.

Si vous songez aux luttes affreuses, aux exécutions sanguinaires, aux destructions irréparables que cette fantaisie pédante a couvertes de sa considération, l'apparition de ce Français, de ce simple professeur, de ce remueur de textes attentif et modeste, parlant au nom de la science de ce ton tranquille et grave, fort de ses recherches et de sa lucidité, a quelque chose d'inexprimablement majestueux.

Que dit-il ? Que cette opinion sur nos origines est récente ; qu'elle ne remonte qu'au XVIIIe siècle ; qu'elle n'est dans le fond qu'une frénésie inspirée par la lutte des classes, un prétexte historique inventé par les Français pressés de se combattre. « C'est la haine qui l'a engendrée, et elle perpétue la haine », dit Fustel de Coulanges. Où cela ? Mais dans son livre de la *Conquête germanique*, tome IV des *Institutions de l'ancienne France* [1]. — Quoi, de pareilles réflexions dans un livre de science ! — Elles y sont. En défaisant cette pernicieuse légende, Fustel savait qu'il travaillait contre les haines qui nous divisent. Le scandale de ce but politique ne faisait point trembler sa plume. Il le mêlait à sa critique et le notait avec satisfaction.

Fustel a donc démontré ceci : Il n'y a pas eu de conquête germanique, mais une occupation de la Gaule issue de convention avec l'Empire. Les Francs étaient une troupe peu nombreuse. Ils ont fondé le royaume, mais non point de servitude. Aucune noblesse qui fût pour les Germains, point de roture réservée aux Gaulois. La

---

1. Page 533,

Gaule romanisée continue, sous les Francs, d'être ce qu'elle est et de vivre d'une vie qui ne réclame la mention d'aucune révolution pour être expliquée tout entière. Loin d'imposer des mœurs et des institutions, les rois issus de race germanique prennent celles de la nation sur laquelle ils régnèrent, avec sa langue et sa religion. On les voit chausser la chaussure des anciens empereurs romains.

Cette théorie, Mesdames et Messieurs, est connue communément sous le nom de *romanisme* de Fustel de Coulanges. C'est un fait cependant qu'il se défendait fort d'être appelé un romaniste. « Je ne suis, disait-il avec insistance, ni romaniste ni germaniste. Je ne veux expliquer ni par Rome ni par la Germanie les destinées de la France. »

On explique communément cette protestation de l'historien par un scrupule d'érudit, une crainte d'être rangé, ne fût-ce qu'en histoire, dans un parti. Que n'ai-je le temps, Mesdames et Messieurs, de vous faire voir là dedans le fond d'une philosophie également ennemie de ces aperçus triviaux qui ne conçoivent l'histoire du monde que comme une série de révolutions, et du fatalisme immobiliste qu'on a quelquefois voulu leur opposer ? Fustel croit au changement, au nouveau dans le monde, aux amendements possibles. La féodalité, dans laquelle se résume la plus longue partie de notre histoire, n'est pas le fait d'une Gaule germanisée, il est vrai, mais elle s'est développée dans une Gaule postérieure issue des institutions romaines, non immobilisée dans ces institutions.

Ainsi, point de révolution aux origines de notre histoire. Point de vainqueurs et de vaincus. Une fusion rapide des races, dans une proportion à ce point inégale que tout souvenir de celle d'où sont sortis les rois s'efface en quelques générations. Nos institutions, nos mœurs, notre langue, n'en gardent presque point de trace. Voilà

la paix mise dans notre histoire. La paix, Messieurs,
entre nos morts, gage de paix entre les vivants.

Je voudrais aller plus loin encore et vous montrer, pour
finir, dans cette conquête de la science, quelque chose de
non moins précieux à d'autres égards : le bienfait que
nous tenons de Fustel quant à la connaissance et au culte
de nos origines intellectuelles.

Les liens qui nous rattachent aux autres hommes (je
ne parle point de ceux que la religion impose) ne sont
pas seulement de nation, ils sont aussi d'esprit et de culture. Il y a la communauté de patrie, il y a celle qu'établit entre les hommes instruits, cultivés par les longs
efforts des générations successives, le lien d'une raison
disciplinée. Nous appelons civilisation cette tradition de
raison, dont la perfection n'est pas l'œuvre d'un jour, ni
le privilège des individus, non pas même la création d'une
génération tout entière, mais l'œuvre commune et lentement accrue des siècles.

Ne croyons pas, Mesdames et Messieurs, que nous pensions avec notre raison propre. L'instrument de notre
pensée, c'est l'héritage de millions d'hommes qui nous
ont précédés, qui l'ont essayée avant nous et, par des
expériences et écoles successives, l'ont amenée au point
où nous la trouvons. Cet héritage n'est pas tout dans le
sang, il est dans l'éducation surtout, et nous pouvons le
négliger, le renier. Depuis cent ans on ne s'en fait pas
faute. Le mouvement romantique ne fut dans son essence
qu'un essai de révolte intellectuelle, un effort pour secouer
les règles salutaires que la sagesse héréditaire imposait
à l'esprit des hommes qui naissaient.

Sous l'influence des déclamations allemandes, on s'est
avisé que la culture latine tenait en esclavage la raison.
Sous ce nom, désormais décrié, le laborieux acquis de
l'humanité pensante fut saccagé, jeté aux quatre vents

de la folie individuelle. Tous les sophismes d'indépendance dont se repaît le fol orgueil des hommes servirent à mettre en liberté la présomption, l'erreur, les
séductions de l'esprit, enchaînées jusqu'alors. Des erreurs
historiques jouèrent leur rôle. On opposait nos origines
à Rome. On représensait la latinité triomphante comme
la géôlière tardive de notre esprit national.

Ce fut le grand décri de la Renaissance des lettres et
des arts, taxée d'intruse précisément par les mêmes personnes qu'on voit prendre en d'autres rencontres la
défense de l'humanité contre ce qu'ils appellent le préjugé de la patrie.

L'éloge indiscret du Moyen Age, mené dans un esprit
de combat contre la culture latine, accompagne volontiers l'esprit de révolution. Il procède dans le fond du
même instinct. Mesdames, Messieurs, je suis assuré d'un
fait : qui voudra rendre quelque chose du véritable esprit
du Moyen Age, devra dégager et reconnaître, jusque
dans ce qu'il eut de plus gothique, les origines latines.

Ces origines ne sont pas autre chose que la culture
humaine elle même. Rome l'avait héritée d'Athènes, qui
la tenait de plus haut encore. En révélant nos origines
latines, en les mettant hors de contestation, Fustel a
retiré tout prétexte aux Français modernes de les exclure.
Il nous remet en chemin de les aimer, de les revendiquer de nouveau, de renoncer aux dégoûtants sophismes
qui depuis tantôt un siècle les leur rendent suspectes et
inutiles. Chose merveilleuse, en mettant l'unité aux
sources de notre histoire, il restitue nos origines à la
tradition civilisée, il rend à son pays, en même temps que
des principes de paix, des titres de noblesse intellectuelle.

N'hésitons pas à le dire : grâce à ces titres, nous
atteignons, par-dessus les limites du temps et de l'es-

pace, à plus loin que la France et les Français. Les bornes
de la patrie sont franchies. Mais pour quel soin, Mesdames et Messieurs ? Est-ce pour renoncer à nos intérêts
nationaux, au respect et aux devoirs qu'ils imposent, aux
liens particuliers qu'ils nouent avec des vivants, avec des
morts, avec nos fils et ceux qui naîtront d'eux ? A Dieu
ne plaise ! Ce n'est que par figure qu'on a le droit de
parler de patrie intellectuelle. La vraie patrie est de
chair. Mais, dans cette chair, rien n'empêche que vive
l'âme de raison communicable au monde. C'est, après la
vie même des peuples, l'ambition dont ils s'entretiennent.
Prendre le premier rang dans la culture générale et traditionnelle, relever le triomphe d'une sage politique,
d'une diplomatie habile, d'armes victorieuses du prestige d'une pensée florissante, nourrie aux antiques
sources et maîtresse du monde, voilà ce que tous les
peuples ont souhaité.

Voilà ce que nous souhaitons, Messieurs. Ce rôle,
nous l'avons tenu jadis : nous pouvons et devons y aspirer
encore. Donner à notre patrie le premier rang dans la
cité intellectuelle, c'est notre tâche et notre espoir. Fustel
nous y convie, Fustel nous en presse : notre bienfaiteur
de deux manières, à titre de Français, à titres d'hommes
raisonnables, je dis d'hommes dignes de ce nom, fils
conscients du passé et de l'effort des siècles.

TABLE DES MATIÈRES

ACHEVÉ D'IMPRIMER

PAR

L'IMPRIMERIE CHARLES COLIN

POUR

LA NOUVELLE LIBRAIRIE NATIONALE

LE VINGT OCTOBRE 1917

www.ingramcontent.com/pod-product-compliance
Lightning Source LLC
Chambersburg PA
CBHW050554270326
41926CB00012B/2054